"一带一路"建设"五通"进展研究

孙晓蕾 索玮岚 李倩倩 姬 强 著

科学出版社
北 京

内 容 简 介

"一带一路"倡议自提出以来，所获得的成就举世瞩目，但是同时我们也要清楚认识到共建"一带一路"面临的国际环境日趋复杂。当今世界正处于百年未有之大变局，全球经济发展动力不足、国际投资贸易格局和规则调整、大国博弈更趋激烈、俄乌冲突持续升级……"一带一路"建设所面临的风险和挑战之严峻前所未有。准确分析当前国际形势下"一带一路"建设重点领域的合作与发展态势，是系统布局与"一带一路"共建国家合作新空间的重要前提。基于此，在多方调研与论证的基础上，本书以推动共建"一带一路"高质量发展为目标，聚焦"政策沟通、设施联通、贸易畅通、资金融通、民心相通"领域，将数据佐证、典型案例分析、模型量化分析相结合，开展系统性分析与发展态势研判，为达成合作新共识、打造联通新网络、加速贸易一体化、深化金融合作、促进多领域合作提供决策依据。

本书适合"一带一路"政策协调、基础设施建设、贸易、投资、舆情传播、科教合作等相关领域的从业者和研究者阅读参考。

图书在版编目（CIP）数据

"一带一路"建设"五通"进展研究 / 孙晓蕾等著. —北京：科学出版社，2024.1

ISBN 978-7-03-074444-9

Ⅰ. ①一… Ⅱ. ①孙… Ⅲ. ①"一带一路"-国际合作-研究 Ⅳ. ①F125

中国版本图书馆 CIP 数据核字（2022）第 251259 号

责任编辑：陈会迎 / 责任校对：姜丽策
责任印制：张 伟 / 封面设计：有道设计

科学出版社 出版
北京东黄城根北街 16 号
邮政编码：100717
http://www.sciencep.com

北京中科印刷有限公司 印刷
科学出版社发行　各地新华书店经销

*

2024 年 1 月第　一　版　开本：720×1000 1/16
2024 年 1 月第一次印刷　印张：16 1/4
字数：328 000

定价：178.00 元
（如有印装质量问题，我社负责调换）

前　　言

  2013年，习近平主席在出访哈萨克斯坦和印度尼西亚时先后提出共建"丝绸之路经济带"和"21世纪海上丝绸之路"的重大倡议，旨在传承丝绸之路精神，携手打造开放合作平台，为各国共同发展和繁荣提供新动力[①]。自"一带一路"倡议实施以来，我国统筹谋划推动高质量发展、构建新发展格局和共建"一带一路"，坚持共商共建共享原则，努力实现政策沟通、设施联通、贸易畅通、资金融通、民心相通（即"五通"），加快推动共建"一带一路"高质量发展。

  "一带一路"倡议自提出以来，所获得的成就举世瞩目，但是同时我们也要清楚认识到共建"一带一路"面临的国际环境日趋复杂，我们面临的风险和挑战之严峻前所未有。当前，世界正处于百年未有之大变局，变局中"危"和"机"同生并存，我国发展仍处于并将长期处于重要战略机遇期，改革发展正处在克难攻坚、闯关夺隘的重要阶段。全球经济发展动力不足，国际投资贸易格局和投资贸易规则调整，保护主义抬头，给各国实现发展开放繁荣制造了阻力，更是给发展中国家经济发展和民生改善带来挑战。大国博弈尤其是中美关系为我国"一带一路"建设和开放型经济发展带来诸多变量，美国、日本、澳大利亚和欧盟等国家和组织已经纷纷提出自己的区域合作平台，试图建立起有利于自身的多边合作框架。此外，俄乌冲突持续升级，备受欧美战略牵制的"一带一路"建设将面临更加复杂的国际环境。在此背景下，加强对"一带一路"建设态势的分析具有突出的现实意义和理论意义。

  截至2023年8月24日，我国已与152个国家、32个国际组织签署了200多份共建"一带一路"合作文件。准确分析当前国际形势下"一带一路"建设重点领域的合作与发展态势，是系统布局与"一带一路"共建国家合作新空间的重要前提。正是基于上述思考，在多方调研与论证的基础上，本书以推动共建"一带一路"高质量发展为目标，聚焦"政策沟通、设施联通、贸易畅通、资金融通、民心相通"领域，开展系统性态势分析研判。本书共17章，具体内容如下。

  第1章为绪论，由孙晓蕾、姬强完成。作为本书的开端，该章对"一带一路"

[①]《"一带一路"倡议：促进中国经济发展的重要因素》，http://fec.mofcom.gov.cn/article/fwydyl/zgzx/202111/20211103218572.shtml [2021-11-18]。

建设从理念到现实、从倡议到共识的发展历程做了全方位回顾，并从政策、设施、贸易、资金以及民心五个方面系统总结了共建"一带一路"高质量发展取得的新成效，为后续篇章提供基础。

政策沟通篇：促进政治互信，达成合作新共识。由两章内容构成，第 2 章为"一带一路"共建国家政策沟通的"危"与"机"，由盛莹婕、索玮岚、孙晓蕾完成；第 3 章为"一带一路"共建国家政策沟通态势，由盛莹婕、索玮岚、孙晓蕾完成。

设施联通篇：优化设施布局，打造联通新网络。由两章内容构成，第 4 章为"一带一路"沿线国家设施联通"亮点"与"意难平"，由王林（东华大学）、索玮岚完成；第 5 章为"一带一路"沿线国家设施联通态势，由索玮岚、王林完成。

贸易畅通篇：加速贸易一体化，发挥大国稳压器作用。由三章内容构成，第 6 章为中国与"一带一路"沿线国家贸易合作态势，第 7 章为"一带一路"沿线国家原油贸易安全态势，都由张海颖（交通运输部科学研究院）、姬强完成；第 8 章为"一带一路"沿线国家贸易隐含碳排放态势，由姜青言、蒋茂荣、夏炎完成。

资金融通篇：深化金融合作，打通"一带一路"共建血脉。由三章内容构成，第 9 章为我国与"一带一路"沿线国家投资合作态势，由姚晓阳（中国计量大学）、张海颖、孙晓蕾完成；第 10 章为资金融通领域重要合作协议与机制，由姚晓阳、孙晓蕾完成；第 11 章为"一带一路"共建国家汇率波动演化态势，由姚晓阳、郭琨（中国科学院大学）、孙晓蕾完成。

民心相通篇：深化多领域合作，凝聚"命运共同体"共识。由三章内容构成，第 12 章为"一带一路"沿线国家教育合作态势，由马宁、李倩倩完成；第 13 章为"一带一路"沿线国家科技合作态势，由王红兵、李倩倩完成；第 14 章为"一带一路"倡议传播态势和沿线国家形象感知，由李倩倩完成。

前景展望篇：共建"一带一路"，"互联互通"中合作共赢。由三章内容构成，聚焦数字基础设施建设、绿色低碳发展以及科教协同发展，对未来"一带一路"高质量发展进行展望。其中，第 15 章为设施互联互通未来可期，由索玮岚、孙晓蕾完成；第 16 章为绿色低碳助推高质量发展，由姬强、孙晓蕾完成；第 17 章为民心相通推进"一带一路"教育和科技联动发展，由马宁、李倩倩、王红兵完成。

本书由中国科学院科技战略咨询研究院系统分析与管理研究所的风险管理课题组、能源经济政策与环境研究团队以及社会治理课题组共同完成。更为重要的是，在本书的成稿过程中，我们先后得到了国内外众多知名学者和专家的大力支持和指导。在此，特别感谢潘教峰研究员、樊杰研究员、徐伟宣研究员、陈建明研究员、陈安研究员、刘怡君研究员、范英教授、李建平教授等专家，对这些专家表达最诚挚的谢意！中国科学院科技战略咨询研究院系统分析与管理研究所的同事们提出了众多宝贵意见和中肯建议，给予了大量的支持和帮助。本书是集体智慧的结晶，在此一并向他们表示感谢！

　　本书得到了国家自然科学基金项目（72071197，72074207，71673267，72022020，72348003，72374193）、中国科学院科技战略咨询研究院院长青年基金项目的支持，在此表示衷心感谢！感谢科学出版社的马跃先生、李莉女士，正是由于他们的帮助和鼓励，本书才得以出版。特别感谢本书所引用文献的所有作者，并向国内外学术同行及业内人士致以深深的敬意。在此向那些可能被遗漏的文献作者表示歉意，请您与我们联系，以便将来有机会弥补。

　　限于学科背景与理论深度，着实难以对"一带一路"建设态势形成全景式研判。此外，考虑到数据的可获取性、数据来源的权威性、数据分析的科学性等关键因素，各章所覆盖的国家样本以及数据区间有所不同。本书难免存在疏漏和不足之处，恳请读者批评指正。我们期望通过本书，能够为推进"一带一路"高质量发展提供理论与方法支撑，略尽绵薄之力。

目　　录

第1章　绪论 ··· 1
  1.1　"一带一路"倡议到共建"一带一路" ·· 1
  1.2　"一带一路"高质量发展新成效 ··· 3
  1.3　本书结构 ·· 5

政策沟通篇：促进政治互信，达成合作新共识

第2章　"一带一路"共建国家政策沟通的"危"与"机" ··············· 13
  2.1　政策沟通的亮点成效 ·· 13
  2.2　政策沟通的危机事件 ·· 19
  2.3　本章小结 ·· 25

第3章　"一带一路"共建国家政策沟通态势 ······································ 26
  3.1　政策沟通态势分析框架设计 ·· 26
  3.2　政策沟通广度深度不断强化，合作收益显著 ·································· 27
  3.3　战略对接成效显著，协调机制积极推动 ·· 37
  3.4　本章小结 ·· 42

设施联通篇：优化设施布局，打造联通新网络

第4章　"一带一路"沿线国家设施联通"亮点"与"意难平" ········ 45
  4.1　"一带一路"沿线国家设施联通亮点纷呈 ······································ 45
  4.2　"一带一路"沿线国家设施联通失败案例 ······································ 57
  4.3　本章小结 ·· 66

第5章　"一带一路"沿线国家设施联通态势 ······································ 67
  5.1　基础设施联通态势分析框架设计 ·· 67
  5.2　设施联通的发展基础与成效分析 ·· 75
  5.3　本章小结 ·· 89

贸易畅通篇：加速贸易一体化，发挥大国稳压器作用

第6章　中国与"一带一路"沿线国家贸易合作态势 ························ 93
  6.1　全球贸易整体态势 ·· 93

6.2	中国对外贸易态势	96
6.3	中国与"一带一路"沿线国家贸易合作基础	103
6.4	本章小结	105

第7章 "一带一路"沿线国家原油贸易安全态势 ... 106
7.1	全球原油贸易网络与安全指数	106
7.2	全球原油贸易整体态势	109
7.3	全球原油贸易中断风险	114
7.4	本章小结	129

第8章 "一带一路"沿线国家贸易隐含碳排放态势 ... 131
8.1	基于国家间投入产出表的隐含碳测算	131
8.2	"一带一路"沿线国家碳排放概况	133
8.3	"一带一路"沿线国家贸易隐含碳分行业流向	137
8.4	"一带一路"沿线国家整体分行业贸易隐含碳分析	138
8.5	本章小结	140

资金融通篇：深化金融合作，打通"一带一路"共建血脉

第9章 我国与"一带一路"沿线国家投资合作态势 ... 143
9.1	全球投资增长趋势	143
9.2	我国对外投资总体态势	146
9.3	我国对"一带一路"沿线国家投资态势	150
9.4	我国对"一带一路"沿线投资重点国家	153
9.5	本章小结	156

第10章 资金融通领域重要合作协议与机制 ... 157
10.1	资金融通相关协议	157
10.2	资金融通相关机制	162
10.3	本章小结	172

第11章 "一带一路"共建国家汇率波动演化态势 ... 173
11.1	"一带一路"共建国家汇率波动概览	173
11.2	"一带一路"共建国家汇率波动的多尺度特征	178
11.3	"一带一路"共建国家汇率波动的关联特征	190
11.4	本章小结	200

民心相通篇：深化多领域合作，凝聚"命运共同体"共识

第12章 "一带一路"沿线国家教育合作态势 ... 203
12.1	构建"一带一路"教育共同体	203

12.2 "一带一路"沿线国家的教育态势 ·················· 205
12.3 我国与"一带一路"沿线国家教育合作 ·················· 208
12.4 本章小结 ·················· 213

第 13 章 "一带一路"沿线国家科技合作态势 ·················· 214
13.1 科技合作态势概览 ·················· 214
13.2 基于新闻报道的科技合作重点领域分析 ·················· 216
13.3 基于 CNKI 文献数据的科技合作成果分析 ·················· 218
13.4 本章小结 ·················· 220

第 14 章 "一带一路"倡议传播态势和沿线国家形象感知 ·················· 221
14.1 "一带一路"传播总体态势 ·················· 221
14.2 "五通"信息传播主题分析 ·················· 222
14.3 "一带一路"沿线国家形象感知分析 ·················· 225
14.4 本章小结 ·················· 232

前景展望篇：共建"一带一路"，"互联互通"中合作共赢

第 15 章 设施互联互通未来可期 ·················· 235
15.1 市场需求是设施互联互通的核心动力 ·················· 235
15.2 数字基础设施建设成为合作新亮点 ·················· 236
15.3 重要举措 ·················· 237

第 16 章 绿色低碳助推高质量发展 ·················· 239
16.1 低碳转型中的"一带一路" ·················· 239
16.2 绿色"一带一路"成为发展新机遇 ·················· 240
16.3 重要举措 ·················· 242

第 17 章 民心相通推进"一带一路"教育和科技联动发展 ·················· 243
17.1 科教协同助力"一带一路"建设 ·················· 243
17.2 教育共同体展现大国责任担当 ·················· 244
17.3 重要举措 ·················· 245

参考文献 ·················· 247

第 1 章 绪　　论

夯基垒台、立柱架梁，共建"一带一路"正在成为我国参与全球开放合作、改善全球经济治理体系、促进全球共同发展繁荣、推动构建人类命运共同体的中国方案。党的二十大报告①指出，十八大以来，共建"一带一路"成为深受欢迎的国际公共产品和国际合作平台，我国成为一百四十多个国家和地区的主要贸易伙伴，货物贸易总额居世界第一，吸引外资和对外投资居世界前列，形成更大范围、更宽领域、更深层次对外开放格局。报告还强调，要加快建设贸易强国，推动共建"一带一路"高质量发展，维护多元稳定的国际经济格局和经贸关系。本章对"一带一路"建设从理念到现实、从倡议到共识的发展历程做了全方位回顾，并从政策、设施、贸易、资金以及民心五个方面系统总结了共建"一带一路"高质量发展取得的新成效。

1.1 "一带一路"倡议到共建"一带一路"

2013年9月3日至13日，国家主席习近平先后对土库曼斯坦、哈萨克斯坦、乌兹别克斯坦、吉尔吉斯斯坦进行国事访问②，并出席上海合作组织比什凯克峰会。习近平主席提出，"用创新的合作模式，共同建设'丝绸之路经济带'"③。"一带一路"倡议自提出以来，得到了世界上越来越多的国家和国际组织的认同。2017年5月14～15日在北京举办的"一带一路"国际合作高峰论坛，有110多个国家和60多个国际组织参与。这表明"一带一路"正在由中国倡议转变为全球共识，这也标志着"一带一路"倡议实现了从理念到全面行动、从愿景到现实的重大转变，正在进入到全面务实合作的建设阶段。

以"一带一路"倡议为统领，构建全方位开放新格局，已成为我国"十三五"期间发展战略重点之一。2017年，党的十九大关于《中国共产党章程（修正案）》的决议明确提出，把推进"一带一路"建设等内容写入党章，这充分体现了我国高度重视"一带一路"建设、坚定推进"一带一路"国际合作的决心和信心。共

---

① 《习近平：高举中国特色社会主义伟大旗帜 为全面建设社会主义现代化国家而团结奋斗——在中国共产党第二十次全国代表大会上的报告》，https://www.12371.cn/2022/10/25/ARTI1666705047474465.shtml[2022-10-25]。

② 《记习近平访问中亚四国和共建"丝绸之路经济带"》，http://www.gov.cn/ldhd/2013-09/13/content_2487564.htm[2022-05-30]。

③ 《习近平在哈萨克斯坦纳扎尔巴耶夫大学的演讲》，https://www.gov.cn/ldhd/2013-09/08/content_2483565.htm[2013-09-08]。

建"一带一路",旨在促进经济要素有序自由流动、资源高效配置和市场深度融合,推动共建各国实现经济政策协调,在"五通"框架下开展更大范围、更高水平、更深层次的区域合作,共同打造开放、包容、均衡、普惠的区域经济合作架构。推动共建"一带一路"高质量发展更是成为《中华人民共和国国民经济和社会发展第十四个五年规划和2035年远景目标纲要》(简称"十四五"规划和2035年远景目标纲要)中第十二篇"实行高水平对外开放 开拓合作共赢新局面"的重要构成。

"一带一路"从顶层设计、政策沟通到设施联通、贸易畅通、资金融通、民心相通等各方面都取得了显著成果。党的十八大以来,国家高度重视向世界展示真实、立体、全面的中国[①]。立足讲好中国故事、传播好中国声音、让世界更好了解中国,人民日报、新华社、光明日报、经济日报、中央广播电视总台、中国日报、中国新闻社等媒体兼顾对内对外,发挥融媒体平台优势,以矩阵化传播开展对"一带一路"倡议深入、细致、全面的报道。"一带一路"倡议自提出以来,政策沟通不断深化、设施联通不断加强、贸易畅通不断提升、资金融通不断扩大、民心相通不断促进。本书将关于"一带一路"倡议的报道通过关键词匹配,划分到政策沟通、设施联通、贸易畅通、资金融通、民心相通这五个方面(图1-1)。

(a)政策沟通

(b)设施联通

(c)贸易畅通

(d)资金融通

---

① 《习近平主持中共中央政治局第三十次集体学习并讲话》,http://www.gov.cn/xinwen/2021-06/01/content_5614684.htm[2022-05-30]。

(e)民心相通

图1-1 "五通"传播词云图

从人民网"五通"领域的新闻报道标题的关键词来看,"合作"是五通的共性高频词。报道中13%的新闻标题中包含"合作"一词,主要涉及中国与"一带一路"共建国家、多边区域、西方发达国家和全球性国际组织的合作等。我国以宣传"合作"为基调的报道进一步体现了"一带一路"倡议旨在促进全球各国"合作共赢"的本质内涵。中国作为负责任的大国,正在通过实际行动承担更多国际责任,提供更多优质国际公共产品。面对新冠疫情暴发的冲击,"一带一路"建设更是呈现出强大韧性。无论是我国政府与共建国家或国际组织签署的一系列多层次、多领域、双多边合作协议,还是助推"一带一路"建设的双多边合作机制,都为"政策沟通、设施联通、贸易畅通、资金融通、民心相通"发展做出了重大贡献。

1.2 "一带一路"高质量发展新成效

政策沟通协调不断加强,合作环境大幅优化。政策沟通是"一带一路"建设的重要保障,也是共建各国实现互利共赢的重要前提。"一带一路"国际合作高峰论坛、二十国集团领导人第十一次峰会(简称G20杭州峰会)、博鳌亚洲论坛等成为我国与"一带一路"共建国家高层交往的重要平台。我国同有关国家开展有效的政策沟通协调,包括俄罗斯提出的欧亚经济联盟、东南亚国家联盟(简称东盟)提出的互联互通总体规划、哈萨克斯坦提出的"光明之路"、土耳其提出的"中间走廊"、蒙古国提出的"发展之路"、越南提出的"两廊一圈"、波兰提出的"琥珀之路"、文莱提出的"2035宏愿"等。当前我国与众多"一带一路"共建国家保持战略伙伴及以上的关系级别,相互合作的共同利益较多,在重大国际和地区问题上关系密切,配套政策文件日趋完善,与更多国家在更广领域达成协同联动合作。截至2023年8月24日,我国已与152个国家、32个国际组织签署了200多份共建"一带一路"合作文件。有关合作理念和主张写入联合国、二十国集团、亚太经济合作组织、上海合作组织等重要国际组织的成果文件。

　　基础设施建设发展迅猛，联通水平明显提升。基础设施互联互通是"一带一路"建设的优先领域，也是共建国家合作发展的重要基础。设施联通既包括交通运输等基础设施的"硬件"建设，又包括制度、规则、标准衔接融通的"软件"建设。博鳌亚洲论坛理事长、联合国前秘书长潘基文在2018年12月25日的《人民日报》上发表题为《希望中国在经济社会发展上取得更大成就》的文章，强调"中国提出的'一带一路'倡议使沿线各国通过合作加强了基础设施建设，推动了经济社会发展。全球问题需要全球性的解决方案，各国必须展开合作"，对基础设施建设成效给予了高度肯定。为加快基础设施互联互通的实现，中国与"一带一路"共建国家和国际组织在交通基础设施、能源基础设施、通信网络基础设施相关领域积极对接合作，逐步健全设施联通长效合作机制，切实加大基础设施工程建设力度，推动了一批重大基础设施互联互通项目取得实质性进展，有效提升了这些国家的基础设施建设水平与服务能力，逐步实现了战略对接、优势互补，为实现设施联通提供了必要的条件保障。截至2022年8月，中欧班列累计开行近6万列，货值累计近3000亿美元，共铺画了82条运输路线，通达欧洲24个国家200个城市。

　　贸易投资总体保持增长，经贸合作持续深化。贸易畅通是"一带一路"倡议的核心内容，也是促进共建国家经济繁荣与区域合作的重要手段。贸易畅通旨在顺应经济全球化、区域一体化趋势，全方位深化与共建各国经贸往来、产业投资、能源资源和产能合作，着力推进投资贸易便利化，消除投资和贸易壁垒，构建良好的营商环境，促进区域内经济要素有序自由流动、资源高效配置和市场深度融合，共同打造开放、包容、均衡、普惠的区域经济合作架构，为共建国家互利共赢、共同发展奠定坚实基础。中国与"一带一路"共建国家经贸投资合作成效明显，贸易和投资合作规模不断扩大，基本形成了互利共赢的良好局面。中国对"一带一路"共建国家出口的主要是机电类产品，进口产品中，电机电气设备和矿物燃料的比例最高。立足周边、覆盖"一带一路"、面向全球的高标准自由贸易网络正在加快形成。

　　投融资支持力度持续加大，监管合作不断完善。资金融通不仅有利于相关国家基础设施的互联互通，还在实现投资贸易便利化、消除投资和贸易壁垒，积极与"一带一路"共建国家和地区共同商建自贸区等方面发挥重要的支撑作用。我国与"一带一路"共建国家共同努力改善金融支撑环境。截至2019年末，11家中资银行在29个"一带一路"共建国家设立了79家一级分支机构；23个"一带一路"共建国家的48家银行在华设立了机构。截至2022年7月，中国累计与20多个共建国家建立了双边本币互换安排，在10多个共建国家建立了人民币清算安排，人民币跨境支付系统业务量和影响力稳步提升。中资银行在传统信贷支持外，通过跨境人民币融资、投贷联动、发行"一带一路"主题债券、出口信用保险等方式开展"一带一路"项目投融资，加强与外资银行同业及多边国际机构合作，共享收益，共担风险。中国银行业监管机构积极落实巴塞尔银行监管委员会确定的跨境银行监管原则，践行大国担当。截至2019年末，中国银行保险监督管理委员会（简称银保监会）已与83个国家和地区的金融监管当局签署了120份监管合作谅解备忘录（memorandum of understanding，MOU）或监管合作协议，并通过高层和跨部委双多边对话机制加强跨境监管合作。

科教文卫合作务实推进，民意基础稳步夯实。民心相通是"一带一路"建设的"关键基础"，更是"一带一路"建设的长久保障。自"一带一路"倡议提出以来，我国与各国多维度、多层面的合作不断推进，"一带一路"惠及世界各国的红利不断凸显。《推进"一带一路"建设科技创新合作专项规划》《推进共建"一带一路"教育行动》等逐步落地，引领科技、教育、文化、卫生、民间交往等各领域广泛开展合作，若干教育合作和文化交流品牌逐渐形成，杂交水稻等惠民项目有效增进了共建国家民众的获得感，为"一带一路"建设夯实民意基础，筑牢社会根基。面对新冠疫情暴发的冲击，2021年，我国同31个合作伙伴共同发起"一带一路"疫苗合作伙伴关系倡议。截至2022年底，已向153个国家和15个国际组织提供了数千亿件抗疫物资，向120多个国家和国际组织提供了超过22亿剂疫苗。

1.3 本书结构

随着越来越多国家参与到"一带一路"建设中，如何研究建立健全"一带一路"合作机制与框架，让共建国家能够在政策沟通、项目对接、经贸合作、设施联通、生态环境保护等方面均有可以参考、依照的长效合作机制，是当前推动共建"一带一路"高质量发展面临的迫切问题。2021年11月，在第三次"一带一路"建设座谈会上，习近平强调拓展国际合作新空间，扎牢风险防控网络，推动共建"一带一路"高质量发展不断取得新成效[1]。2022年10月，习近平在党的二十大报告中强调，加快建设贸易强国，推动共建"一带一路"高质量发展，维护多元稳定的国际经济格局和经贸关系[2]。

准确分析当前国际形势下"一带一路"建设重点领域的合作与发展态势，是系统布局与"一带一路"共建国家合作新空间的重要前提。需要说明的是，

---

[1] 《习近平出席第三次"一带一路"建设座谈会并发表重要讲话》，https://www.gov.cn/xinwen/2021-11/19/content_5652067.htm?jump=true[2021-11-19]。

[2] 《习近平：高举中国特色社会主义伟大旗帜 为全面建设社会主义现代化国家而团结奋斗——在中国共产党第二十次全国代表大会上的报告》，https://www.12371.cn/2022/10/25/ARTI1666705047474465.shtml[2022-10-25]。

自"一带一路"倡议提出以来,"一带一路"共建国家的数量也在持续增长。为了更好体现本书研究的前后一致性,在设施联通、贸易畅通、资金融通、民心相通等相关章节中主要参考了2017年"中国一带一路网"的"一带一路"沿线国家数量和名单。考虑到数据的可获取性、数据来源的权威性、数据分析的科学性等关键因素,各章所覆盖的国家样本以及数据区间有所不同。

本书聚焦"政策沟通、设施联通、贸易畅通、资金融通、民心相通"这五个重点领域,对其建设进展开展系统性分析,以期为推动共建"一带一路"高质量发展提供对策建议。基于上述考虑,本书分为政策沟通篇、设施联通篇、贸易畅通篇、资金融通篇、民心相通篇以及前景展望篇六个部分,共17章,具体思路框架与章节安排如图1-2所示。

第1章为绪论。该章对"一带一路"建设从理念到现实、从倡议到共识的发展历程做了全方位回顾,并从政策、设施、贸易、资金以及民心五个方面系统总结了共建"一带一路"高质量发展取得的新成效。

政策沟通篇:促进政治互信,达成合作新共识。由两章构成,从政策沟通态势及政策沟通亮点与危机事件的角度出发,全方位梳理归纳共建"一带一路"在政策沟通方面取得的显著成效以及面临的主要挑战。第2章为"一带一路"共建国家政策沟通的"危"与"机"。该章从政策沟通亮点与危机事件的角度出发,选取俄罗斯、巴基斯坦、澳大利亚和立陶宛作为典型"一带一路"共建国家开展案例分析,凝练我国与这些典型国家开展双边政策沟通的成功经验并深度剖析危机产生的原因。第3章为"一带一路"共建国家政策沟通态势。该章以共建"一带一路"合作文件和战略沟通机制为政策沟通态势分析的研究对象,从合作广度、合作深度、合作结构等多个视角分析"一带一路"政策沟通态势,全方位展示政策沟通在合作协议收益和战略对接成效方面取得的成就。

设施联通篇:优化设施布局,打造联通新网络。由两章构成,首先以案例为载体,从经验归纳和原因辨识两个视角开展"一带一路"沿线国家设施联通亮点工程与违约项目的深度剖析,进而多视角开展"一带一路"沿线国家设施联通态势的综合分析。第4章为"一带一路"沿线国家设施联通"亮点"与"意难平"。该章聚焦交通、能源、通信网络这三类典型基础设施,从亮点工程和失败案例两个维度,分别选取了三个代表性项目进行追踪与分析,凝练成功经验或失败因素,为"一带一路"沿线国家有效开展基础设施建设、实现设施联通提供借鉴。第5章为"一带一路"沿线国家设施联通态势。该章从基础设施相关概念的范畴界定及其战略定位出发,设计了"一带一路"沿线国家基础设施联通态势分析框架,从全局、国别等视角对"一带一路"沿线国家基础设施的多维联通态势进行科学分析。

第1章 绪　论

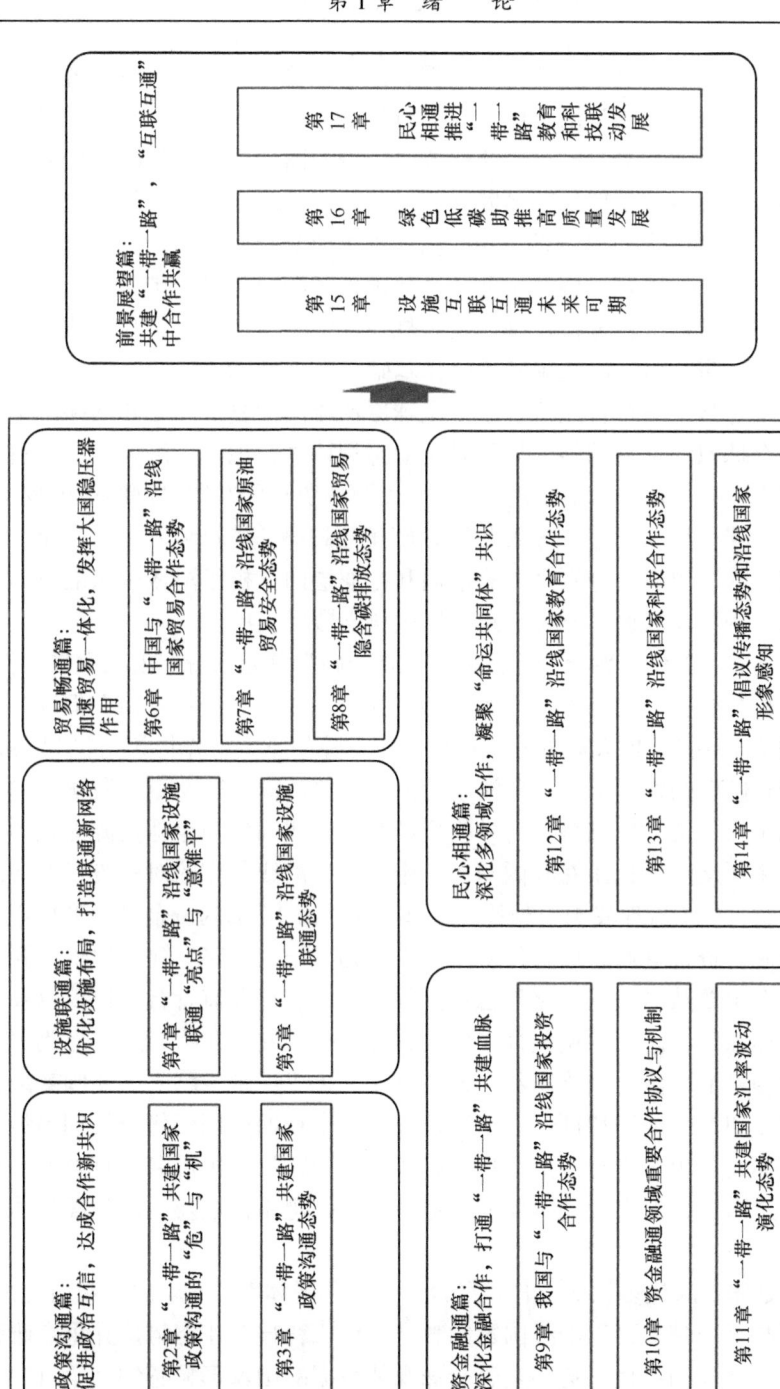

图1-2 本书结构

前景展望篇：共建"一带一路"中合作共赢

- 第15章 设施互联互通未来可期
- 第16章 绿色低碳助推高质量发展
- 第17章 民心相通推进"一带一路""互联互通"教育和科技联动发展

政策沟通篇：促进政治互信，达成合作新共识

- 第2章 "一带一路"共建国家政策沟通的"危"与"机"
- 第3章 "一带一路"共建国家政策沟通态势

设施联通篇：优化设施布局，打造联通新网络

- 第4章 "一带一路"沿线国家设施联通"亮点"与"意难平"
- 第5章 "一带一路"沿线国家设施联通态势

贸易畅通篇：加速贸易一体化，发挥大国隐压器作用

- 第6章 中国与"一带一路"沿线国家贸易合作态势
- 第7章 "一带一路"沿线国家原油贸易安全态势
- 第8章 "一带一路"沿线国家贸易隐含碳排放态势

资金融通篇：深化金融合作，打通共建血脉

- 第9章 我国与"一带一路"沿线国家投资合作态势
- 第10章 "一带一路"共建国家重要领域合作协议与机制
- 第11章 资金融通"一带一路"共建国家汇率波动演化态势

民心相通篇：深化多领域合作，凝聚"命运共同体"共识

- 第12章 "一带一路"沿线国家教育合作态势
- 第13章 "一带一路"沿线国家科技合作态势
- 第14章 "一带一路"倡议传播态势和沿线国家形象感知

第1章 绪论

贸易畅通篇：加速贸易一体化，发挥大国稳压器作用。由三章内容构成，首先，对我国与"一带一路"沿线国家间的贸易进行全景式刻画；其次，以我国对外贸易额最大的原油贸易为例，量化研究"一带一路"倡议对保障中国原油贸易安全的重要性；最后，主要从贸易隐含碳排放的视角，为我国的绿色贸易发展提供依据。第 6 章为中国与"一带一路"沿线国家贸易合作态势。贸易畅通是"一带一路"建设的重点内容。该章主要从全球视角对我国与"一带一路"沿线国家的贸易合作态势进行综合分析，基于贸易规模、贸易结构以及贸易主体等方面，梳理我国与"一带一路"沿线国家的合作基础。第 7 章为"一带一路"沿线国家原油贸易安全态势。该章首先构造基于全球原油流向的复杂网络和网络的基本测度指标，对全球原油贸易的整体格局以及动态规律进行识别，测度当原油贸易出现中断情况下，全球原油贸易网络的稳定性以及各贸易国在贸易网络中的安全性。第 8 章为"一带一路"沿线国家贸易隐含碳排放态势。该章编制了"一带一路"沿线国家间投入产出表，分别从国家层面和行业层面分析了沿线国家的贸易隐含碳排放情况，为共建绿色"一带一路"提供科学数据支撑。

资金融通篇：深化金融合作，打通"一带一路"共建血脉。由三章内容构成，首先，全方位分析我国对外直接投资态势；其次，梳理"一带一路"倡议自提出以来为促进资金融通、扩大对外投资提供坚实保障的重要合作协议与机制；最后，探究"一带一路"共建国家的汇率波动特征及演化规律。第 9 章为我国与"一带一路"沿线国家投资合作态势。对外投资已经成为我国参与全球资源配置的重要方式。该章主要从全球视角对我国与"一带一路"沿线国家的对外投资发展态势进行综合分析，系统梳理我国对外投资总体态势。第 10 章为资金融通领域重要合作协议与机制。资金融通领域合作协议与机制为"一带一路"建设提供了强有力的保障。该章主要从"一带一路"融资指导原则、银行业监管合作协议以及"一带一路"合作谅解备忘录等相关合作协议和合作机制展开介绍。第 11 章为"一带一路"共建国家汇率波动演化态势。该章首先分析"一带一路"共建国家采用的基本汇率制度和汇率波动特征，并从短期波动、中长期周期变化及长期趋势等多个尺度对整体人民币名义有效汇率指数和"一带一路"人民币名义有效汇率指数进行分析，进而探究汇率波动传染的关键节点与关键路径以及不同阶段的动态演化特征。

民心相通篇：深化多领域合作，凝聚"命运共同体"共识。由三章内容构成，分析了我国与"一带一路"沿线国家的教育合作、科技合作态势，并重点研究了"一带一路"倡议的传播态势和基于全球媒体数据的国家形象感知。第 12 章为"一带一路"沿线国家教育合作态势。该章基于"一带一路"倡议的国际教育背景，以联合国开发计划署、世界银行等统计的各国数据为基础，对比分析了"一带一路"沿线国家的平均受教育年限、公共教育支出占比、入学率等教育相关指标，实现对"一带一路"沿线国家教育合作态势的分析。第 13 章为"一带一路"沿线国家科技合作态势。该章梳理了"一带一路"沿线国家科技合作状况与成效，并基于全球媒体数据库 GDELT 和中国知网（China National Knowledge Infrastructure，CNKI）中文期刊文献数据库，从定量分析的角度全面揭示"一带一路"沿线国家科技合作的重点领域和合作成果，挖掘各国的科技合作态势与合作特征。第 14 章为"一带一路"倡议传播态势和沿线国家形象感知。该章从我国政府官方媒体宣传平台关于"一带一路"倡议的宣传情况入手，分析我国关于"一带一路"倡议的主题分布；从全球媒体数据库 GDELT 入手，分析"一带一路"沿线国家的国家形象感知情况，以期为我国开展"一带一路"倡议传播和沿线国家舆情态势感知提供借鉴。

前景展望篇：共建"一带一路"，"互联互通"中合作共赢。由三章内容构成，聚焦数字基础设施建设、绿色低碳发展以及科教协同发展，对未来"一带一路"高质量发展进行展望。第 15 章为设施互联互通未来可期。数字经济正成为驱动全球经济增长和经贸往来的新动能，数字基础设施建设成为加快"一带一路"沿线国家设施互联互通的新机遇。该章系统梳理了"一带一路"沿线国家数字基础设施建设的需求和机遇，提出以基础型数字化、信息化应用激活沿线国家基础设施建设，实现互联互通的有效路径和重要举措。第 16 章为绿色低碳助推高质量发展。绿色低碳发展不仅对实现"一带一路"绿色、低碳、高质量发展至关重要，而且是全球经济绿色低碳转型中重要的一环。该章对"一带一路"绿色低碳发展现状和面临的新机遇进行梳理、总结，在此基础上进行展望，提出未来绿色低碳发展的重要举措。第 17 章为民心相通推进"一带一路"教育和科技联动发展。教育、科技、人才三位一体的定位强调了三者之间的有机联系，通过协同配合、系统集成，共同塑造了发展的新动能。该章对"一带一路"科教协同建设现状和成效进行全面梳理，在此基础上提出未来科教协同发展的重要举措。

政策沟通篇：促进政治互信，达成合作新共识

2013年9月和10月，习近平西行哈萨克斯坦、南下印度尼西亚，先后提出共建丝绸之路经济带和21世纪海上丝绸之路[①]。习近平提出要聚焦政策沟通、设施联通、贸易畅通、资金融通、民心相通，推动共建"一带一路"向高质量发展转变，习近平为共建"一带一路"精准把脉定向[①]。政策沟通作为"一带一路"建设的"五通"之首，是"一带一路"高质量发展的关键所在，卓有成效的政策沟通机制是开展全面务实合作和实现高质量发展的必要支撑。

当今世界正经历百年未有之大变局，世界多极化、经济全球化、社会信息化、文化多样化深入发展，新冠疫情影响深远，全球治理体系和国际秩序变革加速推进，新兴市场国家和发展中国家快速崛起。"一带一路"倡议作为全球治理的中国方案与中国智慧，在当前复杂多变的国际环境下为世界经济增长开辟了新空间，为全球互联互通提供了新渠道，为国际贸易和投资搭建了新平台，为完善全球治理拓展了新实践，为增进各国民生福祉做出了新贡献，成为全球共同的机遇之路、繁荣之路。通过政策沟通就发展战略和对策进行充分交流对接，共同制定推进区域合作的规划和措施，协商解决合作中的共性问题，为务实合作及大型项目实施提供政策支持。近年来，"一带一路"政策沟通工作取得显著进展，和平合作、开放包容、互学互鉴、互利共赢的丝路精神和共商、共建、共享理念已充分融入国际社会，共建"一带一路"成为当今世界深受欢迎的国际公共产品和国际合作平台。

本篇由两章构成，分别从政策沟通态势及政策沟通亮点与危机事件的角度出发，利用定性与定量相结合的方式，全方位梳理归纳共建"一带一路"在政策沟通方面取得的显著成效以及面临的主要挑战，以期为推动共建"一带一路"向高质量发展转变发挥更大的政策沟通效能提供借鉴参考，更好地促进政治互信，达成更多合作共识。

---

① 《共同走出机遇之路、繁荣之路（人民论坛）——推动共建"一带一路"高质量发展》，http://world.people.com.cn/n1/2022/0725/c1002-32484779.html[2022-07-30]。

第 2 章 "一带一路"共建国家政策沟通的"危"与"机"

政策沟通既是"一带一路"建设的重要保障，也是"一带一路"共建国家实现互利共赢的根本前提。"一带一路"倡议自2013年提出以来，在尊重各国发展道路和模式选择的基础上，政策沟通不断深化，取得了丰硕成果。但与此同时，由于各国国情不同、制度各异、国际形势变幻复杂等因素，政策沟通也面临着巨大的挑战，"中国威胁论""地缘扩张论""经济掠夺论""环境破坏论"等负面评价使得"一带一路"倡议遭遇了曲解、污蔑、抵制和反对。本章从政策沟通亮点与危机事件的角度出发，选取俄罗斯、巴基斯坦、澳大利亚和立陶宛作为典型国家开展案例分析，凝练双边政策沟通的成功经验并深度剖析危机产生的原因，以期更好地指导"一带一路"政策沟通工作。

2.1 政策沟通的亮点成效

本节选取俄罗斯与巴基斯坦作为典型国家，并分别就中俄和中巴在政策沟通方面取得的亮点成效进行特征凝练。

2.1.1 高度政治互信是推动中俄"一带一路"政策沟通的核心动力

首先，重点阐述中俄两国围绕"一带一路"政策沟通所做的战略部署，其次分别从政治互信、交往历史、显著成效等方面梳理凝练两国在"一带一路"政策沟通中的特色亮点。

1. 中俄政策沟通的战略部署及成效

俄罗斯是"一带一路"倡议的积极支持者、重要参与者和关键合作伙伴。2015年5月8日，中国与俄罗斯在莫斯科发布《中华人民共和国与俄罗斯联邦关于丝绸之路经济带建设和欧亚经济联盟建设对接合作的联合声明》，确认将深化两国全面战略协作伙伴关系，促进欧亚地区及全世界平衡和谐发展[①]。两国在已取得的经济合作成果基础上，深入推进两国发展战略对接和"一带一路"建设同欧亚经济联盟建设对接合作，进而在欧亚大陆发展更高水平、更高层次的经济合作关系，

---

① 《中华人民共和国与俄罗斯联邦关于丝绸之路经济带建设和欧亚经济联盟建设对接合作的联合声明（全文）》，http://www.gov.cn/xinwen/2015-05/09/content_2859384.htm[2022-07-30]。

惠及两国及欧亚地区国家人民。

1）中俄两国积极践行"一带一路"合作

俄罗斯是对"一带一路"倡议态度最为积极与合作程度最高的大国之一。国家信息中心发布的《"一带一路"大数据报告（2018）》中指出，"一带一路"国别合作度排行中，俄罗斯连续三年蝉联榜首[①]。2018 年太和智库与北京大学联合发布的《"一带一路"五通指数研究报告》显示，俄罗斯位列"一带一路"五通指数第一名，以 86.24 的最高评分成为 94 个"一带一路"共建国家中的最"畅通"国家[②]。自 2015 年 5 月 8 日签订共建"一带一路"合作文件以来，截至 2022 年 7 月，双方已累计发布 7 次联合声明以及 5 次总理定期会晤联合公报，双方在"一带一路"框架下始终保持着紧密的合作。

2）中俄元首保持密切交往

中俄两国间积极有效的政策沟通离不开两国元首的共同擘画与亲自推动，多年来中俄高层交往密切，保持着高频互访节奏，两国已形成了元首年度互访的惯例和机制，在重大事件与会议上，双方元首也秉持礼尚往来，不断开启两国外交关系的新篇章。

2013 年至 2022 年 2 月，两国元首在互访及其他双多边场合会晤次数已达 38 次[③]。2013 年 3 月，习近平在就任国家主席后首次访问俄罗斯，首次在国际场合阐述构建人类命运共同体和新型国际关系的基本原则[④]；2014 年 2 月，习近平主席赴俄罗斯索契出席第二十二届冬奥会开幕式，这是中国国家元首首次出席在境外举行的大型国际体育赛事[⑤]；2017 年 5 月、2019 年 4 月两届"一带一路"国际合作高峰论坛，普京总统均率团出席；2018 年 6 月，普京总统选择中国作为新任期首个进行国事访问的国家，习近平主席将中华人民共和国首枚"友谊勋章"颁发给普京总统，两国元首同乘高铁赴天津出席中俄友好交流活动；2019 年 6 月，习近平主席和普京总统同游涅瓦河，共同登上打响十月革命第一炮的阿芙乐尔号巡洋舰，追忆峥嵘岁月；2020 年新冠疫情在全球大暴发之后，习近平主席同普京总统以通话、视频等形式继续保持沟通，为双边关系保驾护航，为两国紧密合作发挥了关键的战略作用；2022 年 2 月，北京举办冬奥会，俄罗斯总统普京来华访问并出席北京冬奥会开幕式。

---

① 《数说"一带一路"国别合作度》，http://www.sic.gov.cn/sic/608/614/1224/9762_pc.html[2022-07-30]。
② 《太和智库与北京大学联合发布"一带一路"五通指数研究报告（2018）》，http://www.taiheinstitute.org/Content/2018/12-24/0913043250.html[2022-07-30]。
③ 《中俄元首"冬奥之约"开启两国关系新篇章》，http://world.people.com.cn/n1/2022/0201/c1002-32344535.html[2022-08-11]。
④ 《特稿：让世界看到大国的样子——元首外交引领中俄关系阔步向前》，http://www.xinhuanet.com/world/2021-05/09/c_1127423734.htm[2021-05-09]。
⑤ 《习近平抵俄罗斯索契出席第二十二届冬奥会开幕式》，https://www.gov.cn/xinwen/2014-02/06/content_2613016.htm[2017-02-06]。

2. 中俄政策沟通亮点凝练

中俄政策沟通的显著成效主要归因于高度政治互信、合作历史悠久等因素。

1）高度政治互信

当今世界正处于百年未有之大变局，国际格局发生深刻调整。在全球战略层面，俄罗斯与美国全面竞争和对抗的能力虽然明显弱化，但在局部地缘政治中，两者的争斗却愈发激烈，加之中美博弈不断加深，使得中俄加强全面战略协作、深化各领域务实合作成为必然。中俄作为世界上最具影响力的两大发展中国家，基于双方在价值理念上的统一已经形成了中俄共同价值理念，并始终保持着高水平的政治互信和战略合作。

2）合作历史悠久

中俄两国历任元首长期以来均保持着紧密合作。

1991年12月，中俄两国在莫斯科签署《会谈纪要》，顺利实现了从中苏关系到中俄关系的平稳过渡。1992年12月，俄罗斯总统叶利钦对中国进行正式访问，双方签署《关于中俄相互关系基础的联合声明》，提出"相互视为友好国家"，"发展睦邻友好关系和互利合作关系"。

1994年9月，中国国家主席江泽民对俄罗斯进行正式访问，两国领导人在《中俄联合声明》中宣布，将中俄关系提升为面向21世纪睦邻友好、互利合作的"建设性伙伴关系"。1996年4月，在叶利钦访华期间，两国将双边关系提高到"平等信任的、面向21世纪的战略协作伙伴关系"。2001年7月，中俄两国元首在莫斯科签署《中俄睦邻友好合作条约》，将两国"世代友好，永不为敌"的思想以法律的形式固定下来，确立了"不结盟、不对抗、不针对第三方"的新型中俄关系。

2011年6月，中俄两国以共同庆祝《中俄睦邻友好合作条约》签署10周年为契机，推动双边伙伴关系升级，提出致力于发展平等互信、相互支持、共同繁荣、世代友好的全面战略协作伙伴关系。2012年6月，普京总统访华，双方签署《中华人民共和国和俄罗斯联邦关于进一步深化平等信任的中俄全面战略协作伙伴关系的联合声明》，正式将两国关系提升至"加强平等信任、相互支持、共同繁荣、世代友好的中俄全面战略协作伙伴关系"。

2014年5月，两国宣布中俄全面战略协作伙伴关系发展到新阶段。2015年5月，两国宣布《中华人民共和国与俄罗斯联邦关于丝绸之路经济带建设和欧亚经济联盟建设对接合作的联合声明》，中俄形成了经营"共同周边"的战略默契，在"一带一路"与欧亚经济联盟的对接合作、维护地区和平与稳定、完善地区安全治理体系等方面深化合作。2019年6月，习近平主席访俄期间两国签署《中华人民共和国和俄罗斯联邦关于发展新时代全面战略协作伙伴关系的联合声明》，进一步将双边关系提升至"中俄新时代全面战略协作伙伴关系"①。2021年6月，习近平主席同俄罗斯总统普京举行视频会晤，两国元首发表联合声明，共同宣布《中俄睦邻友好合作条约》延期②，习近平主席指出，《中俄睦邻友好合作条约》确立的世代友好理念符合两国根本利益，普京总统则表示，《俄中睦邻友好合作条约》体现了两国人民世代友好的意愿③。

3）中俄"一带一路"政策沟通成效显著

中俄在"一带一路"政策沟通中的战略布局和积极对接，为设施联通、贸易畅通、资金融通和民心相通的实现提供了必要的政策保障。

在设施联通方面，中俄两国在"一带一路"框架下稳步推进合作，在能源矿产、农林开发、工业制造、信息通信等领域深化上下游合作效能，提升基础设施软硬件联通水平，促进产业链供应链深度融合。

在贸易畅通方面，中国连续12年稳居俄罗斯第一大贸易伙伴国，2021年中俄货物贸易额达1468.7亿美元，同比增长35.9%，中俄双方已制定完成《中俄货物贸易和服务贸易高质量发展的路线图》，为实现两国贸易额2000亿美元目标作出了规划④。

在资金融通方面，2021年中俄两国有关部门签署数字经济领域投资合作备忘录，鼓励和支持两国业界对接合作，推动合作数字赋能、绿色赋能、创新赋能。同时，双方还签署了《关于推动可持续（绿色）发展领域投资合作的谅解备忘录》，助力实现经济高质量发展。

在民心相通方面，中俄人文交流形式丰富，两国在文化、教育、科技等领域开展不同层次的交流。两国从2006年起陆续举办各种专题年活动，于2006年在中国举办了"俄罗斯年"，2007年在俄罗斯举办了"中国年"。继成功举办国家年后，双方又互办了"语言年""青年友好交流年""旅游年""媒体交流年""地方合作交流年"，并于2020年至2021年互办中俄"科技创新年"，不断夯实中俄合作基础。

2.1.2 良好双边关系是推进中巴"一带一路"政策沟通的重要基石

首先，重点阐述中巴两国围绕"一带一路"政策沟通所做的战略部署，其次分别从政治互信、交往历史、显著成效等方面梳理凝练两国在"一带一路"政策

---

① 《中华人民共和国和俄罗斯联邦关于发展新时代全面战略协作伙伴关系的联合声明（全文）》，http://www.gov.cn/xinwen/2019-06/06/content_5397865.htm[2022-09-03]。

② 《中俄元首宣布〈中俄睦邻友好合作条约〉延期》，http://www.xinhuanet.com/2021-06/28/c_1127606131.htm[2022-09-03]。

③ 《中俄生动诠释新型大国关系》，http://world.people.com.cn/n1/2021/0710/c1002-32154005.html[2022-08-01]。

④ 《中国连续12年稳居俄罗斯第一大贸易伙伴国——中俄经贸合作成果丰硕》，http://www.gov.cn/xinwen/2022-02/09/content_5672647.htm[2022-08-01]。

沟通中的特色亮点。

1. 中巴政策沟通的战略部署及成效

巴基斯坦作为中国的"铁杆"老朋友，是"一带一路"倡议的关键合作伙伴。2013 年 5 月，李克强在访问巴基斯坦期间提出了共建中巴经济走廊的设想，意图加强中巴之间交通、能源、海洋等领域的合作，打造一条北起喀什、南至巴基斯坦瓜达尔港的经济大动脉，推进互联互通[①]。随着"一带一路"构想的成熟，中巴经济走廊被纳入"一带一路"总体规划。2015 年 4 月 21 日，中国国家主席习近平在巴基斯坦议会发表题为《构建中巴命运共同体 开辟合作共赢新征程》的重要演讲，将中巴两国关系提升为全天候战略合作伙伴关系，确定了以中巴经济走廊建设为中心，以瓜达尔港、能源、基础设施建设和产业合作为四大重点的"1+4"合作布局[②]。通过两国多年来所开展的全方位多领域合作，中巴经济走廊不仅成为中巴双方共建"一带一路"的标志性项目，更是两国"铁杆情谊"不断升华的重要体现。

国家信息中心发布的《"一带一路"大数据报告（2018）》[③]显示，在"一带一路"国别合作度排行中，巴基斯坦与我国的合作度排名位列第三。中巴两国将在"一带一路"框架下开展更加紧密的合作，不断加强战略协作和务实合作，打造新时代更紧密的中巴命运共同体。

2. 中巴政策沟通亮点凝练

得益于两国世代友好的双边关系，中巴"一带一路"政策沟通取得了显著的成效。

1）中巴两国世代友好

巴基斯坦是最早承认新中国的国家之一。1951 年 5 月 21 日，中巴正式建交，2022 年是中国和巴基斯坦建交 71 周年。中国与巴基斯坦是独一无二的全天候战略合作伙伴，长期以来在涉及彼此核心利益和重大关切问题上相互坚定支持[④]。

新中国打破外部封锁、恢复联合国合法席位等，都离不开巴基斯坦的宝贵支持；2008 年 5 月中国汶川发生特大地震，巴基斯坦以全部战略储备帐篷倾囊相助；2010 年 7 月巴基斯坦遭受特大洪灾，中国派出历史上最大规模的医疗救援队。新

---

① 《谢里夫访华：中巴如何打通经济走廊?》，http://politics.people.com.cn/n/2013/0703/c70731-22058448.html [2022-09-03]。

② 《习近平在巴基斯坦议会的演讲（全文）》，http://www.xinhuanet.com/world/2015-04/21/c_1115044392.htm?rsv_upd=1[2015-04-21]。

③ 《数说"一带一路"国别合作度》，http://www.sic.gov.cn/sic/608/614/1224/9762_pc.html[2022-07-30]。

④ 《特稿：肝胆相照 命运与共——写在中国和巴基斯坦建交 70 周年之际》，http://www.gov.cn/xinwen/2021-05/21/content_5609931.htm[2022-08-05]。

冠疫情暴发以来，中巴两国政府和人民全力支持彼此抗疫。

70多年来，中巴两国在维护国家主权和尊严的斗争中彼此支持，在国家发展建设道路上互相帮助，"铁杆"情谊不断深化。

2）中巴"一带一路"政策沟通成效显著

中巴在"一带一路"政策沟通中的战略布局和积极对接，为设施联通、贸易畅通、资金融通和民心相通的实现提供了必要的政策保障。

在设施联通方面，中巴经济走廊是"一带一路"重要先行先试项目和中巴合作的标志性工程，受到两国政府的极高关注。中巴经济走廊建设取得了重大的积极进展，截至2021年9月，中巴经济走廊第一阶段的22个优先项目已基本完成，中巴跨境光缆、喀喇昆仑公路升级改造项目、卡洛特水电站、拉合尔轨道交通橙线项目等逐步建成，持续推进建设的瓜达尔港展现出较好的转运潜力，各项基础设施建设极大地促进了区域之间的互联互通[①]。

在贸易畅通方面，中巴经济走廊合作启动后，据巴方统计，中国自2015财年起连续八年保持巴最大贸易伙伴[②]，双边贸易保持较快的增长势头，巴基斯坦官方公布的数据[③]显示，2021年第一季度，巴基斯坦对华贸易出口比上一年同期增长了近70%，达到8.88亿美元。

在资金融通方面，中巴经济走廊为巴基斯坦带来250多亿美元的直接投资，2021年1月到9月，中国对巴基斯坦投资4.33亿美元，是2020年同期的10倍，巴基斯坦对华出口25亿美元，同比增长70%，我国已连续7年成为巴基斯坦最大投资来源国[④]。同时，中巴经济走廊还为巴基斯坦创造了7万多个直接就业岗位，每年为巴基斯坦国民生产总值增长贡献1个百分点到2个百分点，显著促进了巴基斯坦的经济社会发展和人民福祉[⑤]。

在民心相通方面，两国人文交流日益密切。中巴两国在教育、人员交流、传媒和智库合作等方面不断深入，巴基斯坦驻华大使马苏德·哈立德在2018年8月接受采访时表示"中国已有8所大学设置了乌尔都语专业，建立了12个中巴研究中心。巴基斯坦目前有2.5万人在与中国教育部有合作关系的19所大学和4所孔子学院学习汉语，2.2万名巴基斯坦留学生在中国学习中文、技术和医疗，这些

---

① 《中巴经济走廊这九年："一带一路"标志性工程逐步完善》，https://www.yidaiyilu.gov.cn/xwzx/hwxw/236159.htm[2022-08-05]。

② 《中国同巴基斯坦的关系》，https://www.mfa.gov.cn/web/gjhdq_676201/gj_676203/yz_676205/1206_676308/sbgx_676312/[2023-01-03]。

③ 《中巴经贸合作空间提升》，https://www.chinatradenews.com.cn/epaper/content/2021-08/17/content_73964.htm[2021-06-28]。

④ 《第七届中巴经济走廊媒体论坛举行》，https://www.yidaiyilu.gov.cn/xwzx/gnxw/249038.htm[2021-07-10]。

⑤ 《外交部就中巴经济走廊建设成果等答问》，http://www.gov.cn/xinwen/2020-11/04/content_5557416.htm[2022-08-01]。

数字还在不断上升"[①]。围绕智库建设，2022年8月2日，"全球发展与治理"中国—巴基斯坦智库对话会成功举行，双方智库专家学者聚焦"中巴治国理政经验交流"主题展开深入研讨，当代中国与世界研究院和巴基斯坦巴中学会联合发布智库报告《善治与基石：巴基斯坦眼中的新时代中国之治》，为促进两国经济社会可持续发展汇聚智慧和力量[②]。

2.2 政策沟通的危机事件

本节选取澳大利亚与立陶宛作为典型国家，并分别就中澳和中立在政策沟通方面遭遇的危机事件进行深度剖析，揭示其中的原因并分析相关危机事件带来的多方影响。

2.2.1 意识形态偏见是阻碍中澳"一带一路"政策沟通的绊脚石

首先，重点阐述中澳两国在"一带一路"政策沟通过程中所面临的危机事件；其次，分别从内部因素和外部干扰两个方面剖析危机事件背后的原因，并进一步解读危机事件的多方影响。

1. 中澳政策沟通面临的危机事件

2015年11月，习近平主席同澳大利亚总理特恩布尔在土耳其会面时提出，中澳同处亚太地区，两国拥有重要共同利益和广阔合作空间，中国愿同澳方在互信互利基础上，深化各领域友好交流和务实合作，推进"一带一路"倡议同澳方"北部大开发"计划对接[③]。2016年4月，澳大利亚总理特恩布尔受邀访问中国，习近平主席在双方会面时再次提出，希望双方做好"一带一路"倡议同澳方"北部大开发"计划、中国创新驱动发展战略同澳方"国家创新与科学议程"的对接[④]。

在中方的积极推动下，2018年10月，澳大利亚维多利亚州与中方签署了"一带一路"合作谅解备忘录，这也是澳大利亚各州区政府同中方签署的首个"一带一路"合作文件[⑤]。2019年10月，中国国家发展和改革委员会副主任宁吉喆会见

[①] 《巴基斯坦驻华大使：中巴经济走廊是促进两国经济发展的催化剂》，https://www.yidaiyilu.gov.cn/ghsl/hwksl/62544.htm[2022-08-06]。

[②] 《"全球发展与治理"中国—巴基斯坦智库对话会举行》，http://www.xinhuanet.com/world/2022-08-04/c_1211673212.htm[2022-08-06]。

[③] 《习近平会见澳大利亚总理特恩布尔》，http://www.xinhuanet.com//politics/2015-11/16/c_1117159099.htm[2015-11-16]。

[④] 《习近平会见澳大利亚总理特恩布尔》，http://www.xinhuanet.com/politics/2016-04/15/c_1118638771.htm[2016-04-15]。

[⑤] 《澳大利亚维多利亚州与中方签署"一带一路"合作谅解备忘录》，http://www.gov.cn/xinwen/2018-10/26/content_5334707.htm[2022-08-05]。

澳大利亚维多利亚州州长安德鲁斯，双方会后共同签署了《中华人民共和国国家发展和改革委员会与澳大利亚维多利亚州政府关于共同推进"一带一路"建设框架协议》[①]，该协议将确定双方在未来的合作领域，并为其提供长效机制。根据框架协议，中国基础设施建设企业将会扩大在维多利亚州的参与度，签约双方可以在高级制造业、生物技术和农业技术领域展开合作。

然而，"一带一路"合作文件签署后，澳大利亚多位政府官员曾以"不透明"等名义反对这一协议，并将其污名化为"中国的宣传策略"。2020年12月，澳大利亚联邦国会通过了新的《外国关系法案》，该法案赋予了联邦否决州政府等各级政府、机构与外国签订协议的权力。澳大利亚联邦政府出于意识形态偏见，展开对中国的遏制。2021年4月21日，澳大利亚外长佩恩发表声明称澳大利亚联邦政府取消了维多利亚州2018年10月与中国国家发展和改革委员会签署的"一带一路"合作谅解备忘录，以及双方一年后签署的框架协议[②]。

2. 中澳危机事件原因剖析

1）内部民粹情绪作祟

近年来，中国移民在澳大利亚的增加以及中国资本在澳大利亚各行业影响力的提升使得澳大利亚民间反华情绪不断发酵。民粹情绪的不断爆发使得澳大利亚领导人在选举时格外重视对华政策，为了顺从民意、获得选票，对华鹰派在澳大利亚政坛逐渐抬头，通过获取美国支持以保持自身政坛位置。

2）外部大国战略竞争加剧

一些西方国家对"一带一路"倡议的负面认知根深蒂固，尤其是近年来美国全面加大对华战略竞争，给共建"一带一路"合作带来压力。中美博弈背景下，中澳双边关系于2018年趋紧，作为"五眼联盟"一员的澳大利亚成为第一个公开禁止在5G网络中使用华为设备的国家。在大国战略竞争背景下，澳大利亚作为美国"印太战略"中的重要一环，选择了与美国保持战略同盟，同西方国家共同对抗"一带一路"倡议、遏制中国影响力。2019年11月，美国与澳大利亚、日本合作发起"蓝点网络计划"，通过打造新的基础设施标准，提升美澳日三国在地区基础设施建设方面的影响力和话语权，用市场化、债务可持续、环境保护等方面的高标准来应对中国"一带一路"倡议（周士新，2021）。

3. 危机事件后续影响

该危机事件对中澳关系后续的发展产生了多个方面的影响。

---

① 《宁吉喆副主任会见澳大利亚维多利亚州州长安德鲁斯》，https://baijiahao.baidu.com/s?id=1648266772266143805&wfr=spider&for=pc[2022-08-05]。

② 《外交部回应澳方撕毁"一带一路"协议》，http://v.people.cn/n1/2021/0422/c431206-32085202.html[2022-08-05]。

1）中国政府表达强烈不满

针对澳大利亚政府撤销维多利亚州政府同中方签署的两项"一带一路"合作协议一事，2021年4月22日，外交部发言人汪文斌表示中方对此表示强烈不满和坚决反对。中方认为澳方的政治操弄和无理行径完全违背中澳全面战略伙伴关系精神，是在开历史倒车，性质恶劣，对两国的地方、企业合作信心产生了严重消极影响，也使澳方自身的形象和信誉严重受损[①]。"一带一路"是国际经济合作倡议，始终秉承共商、共建、共享原则，倡导开放、包容、透明的精神。澳大利亚维多利亚州决定同中方在"一带一路"框架下开展合作，增进双方人民的福祉，原本是一件互利共赢的好事。澳大利亚联邦政府无理否决澳大利亚维多利亚州政府同中方签署的"一带一路"合作协议，肆意干扰破坏两国正常的交流合作，严重损害中澳关系和两国互信。

2）中方政府采取相关制裁措施

2021年3月26日，商务部发布2021年第6、7号公告[②][③]，公布对原产于澳大利亚的相关葡萄酒反倾销和反补贴调查的最终裁定，裁定原产于澳大利亚的进口相关葡萄酒存在倾销和补贴，中国国内相关葡萄酒产业受到了实质损害，决定自2021年3月28日起对原产于澳大利亚的进口相关葡萄酒征收反倾销税。

2021年5月6日，国家发展和改革委员会宣布无限期暂停与澳大利亚联邦政府相关部门共同牵头的中澳战略经济对话机制下的一切活动[④]。中澳战略经济对话曾是中澳总理定期会晤下的重要机制，是巩固中澳双边关系各项机制中的重要组成部分，双方通过就两国经济和投资领域的重点开展战略对话，加强经济联系。

3）对澳方出口贸易的影响

在中澳货物进出口贸易方面，贸易总量以及对澳进口均出现同比下降。中国海关总署的数据显示[⑤]，2022年1~6月，中国与澳大利亚的货物进出口贸易总额为1064.67亿美元，同比下降3.1%，其中，从澳进口货物总额703.81亿美元，同比下降12.3%，对澳出口货物总额360.86亿美元，同比增长21.8%。此外，澳大利亚葡萄酒出口也遭受重创。据《澳大利亚人报》2022年7月26日报道，澳大利亚葡萄酒上一财年对华出口额降至2460万澳元（约合1.16亿元人民币），远低

---

① 《外交部：对澳大利亚否决与中方"一带一路"协议表示坚决反对》，https://www.gov.cn/xinwen/2021-04/22/content_5601507.htm[2022-08-06]。

② 《中华人民共和国商务部公告 2021 年第 6 号》，http://www.mofcom.gov.cn/article/b/g/202104/20210403056446.shtml[2022-08-06]。

③ 《商务部公告 2021 年第 7 号 关于对原产于澳大利亚的进口相关葡萄酒反补贴调查最终裁定的公告》，http://www.mofcom.gov.cn/article/zcfb/zcdwmy/202103/20210303047618.shtml[2022-08-06]。

④ 《国家发展改革委宣布即日起无限期暂停中澳战略经济对话机制下一切活动》，http://www.xinhuanet.com/2021-05/06/c_1127412731.htm[2022-08-06]。

⑤ 《（6）2022 年 6 月进出口商品国别（地区）总值表（美元值）》，http://www.customs.gov.cn/customs/302249/zfxxgk/2799825/302274/302275/4464467/index.html[2022-08-06]。

于过去几年年均 11 亿澳元的成绩，澳大利亚葡萄酒管理局的数据显示，中国不再是澳葡萄酒最大的出口目的地，中国仅占澳大利亚葡萄酒出口量的 1%①。

尽管澳大利亚政坛反华情绪愈演愈烈，但同时也陆续出现部分相对理性声音。澳大利亚矿业大亨、亿万富翁安德鲁·福雷斯特在 2022 年 2 月 18 日的讲话中喊话澳大利亚总理莫里森等澳政客，敦促其缓和"反华论调"，并表示在中国问题上应该冷静②。

4）最新动态中澳关系有所缓和

自从 2022 年 5 月澳大利亚总理阿尔巴内塞带领工党政府开始执政后，中澳之间逐渐恢复对话，两国关系在陷入冰点后逐渐有解冻趋势。2022 年 7 月 5 日，外交部发言人赵立坚在例行记者会上就中澳官员近期互动的提问时表示，一个健康稳定的中澳关系符合两国人民根本利益和共同愿望，改善中澳关系没有"自动驾驶"模式，重启需要采取实际行动，这符合两国人民的愿望，也顺应时代发展的潮流③。2022 年 7 月 8 日，国务委员兼外长王毅在巴厘岛出席二十国集团外长会议，其间与澳大利亚外长黄英贤会面，这是中澳外长近三年来的首次双边会晤。

2.2.2 政治立场倾向是破坏中立"一带一路"政策沟通的导火索

首先，重点阐述中立两国在"一带一路"政策沟通过程中所面临的危机事件；其次，分别从内部因素和外部干扰两个方面剖析危机事件背后的原因，并进一步解读危机事件的多方影响。

1. 中立政策沟通面临的危机事件

位于波罗的海沿岸的立陶宛，人口不足 300 万人，面积 6 万多平方公里④，是新兴经济体中的一员，也是欧盟成员国之一。2017 年 11 月，中国与立陶宛签署《中华人民共和国政府与立陶宛共和国政府关于共同推进丝绸之路经济带与 21 世纪海上丝绸之路建设的谅解备忘录》。此外，在设施联通领域，国家邮政局与立陶宛交通通信部签署了《中华人民共和国国家邮政局与立陶宛共和国交通通信部关于加强邮政和快递领域合作的谅解备忘录》；在贸易畅通领域，中立两国签署了《中国国际贸易促进委员会与立陶宛工商会联合会合作谅解备忘录》。

然而，受国际形势等多方因素影响，中立双边关系逐渐走向下坡。2019 年 2

---

① 《对华贸易数据"惨淡"！"失去中国市场"澳大利亚企业怎么办？》，https://news.cctv.com/2022/08/02/ARTITbQE4oVlaLq8paKzHKiu220802.shtml[2022-08-06]。

② 《不满澳政坛反华情绪，亿万富翁喊话"莫里森们"：在中国问题上要冷静》，http://news.cctv.com/2022/02/19/ARTIqxiLoATegbIaKduEavrg220219.shtml[2022-08-06]。

③ 《外交部：重启中澳关系需要采取实际行动》，http://world.people.com.cn/n1/2022/0705/c1002-32466946.html[2022-08-06]。

④ 1 公里等于 1 千米。

月，立陶宛安全部门在报告中首次将中国列为"国家安全威胁"。2019年7月，立陶宛宣布拒绝中国参与克莱佩达港口建设。2020年10月，立陶宛举行议会选举，选出中右翼新执政联盟，对华政策明显转向激进。拜登政府上台后，美国拉拢东欧国家组建反华联盟，立陶宛成为反华急先锋。2021年以来，立陶宛对华态度直线转冷。2021年5月，立陶宛宣布退出中国—中东欧"17+1合作"机制①。在新冠疫情暴发以来，立陶宛与台湾当局逐渐接近。2020年4月，在立陶宛议会的协调下，台湾当局向立陶宛捐赠了10万个口罩，随后邀请台湾人员赴立陶宛参加活动。立陶宛新政府成立后，台湾当局2021年7月20日宣布，经与立陶宛方面协商后将在立陶宛首都设立"代表处"②。

2. 中立危机事件原因剖析

1) 内部反俄情绪由来已久，对华态度逐步发生变化

作为曾经欧洲面积最大的国家之一，立陶宛有着一定的历史自豪感。虽然与俄罗斯在地理位置上相邻，但两国在文化属性上存在诸多方面的不同。具体地，从隶属的语言分支来看，立陶宛语与俄语分属于印欧语系的两个不同语族，即波罗的语族和斯拉夫语族；从信奉的宗教来看，立陶宛民众主要信奉罗马天主教，俄罗斯民众的传统信仰则为东正教。这些显著的文化差异，造成了立陶宛与俄罗斯的隔阂，立陶宛自视为西方文明在东欧的桥头堡。1990年立陶宛宣布脱离苏联独立，2004年加入北约及欧盟，独立后的立陶宛由于历史恩怨等地缘政治因素，其对俄罗斯抱有敌意和不信任，视俄罗斯为安全威胁，因此，在近年来一系列涉俄罗斯事件中，立陶宛紧随西方国家步伐，积极鼓动对俄制裁。而随着中俄关系日趋紧密，立陶宛对华态度也逐步发生变化，将中国视为安全威胁，致使中立关系不断陷入困境。

2) 价值观主导的亲美倚欧外交主线，多次触碰中国底线

立陶宛在政治及经济上向西方靠拢，在安全上高度依赖美国，在经济上高度依赖欧盟，长期采取亲欧美政策，但却无法改变自身在欧盟内部日趋边缘化的尴尬现实。为了能够向西方盟友展示自身"价值"，立陶宛选择追随美国，实行反华政策。近年来，立陶宛多次触碰中国底线，其背后原因是"美国的操控"。在大国战略背景下，立陶宛为确保自身利益，外交动向具有摇摆性。随着中美关系逐渐转冷，立陶宛在美国的压力下转变对华政策，将其外交政策与美国政府利用台海问题遏制中国的战略重点相对接，企图通过打"台湾牌"提升自身在美战略

---

① 2012年，中国—中东欧国家合作正式启动，当时共有16个中东欧国家加入，也被称为"16+1合作"。随着2019年新成员希腊加入，"16+1合作"扩容为"17+1合作"。资料来源为https://www.chinanews.com.cn/cj/2021/02-09/9408574.shtml。

② 《环球深壹度丨立陶宛为何在反华道路上越走越远》，http://world.people.com.cn/n1/2021/0811/c1002-32188868.html [2022-08-06]。

中的地位，竭力讨好美国，促使美国重视其需求，换取美国和北约盟友在政治、经济和安全领域的回报。而美国则希望利用立陶宛破坏中欧关系，推动欧盟反华。

3. 事件后续影响

该危机事件对中立关系后续的发展产生了多个方面的影响。

1）中国政府多次表达严正抗议

针对立陶宛退出中国—中东欧"17+1"合作机制，2021年5月24日我国外交部发言人赵立坚在例行记者会上表示[①]，当前中国—中东欧国家领导人峰会各项成果稳步落实，中方愿同各方继续共享发展机遇和合作成果，推动中国—中东欧国家合作行稳致远。中国—中东欧国家合作符合各方共同利益，机制成立9年来成果丰硕，不会因个别事件受到影响。相信在机制成员国共同努力下，中国—中东欧国家合作必将为有关国家人民带来更多福祉。

2021年11月21日，我国外交部针对立陶宛不顾中方严正抗议和反复交涉，允许台湾当局设立"驻立陶宛台湾代表处"的行为发表声明，称此举公然在国际上制造"一中一台"，背弃立方在两国建交公报中所作政治承诺，损害中国主权和领土完整，粗暴干涉中国内政。中方对此表示强烈不满和严正抗议，决定将中立两国外交关系降为代办级[②]。

2021年11月22日，外交部发言人赵立坚在例行记者会上回答有关中方决定将同立陶宛外交关系降为代办级的提问时说[③]，立方公然违背立方在两国建交公报中的政治承诺，是背信弃义的错误行径。立陶宛政府必须承担由此产生的一切后果。

2）对立陶宛的影响

立陶宛无视中国核心利益和触碰中国底线的行为不仅使两国关系降至冰点，也使中立两国双边贸易受到严重影响。一方面，立陶宛克莱佩达港口作为中欧班列的重要装运枢纽的地位正在遭遇挑战，中国停止了与立陶宛贸易往来，并将"一带一路"中欧合作重要项目——中欧班列改道，不再经过立陶宛。2021年，由于白俄罗斯货运暂停，立陶宛克莱佩达港损失超4%货物，加之受到中立关系影响，预计2022年克莱佩达港的货物吞吐量将减少40%[④]。另一方面，立陶宛长期从中

---

① 《2021年5月24日外交部发言人赵立坚主持例行记者会》，http://new.fmprc.gov.cn/web/fyrbt_673021/jzhsl_673025/202105/t20210524_9171271.shtml[2022-08-06]。

② 《中方决定将中立两国外交关系降为代办级》，http://www.news.cn/world/2021-11/21/c_1128084889.htm[2022-08-06]。

③ 《外交部：立陶宛公然违背政治承诺，必须承担由此产生的一切后果》，http://www.gov.cn/xinwen/2021-11/23/content_5652618.htm[2022-08-06]。

④ 《2021年12月30日外交部发言人赵立坚主持例行记者会》，http://switzerlandemb.fmprc.gov.cn/wjdt_674879/fyrbt_674889/202112/t20211230_10477521.shtml[2022-08-06]。

国进口大量生产所必需的原材料和零部件,两国贸易面临中断后,立陶宛本国企业将不得不以更昂贵的价格从其他国家购买相同的原材料或组件,这势必对本国经济造成负面影响。

2.3 本章小结

政策沟通是共建"一带一路"的重要保障,也是实现互利共赢的根本前提。本章选取俄罗斯、巴基斯坦、澳大利亚、立陶宛四国作为典型国家开展"一带一路"政策沟通案例研究,一方面,从政治互信、交往历史、显著成效等方面凝练了我国与俄罗斯和巴基斯坦在"一带一路"政策沟通过程中取得的亮点成效;另一方面,从内部因素与外部干扰的角度剖析了澳大利亚、立陶宛与我国在"一带一路"政策沟通过程中所面临危机事件背后的原因,并对事件造成的相关影响进行了分析,以期能够更好地服务"一带一路"建设。

第3章 "一带一路"共建国家政策沟通态势

自"一带一路"倡议提出以来,中国与"一带一路"共建国家建立了不同层次、不同领域、不同方式的政策沟通渠道,在合作广度、合作深度与合作实效方面均取得了丰厚成果,政策沟通方式不断创新,形成了战略对接、规划对接、机制对接、项目对接的有效工作模式(宁吉喆,2019),共建"一带一路"成为当今世界深受欢迎的国际公共产品和国际合作平台。本章以"一带一路"合作文件和战略沟通机制为政策沟通态势分析的研究对象,从合作广度、合作深度、合作结构等多个视角分析"一带一路"政策沟通态势,全方位展示政策沟通在合作协议收益和战略对接成效方面取得的成就。

3.1 政策沟通态势分析框架设计

"一带一路"共建国家政策沟通态势分析框架的设计主要涉及研究对象、数据来源、分析视角的确定。

1)研究对象

加强政策沟通是"一带一路"建设的重要保障。2015年3月28日,国家发展和改革委员会、外交部、商务部联合发布《推动共建丝绸之路经济带和21世纪海上丝绸之路的愿景与行动》[①],指出政策沟通即加强政府间合作,积极构建多层次政府间宏观政策沟通交流机制,深化利益融合,促进政治互信,达成合作新共识。本章以该文件为依据,确定以"一带一路"倡议形成的合作战略、规划、机制为研究对象,这些研究对象的表现形式包括官方文件所提及的双边/多边合作协议、联合公告、声明等,通过对上述研究对象的梳理分析,全面展示近年来我国推动共建"一带一路"在政策沟通方面取得的成效。

2)数据来源

考虑到数据的可获取性、数据来源的权威性、数据分析的科学性等关键因素,经过专家意见征询和多轮讨论,确定政策沟通态势分析的数据检索源和检索方式。具体地,以国家信息中心主办的"中国一带一路网"为主要检索源,以人民网、新华网为辅助检索源,以"一带一路""政策沟通""合作"为检索词,以2013年7月为检索时间起点,以2022年7月为检索时间终点,全面搜集"一带一路"

---

① 《经国务院授权 三部委联合发布推动共建"一带一路"的愿景与行动》,https://www.gov.cn/xinwen/2015-03/28/content_2839723.htm[2022-02-23]。

倡议提出以来政策沟通相关的新闻报道,并进行相同/相似新闻报道的整合,得到277条新闻数据。需要说明的是,由于"中国一带一路网"于2017年首届"一带一路"国际合作高峰论坛期间开通,所涉及的"一带一路"统计数据未包含2017年之前的相关数据,所得到检索结果的相关数据更新截至2022年7月10日。

3)分析视角

为全面系统了解"一带一路"倡议近年来在政策沟通方面所取得的成就,以"规模、区域、特色、影响力"作为政策沟通的合作文件发展态势分析视角,其中,规模视角侧重分析累计签署量的发展态势,区域视角侧重分析区域分布格局态势变化,特色视角侧重分析合作重心和合作领域的阶段演化特征,影响力侧重分析"一带一路"政策沟通的国际影响。从上述分析视角切入,全方位展示近年来"一带一路"政策沟通的合作紧密程度、合作辐射范围与合作影响成效。同时,对"一带一路"倡议在多边和双边领域形成的不同层次、不同领域、不同方式的战略对接机制进行分类梳理,并对其近年来产生的主要成效进行了归纳总结。

3.2 政策沟通广度深度不断强化,合作收益显著

本节以"一带一路"政策沟通过程中达成的合作文件相关数据为依据,分别从规模、区域、特色、影响力等视角切入,对当前"一带一路"建设的政策沟通态势进行综合分析和特征凝练。

3.2.1 规模视角下的政策沟通态势

规模视角下的政策沟通态势分析将分别从合作文件累计签署量和共建国家累计签署量两个方面展开。

1. 合作文件累计签署量:呈现逐年稳步增加的发展态势,合作日益紧密

基于所收集的数据,绘制规模视角下的共建"一带一路"合作文件累计签署量发展态势图(图3-1)。从时序演化来看,2017年以来共建"一带一路"合作文件累计签署量呈现出逐年稳步增加的发展态势,其中,2018年的增幅最为显著,达到2017年合作文件累计签署量的1.7倍,2019年的增幅也较为明显,较2018年增加27份,之后增幅回落至个位数以内。

共建"一带一路"合作文件累计签署量的增长反映出我国与不同国家和国际组织在"一带一路"倡议下的合作越来越紧密。2018年和2019年两个增幅明显的年度,正处于2017~2019年两届"一带一路"国际合作高峰论坛举办期间,在国际上掀起了共建"一带一路"的高潮。两届"一带一路"国际合作高峰论坛的成功举办进一步明确了未来共建"一带一路"的合作方向,为政策沟通带来了积极的正面引导成效,促成了更多共建"一带一路"合作文件的签署。

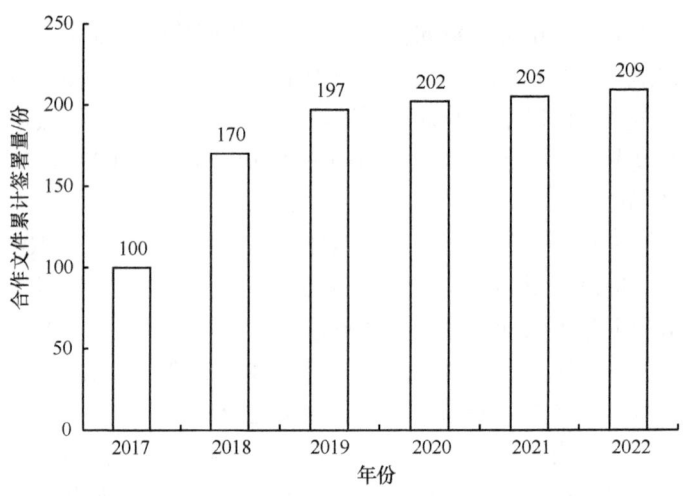

图 3-1　规模视角下的共建"一带一路"合作文件累计签署量发展态势

2. 共建国家累计签署量：呈现逐年稳步增加的发展态势，辐射范围越发广泛

基于所收集的数据，绘制规模视角下的"一带一路"共建国家累计签署量发展态势图，如图 3-2 所示。

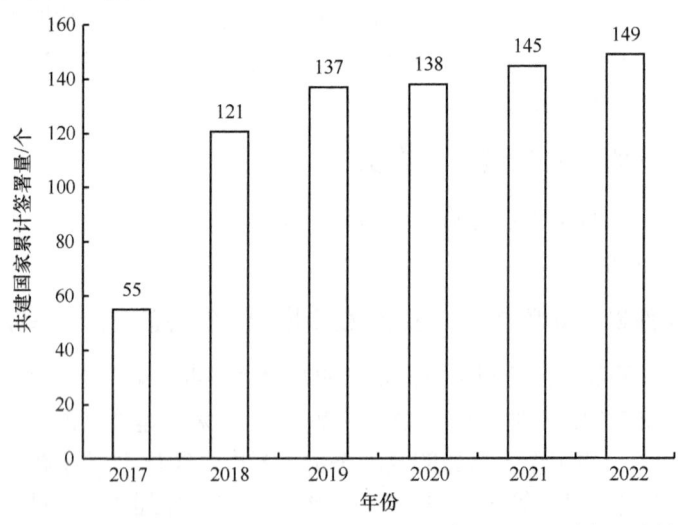

图 3-2　规模视角下的"一带一路"共建国家累计签署量发展态势

从时序演化来看，2017 年以来"一带一路"共建国家累计签署量呈现出逐年稳步增加的发展态势，其中，2018 年的增幅最为显著，达到 2017 年共建国家累计签署量的 2.2 倍，2019 年的增幅也较为明显，较 2018 年增加 16 个共建国家，之后增幅回落至个位数以内。

"一带一路"共建国家累计签署量的持续增长反映出"一带一路"共建国家

政策沟通的辐射面越来越广。2018 年 9 月中非合作论坛北京峰会的成功举办促成了 28 个非洲国家和非洲联盟（简称"非盟"）与中国签署共建"一带一路"合作文件，掀起了中非共建"一带一路"的热潮。近年来，随着"一带一路"建设不断向高质量发展阶段迈进，越来越多的国家看到了加入"一带一路"倡议的利好机会与发展潜力，共建"一带一路"大家庭不断扩大。

3.2.2 区域视角下的政策沟通态势

区域视角下的政策沟通态势分析将分别从数据分析和实例分析两个方面对共建国家区域分布特征进行凝练。

1. 共建国家区域分布：形成亚非为主、欧美太平洋全覆盖的多元区域合作新格局

结合各个国家的地区区域分布，对截至 2022 年 3 月 22 日签署"一带一路"合作文件的 149 个"一带一路"共建国家进行分类，并计算各区域内共建国家数量加和占区域内国家数量总和的比重，进而绘制区域视角下的"一带一路"共建国家区域分布态势图，如图 3-3 所示。

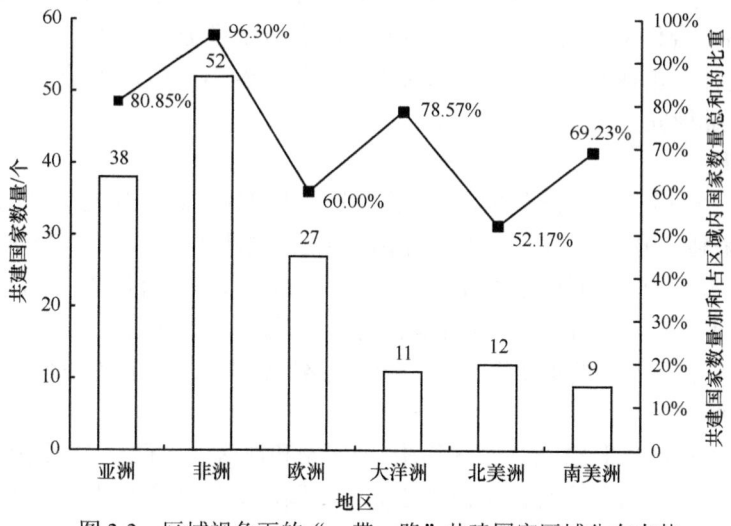

图 3-3 区域视角下的"一带一路"共建国家区域分布态势

从区域分布数量来看，非洲是共建"一带一路"的合作高地，该区域内的共建国家数量加和为 52 个，占所有共建国家总量的 34.90%，远超其他区域；亚洲是共建"一带一路"的核心合作区域，该区域内的共建国家数量加和为 38 个，占所有共建国家总量的 25.50%，也具有较为明显的领先优势；欧洲的共建国家数量加和为 27 个，位居第三，与大洋洲、北美洲和南美洲相比也具有一定的领先优势，这三个区域的共建国家数量加和分别为 11 个、12 个和 9 个。

从区域分布占比来看，各区域共建国家数量加和占该区域国家数量总和的比重均在50%以上，这表明共建"一带一路"已经形成以亚非为主、欧美太平洋全覆盖的多元区域合作新格局。具体地，非洲共建国家数量加和占区域内国家数量总和的比重遥遥领先，高达96.30%；亚洲位居第二，其共建国家数量加和占区域内国家数量总和的比重达到80.85%；随后依次是大洋洲和南美洲，比重分别为78.57%和69.23%，虽然这两个区域的共建国家数量并不占优，但由于区域内国家数量相对有限，比重上实现逆袭；欧洲的表现则与之相反，虽然共建国家数量加和在各区域中排序第三，但由于区域内国家数量相对较多，60.00%的比重并无优势；北美洲的比重为52.17%，为各区域的最低值。

2. 共建国家区域分布的实例分析

结合各区域内共建国家的具体实例，分析其区域分布特征。

1）亚洲

作为"丝绸之路经济带"和"21世纪海上丝绸之路"的起点与主要连接地区，截至2022年3月22日，亚洲的47个国家和地区中（不含中国），已经有38个国家签署了共建"一带一路"合作文件，其中，科威特是最早同中国签署共建"一带一路"合作文件的国家[①]。东南亚11个国家已全部签署了共建"一带一路"合作文件，包括越南、老挝、柬埔寨、缅甸、泰国、马来西亚、新加坡、印度尼西亚、菲律宾、文莱和东帝汶。

2）非洲

非洲是"一带一路"合作不可或缺的重要组成部分，截至2022年3月22日，非洲的54个独立国家中，已有52个同中国签署了共建"一带一路"合作文件，其中，南非在2015年12月同中方签署了"一带一路"政府间合作备忘录，成为第一个同中国签署共建"一带一路"合作文件的非洲国家[②]。此外，主要国际组织非盟也成为共建"一带一路"的重要盟友，"一带一路"合作已基本覆盖整个非洲大陆。

3）欧洲

截至2022年3月22日，欧洲的45个国家和地区中，已有27个国家签署了共建"一带一路"合作文件。2019年3月，中国国家发展和改革委员会主任何立峰同意大利副总理兼劳动和工业部长迪马约，在双方领导人的见证下，签署了中意政府间关于共同推进"一带一路"建设的谅解备忘录[③]，过去东起长安西至罗马

---

① 《习近平同科威特埃米尔会谈：中方把科威特作为共建"一带一路"重要伙伴》，https://www.yidaiyilu.gov.cn/xwzx/xgcdt/59697.htm[2022-07-10]。

② 《中国驻南非大使：中非共建"一带一路"实现共赢发展》，https://www.yidaiyilu.gov.cn/ghsl/gnzjgd/72582.htm[2022-07-10]。

③ 《中国与意大利签署"一带一路"合作文件》，https://www.yidaiyilu.gov.cn/xwzx/gnxw/83639.htm[2022-07-10]。

的古代丝绸之路，作为连接东西方文明的桥梁，连通了中国和意大利。如今，古丝绸之路的起点和终点再度紧密相连，意大利成为第一个正式参与"一带一路"倡议的"七国集团"（G7）国家。近年来，我国与俄罗斯交流最为频繁，中俄两国共发布了 13 次联合声明/公报，以"五通"为核心展开多领域合作，形成了全面战略协作伙伴关系的国际关系典范。

4）大洋洲

截至 2022 年 3 月 22 日，大洋洲的 14 个独立国家中已有 11 个国家签署了共建"一带一路"合作文件。2017 年 3 月 27 日，在李克强与新西兰总理比尔·英格利希见证下，国家发展和改革委员会主任何立峰与新西兰经济发展部长西蒙·布里奇斯代表两国政府签署了《中华人民共和国政府和新西兰政府关于加强"一带一路"倡议合作的安排备忘录》[①]，新西兰成为首个签署共建"一带一路"相关文件的西方发达国家。

5）北美洲

北美洲作为世界经济第二发达的大洲在全球经济和政治上有着重要影响力。截至 2022 年 3 月 22 日，北美洲 23 个独立国家中，已有 12 个国家签署了共建"一带一路"合作协议。2016 年 9 月 19 日，推进"一带一路"建设工作领导小组办公室主任、国家发展和改革委员会主任徐绍史在纽约联合国总部与联合国开发计划署署长海伦·克拉克签署了《中华人民共和国政府与联合国开发计划署关于共同推进丝绸之路经济带和 21 世纪海上丝绸之路建设的谅解备忘录》[②]，这是中国政府与国际组织签署的第一份政府间共建"一带一路"的谅解备忘录，是国际组织参与"一带一路"建设的一大创新。

6）南美洲

截至 2022 年 3 月 22 日，南美洲覆盖的 12 个独立国家和 1 个地区中，已有 9 个国家签署了共建"一带一路"合作协议，其中，智利是第一个同中国建交的南美国家，也是第一个同中国签署双边自由贸易协定的拉美国家[③]。

3.2.3 特色视角下的政策沟通态势

特色视角下的政策沟通态势分析将分别从合作重心和合作领域两个方面对共建"一带一路"的阶段演化特征进行凝练。

---

① 《中华人民共和国政府和新西兰政府关于加强"一带一路"倡议合作的安排备忘录》，https://www.yidaiyilu.gov.cn/zchj/sbwj/10378.htm[2022-07-10]。

② 《中国政府与国际组织签署首个政府间共建"一带一路"谅解备忘录》，http://www.gov.cn/xinwen/2016-09/20/content_5110045.htm[2022-07-10]。

③ 《中国与智利签署共建"一带一路"合作谅解备忘录》，https://www.yidaiyilu.gov.cn/xwzx/gnxw/70484.htm[2022-07-10]。

1. 合作重心的阶段演化：逐步从以亚欧非为主向各区域多元布局转变

基于自2017年以来各年度新增的"一带一路"共建国家信息，绘制特色视角下新增"一带一路"共建国家的区域分布态势图（图3-4），进而分析共建"一带一路"合作重心的阶段演化。

	2017年	2018年	2019年	2020年	2021年	2022年
欧洲	8	4	3	0	0	0
大洋洲	1	8	1	1	0	0
北美洲	1	8	2	0	0	1
南美洲	0	6	2	0	0	1
亚洲	14	7	1	0	0	1
非洲	2	33	7	0	7	1

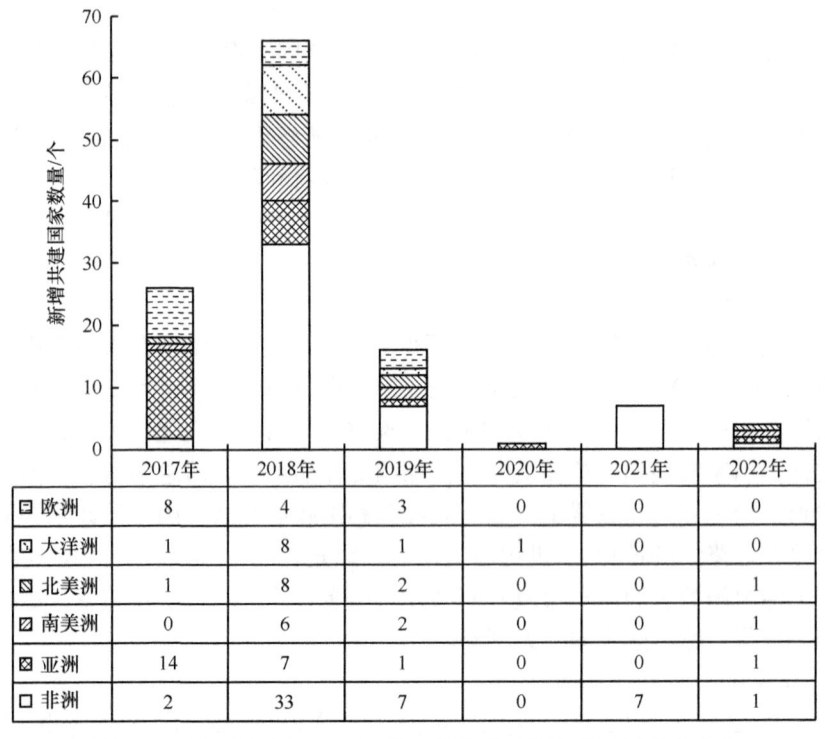

图3-4 特色视角下新增"一带一路"共建国家的区域分布态势

从整体表现来看，各年度的新增共建国家呈现出差异化的区域发展态势，进而可以分析出自2017年以来，共建"一带一路"合作重心已经逐步从以亚欧非为主向各区域多元布局转变。

从阶段表现来看，2017年共建"一带一路"合作的重心主要集中在亚洲和欧洲，这两个区域新增的共建国家数量加和占该年度新增共建国家数量总和的84.62%。2018年中非合作论坛的成功召开，使非洲成为当年"一带一路"合作的重中之重，同时，该年度首次将共建"一带一路"的合作范围扩大到大洋洲，巴布亚新几内亚、萨摩亚、纽埃、斐济、密克罗尼西亚联邦、库克群岛、汤加、瓦努阿图等太平洋岛国纷纷签署了共建"一带一路"合作文件。2019年，非洲继续成为"一带一路"合作的重点区域，赤道几内亚、贝宁、利比里亚、马里、尼日尔、莱索托、科摩罗陆续签署"一带一路"合作文件。2020年新冠疫情的暴发使共建"一带一路"合作的步伐放缓，仅有1个国家在当年签署了"一带一路"合作文件。2021年，"一带一路"倡议继续稳步推进。截至2022年3月22日，我国又与马拉维、叙利亚、阿根廷、尼加拉瓜签署了共建"一带一路"合作文件，"一带一路"合作共建的朋友圈持续扩大。

2. 合作领域的阶段演化：逐步向规则标准、健康绿色等领域不断拓宽

面对全球新变局、新挑战，除了加强"五通"合作外，我国在"一带一路"建设合作框架内不断开拓新的发展机遇与合作领域。

1）积极推动专业领域规则标准对接互认

2017年12月，推进"一带一路"建设工作领导小组办公室印发了《标准联通共建"一带一路"行动计划（2018—2020年）》，针对重点国家和区域，开展基础设施、产能合作、贸易金融、能源环境、减贫实践等标准化全领域合作，促进标准化战略、政策、措施、项目的全方位对接，推动标准研究、制定、互换、互译、互认、转化、推广等全过程融通，努力实现各国标准体系相互兼容[①]。

2019年4月，第二届"一带一路"国际合作高峰论坛召开期间，我国与有关国家和国际组织在各专业领域签署了100多项多双边合作文件，还就农药产品质量标准、小水电国际标准、民机标准等专业领域标准对接工作与相关国家及国际组织签署合作文件。此外，中国国家标准化管理委员会还专门发起建立了"一带一路"共建国家标准信息平台，对"一带一路"共建国家有关标准信息进行分类和翻译，提供检索和数据分析等服务，架起了"一带一路"标准互联互通的桥梁纽带[②]。

2021年11月，中国国际贸易促进委员会调解中心发布《中国国际贸易促进委员会/中国国际商会调解中心知识产权争议调解规则》，这是国内首个面向解决涉外知识产权争议的商事调解规则，助力中国深度参与知识产权全球治理[③]。

2022年7月，由中国国家铁路集团有限公司科技和信息化部、中国铁路经济规划研究院有限公司等单位专家主持，法国、德国、日本、西班牙、意大利等十余个国家的20余名专家历时4年编制而成的《高速铁路设计基础设施》标准由国际铁路联盟发布实施，这是高速铁路基础设施设计领域的首部国际标准，彰显了我国铁路在推动标准国际化、促进制度"软联通"方面的新担当新作为，为世界

[①] 《标准联通共建"一带一路"行动计划（2018—2020年）》，https://www.yidaiyilu.gov.cn/p/43480.html[2022-07-23]。

[②] 《"'一带一路'共建国家标准信息平台"上线》，https://baijiahao.baidu.com/s?id=1631710811253794776&wfr=spider&for=pc[2022-07-23]。

[③] 《国内首个涉外知识产权争议商事调解规则正式实施》，http://www.gov.cn/xinwen/2021-11-02/content_5648326.htm[2022-07-23]。

高速铁路建设运营贡献了中国智慧和中国方案[①]。

在上述政策文件的引导下，"一带一路"在规则标准方面的"软联通"建设卓有成效，一大批以中国标准建设的基础设施项目在海外加速推进，成为高质量共建"一带一路"的标志性工程。东南亚首条设计时速 350 公里的高速铁路雅万高铁全线总重 3.8 万吨的钢轨均采用中国标准定制生产，这也是我国高铁首次全系统、全要素、全产业链在海外落地[②]。中国工程建设标准化协会 2019 年的统计数据显示，"一带一路"共建国家在建的重点基础设施建设项目执行中国标准的占比超过 1/3[③]，中国标准为高质量共建"一带一路"提供技术支撑。

2）稳妥开展健康、绿色、数字、创新等新兴领域合作

"一带一路"建设不断向广度拓展、向深度推进，在健康、绿色、数字、创新等新兴领域不断强化合作，为"一带一路"发展注入新动力，推动"一带一路"实现更高水平的互惠共赢。

在健康领域布局方面，中国与"一带一路"共建国家和有关国际组织共同在卫生政策领域深化协调，建设中医药海外中心，实施中国—东盟公共卫生高级行政管理人才培训、中非公共卫生合作计划等项目。2016 年 10 月，首届中国—东盟卫生合作论坛在南宁召开，发布《中国—东盟卫生合作与发展南宁宣言》[④]，宣布同东盟国家开展在公共卫生领域的卫生合作。2017 年 1 月，中国与世界卫生组织签署了关于"一带一路"卫生领域合作的谅解备忘录[⑤]，共同落实 2030 年可持续发展议程。2020 年新冠疫情暴发为全球公共卫生安全敲响了警钟，中国在抗疫方面做出了积极贡献。2021 年 6 月"一带一路"亚太区域国际合作高级别会议期间，中国同 30 个国家共同发起疫苗合作伙伴关系倡议。截至 2021 年 12 月 26 日，中国已向 120 多个国家和国际组织提供了超过 20 亿剂新冠疫苗[⑥]。

在绿色丝路建设方面，在全球应对气候变化的大背景下，中国积极推动"一带一路"共建国家建设绿色丝绸之路。2020 年 12 月 3 日，国家能源局副局长林山青在出席第二届"一带一路"能源合作伙伴关系论坛上表示，近年来中国与"一带一路"共建国家开展务实合作，实施了一批绿色、低碳、可持续的清洁能

[①] 《我国主持制定的国际铁路联盟标准〈高速铁路设计基础设施〉正式发布实施》，http://www.gov.cn/xinwen/2022-07/01/content_5698761.htm[2022-07-23]。

[②] 《中国标准走出去 打造"一带一路"标志工程》，http://www.gov.cn/xinwen/2022-07/10/content_5700333.htm[2022-07-23]。

[③] 《"一带一路"沿线中国工程标准应用情况》，http://www.cecs.org.cn/xsyj/zdkt/10424.html[2022-07-27]。

[④] 《中国—东盟卫生合作与发展南宁宣言》，https://www.yidaiyilu.gov.cn/zchj/sbwj/10397.htm[2022-09-03]。

[⑤] 《"健康丝绸之路"造福民生》，http://www.cidca.gov.cn/2017-08/16/c_129972358.htm[2022-09-03]。

[⑥] 《综述：共筑全球免疫屏障 中国疫苗作贡献》，http://www.news.cn/2022-01/16/c_1128267850.htm[2022-07-27]。

源项目,中国在"一带一路"共建国家可再生能源项目投资额总体呈增长态势[1]。

在数字丝路建设方面,早在2016年中国便与相关国家在"一带一路"合作中推动"丝路电商"建设。2017年5月,首届"一带一路"国际合作高峰论坛上发布的《"一带一路"国际合作高峰论坛圆桌峰会联合公报》指出,要支持电子商务、数字经济、智慧城市、科技园区等领域的创新行动计划,鼓励在尊重知识产权的同时,加强互联网时代创新创业模式交流,推动电子商务和数字经济发展[2]。

在创新合作方面,2016年9月,科学技术部、国家发展和改革委员会、外交部、商务部联合印发《推进"一带一路"建设科技创新合作专项规划》,以政府间科技合作协议为指南,科学技术部及相关部委联合行动,推出了大量政策措施和计划项目,积极推动科技人文交流、共建联合实验室、科技园区合作和技术转移等各项行动[3]。2019年4月,第二届"一带一路"国际合作高峰论坛期间,中国科学技术部与泰国、俄罗斯、南非、斯里兰卡等国家的科技创新部门共同签署了《"创新之路"合作倡议》,提出要探索建立"一带一路"共建国家之间可持续的科技创新合作模式,依托双边和多边政府间科技创新合作及对话机制加强科技创新合作与交流,鼓励多主体广泛参与、多元投入、共建共享、互利共赢,推动共建"一带一路"创新共同体等[4]。截至2021年,中国已和84个共建国家建立科技合作关系,支持联合研究项目1118项,累计投入29.9亿元,在农业、新能源、卫生健康等领域启动建设53家联合实验室[5]。

3.2.4 影响力视角下的政策沟通态势

"一带一路"经历了从倡议到共识、从愿景到行动、从双边到多边的发展过程,其核心理念多次被联合国大会、联合国安理会、二十国集团、亚太经济合作组织、亚欧会议等有关决议或文件纳入,在国际上形成了广泛共识。中国秉承共商、共建、共享的原则与和平合作、开放包容、互学互鉴、合作共赢的核心价值理念,尊重文明多样性和多元化发展道路,推动改善共建"一带一路"的制度和政策环境,有效促进了区域治理以及全球治理体系的改善以及国家间的互利合作共赢。

---

[1] 《中国在"一带一路"沿线国家可再生能源项目投资额总体呈增长态势》,http://www.gov.cn/xinwen/2020-12/03/content_5566894.htm[2022-07-23]。

[2] 《"一带一路"国际合作高峰论坛圆桌峰会联合公报(全文)》,http://www.xinhuanet.com//world/2017-05/15/c_1120976819.htm[2022-07-27]。

[3] 《科技部 发展改革委 外交部 商务部关于印发〈推进"一带一路"建设科技创新合作专项规划〉的通知》,https://www.most.gov.cn/tztg/201609/t20160914_127689.html[2022-07-25]。

[4] 《"创新之路"合作倡议(2019年4月26日)》,https://www.ydylcn.com/ydylgjhzgflt/dej/cgqd/339612.shtml[2022-07-25]。

[5] 《高质量共建"一带一路"成绩斐然》,http://www.gov.cn/xinwen/2022-01/25/content_5670280.htm[2022-07-27]。

1. 共建"一带一路"影响力：持续推动全球治理体系改革

共建"一带一路"为推动全球治理体系改革注入新动力。当前，经济"逆全球化"、美国单边主义和"搞小圈子"等行为不断冲击国际经济秩序，全球治理存在严重赤字，气候变化、经济低迷等共性问题亟待破解。在全球治理主体日益多元化的背景下，"一带一路"倡议成为中国为优化全球治理提供的方案。中国从推动构建人类命运共同体的高度出发，积极为国际社会提供更多的公共产品。"一带一路"作为近年来中国为世界贡献的最重要的公共产品，截至 2023 年 6 月，已惠及全球 152 个国家和 32 个国际组织。

2016 年 11 月，联合国大会首次在决议中写入"一带一路"倡议；2017 年 2 月在联合国社会发展委员会第 55 届会议上，构建人类命运共同体理念首次被写入联合国决议；2017 年 9 月，第 71 届联合国大会将"共商、共建、共享"原则写入"联合国与全球经济治理"决议；2018 年 12 月，第 73 届联合国大会通过关于农村贫困问题的决议，"精准扶贫"等理念明确写入其中[①]；2021 年 6 月，联合国秘书处将中国与 29 国共同发起的"一带一路"疫苗合作伙伴关系倡议以及"一带一路"绿色发展伙伴关系倡议在第 75 届联合国大会的议题 14 "联合国经济社会及有关领域主要会议和成果后续落实"和议题 131 "全球卫生与外交政策"下作为联合国大会正式文件发布。这充分表明"一带一路"倡议与联合国倡导的多边主义等原则高度契合，与和平与安全、发展、人权三大支柱方向的一致，体现了"一带一路"倡议对联合国 2030 年可持续发展议程的支持，也体现了国际社会对共建"一带一路"合作在实现全球可持续发展方面所发挥积极作用的重视和认同。

中国坚持开放包容的理念，"一带一路"倡议作为中国主导建立的多边合作框架，使中国参与全球治理的认知、责任与路径得到全面升级，在持续推动世界互联互通与合作共赢的同时赢得国际社会广泛支持，使中国倡议变为全球共识。

2. "一带一路"倡议的"五通"影响力：有效促进全球开放合作

"一带一路"倡议秉持开放合作的精神，以"五通"为核心内容，为全球开放合作创造了新空间，形成了对外开放的新格局。

在政策沟通方面，"一带一路"倡议通过构建与"一带一路"共建国家多层次政府间经济发展战略、宏观经济政策、重大规划项目对接的机制，形成趋向一致的战略、决策、政策和规则，为开放合作发展提供重要保障。

在设施联通方面，"一带一路"倡议推动"一带一路"共建国家间的基础设施建设以及交通基础设施、能源基础设施、通信网络基础设施的互联互通，极大地便利了各国商品、要素、人员的流动，促进了"一带一路"共建国家间的开放合作。

---

① 《写入联合国文件的中国理念造福世界》，http://ydyl.china.com.cn/2020-09/18/content_76715988.htm [2022-07-25]。

在贸易畅通方面，"一带一路"倡议坚持共商、共建、共享，推动各国经济要素自由流动和市场充分融合，优化资源全球配置格局，促进全球产业链、价值链、供应链深入发展，帮助各国实现优势互补和共赢发展。

在资金融通方面，通过推进投融资体系和信用体系建设，不断加快中国与"一带一路"共建国家和地区本币互换和本币结算的步伐，通过亚洲基础设施投资银行、金砖国家新开发银行的建设，充分发挥丝路基金在重点项目建设中的资金引导作用，促进金融开放合作。

在民心相通方面，通过扩大人文交流合作，"一带一路"倡议使"一带一路"共建国家的民众加深沟通理解，使开放合作的理念深入人心，有利于推动构建人类命运共同体。

3.3 战略对接成效显著，协调机制积极推动

卓有成效的战略对接机制是"一带一路"政策沟通取得显著成效的关键。当前，"一带一路"多边合作机制建设正稳步推进，不同区域合作战略规划对接逐步加强。本节主要梳理总结了"一带一路"政策沟通在战略、规划、机制平台和项目对接等不同层面取得的显著成效。

3.3.1 "一带一路"多边合作机制建设稳步推进

近年来，我国已成功搭建了以高峰论坛为引领、以多边双边机制为支撑的"一带一路"国际合作架构，并在此框架下不断加强与"一带一路"共建国家的战略对接、规划对接、机制平台对接和项目对接，畅通了各方的政策沟通渠道，为共同解决合作中的问题、推动规划及重大项目落地提供了重要保障，在凝聚发展共识、形成建设合力方面发挥了重要的作用。

1. "一带一路"国际合作高峰论坛成效显著

2017年5月，首届"一带一路"国际合作高峰论坛在北京成功召开，29个国家的元首和政府首脑出席论坛，140多个国家和80多个国际组织的1600多名代表参会，高峰论坛在政策沟通、设施联通、贸易畅通、资金融通、民心相通方面形成五大类279项具体成果[①]。在政策沟通方面，中国与十多个国家和国际组织在论坛期间签署的共建"一带一路"合作文件已全部得到落实，并成立了"一带一路"国际合作高峰论坛咨询委员会和联络办公室来促进多边双边合作对接，国家发展和改革委员会成立了"一带一路"建设促进中心，国家信息中心主办了"一

---

① 《首届"一带一路"国际合作高峰论坛成果全部得到落实》，https://www.gov.cn/xinwen/2019-04/22/content_5385128.htm[2022-07-25]。

带一路"官方网站——"中国一带一路网",以有效提升对外宣介能力。在设施联通方面,不断深化合作,实施了一批基础设施领域项目合作,中国同白俄罗斯、德国、哈萨克斯坦、蒙古国、波兰、俄罗斯六国铁路部门签署的《关于深化中欧班列合作协议》得到有序落实。在贸易畅通方面,中国不断在"一带一路"共建国家扩大产业投资,推进贸易自由化、便利化,并与巴基斯坦、越南、柬埔寨、老挝、菲律宾等30个国家政府签署了经贸合作协议。在资金融通方面,中国政府不断加强与"一带一路"共建国家的金融合作,与相关国家的财政部共同核准《"一带一路"融资指导原则》,共同推动建设长期稳定、可持续、风险可控的融资体系,丝路基金完成了新增资金1000亿元人民币、3800亿元等值人民币专项贷款,为"一带一路"建设提供了有力资金支持。在民心相通方面,中国不断增强民生投入,加大对发展中国家的援助力度,开展密切的人文交流,与"一带一路"共建国家在文化、媒体、绿色环保等领域持续深化合作,打造了一批人文合作平台,如丝路民间组织合作网络、音乐教育联盟、丝路国际智库网络等[1]。

2019年4月,第二届"一带一路"国际合作高峰论坛再次在北京举办,共形成六大类283项具体成果[2]。高峰论坛期间,推进"一带一路"建设工作领导小组办公室发布了《共建"一带一路"倡议进展、贡献与展望》,对五年多来共建"一带一路"走过的历程做了全方位回顾,并提出了下一步高质量发展的意见和建议[3]。同时,我国在中欧班列、港口、金融、海关、交通、税收、能源、环保、文化、智库、媒体等专业领域发起成立了20多个"一带一路"多边对话合作平台,包括成立"海上丝绸之路"港口合作机制,设立"一带一路"绿色发展国际联盟、国际科学组织联盟、"一带一路"国际智库合作委员会等,不断丰富我国与有关国际组织及"一带一路"共建国家开展政策沟通的渠道,提高了共建"一带一路"政策沟通的效率及保障能力。此外,中国政府还积极搭建地方及工商界对接新平台,拓展合作机遇,通过企业家大会促成中外企业对接洽谈并签署合作协议,总金额达640多亿美元。"一带一路"国际合作高峰论坛已经成为各参与国家和国际组织深化交往、增进互信、密切往来的重要平台。

2. 多边合作机制进一步完善

共建"一带一路"顺应和平与发展的时代潮流,坚持平等协商、开放包容原则,促进"一带一路"共建国家在既有国际机制基础上开展互利合作。中国政府

---

[1] 《"一带一路"国际合作高峰论坛成果清单(全文)》,http://www.xinhuanet.com/world/2017-05/16/c_1120976848.htm[2022-07-25]。

[2] 《第二届"一带一路"国际合作高峰论坛成果清单(全文)》,http://www.gov.cn/xinwen/2019-04/28/content_5386943.htm[2022-07-25]。

[3] 《共建"一带一路"倡议进展、贡献与展望》,https://www.yidaiyilu.gov.cn/wcm.files/upload/CMSydylgw/201904/201904220250016.pdf[2022-07-25]。

通过二十国集团、亚太经济合作组织、上海合作组织、亚欧会议、亚洲合作对话、亚信会议、中国—东盟（10+1）、澜湄合作机制、大湄公河次区域经济合作、亚欧经济联盟、中亚区域经济合作、中非合作论坛、中阿合作论坛、中拉论坛、中国—太平洋岛国经济发展合作论坛、世界经济论坛、博鳌亚洲论坛等现有多边合作机制，在相互尊重、相互信任的基础上，积极同各国开展共建"一带一路"实质性对接与合作。

1）中国—东盟

东盟国家处于"一带一路"的陆海交汇地带，东盟作为东南亚地区以经济合作为基础的政治、经济、安全一体化合作组织，是中国推进"一带一路"建设的优先方向和重要伙伴[①]。自1991年中国与东盟正式开启对话进程以来，中国与东盟的关系不断实现着跨越式发展。

"一带一路"倡议提出以来，东盟国家与中国在共建"一带一路"合作方面已取得了丰硕成果，中国政府已经与东盟所有10个成员国政府签订了"一带一路"相关合作文件，并积极与东盟多国的《东盟经济共同体蓝图2025》《东盟互联互通总体规划2025》等发展战略或规划开展对接，推动了中国与东盟国家共建"一带一路"的合作进程。2018年，在《中国—东盟战略伙伴关系2030年愿景》中[②]，中国与东盟正式确认了以政治安全合作、经济合作与社会文化合作为三大支柱的命运共同体建设路径。

在政治安全方面，中国与东盟积极完善以东盟为中心的地区政治和安全合作机制，建立了如中国—东盟中心、澜沧江—湄公河合作机制等诸多对话机制平台，已形成《关于加强澜湄国家可持续发展合作的联合声明》《关于深化澜湄国家地方合作的倡议》《关于在澜湄合作框架下深化传统医药合作的联合声明》等成果文件。

在经济合作方面，中国近年来不断推进与东盟国家在数字经济领域的合作。2019年，中国与东盟领导人发表了《中国—东盟关于"一带一路"倡议同〈东盟互联互通总体规划2025〉对接合作的联合声明》《中国—东盟智慧城市合作倡议领导人声明》《深化中国—东盟媒体交流合作的联合声明》等三份合作文件，进一步深化和明确了双方在数字经济领域合作的重点和方向[③]。

在社会文化方面，中国与东盟持续推进在旅游、教育、文化产业等领域的交流合作，加强人文沟通。未来，中国还将进一步加强与东盟的发展战略对接，推进高质量共建"一带一路"，构建更为紧密的中国—东盟命运共同体。

---

① 《东南亚国家联盟（东盟）及其主要合作机制》，http://www.gov.cn/test/2007-11/19/content_809125.htm [2022-07-25]。

② 《中国—东盟战略伙伴关系2030年愿景》，http://www.gov.cn/xinwen/2018-11/15/content_5340677.htm [2022-07-25]。

③ 《综述：中国—东盟对接发展规划为互联互通注入新动力》，http://www.gov.cn/xinwen/2019-11-04/content_5448569.htm[2022-07-25]。

2）中国—非盟

非洲是"一带一路"合作的重要组成部分，中国一直重视与非洲的"一带一路"合作。随着中国与非盟关系的全面深入发展，非盟在中国同非洲共建"一带一路"的过程中也发挥着越来越重要的作用，推动实施了一系列支持非洲发展，深化中非友好互利合作的重大举措。2020年12月，中国与非盟签署了《中华人民共和国政府与非洲联盟关于共同推进"一带一路"建设的合作规划》，这是中国同区域性国际组织签署的第一份共建"一带一路"规划类合作文件。作为中非加强政策沟通、深化务实合作的一项顶层设计，《中华人民共和国政府与非洲联盟关于共同推进"一带一路"建设的合作规划》有效推动了"一带一路"倡议同非盟《2063年议程》深度对接，围绕健康卫生、投资贸易、工业化、农业现代化、应对气候变化、数字经济等重点领域和方向，开启中非高质量共建"一带一路"新篇章[①]。

近年来，得益于中国与非盟的有效合作，中非共建"一带一路"在政策沟通、设施联通、贸易畅通、资金融通和民心相通方面取得了丰硕成果。在政策沟通方面，中国同非洲9个国家建立了全面战略合作伙伴关系，同3个国家建立了全面战略伙伴关系，同6个国家建立了战略伙伴关系，同7个国家建立了全面合作伙伴关系，开展了不同层级的对话，积极在中非合作论坛引领下推动合作。在设施联通方面，中国支持非洲国家大力改善基础设施条件。2016年至2020年，非洲开工建设的基础设施项目总额近2000亿美元，而2020年中国企业实施的项目比已达31.4%[②]。中国根据非洲实际需求，为各类基础设施项目建设提供了援助、信贷、投资等多元化融资支持。在贸易畅通方面，2013年至2023年，中非贸易总额累计超2万亿美元，中国始终保持非洲最大贸易伙伴国地位。2022年中非双边贸易额达到2820亿美元，同比增长11.1%[③]。自"一带一路"倡议提出以来，中国对非金融类直接投资流量总体稳步增长，截至2022年末中国对非投资存量超过560亿美元[④]。在资金融通方面，中非金融机构积极开发对方市场，双方央行积极扩大本币结算和互换安排，推动中非金融便利化水平稳步提高。截至2021年10月，人民币跨境支付系统（cross-border interbank payment system，CIPS）已有42家非洲地区的间接参与者，覆盖19个非洲国家。在民心相通方面，中国积极同非洲开展减贫、卫生、教育、科技、环保、气候变化、青年妇女交流等社会领域合作，深化文化、媒体、科技、智库和青年妇女交流，进一步促进中非民心相通，夯实中非关系发展基础。未来，在中国—非盟的合作机制下，高层对话、中非合

---

① 《外交部就中国同非盟签署共建"一带一路"合作规划等答问》，http://www.gov.cn/xinwen/2020-12/19/content_5571116.htm[2022-07-25]。

② 《新时代的中非合作》，http://www.gov.cn/zhengce/2021-11/26/content_5653540.htm[2022-07-25]。

③ 《2022年中非经贸合作数据统计》，http://xyf.mofcom.gov.cn/article/tj/zh/202307/20230703423421.shtml[2023-12-11]。

④ 《开启中非合作新时代》，https://world.gmw.cn/2023-08/24/content_36785942.htm[2023-08-24]。

作论坛等机制将继续发挥引领作用，推动中非共建"一带一路"，构建更加紧密的中非命运共同体。

3.3.2 "一带一路"区域合作规划战略对接逐步加强

"一带一路"倡议在合作理念、合作空间、合作领域、合作方式上展现了开放包容的特点，中国政府以政策沟通为抓手，积极加强同"一带一路"共建国家与地区的战略对接，包括哈萨克斯坦提出的"光明之路"、蒙古国提出的"发展之路"、俄罗斯提出的欧亚经济联盟等，促进各自战略的互联互通，为推动国际区域协调发展提供了新的合作平台和合作机制。

1. 《"丝绸之路经济带"建设与"光明之路"新经济政策对接合作规划》

2016年10月17日，中国和哈萨克斯坦联合发布了《"丝绸之路经济带"建设与"光明之路"新经济政策对接合作规划》①，这是"一带一路"框架下签署发布的第一个双边合作规划，为引导"一带一路"框架下国家层面的政策沟通迈出了重要一步。该规划明确了中哈双方在推进"丝绸之路经济带"建设与"光明之路"新经济政策对接合作中在交通基础设施、贸易、制造业等方面的合作目标以及实施保障机制，共同推进"一带一路"建设同欧亚经济联盟建设对接合作。

2. 《建设中蒙俄经济走廊规划纲要》

2016年6月23日，在中国、蒙古国、俄罗斯三国元首的共同见证下，三国有关政府部门在乌兹别克斯坦首都塔什干签署了《建设中蒙俄经济走廊规划纲要》②，这是"一带一路"建设早期的重要收获，标志着"一带一路"首个多边经济合作走廊正式实施，具有非常重要的意义。该规划纲要明确了经济走廊建设的具体内容、资金来源和实施机制，商定了32个重点合作项目，涵盖了基础设施互联互通、产业合作、口岸现代化改造、能源合作、海关及检验检疫、生态环保、科技教育、人文交流、农业合作及医疗卫生等十大重点领域③。

3. 《中阿合作共建"一带一路"行动宣言》

2018年7月10日，在中阿合作论坛第八届部长级会议上，中阿双方达成共识并签署了《北京宣言》《中国—阿拉伯国家合作论坛2018年至2020年行动执

---

① 《关于"丝绸之路经济带"建设与"光明之路"新经济政策对接合作规划》，http://www.scio.gov.cn/ztk/wh/slxy/htws/Document/1494464/1494464.htm[2022-07-26]。

② 《外交部：〈建设中蒙俄经济走廊规划纲要〉是"一带一路"重要收获》，https://www.yidaiyilu.gov.cn/zchj/xzcjd/7274.htm[2022-07-26]。

③ 《〈建设中蒙俄经济走廊规划纲要〉（全文）》，http://ydyl.people.com.cn/n1/2017/0425/c411837-29235509.html[2022-07-26]。

计划》《中阿合作共建"一带一路"行动宣言》三份重要成果文件[①]，其中，《中阿合作共建"一带一路"行动宣言》提出了中阿共建"一带一路"的重大合作设想，这是中国同区域组织和地区国家集体签署的第一份共建"一带一路"合作文件。中阿双方商定将以习近平主席提出的共建"一带一路"为主线，为增进战略互信、实现复兴梦想、实现互利共赢、促进包容互鉴共同努力。

3.4 本章小结

当前，世界百年未有之大变局正加速演变，新一轮科技革命和产业变革带来的激烈竞争前所未有，气候变化、疫情防控等对人类社会产生深刻影响的全球性问题亟待破解。在日趋复杂的国际环境下，共建"一带一路"朋友圈不断拓宽，政策沟通广度深度进一步扩大，战略对接成效显著。

政策沟通是共建"一带一路"的重要手段和基本保障，是形成携手共建行动的核心先导。本章首先给出了"一带一路"共建国家政策沟通态势分析的框架设计，明确了研究对象、数据来源、分析视角；其次，基于所收集的"一带一路"政策沟通相关数据，分别从规模、区域、特色和影响力四个视角进行了政策沟通的态势分析，全方位展示了"一带一路"政策沟通的合作紧密程度、合作辐射范围与合作影响成效；最后，对"一带一路"倡议在多边和双边领域形成的不同层次、不同领域、不同方式的战略对接机制进行分类梳理，并对其产生的主要成效进行了归纳总结。

---

① 《打造中阿命运共同体 翻开中阿关系新篇章——阿拉伯国家各界积极评价中阿合作论坛第八届部长级会议成果》，http://www.xinhuanet.com/politics/2018-07/11/c_1123112884.htm[2022-07-26]。

设施联通篇：优化设施布局，打造联通新网络

"一带一路"倡议自提出以来已成为重塑全球化新格局的重要驱动力，而设施联通更是被列为"一带一路"建设的优先领域。随着"一带一路"倡议的全面推进，在"六廊六路多国多港"基本框架的指导下，基础设施互联互通所形成的叠加效应为共建"一带一路"开拓了更加广阔的空间，有力促进了跨区域资源要素有序流动和优化配置。近年来，"一带一路"沿线基础设施建设的里程碑式工程层出不穷，开启了基础设施互联互通的新篇章。道路设施建设方面，马尔代夫中马友谊大桥通车，中俄黑河—布拉戈维申斯克界河公路大桥开通货运。铁路设施建设方面，沙特阿拉伯哈拉曼高铁开通运行，格鲁吉亚铁路现代化项目外高加索地区最长铁路隧道实现贯通，中老铁路实现全线开通运营，印度尼西亚雅万高铁最长隧道实现全隧贯通。港口设施建设方面，阿拉伯联合酋长国（简称阿联酋）阿布扎比哈里发港二期集装箱码头正式开港，巴基斯坦瓜达尔港成为区域物流枢纽和临港产业基地，斯里兰卡汉班托塔港二期工程主体完工。航空设施建设方面，埃塞俄比亚博莱国际机场新航站楼、多哥纳辛贝·埃亚德马国际机场新航站楼、赞比亚卢萨卡肯尼思·卡翁达国际机场航站楼建成并投入运营。能源基础设施建设方面，中俄原油管道、中国—中亚天然气管道保持稳定运营，中缅油气管道全线贯通，中巴经济走廊首个大型能源项目——巴基斯坦萨希瓦尔电站正式投产，全球最大的北极液化天然气项目——中俄亚马尔项目首条液化天然气生产线投产。通信网络基础设施建设方面，中巴首条陆地直达光缆——"中巴光缆"建成开通，巴布亚新几内亚国家海底光缆网络项目提前完工……

以道路、铁路、港口、机场、管网等为依托的基础设施互联互通网络，使得"一带一路"沿线的陆、海、天、网"四位一体"布局得到不断完善。基础设施的质量、采用度和连通性是基础设施互联互通现状的真实反映，也是实现互联互通的重要基础和条件保障，其既体现了基础设施建设的潜在需求，也蕴含了基础设施建设的隐性成本。本篇由两章构成，其中，第4章侧重以案例为载体，分别从经验归纳和原因辨识两个视角开展"一带一路"沿线国家设施联通亮点工程与违约项目的深度剖析；第5章侧重以数据为支撑，从全局、国别等视角开展"一带一路"沿线国家设施联通态势的综合分析。

第 4 章 "一带一路"沿线国家设施联通"亮点"与"意难平"

"一带一路"倡议秉承开放、绿色、廉洁理念,以高标准、惠民生、可持续为目标,通过创新的国际合作模式,推动了一批标志性设施联通工程取得长足进展。但同时,部分项目也面临着政局变动、贸易壁垒等因素的干扰,由项目失败带来的巨额损失严重阻碍了"一带一路"沿线国家的社会经济发展。对"一带一路"沿线国家设施联通的典型案例进行深入剖析,结合其具体特征,系统性地总结成功模式与失败教训,能够为多利益相关者发挥各方优势、提高风险应对能力提供切实建议,进而助力"一带一路"设施联通从谋篇布局的"大写意"向精耕细作的"工笔画"转型。本章聚焦交通、能源、通信网络这三类典型基础设施,从亮点工程和失败案例两个维度出发,分别选取了三个代表性项目进行追踪与分析。首先,介绍案例的建设背景与发展历程;其次,探讨其对利益相关国经济、文化、环境等方面带来的影响,进而凝练项目建设的亮点经验或失败因素,为"一带一路"沿线国家有效开展基础设施建设、实现设施联通提供借鉴。

4.1 "一带一路"沿线国家设施联通亮点纷呈

本节遴选了中老铁路项目、中缅油气管道项目和中巴跨境光缆信息通道项目为代表性项目进行案例分析,进而凝练"一带一路"沿线国家设施联通的亮点经验。

4.1.1 交通领域设施联通亮点工程:中老铁路顺利通车

本节以中老铁路项目作为交通领域设施联通的典型成功案例开展深入分析,并对其建设过程中的亮点经验进行凝练。

1. 中老铁路项目案例说明

下面分别从基本情况、建设过程、建设成效三个方面给出中老铁路项目的案例说明。

1)中老铁路项目基本情况

中老铁路(China-Laos Railway)是泛亚铁路的关键环节,也是我国"一带一路"倡议与老挝"陆锁国"变"陆联国"战略深入对接的标志性工程(韦健锋,

2017）。中老铁路北起我国云南昆明，南经玉溪市、普洱市、西双版纳傣族自治州等，过中国磨憨铁路口岸后穿友谊隧道，到老挝磨丁铁路口岸，继续向南经孟赛、琅勃拉邦等主要城市，到达老挝首都万象市（徐旌等，2021）。线路全长 1035 千米，其中昆明至玉溪段长 106 千米，为设计时速 200 千米的双线电气化铁路；玉溪至磨憨段长 507 千米，为设计时速 160 千米、双线单线相结合的电气化铁路；磨丁至万象段长 422 千米，为设计时速 160 千米的单线电气化铁路①。该工程总投资约 505.45 亿元，是第一个以中方为主投资建设、共同运营并与中国铁路网直接连通的跨国铁路项目（韦健锋，2017）。此外，中老铁路全线采用中国技术标准、使用中国设备，标志着中国与"一带一路"沿线国家的"软联通"迈出了重要步伐（孔鹏，2021）。

2）中老铁路项目建设过程

自 2010 年 4 月，中国与老挝首次就合资建设、共同经营中老铁路达成共识以来，十余年间，中老铁路顺利完成了各里程碑工程与项目建设（韦健锋，2017；徐旌等，2021）：

2010 年 5 月，中老铁路昆玉先建段开工。

2015 年 11 月，中老两国政府签署政府间铁路合作协定，标志着中老铁路项目正式进入实施阶段。

2016 年 12 月，中老铁路在老挝琅勃拉邦举行全线开工仪式。

2019 年 6 月，中老铁路全线最长桥梁——楠科内河特大桥顺利架通。

2020 年 3 月，中老铁路首根 500 米长的钢轨在老挝首都万象成功铺设，中老铁路建设进入线上施工关键期。

2020 年 4 月，中老铁路最大跨度桥梁——班那汉湄公河特大桥主桥合龙。

2020 年 9 月，我国与周边国家首条铁路跨境隧道——中老铁路友谊隧道安全贯通。

2021 年 10 月，"澜沧号"动车组运抵中老铁路万象站，并正式交付。

2021 年 12 月，中共中央总书记、国家主席习近平同老挝人民革命党中央总书记、国家主席通伦通过视频连线共同出席中老铁路通车仪式，下达列车首发令。

3）中老铁路项目建设成效

中老铁路的建成，既打破了老挝长久以来的封闭局面，对方便民众出行、提高运输效率和带动产业提升具有重要意义，也为中国西南地区经济发展注入新的动力，并助推中国—中南半岛经济走廊建设，辐射、惠及沿线地区发展（刘倩倩，2017）。该项目的建设成效主要表现在以下几个方面。

一是助力老挝从"陆锁国"变"陆联国"，拉动社会经济提升。老挝是中南

---

① 《攻坚克难、展现中国铁路建设者的智慧与力量》，http://jtyst.yn.gov.cn/html/2021/xingyexinwen_1205/123368.html[2022-08-19]。

半岛上唯一的内陆国家,毗邻中国、柬埔寨、越南、缅甸、泰国,交通条件较为落后,主要依赖机场、公路和内河港口,仅有一段长约 3.5 千米的铁路连接泰国(刘卫东等,2021)。这就导致老挝的货物运输具有较强的局限性,其中,空运虽然高效,但运载量小、目的地有限、运输成本高;公路和内河运输运载量大、成本较低,但运输速度慢(张燕等,2021)。中老铁路向北直通中国云南省内,向南连接泰国、通达新加坡,深刻改变了老挝的交通运输格局(刘倩倩,2017)。中老铁路通车后,从万象到中老边境车程由 2 天缩短至 3 小时,到昆明最快仅需 10 小时[①];世界银行 2020 年发布的报告《从内陆到陆联:释放老中铁路互联互通的潜力》(From landlocked to land-linked: unlocking the potential of Lao-China Rail connectivity)[②]指出,中老铁路通车后,从万象到云南昆明的货运成本将降低 40%至 50%,而老挝国内线路的成本将降低 20%至 40%。交通基础设施的互联互通,在便利民众出行的同时,能够推进国家跨境物流的发展,实现资源与技术的优势互补,并拉动老挝旅游、农牧业、水利等资源开发和城市化建设(杨扬和李欣怡,2020)。

二是打开中国西南地区面向东南亚的窗口,打造新的经济增长极。中老两国在自然资源和产业结构上存在较强的互补性。例如,老挝对中国往往出口资源类产品,而中国对老挝主要出口的是工业类制品等(张燕等,2021)。随着中老双边贸易往来日益密切,保障高效的运输成为货物贸易成功的关键。云南是我国对外开放的桥头堡之一,是中老两国货物运输的必经之地;而老挝作为中国通往泰国、新加坡等国的最佳道路联通支点,也成了云南面向东南亚辐射的中转点(刘倩倩,2017)。中老铁路的开通运营,打通了云南面向东南亚的又一条国际大通道,能够大幅度降低中国西南地区与中南半岛国家之间的物流成本与运输时间,给予了对外开放全新的窗口和空间。以云南为代表的我国西南地区省份可以借此整合各方资源,加快建设大通道、大物流,带动跨境贸易与产业合作,培育新的经济增长极(徐旌等,2021)。

三是推动中国—中南半岛经济走廊融合发展,协同共建命运共同体。老挝万象是中南半岛的中心城市,是中国—东盟国际公路网重要物流节点,是中南半岛铁路物流枢纽(尹君,2022)。中老铁路作为泛亚铁路中线通道的关键组成部分,以万象为核心节点,联通着中国与泰国、马来西亚、新加坡等东盟国家,通过陆地中心城市与海洋港口的空间联结,实现"陆权"与"海权"的有机结合(尹君,2022)。中南半岛各国不再需要依赖马六甲海峡,便可相互之间以及同中国产生更

---

① 《一条铁路,诠释中老命运共同体(环球热点)》,http://m.people.cn/n4/0/2021/1209/c23-15338810_2.html[2022-08-19]。

② "Publication: from landlocked to land-linked: unlocking the potential of Lao-China Rail connectivity",https://openknowledge.worldbank.org/handle/10986/33891[2022-08-19]。

多的贸易往来，迈上经济发展的快车道。中老铁路产生的"交通辐射"，也将带动经济辐射、市场辐射、社会公共服务功能辐射、科技教育辐射等，助推泛亚铁路经济圈、中国—中南半岛经济走廊、东西经济走廊融合发展，促进我国与东盟自由贸易区建设，加快构建命运共同体（徐旌等，2021）。高标准的铁路还将形成标杆，加快泛亚铁路其他线路的建设，发挥中国铁路整体输出的示范作用，带动沿线地区经济社会发展与民生改善（徐旌等，2021）。

2. 中老铁路项目建设的亮点凝练

本节分别从科学技术、环保理念、全球治理观等方面凝练中老铁路项目的建设亮点。

1）以科学技术打造应对风险的安全之路

中老铁路建设体量庞大、地形地貌复杂、气候环境恶劣，还面临着未燃炸弹威胁、无人区穿越等特有难题，修建难度极大，需要应对多重工程风险[①]。

（1）地质条件复杂。中老铁路沿线80%为山地和高原，地质结构复杂，具有高地热、高地应力、高地震烈度和活跃的新构造运动、地热水环境、外动力地质条件、岸坡浅表改造过程等特点，不良地质种类繁多（徐旌等，2021）。桥隧比重高，全线共新建桥梁301座、隧道167座，新建桥隧总长达712公里，占新建线路全长的76.5%[②]。

（2）气象环境恶劣。老挝气候类型属于热带和亚热带季风气候，雨季较长，集中在每年的4月到11月期间，且雨量充沛，通常年度降水量约为2000毫米，使得基坑难以成形，大型机械设备进场较为困难，洪水、滑坡、崩塌随时随地可能发生（刘倩倩，2017；徐旌等，2021）。

（3）未燃炸弹威胁。美国20世纪60年代至70年代期间遗留在老挝境内的炸弹中，还有将近1亿枚集束炸弹没有爆炸。老挝国防部门专门成立了6个清除单位，从2017年1月拆到5月，才将铁路沿线未爆炸弹清除。

（4）无人区穿越。中老铁路有两个路段修建需要穿越无人区，一是到班莎诺前的路段，二是琅勃拉邦到孟卡西设展路段。这些区域大部分被热带原始植被覆盖，伴有蝎子、眼镜蛇等剧毒动物出没；勘察设计、施工组织、食宿补给等都需要从零开始开疆辟土。

中老铁路工程通过科技创新应对上述风险，攻克了隧道建设的世界级难题，建起了连创纪录的铁路双线特大桥，诞生了中国在海外首个认证制梁场，在线路关键处安装雨量、大风、异物侵蚀等监测预警系统，主动防范各种自然灾害。在建设过程中积累了长大隧道、高墩大跨桥梁建设的修建技术，特别是针对长大隧

[①] 《中老铁路解局：为何这么难，为何仍要建？》，https://www.yidaiyilu.gov.cn/xwzx/gnxw/69212.htm[2022-08-19]。
[②] 《卫星见证，"一带一路"上的桥与路》，https://www.yidaiyilu.gov.cn/xwzx/hwxw/208333.htm[2022-08-19]。

道软岩大变形问题,创新发展出主动控制变形技术,创下了多项国内及世界第一,成为电气化铁路工程建设的新标杆[①]。

2)以环保理念构建绿水青山的生态之路

攻克技术难题的同时,生态环保问题也成为中老铁路项目建设关注的重点。中老铁路沿线各类环境敏感点众多,有自然保护区 20 处、国家森林公园 3 处、水产种质资源保护区 3 处[②]。施工过程中,中老铁路项目建设方始终把生态环保理念贯穿铁路建设全过程,从规划选线、施工管理、运营维护各阶段,严格落实生态环境保护措施,有效绕避琅勃拉邦世界遗产保护区的核心区、万荣岩溶旅游风景区、橄榄坝风景区等环境敏感地区,为野生亚洲象专门设置了迁移通道和防护栅栏;合理优化土方开挖方案,最大限度地减少对地面植被的影响,对临时用地进行复垦复用,平整恢复用地近 5000 亩(1 亩约等于 666.67 平方米);综合运用水土保持、弃渣利用、节能环保材料等先进技术手段,全线绿化总面积达 307 万平方米[③]。中老铁路项目建设方坚持工程施工与生态文明建设一体布局,将桥、隧、站等建筑与自然景观融为一体的理念,打造全球第一条全线开展系统性绿化景观设计的跨境铁路,也是亚洲首条融合了生态环保、景观美化、人文风情的长大干线铁路工程,形成了美丽的国际铁路景观文化长廊。

3)以全球治理观实现共商共建共享的民心之路

自"一带一路"倡议提出后,首条以中方为主投资建设运营并与中国铁路网直接连通的国际铁路——中老铁路的建设过程始终贯彻着"共商、共建、共享"的全球治理观。通过最大限度地调动一切积极因素,切实惠及老挝人民,获得当地群众的理解和支持,进而保障项目的顺利进行。中老两国建设者合力攻坚克难,多次参与抢险救援、医疗救助、捐资助学等公益行动。中老铁路建设期间,较好地落实了对原住民征地补偿的问题;积极聘用当地员工,共带动老挝当地就业 11 万人次,为老挝培养了大批工程师和产业工人,不少留学中国的老挝籍学生毕业后投身中老铁路的建设、运维,成为老挝工业化现代化的种子人才;积极采购当地建材物料,累计采购费用超 51 亿元;大量修建施工便道、改造房屋、接通沿线水电、修建近 2000 千米道路水渠,极大地改善了沿线百姓的生产生活状况(徐旌等,2021)。

4.1.2 能源领域设施联通亮点工程:中缅油气管道全线贯通

本节以中缅油气管道项目作为能源领域设施联通的典型成功案例开展深入分析,并对其建设过程中的亮点经验进行凝练。

---

① 《中老铁路》,https://www.yidaiyilu.gov.cn/zgtj/xmfc/247099.htm[2022-08-19]。
② 《激动!中老铁路,正式通车!》,http://www.xinhuanet.com/world/2021-12/03/c_1128129113.htm[2022-08-19]。
③ 《全线采用中国标准!中老铁路将于 12 月 3 日全线开通运营》,http://finance.people.com.cn/n1/2021/1202/c1004-32297764.html[2022-08-19]。

1. 中缅油气管道项目案例说明

下面分别从基本情况、建设过程、建设成效三个方面给出中缅油气管道项目的案例说明。

1）中缅油气管道项目基本情况

中缅油气管道（Sino-Myanmar pipelines）是继中亚油气管道、中俄原油管道、海上通道之后的第四大能源进口通道[①]。该管道包括原油管道和天然气管道，其中，中缅原油管道的起点位于缅甸西海岸的马德岛，缅甸境内管道全长771千米，一期工程输油量1300万吨/年，二期增加到2200万吨/年；天然气管道起点在西海岸兰里岛，与原油管道并行敷设，缅甸境内管道全长793千米，一期工程输气量为52亿米^3/年，二期工程增加到120亿米^3/年[②]。二者经缅甸若开邦、马圭省、曼德勒省和掸邦，从云南瑞丽进入中国，在贵州安顺实现油气管道分离，原油管道终点为重庆市，天然气管道终点为广西贵港市（周子栋等，2014）。中缅油气管道是中国在东南亚承建的第一个大型能源项目，同时也是我国管道建设史上难度最大的里程碑项目之一，为后续管道建设积累了重要的工程经验（周子栋等，2014）。

2）中缅油气管道项目建设过程

中缅油气管道项目早在2004年已开始酝酿，天然气管道于2013年投产运行，原油管道在2017年正式投产运行[③]，整个建设过程的主要里程碑事件如下。

2009年12月，中国石油天然气集团公司与缅甸联邦能源部签署《中缅原油管道权利与义务协议》。

2010年6月，中缅油气管道项目在两国总理的共同见证下，正式开工建设。

2013年5月，中缅天然气管道缅甸段实现机械完工，并于同年7月投产运行。

2014年5月，中缅原油管道缅甸段实现机械完工，并于次年1月在缅甸马德岛原油码头试投产。

2017年4月，在习近平主席和缅甸总统吴廷觉的共同见证下，《中缅原油管道运输协议》在北京正式签署。

2017年5月，从缅甸西海岸开始输送的国际市场原油，通过中缅原油管道越过中缅边境，顺利到达了中国段瑞丽首站，标志着中缅原油管道原油正式进入中国。

3）中缅油气管道项目建设成效

中缅油气管道项目是"一带一路"框架下互利共赢工程的代表，既有助于实现我国能源进口多元化、保障油气均衡供应，也推动了缅甸当地民生改善，以及

---

① 《中缅天然气管道项目》，https://www.yidaiyilu.gov.cn/qyfc/xmal/2468.htm[2022-08-19]。
② 《中缅油气管道："一带一路"多方共建典范》，https://www.yidaiyilu.gov.cn/xwzx/hwxw/88731.htm[2022-08-19]。
③ 《中缅油气管道实现高质量合作》，http://world.people.com.cn/n1/2020/0117/c1002-31553426.html[2022-08-19]。

管道沿线油气产业与经济发展①。

对于我国而言，有助于补齐能源短板，完善油气管网布局。我国虽然国土面积辽阔，但是石油和天然气资源主要依赖外部进口，且石油战略储备严重不足，在各大经济体中处于落后位置②。长期以来，进口原油 80%来自中东和非洲，基本依靠海运，需要穿越马六甲海峡等重要的航运通道。该航道地缘关系复杂、军事活动频繁、海盗猖獗，使得我国能源运输存在巨大的安全隐患（王靖凯和朱世宏，2012）。中缅油气管道的建设与使用，不仅能够分散海上单一渠道输送能源的压力，降低能源安全风险，而且节约了绕行马六甲海峡所需的运输路程，提高运输效益。此外，中缅油气管道的铺设还有助于应对我国现有油气输入网络的供应失衡问题。我国现有管线集中在工业和经济发达的东部地区，以及油气储量相对丰富的西北地区，而重庆、广西、云南等西南地区省区市均不同程度地陷入"缺油少气"的困局，中缅油气管道对于弥补西南地区油气资源短缺、促进经济发展与产业升级具有重要的战略意义②。

对于缅甸而言，有利于带动基础设施与产业发展，将资源优势转化为经济优势。首先，在中缅油气管道开通之前，缅甸境内虽有丰富的自然资源，但苦于经济技术落后、基础设施不成熟，仍然饱受电力、燃气和成品油不足的困扰。中缅天然气管道的开通投产，以及皎漂、仁安羌、曼德勒、当达等配套天然气分输站的投入使用，实现了天然气用气高峰期每天 270 万立方米的下载量，为缅甸居民与工业用电提供持续的能源保障③。其次，中缅油气管道的运营，能够给缅甸带来直接的经济收益。除了油气出口创汇外，国家税收、投资分红、路权费、过境费、培训基金等短期或长期收益规模都十分可观。截至 2020 年 5 月末，中缅油气管道累计为缅甸带来直接经济收益 5.14 亿美元①。此外，中缅油气管道有效衔接了资源与消费市场，给缅甸天然气及相关产业带来了巨大商机，有力带动了劳动力就业与民生改善。

2. 中缅油气管道项目建设的亮点凝练

接下来，分别从合作模式、标准要求、目标定位等方面凝练中缅油气管道项目的建设亮点。

1）以协同共赢的合作模式应对利益纷争

中缅油气管道秉持协同共赢理念，从宏观、中观、微观多个维度协调各方利益，维持紧密的合作伙伴关系。从宏观国家层面而言，中国连续多年成为缅甸最

---

① 《共同繁荣，构建中缅命运共同体》，http://world.people.com.cn/n1/2020/0608/c1002-31738796.html[2022-08-19]。
② 《"一带一路"上的标本项目——中缅油气管道（上篇）》，http://www.rmhb.com.cn/zt/ydyl/201708/t20170803_800101667.html[2022-08-19]。
③ 《中缅油气管道："一带一路"多方共建典范》，https://www.yidaiyilu.gov.cn/xwzx/hwxw/88731.htm[2022-08-19]。

大的贸易伙伴以及最大的外资来源国，中缅两国之间正逐步形成全方位、多层次、宽领域的合作格局[①]。虽然在中缅油气管道建设的十年间，缅甸政治纷争带来了外交形势变化的潜在风险，但是在国家领导人的互访沟通与努力之下，仍保障了该项目的如期安全完成，并实现了中缅经济走廊的深化互联互通。在中观的企业合作层面，中缅油气管道项目鼓励多方参与共建，将印度与韩国的竞争者吸纳进来，化竞争为合作，由中国石油集团东南亚管道有限公司（50.9%）、缅甸国家石油天然气公司（7.37%）、韩国浦项制铁大宇公司（25.04%）、印度石油天然气里海勘探生产公司（8.35%）、印度天然气公司（4.17%）、韩国天然气公司（4.17%）等六家共同投资建设，打造"四国六方"的合作模式，共同受益、优势互补[②]。面向微观的公共关系管理，为了减少公众误解，建设方在积极推进与民间组织和社区利益相关群体对话的同时，主动通过纸质媒体、广播电视和新媒体等多种渠道策划了一系列宣传活动，包括编制宣传手册、拍摄宣传片、举办媒体发布会、开通官方网站及社交媒体网站等[①]。

2）以高标准要求实现攻坚克险

中缅油气管道项目输送距离长、运量大，且由于是跨国施工和运行，人文和自然环境复杂、气候和地质陌生，这些因素都极大地考验着项目的落地和推进。仅就施工本身而言，中缅油气管道项目被业界称为"世界上最难建设的管道之一"，沿线地质环境复杂，管道所经地区处于印度洋板块和欧亚板块碰撞接合部，地壳活动剧烈，具有"三高四活跃"不良地质特点，即高地震烈度、高地应力、高地热，活跃的新构造运动、活跃的地热水环境、活跃的外动力地质条件、活跃的岸坡再造过程。此外，沿线80%以上为山区，滑坡、泥石流、崩塌等地质灾害多发、频发，地质灾害数量多、类型多，严重威胁管道安全（周子栋等，2014）。针对上述难点，建设方坚持以高标准要求进行项目攻关[①]：一方面，在全球范围内优选建设资源，吸纳了来自缅甸、印度、美国等国家高品质的承包商、供应商与咨询机构；另一方面，坚持对安全、社会、环境和本地化用工执行高标准合规管理，实现关键技术攻关与工程质量把控。例如，在米坦格河跨越、南塘河大峡谷穿越等重要控制性工程中，管道焊接一次合格率达到98.68%，超过国际同类管道工程的质量指标。

3）以可持续目标进行生态和文化保护

中缅油气管道沿途环境保护敏感点多，包括环境保护区、风景名胜区、水源地、宗教场所和墓地等，并且穿越瑞丽江、澜沧江（伊洛瓦底江）和怒江等多条国际河流（周子栋等，2014）。该项目建设一直以绿色、可持续为目标，践

[①] 《中缅油气管道："一带一路"多方共建典范》，https://www.yidaiyilu.gov.cn/xwzx/hwxw/88731.htm[2022-08-19]。
[②] 《共同繁荣，构建中缅命运共同体》，http://world.people.com.cn/n1/2020/0608/c1002-31738796.html[2022-08-19]。

行环境友好型发展路径，在项目生命周期中全面严格落实环境保护措施[①]：在调研阶段，通过公开招标方式，聘请国际知名机构开展环境评价，并依据国际通用原则和标准形成报告；在设计阶段，针对地貌特征和环境保护要求，科学规划管道路线，绕行生态敏感区、文化遗产保护区，凡遇到佛塔、庙宇、学校、墓地、动植物保护区，一律选择避让[②]；在实施阶段，严控作业带范围，并采用多种技术与方案降低施工对环境带来的破坏，如采用世界领先的机载激光雷达技术、海沟穿越技术，减少对地表、植被的扰动，以定向钻穿越施工取代大开挖，最大限度地保护红树林和海洋生态，使用配备生活污水处理装置和油水分离装置的多功能船、拖轮，保证生活污水、含油污水处理后达标排放等。此外，项目建设方还注重沿线水土保持与生态修复，通过人工播撒草籽、草袋恢复植被等方式实现施工后的地貌恢复。

4) 以民心相通理念充分承担社会责任

中缅油气管道项目在建设与运营过程中积极履行社会责任。首先，直接促进了当地就业与人才培养，在项目建设期与 200 多家本土企业合作，创造了大量的就业岗位，缅甸当地用工累计达到 290 万人/工日，进入运营稳定期后，雇用当地员工 900 多人，本土化率 80%[③]。其次，保障征地赔偿手续完备、过程透明。联合多方代表组成具有公信力的征地机构，管线沿途尽量不占、少占耕地，对工程所用征地，依据国际惯例和缅甸法规，不仅先赔偿后用地，而且直接将赔付款发放到村民手中，并及时发布土地赔偿信息[①]。此外，坚持系统性开展对缅社会公益项目，着力改善缅甸社区居民的生活条件。截至 2020 年 1 月，累计在若开邦、马圭省、曼德勒省和掸邦投入公益资金 2700 万美元，实施社会经济援助项目 280 多项，涵盖医疗卫生、教育、供水供电、道路、通信、灾害救助等多个领域。近 3 万名缅甸青少年的就学环境得到改善，近 90 万人获得了更加便利可靠的医疗服务，管道沿线的许多村庄实现了 24 小时供电和安全清洁饮水[③]。

4.1.3 通信网络领域设施联通亮点工程：中巴跨境光缆信息通道建成运营

本节以中巴跨境光缆信息通道项目作为通信网络领域设施联通的典型成功案例开展深入分析，并对其建设过程中的亮点经验进行凝练。

1. 中巴跨境光缆信息通道项目的案例说明

下面分别从基本情况、建设过程、建设成效三个方面给出中巴跨境光缆信息

---

① 《中缅油气管道(下篇)——兼具战略和标本意义的"走出去"项目》, http://www.rmhb.com.cn/zt/ydyl/201708/t20170807_800101870.html[2022-08-19]。

② 《中缅油气管道："一带一路"多方共建典范》, https://www.yidaiyilu.gov.cn/xwzx/hwxw/88731.htm[2022-08-19]。

③ 《中缅油气管道实现高质量合作》, http://world.people.com.cn/n1/2020/0117/c1002-31553426.html[2022-08-19]。

通道项目的案例说明。

1）中巴跨境光缆信息通道项目基本情况

中巴跨境光缆项目（China-Pakistan fiber optic project）计划铺设连接中国与巴基斯坦的首条跨境直达陆地光缆，它是中巴经济走廊（China-Pakistan Economic Corridor）框架下两国通信网络互联互通的重点建设项目①。该项目总投资约为4400万美元，光缆全长2950千米，北接中国新疆，经中巴边境的红其拉甫口岸进入巴基斯坦，过吉尔吉特—巴尔蒂斯坦地区到达曼塞拉，再经穆扎法拉巴德，南接伊斯兰堡和拉瓦尔品第，与巴基斯坦现有光纤网络连接②。中巴跨境光缆的建成，是两国通信与信息化领域合作的重要里程碑，它将大幅缩短中巴之间的通信时延，标志着中巴两国之间无陆地光缆连接的历史一去不复返，形成中国通往中东与非洲全新的战略通道③。

2）中巴跨境光缆信息通道项目建设过程

2013年5月，中国国务院总理李克强在访问巴基斯坦时首次提出积极探索和制定中巴经济走廊远景规划④，旨在继续推进两国在基础设施建设、互联互通、海洋、能源、农业、防务等领域的合作。

2015年4月，中巴两国政府初步制定了修建新疆喀什市到巴方西南港口瓜达尔港的公路、铁路、油气管道及光缆覆盖"四位一体"通道的远景规划⑤。

2016年4月，作为中巴经济走廊的基础性子项目，中巴跨境光缆项目正式开工建设。

2018年7月，中巴跨境光缆项目竣工仪式在中巴友谊中心举行①。

3）中巴跨境光缆信息通道项目建设成效

中巴跨境光缆项目是中巴经济走廊的早期收获项目，为中巴经济走廊提供了关键的数字基础设施联通能力。除了满足两国信息互联需求之外，该项目也为中巴资金融通、贸易畅通和民心相通做出重要贡献。

一是该项目为中巴两国搭建了数字高速公路，实现了通信效率和安全性的提升。对于巴基斯坦而言，在中巴跨境光缆建成之前，其仅依赖靠近卡拉奇的海底电缆支线连接国际网络，不仅无法满足全国范围内的连接需求，还会受到别国数据窃听的威胁（Bashir，2020）。中巴跨境光缆的开通，为巴基斯坦提供了额外的跨国网关出口，加快了互联网通信速率，同时也有利于中巴数据安全与巴基斯坦

---

① 《中巴跨境光缆项目竣工仪式在巴举行》，http://pk.mofcom.gov.cn/article/todayheader/201807/20180702766540.shtml[2022-08-19]。

② 《中巴经济走廊，数字基建很热》，https://www.yidaiyilu.gov.cn/zbjjzlhlgydf/mbgzl/178024.htm[2022-08-19]。

③ 《中巴首条陆地直达光缆建成开通》，https://www.yidaiyilu.gov.cn/xwzx/gnxw/60237.htm[2022-08-19]。

④ 《国务院总理李克强在巴基斯坦参议院的演讲（全文）》，http://www.gov.cn/ldhd/2013-05/24/content_2410141.htm[2022-08-19]。

⑤ 《专家详解中巴经济走廊的"一二三四五"》，https://www.yidaiyilu.gov.cn/xwzx/gnxw/11859.htm[2022-08-19]。

地缘政治的稳定。对于中国而言，以中巴跨境光缆项目为基础，可以进一步辐射东亚国家直至欧洲，实现更大范围的高速、大容量网络互联，满足快速增长的数字场景需求。

二是该项目高效连接了中巴两国的资金流和信息流，促进了区域间的经济合作①。中巴跨境光缆的数字基础设施建设，一方面可以支撑工业园区、公路、铁路、机场和港口等硬性基础设施的高效建设和信息化管理，赋能数字化经济、提升运营效率；另一方面，也能够满足教育、卫生、工业、服务业等不同部门日益增长的互联网和通信需求，推动商品和服务的跨境流通，有助于巴基斯坦公民借由网络高效融入全球经济市场中，实现经济效益的协作提升（Bashir，2020）。

三是该项目有助于改善电子商务和物流运输的基础设施条件，进而提升中巴两国的贸易畅通水平①。以吉尔吉特—巴尔蒂斯坦为例，该地区位于巴基斯坦最北部，是连接巴基斯坦到中国的门户，具有丰富的农业和矿产资源。中巴经济走廊的建设为其带来丰富的贸易机会，中巴跨境光缆为其提供了高效的电子商务连接路线，实现了线上销量的大幅提升；而对于线下货物运输而言，中巴跨境光缆项目引入了数字一站式清关系统，极大地降低了由人工清关造成的货物遗漏与延误，提高了中巴边境的贸易效率（Bashir，2020）。

四是该项目为中巴两国民心相通创造了更有利的机会①。紧密的数字连接，为中巴两国双边关系的稳固以及政治、文化沟通创造了广阔高效的虚拟平台（Bashir，2020）。例如，巴基斯坦应用中国的地面数字多媒体广播技术播放高清电视，不仅为当地媒体行业提供了创收机遇，而且能够促进中巴两国文化交流类电视节目以更高的分辨率播出，实现两国文化更深入的交流①；此外，两国的语言、教育思想也通过中巴跨境电缆项目，得以在多地融合推广（Bashir，2020）。

2. 中巴跨境光缆信息通道项目建设的亮点凝练

本节分别从中巴关系、风险应对、社会责任感等方面凝练中巴跨境光缆信息通道项目的建设亮点。

1）中巴全天候友谊是项目成功的基石

中巴两国历经70多年的全天候友谊，皮尤研究中心一项调查显示：超过84%的巴基斯坦人对中国持亲近友好态度（Hameed，2018），视中国为兄弟国家，中国民间也亲切地称巴基斯坦为"巴铁"，这些都是中巴双方加强各领域合作的基础和前提（王易之等，2020）。中巴跨境光缆项目的建设也离不开高层领导的全力支持。为了确保中巴经济走廊"铁路、公路、油气、光缆"四位一体的基础设施互联互通建设顺利进行，习近平对巴基斯坦进行国事访问期间，达成多个关于中巴经济走廊的项目谅解备忘录；2017年12月发布的《中巴经济走廊远景规划

---

① 《中巴经济走廊，数字基建很热》，https://www.yidaiyilu.gov.cn/zbjjzlhlgydf/mbgzl/178024.htm[2022-08-19]。

（2017—2030 年）》，为中巴经济走廊基础设施互联互通建设提供了基本遵循；2018 年 11 月至 2019 年 6 月，中巴领导人相继进行了三次会晤，不断巩固政治互信水平；2020 年 3 月，习近平在人民大会堂同巴基斯坦总理会谈时指出，双方要保持领导人经常性互访和会晤传统，积极推动重点领域和项目合作，把中巴经济走廊打造成"一带一路"高质量发展的示范工程[①]。中巴双方领导人针对项目的密切交流与互动，为中巴跨境光缆项目的顺利实施以及后续的延伸与拓展建立了高效的合作机制与政策保障（尹响和胡旭，2019）。

2）积极应对各类风险是项目成功的抓手

中巴跨境光缆在铺设过程中面临较高的工程项目风险、政治风险、经济风险等，中巴双方政府与参建企业对这些风险进行了主动预防与积极应对，避免对项目造成较大程度的干扰。例如，从地质条件和气候来看，中巴跨境光缆需要穿越喀喇昆仑山脉、兴都库什山、帕米尔高原、喜马拉雅山脉，经过海拔 4733 米的红其拉甫口岸与近百公里无人区，沿线大多数地区地质地形复杂、海拔高，且存在气候寒冷、电缆冻结等风险[②]。承建与运营企业做好应急预案、加强工程攻关，克服了全线光缆、机房和站点配套设施建设中的多重困难。在政治稳定性方面，巴基斯坦国内局势动荡、地缘关系高度敏感，跨区域的大型合作项目有极大可能引发周边地缘政治相关方的警惕甚至破坏（尹响和胡旭，2019）。为应对潜在的安全问题，巴基斯坦政府组建了 15 000 人的特别警察部队，专门用于保护中巴经济走廊各项目的建设（王易之等，2020）。考虑到巴基斯坦面临着外债负担重、财政赤字大的宏观经济环境，为了给中巴跨境光缆项目提供稳定持续的支持，巴政府从公共部门发展计划中拨付了专项资金，而中方不仅提供了信贷优惠，也为该项目的运营提供了 1124 万美元的投资（尹响和胡旭，2019；Bashir，2020）。

3）高度的社会责任感是项目成功的保障

中巴跨境光缆项目对于巴基斯坦社会经济的发展与民生改善至关重要。在促进就业方面，中巴经济走廊各项目将创造超过 80 万个就业机会，而中巴跨境光缆项目已为巴基斯坦带来工程师就业人数的大幅提升以及专业技术人才的培养（Bashir，2020）。同时，该项目在各环节都高度重视本地化用工，包括建设阶段的道路施工、光缆铺设、项目管理，以及后期运营中的语音通信服务、媒体传输管理等。就对国家数字化进程的推动作用来看，该项目能够直接或间接地推动巴基斯坦整体教育水平的提升、医疗条件的改善和文化的深入交流（Bashir，2020）。

[①]《中巴经济走廊接下来该如何建设？这个会议有答案!》，https://www.yidaiyilu.gov.cn/xwzx/gnxw/144237.htm [2022-08-19]。

[②]《中巴跨境光缆项目——"信息通信技术带给我们广阔的舞台"》，https://www.yidaiyilu.gov.cn/p/274414.html [2022-08-19]。

该项目还积极支持社会公益，如为"数字女童"（ICT for girls）[①]项目提供 3G/4G 网络支持，旨在为女童学习与提升数字化技能创造机遇（Bashir，2020）。

4.2 "一带一路"沿线国家设施联通失败案例

本节遴选了马来西亚—新加坡隆新高铁计划、泰国甲米煤电厂项目和中兴通讯—印度 BSNL 2G 网络扩容计划为代表性项目进行案例分析，进而归纳总结"一带一路"沿线国家设施联通的失败教训。

4.2.1 交通领域设施联通失败案例：马来西亚—新加坡隆新高铁计划终止

本节以马来西亚—新加坡隆新高铁计划作为交通领域设施联通的典型失败案例开展深入分析，并对其失败原因进行辨识。

1. 马来西亚—新加坡隆新高铁计划案例说明

下面分别从基本情况、建设过程、失败损失三个方面给出马来西亚—新加坡隆新高铁计划的案例说明。

1）马来西亚—新加坡隆新高铁计划基本情况

隆新高铁（Singapore–Kuala Lumpur High Speed Rail）是计划修建的一条连接马来西亚首都吉隆坡与新加坡的高速铁路。高铁线路规划全长 350 千米，从马来西亚吉隆坡出发，连接马六甲、芙蓉等城市，沿马来西亚半岛西海岸，到达新加坡裕廊东，预计能够将原本近 7 小时的通行时间缩短至 90 分钟[②]。隆新高铁计划于 2010 年发布后，引起了中国、日本、韩国以及马来西亚本国诸多公司的关注与竞标，而中国凭借其高铁建设能力与成本优势位居前列[③]。如果该项目顺利推进，将是中国企业继槟城第二大桥后，在马来西亚承建的第二项重要基建工程。然而，在接下来的十多年间，该项目历经马来西亚三任总理，在波动反复中，于 2021 年 1 月宣布终止。

2）马来西亚—新加坡隆新高铁建设过程

2010 年，马来西亚总理纳吉布正式提出隆新高铁计划，并于 2013 年与新加坡总理李显龙达成共识。它将作为马来西亚政府经济转型计划的一部分，提高吉

---

① ICT 表示信息与通信技术（information and communication technology）。

② "Singapore–Kuala Lumpur High Speed Rail"，https://landtransportguru.net/singapore-kuala-lumpur-high-speed-rail[2022-08-19]。

③ "China to hold advantage in bidding for Singapore-Malaysia high-speed rail"，http://en.people.cn/n3/2016/0720/c90000-9088886.html[2022-08-19]。

隆坡的经济活力和宜居性。但后续该项目却几经更改与延期，直至夭折[1]，该过程中的若干关键事件如下。

2016年12月，马来西亚与新加坡两国正式就隆新高铁项目签署双边协议，计划于2026年通车。

2018年9月，在马来西亚新当选的马哈蒂尔政府的推动下，隆新高铁建设工程被正式推迟到2020年5月31日，铁路预计通车时间也被推迟到2031年。

2020年5月，马来西亚政局再一次发生变化，应总理穆希丁的要求，将隆新高铁项目的暂停期限推迟至2020年12月31日，以便新加坡、马来西亚双方能够对该项目进行新一轮评估。

2021年1月，新加坡总理李显龙和马来西亚总理穆希丁正式宣布，隆新高铁协议失效，项目终止。虽然2021年底马来西亚提出重启该计划，但落实时间未为可知。

3）马来西亚—新加坡隆新高铁计划失败损失

该项投资规模可观的跨国交通基础设施项目，在经历了长期的多轮谈判后，却以失败告终，不仅给利益相关国带来了巨额损失，也对区域发展造成了深远影响。

从直接经济损失来看，新加坡方面表示，该国已为隆新高铁计划投入约2.7亿新元资金，涵盖咨询服务费、基础设施设计费及人力成本等白白耗费的开支，这还不包括政府日后可以回收的征地费用[2]。而马来西亚，除了项目投资外，作为多次延期与变更的发起方，于2018年9月约定将隆新高铁工程延期时，已向新加坡赔偿1500万新元的延期费用；2021年3月，新加坡和马来西亚两国发表联合声明，宣布就隆新高铁双边协议终止达成"全面和最终解决方案"，马方已向新方赔偿1.028亿新元[3]。

从区域发展来看，马来西亚与新加坡之间保持着紧密的商业联系与人员往来，如果隆新高铁成功架通，可以进一步增加两国的连通性、促进双方经济和社会融合，进而提高国际竞争力[4]，这些潜在的收益随着项目失败而付诸东流。马来西亚的马六甲、森美兰等州政府表示，隆新高铁交通枢纽的取消将为该州带来利益损失，并且打乱了当地的发展计划，包括即将新建的马六甲海滨经济区以及马来西亚视觉谷2.0的开发。马来西亚的一些公众认为，虽然政府提出新冠疫情是终止

---

[1] "Singapore–Kuala Lumpur High Speed Rail", https://landtransportguru.net/singapore-kuala-lumpur-high-speedrail [2022-08-19].

[2] 《新隆高铁计划告吹 因马方要求取消资产管理公司》，http://topic.mofcom.gov.cn/article/i/jyjl/j/202101/20210103028610.shtml[2022-08-19]。

[3] 《马来西亚为取消高铁赔偿新加坡1亿多元 两国政府：取得完整和最终解决》，http://sg.mofcom.gov.cn/article/dtxx/202103/20210303048604.shtml[2022-08-19]。

[4] 《最后期限已过 新马联合宣布新隆高铁计划流产》，http://www.mofcom.gov.cn/article/i/jyjl/j/202101/20210103028286.shtml[2022-08-19]。

该项目的部分原因，但不可否认隆新高铁能够带动就业和大量客流，从而促进经济更快地从深度衰退中恢复。

2. 马来西亚—新加坡隆新高铁计划失败因素

隆新高铁计划从启动到延期再到失败，叠加了诸多相互关联的风险因素的干扰，首要因素是政权更迭引发的高层领导者支持力度的变化，此外，经济形势衰退以及项目方案变更的冲突，都导致了最终的谈判失利。

1）政权更迭

大型交通基础设施项目的建设与运营，离不开政府的稳定支持。隆新高铁计划起初是作为马来西亚经济转型计划的旗舰项目，由纳吉布政府提出，并受到了各层面的大力扶持。然而，随着2018年纳吉布在马来西亚大选中落败，继任的马哈蒂尔并不认可这一项目，他认为不值得为短程铁路建设支付如此庞大的费用，应当"取消一些不必要的项目"，这直接导致了隆新高铁项目的首次延期[①]。2020年，马哈蒂尔宣布辞职，穆希丁接替他的职务成为马来西亚总理。穆希丁上台后，虽然对隆新高铁项目表示积极态度，但无法完全认可前期协议，要求延长暂停期限，对项目进行进一步评估。在2020年12月31日最终期限前，新加坡、马来西亚双方无法对马来西亚提出的重大修改意见达成一致，进而宣布项目终止。

2）经济形势衰退

在隆新高铁两次延期以及终止的过程中，经济形势衰退都是马来西亚政府提出的关键理由之一。马哈蒂尔政府认为，截至2018年底，马来西亚政府债务和负债规模约合2740亿美元，相当于马来西亚GDP的80.3%，这一债务数字远超纳吉布政府披露的水平；经政府预估，隆新高铁项目将花费马来西亚约280亿美元资金，也远远高于纳吉布政府提出的171亿美元造价，并表示应当将国家财政状况放在最高优先级，需要重新审视隆新高铁项目。2020年，马来西亚政府再次提出项目延期时，正值新冠疫情暴发。穆希丁政府提出[②]，面对疫情大流行造成的经济衰退，需要赋予隆新高铁建设和运营活动足够的灵活性，进一步改变项目结构、降低融资成本，减少一切增加成本的不必要条款，从而为国家提供最大的价值。在此理念下提出的项目修改意见，后续成为新加坡、马来西亚双方产生项目争议的导火索。

3）项目方案变更的冲突

马哈蒂尔上任后，对隆新高铁线路提出了修改意见，希望其能够惠及吉隆坡国际机场，与现有的吉隆坡机场快铁连接，也希望调整东部路线，使其经过布城。

---

① 《马来西亚总理宣布隆新高铁取消 中日韩等曾计划竞标》，https://www.sohu.com/a/233278966_162522 [2022-08-19]。

② "Why HSR AssetsCo had to go"，https://www.thestar.com.my/news/nation/2021/01/09/why-hsr-project-discontinued [2022-08-19]。

马哈蒂尔政府还提出调整纳吉布时期宣布的马来西亚路段承建企业（如马来西亚资源有限公司、马来西亚金务大有限公司等），重新进行利益分配。穆希丁成为新一任总理后，除了维持马哈蒂尔政府将隆新高铁接入吉隆坡机场快线的诉求外，还提出了一系列项目变更意见，其中，依据公开报道，引发谈判失利的议题主要有以下两项。

一是取消高铁资产管理公司的诉求，这是造成冲突的最主要问题。在早期签署双边协议时，由于缺乏运营高铁的专业知识和经验，新加坡、马来西亚双方同意成立高铁资产管理公司，负责列车及铁路设备的设计、建造、融资和维修等工作。马来西亚表示，在新形势下，成立高铁资产管理公司进行采购与运营没有必要。如果将其取消，项目结构变更将减少阻碍，更具有灵活性。马来西亚政府能够避免向高铁资产管理公司提供约 130 亿美元的担保金，从而最小化负债，也可以通过延期付款、公私合作和主权融资等方式降低融资成本①。新加坡方面则认为，高铁资产管理公司是高铁项目的核心，它能够确保两国利益都能得到保障，减少未来运营隆新高铁项目过程中可能出现的分歧与纠纷，而剔除高铁资产管理公司是从根本上违背项目协定的，因此无法接受①。

二是将隆新高铁接入吉隆坡机场快铁的诉求。马来西亚政府希望隆新高铁与机场快铁共享轨道，实现与吉隆坡国际机场的连接。新加坡政府表示，由于吉隆坡机场快铁运行依赖的是现有的列车系统，运行速度只有隆新高铁预计速度的一半，会带来非常多的技术难题，以及随之带来的成本上升，因此不予支持①。

4.2.2 能源领域设施联通失败案例：泰国甲米煤电厂项目沉沙折戟

本节以泰国甲米煤电厂项目作为能源领域设施联通的典型失败案例开展深入分析，并对其失败原因进行辨识。

1. 泰国甲米煤电厂项目案例说明

下面分别从基本情况、建设过程、失败损失三个方面给出泰国甲米煤电厂项目的案例说明。

1）泰国甲米煤电厂项目基本情况

甲米煤电厂（Krabi coal power station）项目的目标是在泰国甲米省的努阿克隆（Nua Klong）地区建造一座 800~870 MW 的燃煤发电厂。泰国电力局在其修订的《泰国电力发展计划 2012—2030》中规定，到 2030 年，全国燃煤发电厂新建总容量须达到 4400 MW，以解决电力供应不足的问题（Ministry of Energy，2012）。而该计划的第一阶段部署，则包括在 2019 年之前实现甲米煤电厂供电。

---

① 《新隆高铁计划告吹 因马方要求取消资产管理公司》，http://topic.mofcom.gov.cn/article/i/jyjl/j/202101/20210103028610.shtml[2022-08-19]。

甲米煤电厂项目将在现有的一座 350 MW 的煤电厂基础上建设,预计价值 19 亿美元,这也是泰国地区在南部建造的第一家煤电厂[①]。除了煤电厂外,还将在班龙鲁(Ban Klong Ruo)建造与之配套的煤炭港口,每年至少进口 230 万吨煤炭以保持供应[②]。中国电力建设公司与意大利—泰国开发有限公司组成的联合体在 2016 年的项目投标中胜出。如果甲米煤电厂顺利建成,这将是中国企业在泰国开展的第一项大型基础设施建设项目。然而,自计划发布以来,就一直受到环保人士和当地居民的抗议,在进行多次环境影响评价、方案变更、商议未果后,2022 年,泰国电力局将该项目描述为"撤销",标志着计划终止[②]。

2）泰国甲米煤电厂项目建设过程

甲米煤电厂项目于 2012 年由泰国电力局提出,预计 2015 年开始建设,2019 年完工。然而,由于煤电厂项目对环境的破坏性以及甲米地区生态环境的敏感性,该项目持续遭到反对,并最终于 2022 年撤销,这一过程中经历了若干关键事件[②]。

2013 年 2 月,500 名甲米居民发起抗议,称 1964 年至 1995 年期间,甲米地区的一座燃煤发电厂给许多人带来了呼吸问题和癌症,也会阻碍当地旅游业的蓬勃发展。

2014 年 8 月,东南亚绿色和平组织发表了一份题为《十字路口的甲米》的报告,建议泰国政府停止在甲米进行破坏性煤电项目。同年 12 月,泰国电力局提交了甲米煤电厂的环境影响评估报告。

2015 年 3 月,泰国政府自然资源与环境政策和规划办公室拒绝了关于甲米燃煤电厂的环境影响评估报告。同年 7 月,在环保人士和当地居民广泛宣传和绝食抗议后,泰国政府同意成立联合委员会,重新审查该项目的环境和健康影响,并考虑可再生能源替代方案。

2015 年 8 月,由意大利—泰国开发有限公司和中国电力建设公司组成的联合体,以及由阿尔斯通（泰国）和日本丸红组成的合资企业提交了建造该电站的投标书。

2016 年 1 月,泰国国家维护和平委员会根据《临时宪法》第 44 条,对发电厂和其他工业项目发布了一条豁免履行《城市规划法》的命令。同年 3 月,巴育将军（Gen Prayut Chan-o-cha）发布第 9/2559 号命令,旨在加快包括发电厂在内的政府公用事业项目建设。

2016 年 7 月,中国电力建设公司和泰国合作伙伴以 320 亿泰铢的造价成功中标。

2017 年 2 月,泰国政府不顾强烈反对,决定建造甲米煤电厂。数百人进行抗议,并试图进入政府大楼,但没有成功,抗议活动的部分领导者被拘留。

2018 年 5 月,泰国能源部表示将立即对甲米煤电厂进行可行性研究,该电厂

---

① "EGAT-Krabi coal-fired power plant", https://www.dmsprojects.net/thailand/projects/egat-krabi-coal-fired-power-plant/ PRJ00018565[2022-08-19]。

② "Krabi coal power station", https://www.gem.wiki/Krabi_coal_power_station[2022-08-19]。

不再出现于泰国《电力发展计划 2018—2038（草案）》（*Draft of Power Development Plan 2018-2038*）中，取而代之的是两座 700 MW 的天然气发电厂。

2020 年 8 月，泰国电力局宣布计划将泰国的发电储备从当前的 40%削减到 15%，以降低高昂的电力成本。此外，计划关闭一些较老的发电厂，降低发电能力，提高农业部门的电力使用，并可能增加对缅甸和柬埔寨的出口。次年 7 月，政府批准 1400 MW 燃气发电厂项目，以取代争议较大的燃煤发电厂建设。

截至 2022 年 2 月，泰国电力局将该项目描述为"撤回"，标志着甲米煤电厂项目已被取消。

3）泰国甲米煤电厂项目失败损失

甲米煤电厂项目争端一方面引发了泰国政府与当地居民和环保人士的长期冲突，造成了较为广泛的社会和人权影响，降低了政府的公信力；另一方面，该冲突的本质是经济发展规划与环境保护的矛盾，如果没有制定更为妥善的替代方案，由该项目取消造成的电力短缺依旧会限制区域发展。

从社会影响来看，当地居民与环保人士多年来一直在抗议甲米煤电厂，认为该项目会造成环境污染、危害健康，并破坏当地赖以生存的渔业与旅游业。其中，最受质疑的是环境影响评估的规范性[1]。一是评估过程存在严重缺陷，绿色和平组织声称，当地社区代表在协商过程中没有得到充分的信息，他们对于过往煤电厂产生危害的描述以及合理的诉求均被忽视。二是公共范围界定不合理，评估仅将项目周围半径 5 公里范围作为检查区域，没有对甲米河口和该地区海洋生物多样性的影响评估或经济价值评估，也没有评估项目对民生和当地旅游业的影响。许多人住在离项目更远的地方，他们所处社区的环境、健康和生计也可能受到影响，特别是该煤电厂位于海洋水体沿线，更具环境敏感性。政府程序的不合规、不顾民意开始建设，以及制止抗议过程中使用武力，均降低了政府公信力[2]。

从经济影响来看，政府规划与当地居民有不同的立场与考量。煤电厂支持方认为，泰国南部海滩地区是该国相对富裕的地区，按照南方电力需求每年增长 5%的测算，国内电力供应难以保障，只能依靠从马来西亚等国购买更多电力，或者依赖国外天然气进口，这些都将导致潜在的能源威胁。尤其是泰国《电力发展计划 2015—2036》将 2026 年从邻国购买的电力比例限制在总电力消费的 10%～15%，2036 年限制在 15%～20%。甲米煤电厂的取消，使得大规模的电力需求无法得到保障，导致停电变得越来越普遍，这将引发投资者对电力短缺的担忧以及生产基地的转移，从而降低生产总值[3]。而煤电厂反对方则认为，可再生能源以及

---

[1] "Krabi coal power plant Thailand", https://www.banktrack.org/project/krabi_coal_power_plant#updates[2022-08-19].

[2] "Anti-coal plant protest leaders detained by Thai army", https://gulfnews.com/world/asia/anti-coal-plant-protest-leaders-detained-by-thai-army-1.1980323[2022-08-19].

[3] 《泰南未来电力安全取决于是否启用煤电发电项目》，https://news.bjx.com.cn/html/20170124/805421.shtml [2022-08-19]。

节能改造等措施，能够支持南部地区的可持续发展。此外，即使石化等工业投资缩减，也可以利用生态资源大力发展旅游业，以及当地的农业和生态。甲米及周边沿海地区虽然曾经是工业矿区的一部分，但是现在是重要的旅游景点，每年能够带来数十亿泰铢的收入和充足的就业机会[①]。为了降低甲米煤电厂取消对经济产生的负面影响，需要厘清当地的产业优势，制定更为有效的替代方案。

2. 甲米煤电厂项目失败因素分析

甲米煤电厂项目由于其能源的特殊性，不可避免地会对当地环境造成一定的破坏，如二氧化硫、氮氧化物和微尘的排放等。在法律允许范围内，之所以受到当地居民和环保人士的强烈抵制，以及出现后续方案的调整与取消，主要因为当地生态环境的高度敏感性、全球项目越来越高的环保需求，以及新冠疫情带来经济衰退的影响。

1）选址的生态敏感性

甲米煤电厂建设区域是泰国最著名的旅游目的地之一，也是泰国最大的海草生态系统，有超过 200 种鱼类和 80 种珊瑚，有重要的海洋生物多样性保护价值。该地区拥有两个国家公园和一个野生动物保护区，而根据《拉姆萨尔公约》，甲米河口被列为国际重要湿地，河口面积为 21 300 公顷[②]，由多条河流组成，以红树林和海草床为主。当地渔业和旅游业发达，为居民提供了生计和收入。当地居民提出，甲米煤电厂的前身工厂，为该地区带来了高昂的生态代价。在其运行期间，许多鱼类死亡、鱼群减少、贝壳不可再食用，发电厂周围的红树林死亡，此外，也给当地居民造成了诸多疾病，如上呼吸道感染、癌症等。他们认为，甲米煤电厂的新建也将破坏高度脆弱的生态系统、影响旅游业的蓬勃发展。因此，选址的生态敏感性是项目遭到强烈反对的最主要原因。

2）日益增长的环保要求

《联合国气候变化框架公约》缔约方大会的召开以及脱碳进程的加速，使得对全球项目建设的环保要求越来越高，泰国也提出转向更为清洁的能源，要求效率较低、对环境危害较大的老燃煤电厂提前退役[③]。2017 年 12 月，国际可再生能源机构和泰国能源部发布了一份报告，指出到 2036 年，可再生能源可能达到该国能源结构的 37%，超过 2015 年替代能源发展计划中 30%的可再生能源目标[④]。2021 年，泰国电力局提出，用建设约 10.3 亿美元的燃气发电厂，取

---

① "Krabi at the crossroads", https://www.greenpeace.or.th/report/True_cost_of_coal/Krabi_Coal_Report-Krabi-at-the-Crossroads-EN-single.pdf[2023-09-03]。

② 1 公顷等于 1 万平方米。

③ "Thailand to replace coal-fired plants with gas-fired complex", https://www.pinsentmasons.com/out-law/news/thailand-to-replace-coal-fired-plants-with-gas-fired-complex[2022-08-19]。

④ "Krabi coal power station", https://www.gem.wiki/Krabi_coal_power_station[2022-08-19]。

代争议不断的两座煤电厂,其中就包括甲米煤电厂,这样更符合能源部、国家能源政策委员会和自然资源与环境部的要求,也符合该地区能源转型计划的轨迹[①]。对于绿色、环保的进一步要求,以及可再生资源条件的重新评估,促进了该项目替代方案的制定。

3) 新冠疫情暴发导致的电力需求下降

根据泰国 2018 年电力发展计划预测,未来电力需求将增长 3%～5%。但是,随着 2020 年新冠疫情的暴发,多地封锁措施未能解除,工商业需求萎缩形成的经济衰退,导致泰国电力交易下降,全国峰值电力需求下降。电网中存储的能量越多,用户获得的电力就越昂贵。泰国电力局计划将发电容量储备从总容量的 40% 降至 15%,以遏制高电力成本,并决定提前关闭一些老化发电厂,向邻国出售电力,并在农业综合企业中更多地使用电力,以实现减排。此外,泰国电力局还推迟了一些发电厂的新建进程,以减少电力储备。这一因素也促进了甲米煤电厂项目于 2020 年底的延期,以及后续方案的调整。

4.2.3 通信网络领域设施联通失败案例：中兴通讯—印度 BSNL 2G 网络扩容计划一波多折

本节以中兴通讯—印度 BSNL 2G 网络扩容计划作为通信网络领域设施联通的典型失败案例开展深入分析,并对其失败原因进行辨识。

1. 中兴通讯—印度 BSNL 2G 网络扩容计划案例说明

下面分别从基本情况、建设过程、失败损失三个方面给出中兴通讯—印度 BSNL 2G 网络扩容计划的案例说明。

1) 中兴通讯—印度 BSNL 2G 网络扩容计划基本情况

BSNL 2G 网络扩容计划（BSNL 2G expansion plans）旨在扩大印度国营通信有限公司（Bharat Sanchar Nigam Limited，BSNL）当时的全球移动通信系统（global system for mobile communications，GSM）网络容量,为 2G 和 3G 移动服务用户带来更大的利益。在 2012 年的竞标中,中兴通讯以压倒性的最低价格,击败了华为、阿尔卡特-朗讯、诺基亚西门子通信和爱立信等设备商巨头,接受了 BSNL 在北部和南部的网络改造合同。根据这一合作关系,中兴通讯以 58 美元每线的价格为其在北部和南部各州提供 1015 万线的 GSM,并参与 GSM 线路的规划、融资、工程、供应、安装和测试、调试和年度维护[②]。由于其报价的价格优势,BSNL 后期要求中兴通讯以相同价格在东部各州提供 GSM 设备,该公司同意完成东部网

---

① "Thailand to replace coal-fired plants with gas-fired complex", https://www.pinsentmasons.com/out-law/news/thailand-to-replace-coal-fired-plants-with-gas-fired-complex[2022-08-19].

② "ZTE to support 10.15 million BSNL 2G and 3G GSM lines", https://telecomtalk.info/zte-support-10-15-million-bsnl-2g-3g-gsm-lines/96302/[2022-08-19].

络扩张计划①。

2）中兴通讯—印度 BSNL 2G 网络扩容计划建设过程

2009 年和 2010 年上半年，由于印度政府对网络安全问题的考虑，要求所有运营商的进口设备（特别是从中国进口设备）获得安全许可。在 2010 年下半年，政府发布了指导方针，允许电信运营商在满足某些安全标准的情况下从外国供应商进口设备②。

2012 年，中兴通讯在 BSNL 2G 网络扩容计划中竞标成功，接受了在印度北部和南部各州的 GSM 设备采购订单。同年，由于其他供应商拒绝接受中兴通讯的低价策略，按照投标规则，BSNL 要求中兴通讯按照此价格追加在东部各州的 GSM 设备。

2013 年，中兴通讯同意开展 BSNL 东部 2G 网络扩张计划，额外提供 422 万线设备。

3）中兴通讯—印度 BSNL 2G 网络扩容计划失败损失

虽然中兴通讯—印度 BSNL 2G 网络扩容计划按时交付，从交付物和进度角度来看，该项目并未失败，但是从成本和社会收益维度来看，该计划的执行过程仍然造成了一定损失。

从经济收益来看，中兴通讯出价不到诺基亚西门子通信标底价格的 1/3，这样的超低价格带来了非常高的运营压力。而相对于其他区域，印度东部的建设条件更为恶劣，如果接受，则可能带来更大程度的损失，但如果不接受，按照印度标书规则和中兴通讯的中标金额计算，北部和南部的履约保函金额约为 1.59 亿卢布①，再加上首期应付款项金额的无限推迟，仍然会带来巨额亏损。中兴通讯陷入了进退两难境地，无论选择哪个方案，都不得不接受经济上的低毛利率，甚至是现金流断裂的局面。

从社会收益来看，在中兴通讯的低价策略之下，延期接受或者不接受东部扩容计划，都将造成损失。对于 BSNL 来说，可能造成项目被迫停工或不定期招标，从而推迟网络扩容在东部地区的进度。对于中兴通讯来说，可能会引发法律纠纷，尤其是 BSNL 是国有运营商，此事件甚至可能导致中兴通讯被列入印度国家采购黑名单，在相当长时间内失去在印度市场参与项目的资格，更严重的是可能影响到其他中国企业的信誉以及招标机会。

2. 中兴通讯—印度 BSNL 2G 网络扩容计划失败因素分析

本节分别从价格战和规则差异角度来辨识中兴通讯—印度 BSNL 2G 网络扩

---

① 《中兴通讯同意为印度 BSNL 2G 扩容提供额外支持》，https://tech.huanqiu.com/article/9CaKrnJAdbC[2022-08-19]。

② "ZTE: banking on the TD-LTE market", https://www.zte.com.cn/global/about/magazine/zte-technologies/2011/6/en_557/263984.html[2022-08-19]。

容计划的失败因素。

1）中兴通讯的价格战

中兴通讯在进行海外扩张时，遵循的是以低价换规模的市场策略。但是，在动荡的市场环境下，这为巨额亏损带来了隐患。一方面，以低毛利率获得的设备供应订单，往往导致前期成本的积压。而随着近年来各国负债率的急剧上升，部分合同账款难以按时回收，这将对企业利润和现金流的正常运转带来较大冲击。另一方面，事前分析与成本测算是项目在技术和经济上可行的前提。海外市场，尤其是欧美发达国家对环境污染、劳工权益等要求更为苛刻，包括中兴通讯在内的一些中国企业在项目评估与报价上往往忽视了一些隐性成本，导致前期估算不足，而后在执行过程中只能自负亏损。

2）国内外市场规则的差异

在投标阶段低价中标，后期通过消极交付并配合会谈，从而改善项目盈利的"钓鱼"竞标模式在国内市场并不少见。然而，当我国企业"走出去"进行国际扩张时，往往表现得"水土不服"。国内做工程的惯例，可能因为对方国家的规则或市场保护而失效。例如，按照 BSNL 和印度投标规则，当其他厂家放弃以中兴通讯相同的价格和条款交付东区后，中兴通讯就必须无条件接纳。由于各厂家拒绝跟从中兴通讯的低价策略，BSNL 只能选择中兴通讯独家中标。而中兴通讯如果事先掌握竞标规则，设想可能出现独家中标情景，可以按照东部更为恶劣的交付条件进行更为准确的测算，避免更大范围的损失。

4.3 本章小结

本章选取了交通、能源、通信网络领域的六个代表性案例进行深入剖析。从成功经验来看，无论是中老铁路、中缅油气管道，还是中巴跨境光缆项目，都秉承高标准、惠民生、可持续的合作原则，以科技创新和技术攻关克服海外工程项目建设过程中的诸多风险干扰，以绿色环保理念最大限度地减少对沿线自然人文环境的破坏，并坚持以共商、共建、共享原则改善沿线居民生活条件，这既是三个成功案例的共性特征，也是高质量共建"一带一路"需要牢牢把握的规则。从失败教训来看，本章选取的三个代表性案例都有中方企业参与，但是，对于隆新高铁计划和甲米煤电厂项目，其主要的失败原因分别是政权更迭和环保因素，我国企业作为承建方，难以左右项目命运，这就需要时刻关注东道国以及全球的政治、环境相关局势，并予以积极应对。而在中兴通讯—印度 BSNL 2G 网络扩容计划中，由"以低价换规模"的市场策略以及国内外市场规则的差异所带来的损失，则提醒我国企业应当充分了解目标市场的法律法规与文化环境，因地制宜地依据不同国家市场与贸易规则，做出适合的投资策略。

第5章 "一带一路"沿线国家设施联通态势

设施联通是"一带一路"建设的优先领域，开展"一带一路"沿线国家设施联通态势分析，对相关部门和企业的决策者多视角、全方位洞悉这些国家基础设施互联互通的全貌以及基础设施发展基础与建设成效具有重要意义。本章从基础设施相关概念的范畴界定及其战略定位出发，以交通基础设施、能源基础设施、通信网络基础设施三类代表性基础设施为研究对象，研究设计了"一带一路"沿线国家基础设施联通态势分析框架，从全局视角和国别视角对"一带一路"沿线国家基础设施在设施质量、设施采用度、设施连通性等方面的多维联通态势进行科学分析，帮助相关部门和企业的决策者多视角、全方位洞悉"一带一路"沿线国家基础设施互联互通的全貌。

5.1 基础设施联通态势分析框架设计

本节首先给出了基础设施相关概念的范畴界定及其战略定位，然后明确了"一带一路"沿线国家基础设施联通态势分析框架的设计思路。

5.1.1 相关概念范畴界定

《辞海》将基础设施定义为"为工农业生产部门提供服务的各种基本设施，如铁路、公路、运河、港口、桥梁、机场、电力、邮电、煤气、供水、排水等设施，广义的还包括教育、科研、卫生等部门"（陈至立，2020）。作为维系国民经济各项事业发展的基础性工程，基础设施为保障国民社会生活正常运行提供了必要的公共性条件支撑。基础设施的重要性不言而喻，但学术界和各国政府目前尚未对基础设施的概念范畴形成共识性的界定。

1. 学术界的概念界定

国内外学者基于自身的研究重点，对基础设施的概念给出了差异化的界定。国外学者更多聚焦于以 critical infrastructure（关键基础设施）为研究对象开展研究，强调其重要性；而国内学者则较多聚焦于以基础设施为研究对象开展研究，强调其基础性。

1）国外代表性学者给出的概念界定

Min 等（2007）沿用了美国关键基础设施保障办公室的定义，认为关键基础设施是相互依存的网络和系统框架，由可识别的行业、机构（包括人员和程序）

以及提供可靠的产品和服务的配送能力组成，其对美国的国防和经济安全、各级政府的顺利运作以及整个社会至关重要，包括农业/食品、饮用水、银行和金融、化工厂和危险品、国防工业库、公共卫生、应急服务、能源、政府、信息和电信以及交通等设施。

Utne 等（2011）认为，关键基础设施是维持社会基本功能、一旦失效可能会对人口、经济和国家安全造成严重破坏的技术网络，包括能源供应、运输服务、供水、石油和天然气供应、银行和金融以及信息和通信技术等设施。

Ferrario 等（2016）认为，基础设施是提供跨越地方、区域和国家边界的商品和服务必不可少的复杂系统，包括以电力、石油和天然气为代表的能源基础设施，以铁路、公路、航空、海运为代表的交通基础设施，信息和电信基础设施以及供水、污水处理等基础设施。

Almoghathawi 和 Barker（2019）认为，基础设施是支持一个社会的经济、安全和生活质量的基本服务设施，包括交通、电信、电力、天然气和石油以及供水等设施。

Kong 等（2019）认为，基础设施是为社会和经济生产和分配基本商品和服务的大型工程系统，包括电力、电信、天然气和石油、运输、供水等设施。

Fang 等（2021）认为，关键基础设施为现代社会提供支持经济繁荣、社会安全和稳定以及生活质量的必要服务，包括能源、交通、供水等设施。

Alkhaleel 等（2022）认为，关键基础设施是独立的、大多私有化的人造系统和流程的网络，这些系统和流程以协作与协同的方式运行，以便生产和分配持续不断的基本商品和服务，包括电力、供水、天然气、交通、电信等设施。

2）国内代表性学者给出的概念界定

金凤君（2004）认为，基础设施是以确保社会经济活动、改善生存环境、克服自然障碍、实现资源共享等为目的而建立的公共服务设施，包括交通运输、信息、能源、水利、生态、环保、防灾、仓储等设施，医疗卫生、教育、社会福利、公共管理等社会性设施。

刘生龙和胡鞍钢（2010）沿用了世界银行的定义，认为基础设施是指永久的、成套的工程构筑、设备、设施和它们所提供的为所有企业生产和居民生活共同需要的服务。同时在研究中将基础设施的范畴界定为交通基础设施、能源基础设施和信息基础设施三大类。

黄亮雄等（2018）认为，基础设施是为地区生产和生活提供公共服务的物质工程设施，是保障地区社会经济活动正常运行的公共服务系统，包括交通基础设施、能源基础设施、通信基础设施、城市基础设施以及农村基础设施五大类。

曹跃群等（2019）同样沿用了世界银行的定义，并在研究中将基础设施的范畴界定为两类，包括以交通、通信、能源为代表的网络基础设施，以及以城市建筑、污水处理、科教文卫等为代表的具有非网络性的点基础设施。

欧阳艳艳等（2020）认为，基础设施是服务社会生产和生活的物质条件，包括交通基础设施、通信基础设施和能源基础设施三大类。

顾朝林等（2020）认为，基础设施是经济社会发展的重要支撑，不仅包括交通、能源、水利、物流、市政等传统基础设施，也涉及信息通信的人工智能、工业互联网、物联网等新型基础设施。

2. 各国政府的概念界定

各国政府都高度重视基础设施的建设和安全运行，对于基础设施的概念也给出了不同的界定。

1）代表性国家政府给出的概念界定

美国、德国、澳大利亚、日本等代表性国家的政府部门均围绕关键基础设施出台了一系列政策文件，并根据自身发展战略定位和需求的变化不断地进行着关键基础设施概念与范畴的调整。这里对截至 2022 年 8 月上述国家仍在政策有效期内的关键基础设施概念与范畴进行重点阐述。

2021 年 7 月，美国拜登总统颁布《提升关键基础设施控制系统网络安全的国家安全备忘录》（National Security Memorandum on Improving Cybersecurity for Critical Infrastructure Control Systems）[1]，在该文件中沿用了奥巴马 2013 年 2 月所颁布第 21 号总统令《关键基础设施安全和弹性》（Critical Infrastructure Security and Resilience）[2]中对关键基础设施的概念界定，即"对美国至关重要的物理或虚拟的系统和资产，其失效或破坏将对安全、国家经济安全、国家公共卫生安全以及这些事项的任意组合产生不利影响"。同时，该文件还沿用了第 21 号总统令中对关键基础设施范畴的界定，该界定将小布什总统执政时期所界定的 18 类设施调整为化工行业、商业设施、通信、关键制造业、大坝、国防工业基地、应急服务、能源、金融服务、食品和农业、政府设施、公共健康和医疗、信息技术、核反应堆及核材料与废弃物、运输系统、饮用水和废水处理系统等 16 类设施。在新颁布的文件中，拜登总统特别强调了关键基础设施网络安全性能目标。

2017 年 9 月，在中国信息安全认证中心组织的中德信息安全合格评定研讨会上，德国联邦信息安全办公室代表 Weber 在题为《2017 年德国网络安全战略——目标、重心与实施》（Cyber Security in Germany 2017—Objectives, Priorities and Implementation）的报告中，沿用了德国联邦内政部 2009 年 6 月发布的报告《关键

---

[1] "National Security Memorandum on Improving Cybersecurity for Critical Infrastructure Control Systems", https://www.whitehouse.gov/briefing-room/statements-releases/2021/07/28/national-security-memorandum-on-improving-cybersecurity-for-critical-infrastructure-control-systems/[2021-10-19].

[2] "Presidential policy directive—Critical Infrastructure Security and Resilience", https://obamawhitehouse.archives.gov/the-press-office/2013/02/12/presidential-policy-directive-critical-infrastructure-security-and-resil[2021-10-19].

基础设施保护国家战略》（National Strategy for Critical Infrastructure Protection）[1]中给出的关键基础设施概念，即"对社会具有重大意义的组织和设施，其故障或损坏将导致供应持续短缺、严重扰乱公共秩序或其他严重后果"。但是，对关键基础设施所涉及的9类设施的类别进行了调整，包括能源、卫生、信息技术与通信、交通运输、媒体与文化、水、金融与保险、食物、联邦及行政机关。

2020年12月10日，为修正《关键基础设施安全法2018》（Security of Critical Infrastructure Bill 2018），澳大利亚内政部长向议会提交《安全立法修正案（关键基础设施）法案2020》（Security Legislation Amendment（Critical Infrastructure）Bill 2020）[2]，该法案中沿用了2009年11月澳大利亚政府所发布报告《关键基础设施韧性战略》（Critical Infrastructure Resilience Strategy）[3]中对关键基础设施的界定，即"为日常生活提供基本服务（如能源、食物、水、交通、通信、健康以及银行和金融）的有形设施、供应链、信息技术和通信网络，若其遭到破坏、功能退化或长期无法使用，将对国家的社会或经济福祉产生重大影响，或是影响澳大利亚开展国家防御和确保国家安全的能力"。但是，该法案将关键基础设施的范畴进行了调整，将《关键基础设施安全法案2017》（Security of Critical Infrastructure Bill 2017）[4]中提及的6类设施拓展为11类设施，包括通信、数据存储或处理、金融服务和市场、水和污水处理、能源、保健和医疗、高等教育和研究、食品和杂货、运输、空间技术、国防工业。

2015年5月，为加强关键基础设施保障能力，日本网络安全战略总部与日本内阁网络安全中心共同制定并颁布新的《网络安全战略》（Cybersecurity Strategy）[5]，明确关键基础设施保障能力建设的重点任务是形成系列保障措施政策和宗旨、建立关键基础设施保障核心机构、健全关键基础设施相关网络安全的标准和认证体系，在该战略中沿用了2005年12月日本内阁信息安全中心颁布的《关键基础设施信息安全措施行动计划》（Action Plan on Information Security Measures for Critical Infrastructures）[6]中给出的关键基础设施概念界定，即"由提供高度不可代替且对人民社会生活和经济活动不可或缺的服务的商业实体组成，如果其功能被暂停、削弱或是无法运行，人们的社会生活和经济活动将会遭受到重大破坏"。但是，该战

---

[1] "National Strategy for Critical Infrastructure Protection（CIP Strategy）", https://www.bmi.bund.de/SharedDocs/downloads/EN/publikationen/2009/kritis_englisch.html[2022-06-01].

[2] "Security Legislation Amendment（Critical Infrastructure）Bill 2020", https://www.legislation.gov.au/Details/C2020B00201[2021-10-23].

[3] "Critical Infrastructure Resilience Strategy", https://www.tisn.gov.au/Documents/Australian+Government+s+Critical+ Infrastructure+Resilience+Strategy.pdf[2021-10-23].

[4] "Security of Critical Infrastructure Bill 2017", https://www.legislation.gov.au/Details/C2017B00260[2021-10-23].

[5] "Cybersecurity Strategy", https://www.nisc.go.jp/eng/pdf/cs-strategy-en.pdf[2021-10-23].

[6] "Action Plan on Information Security Measures for Critical Infrastructures", https://www.nisc.go.jp/eng/pdf/actionplan_ci_eng.pdf[2022-02-23].

略在2005年报告的基础上,将关键基础设施的范畴划分拓展至13类,包括电信、金融、民航、铁路、电力、燃气、政务、医疗、水利、物流、化工、信贷和石油(韩宁,2017)。

2) 中国政府给出的概念界定

相较于美国、德国、澳大利亚、日本等代表性国家,我国政府在基础设施方面的政策研究起步较晚。

2007年3月28日,国务院办公厅发布《关于开展重大基础设施安全隐患排查工作的通知》(国办发〔2007〕58号)①[根据《国务院关于宣布失效一批国务院文件的决定》(国发〔2015〕68号),该文件已宣布失效],强调了我国重大基础设施"为保障国民经济社会发展发挥了重要作用",并将重大基础设施的范畴划分为9类,包括公路交通设施、铁路交通设施、水运交通设施、民航交通设施、大型水利设施、大型煤矿、重要电力设施、石油天然气设施、城市基础设施。

2013年9月13日,国务院发布《关于加强城市基础设施建设的意见》(国发〔2013〕36号)②,将城市基础设施界定为"城市正常运行和健康发展的物质基础,对于改善人居环境、增强城市综合承载能力、提高城市运行效率、稳步推进新型城镇化、确保2020年全面建成小康社会具有重要作用",并将城市基础设施的范畴划分为4类,包括以公共交通、城市道路、桥梁、城市步行和自行车交通系统等为代表的城市道路交通基础设施;以市政地下管网,城市供水、排水防涝和防洪设施,城市电网为代表的城市管网;以城市污水处理和城市生活垃圾处理为代表的污水和垃圾处理设施;以城市公园和城市绿地为代表的生态园林。

2018年10月31日,国务院办公厅发布《关于保持基础设施领域补短板力度的指导意见》(国办发〔2018〕101号)③,强调了"进一步增强基础设施对促进城乡和区域协调发展、改善民生等方面的支撑作用",并将涉及补短板的基础设施范畴划分为11类,包括铁路、公路、水运、机场、水利、能源、农业农村、生态环保、公共服务、城乡基础设施、棚户区改造等领域。

除了上述政策以外,我国政府还围绕城镇环境基础设施、关键信息基础设施、电动汽车充电基础设施、农村基础设施、重大科技基础设施、国家重大科研基础设施、城镇棚户区和城乡危房改造及配套基础设施、国家空间信息基础设施等特定领域或特定类型的基础设施出台了一系列更具针对性的政策文件。

---

① 《国务院办公厅关于开展重大基础设施安全隐患排查工作的通知》,http://www.gov.cn/zhengce/content/2008-03/28/content_4324.htm[2022-02-23]。

② 《国务院关于加强城市基础设施建设的意见》,http://www.gov.cn/zhengce/content/2013-09/13/content_5045.htm[2022-02-23]。

③ 《国务院办公厅关于保持基础设施领域补短板力度的指导意见》,http://www.gov.cn/zhengce/content/2018-10/31/content_5336177.htm[2022-02-23]。

3. 本书的概念界定

2015年3月28日，国家发展和改革委员会、外交部、商务部联合发布《推动共建丝绸之路经济带和21世纪海上丝绸之路的愿景与行动》[①]，明确了"一带一路"倡议对基础设施发展的战略定位，将设施联通列为五大合作重点之一，强调了基础设施互联互通是"一带一路"建设的优先领域。作为构建互联互通网络的关键突破口，基础设施的发展要点在《推动共建丝绸之路经济带和21世纪海上丝绸之路的愿景与行动》得以体现，也进一步明确了各类基础设施的发展要求。

（1）抓住交通基础设施的关键通道、关键节点和重点工程，优先打通缺失路段，畅通瓶颈路段，配套完善道路安全防护设施和交通管理设施设备，提升道路通达水平；推进建立统一的全程运输协调机制，促进国际通关、换装、多式联运有机衔接，逐步形成兼容规范的运输规则，实现国际运输便利化；推动口岸基础设施建设，畅通陆水联运通道，推进港口合作建设，增加海上航线和班次，加强海上物流信息化合作；拓展建立民航全面合作的平台和机制，加快提升航空基础设施水平。

（2）加强能源基础设施互联互通合作，共同维护输油、输气管道等运输通道安全，推进跨境电力与输电通道建设，积极开展区域电网升级改造合作。

（3）共同推进跨境光缆等通信干线网络建设，提高国际通信互联互通水平，畅通信息丝绸之路。加快推进双边跨境光缆等建设，规划建设洲际海底光缆项目，完善空中（卫星）信息通道，扩大信息交流与合作。

本章重点聚焦"一带一路"倡议下的基础设施互联互通，结合《推动共建丝绸之路经济带和21世纪海上丝绸之路的愿景与行动》，将基础设施的概念界定为实现"一带一路"倡议中互联互通目标的重要物质载体，其呈现形式包括交通关键通道和关键节点、能源运输通道、信息网络通道等，并将其范畴划分为交通基础设施、能源基础设施和通信网络基础设施三大类。

5.1.2 态势分析框架设计要点

"一带一路"沿线国家设施联通态势分析的框架设计要点涉及分析对象、分析视角和分析指标的选取。

1. 关于分析对象的选取

从《推动共建丝绸之路经济带和21世纪海上丝绸之路的愿景与行动》中可以看出，交通基础设施、能源基础设施和通信网络基础设施等各类基础设施涉及的具体设施种类繁多、形式各异。例如，交通基础设施涉及关键通道、关键节点、重点工程、缺失/瓶颈路段、道路安全防护设施、交通管理设施设备、陆水联运通

---

① 《授权发布：推动共建丝绸之路经济带和21世纪海上丝绸之路的愿景与行动》，http://www.xinhuanet.com/world/2015-03/28/c_1114793986.htm[2022-02-23]。

道、港口、航空基础设施等；能源基础设施涉及输油管道、输气管道、电力与输电通道、区域电网等；通信网络基础设施涉及通信干线网络、洲际海底光缆、空中（卫星）信息通道等。

考虑到设施的代表性以及相关数据的可获取性，本章从所定义的三大类基础设施中遴选了具体分析对象，其中，交通基础设施以道路设施、港口设施和航空设施为分析对象，能源基础设施以电力设施为分析对象，通信网络基础设施以 ICT 设施为分析对象。

2. 关于分析视角的选取

在分析视角方面，考虑到"一带一路"倡议的整体战略定位以及"一带一路"沿线国家的国别特征，从"宏观—微观"尺度逐层深入，选取全局视角和国别视角来实现"一带一路"沿线国家设施联通态势的多视角分析。

考虑到"一带一路"倡议自提出以来，共建"一带一路"国家的数量在持续增长，本章主要以 2017 年"中国一带一路网"的"一带一路"沿线国家数量和名单为依据。基于数据的可获取性，最终选择了 62 个"一带一路"沿线国家开展设施联通态势分析。所分析的具体国别包括：蒙古国、俄罗斯、新加坡、印度尼西亚、马来西亚、泰国、越南、菲律宾、柬埔寨、缅甸、老挝、文莱、印度、巴基斯坦、斯里兰卡、孟加拉国、尼泊尔、马尔代夫、不丹、阿联酋、科威特、土耳其、卡塔尔、阿曼、黎巴嫩、沙特阿拉伯、巴林、以色列、也门、埃及、伊朗、约旦、叙利亚、伊拉克、阿富汗、阿塞拜疆、格鲁吉亚、亚美尼亚、波兰、阿尔巴尼亚、爱沙尼亚、立陶宛、斯洛文尼亚、保加利亚、捷克、匈牙利、北马其顿、塞尔维亚、罗马尼亚、斯洛伐克、克罗地亚、拉脱维亚、波斯尼亚和黑塞哥维那（简称波黑）、黑山、乌克兰、白俄罗斯、摩尔多瓦、哈萨克斯坦、吉尔吉斯斯坦、土库曼斯坦、塔吉克斯坦、乌兹别克斯坦。

具体地，全局视角侧重分析"一带一路"沿线国家设施联通的整体态势，利用 62 个"一带一路"沿线国家在某个单一分析指标的数据平均值来分析其在该指标的综合表现；国别视角侧重分析"一带一路"沿线国家设施联通的态势差异，通过比对 62 个"一带一路"沿线国家在某个单一指标的数据，对卓越表现型国家和严重滞后型国家进行精准识别和分类分析。

需要说明的是，对于某个指标，个别国家可能会出现个别年度的数据空缺，在围绕该指标进行全局和国别视角的设施联通态势分析时，仅考虑满足数据非空状态的"一带一路"沿线国家，并结合其在该指标的数据测算指标的综合平均值开展国家类别的识别。

3. 关于分析指标的选取

基础设施的质量、采用度和连通性是设施互联互通程度的重要影响因素，既能够体现基础设施建设的潜在需求，也蕴含了基础设施建设的隐性成本。为了全方位地分析"一带一路"沿线国家基础设施联通态势，以数据可获取性为前提，从质量、采用度和连通性三个方面进行了分析指标的选取，并以国际权威机构世界经济论坛（World Economic Forum）每年定期发布的《全球竞争力报告》作为设施联通态势分析的数据支持。

1）质量指标

选取《全球竞争力报告》中的"道路质量""港口设施质量""航空设施质量""电力供应质量"，来分析"一带一路"沿线国家以道路设施、港口设施和航空设施为代表的交通基础设施和以电力设施为代表的能源基础设施这两类分析对象的质量发展基础。具体地，"道路质量""港口设施质量""航空设施质量"三个指标的数据由《全球竞争力报告》研究团队通过在线或面谈的方式进行相关国家的高管意见调查而获得。采取1~7分打分制来衡量三种代表性交通基础设施的发达程度和广泛有效性，其中，1分表示该代表性交通基础设施极其不发达，7分表示该代表性交通基础设施覆盖广泛、运转高效（注：对于内陆国家，则向该国家受访者询问港口设施可用性的情况，其中，1分表示可用性极差，7分表示可用性极高）。对"电力供应质量"的指标测算方式进行了一次较大的调整，在2016年及以前，该指标的数据由《全球竞争力报告》研究团队通过在线或面谈的方式进行相关国家的高管意见调查而获得。采取1~7分打分制来衡量电力设施的可靠性，其中，1分表示极其不可靠，7分表示可靠。自2017年起，数据来源调整为国际能源署的能源数据中心，通过计算电力传输和分配损失占国内供应的百分比并进行百分制折算得到（其中，电力传输和分配损失是供应源和分配点之间的传输损失以及向消费者分配的损失，包括盗窃），分值越高表示质量越好。考虑到"道路质量""港口设施质量""航空设施质量"等指标的数据均在1~7分，故本章对"电力供应质量"2017~2019年的数据进行二次加工处理，满分100分设定对应到7分，将年度数据按比例折算至1~7分，以便进行该指标的时序纵向比较以及与其他三个质量类指标的横向比较。

2）采用度指标

选取《全球竞争力报告》中的"ICT采用度"，来分析"一带一路"沿线国家以ICT设施为代表的通信网络基础设施这一类分析对象的发展成效。该指标为合成型指标，由《全球竞争力报告》研究团队将"移动蜂窝电话订阅""移动宽带订阅""固定宽带互联网订阅""光纤互联网订阅""互联网用户"等多个指标的数据综合处理后得到（注：不同年份的《全球竞争力报告》中相关指标的内容和数量略有不同，如2013~2014年《全球竞争力报告》采用"移动电话订阅""移动宽带订阅""宽带互联网订阅""互联网带宽""固定电话线""互联网用户"等六个指标来合成"ICT采用度"，这里重点关注合成后的指标,暂不考虑分解指标的年度差异),指标的数值范围为 0~100 分,分值越大表示该国家的 ICT 采用度越高,基础数据的来源为国际电信联盟的世界电信/ICT 指标数据库。

3)连通性指标

选取《全球竞争力报告》中的"道路连通性""港口连通性""航空连通性",来分析"一带一路"沿线国家以道路设施、港口设施和航空设施为代表的交通基础设施这一类分析对象的连通性成效。具体地,"道路连通性"衡量连接 10 个或更多最大城市的行驶路线的平均速度和直线度,这些城市合计至少占该国总人口的 15%,由《全球竞争力报告》研究团队测算,该指标的数值范围为 0~100 分,分值越大表示该国家的道路连通性越高;"港口连通性"评估一个国家与全球航运网络的连通性,该指标采用开放量表,基准分 100 分对应 2004 年互联互通程度最高的国家(中国),不适用于内陆国家,数据来源为联合国贸易和发展会议的技术和物流司;"航空连通性"衡量一个国家所属国际航空运输协会的机场在全球航空运输网络中的整合程度,数据来源为国际航空运输协会,该指标的数值范围为 0~100 分,分值越大表示该国家的航空连通性越高。

需要说明的是,由于自 2019 年底起,全球诸多国家饱受新冠疫情的影响,2020 年的《全球竞争力报告》并未进行常态化的年度国别数据更新,而是以特别版的形式讨论了全球各国如何实施复苏之路,2021 年和 2022 年也未再发布《全球竞争力报告》,故本章中关于设施联通态势分析的相关指标数据均更新至 2019 年。此外,由于"道路连通性""港口连通性""航空连通性"三个指标为 2018 年《全球竞争力报告》的新增指标,本章中的连通性指标仅有 2018 年和 2019 年两年的数据支撑,而质量指标和采用度指标则均有 2013~2019 年七年的数据支撑。

5.2 设施联通的发展基础与成效分析

下面将从全局和国别等视角对"一带一路"倡议提出以来"一带一路"沿线国家三类基础设施联通进行发展基础与成效的比对分析和特征凝练。

5.2.1 设施联通的质量发展基础分析

本节重点对"一带一路"沿线国家的道路设施、港口设施、航空设施以及电力设施等基础设施进行设施联通的质量发展基础分析。

1. 道路设施联通的质量发展基础分析

这里将以所采集到的 2013~2019 年"道路质量"数据为基础,分别从全局和国别等视角分析道路设施联通的质量发展基础。

1)全局视角下的道路设施质量:实现了中等偏下水平到中等水平的跨越,年

度发展呈现稳步上升

基于所采集到的"道路质量"数据，计算表 5-1 中满足数据非空状态的"一带一路"沿线国家在该指标的平均值，绘制出全局视角下的道路设施质量发展态势图，如图 5-1 所示。

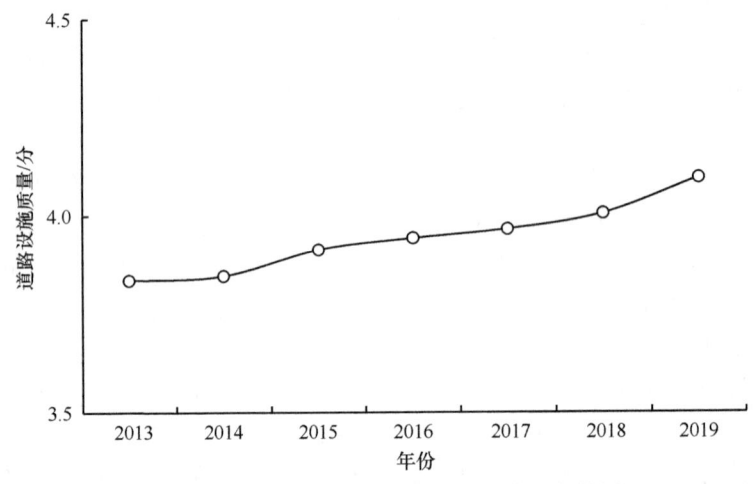

图 5-1 全局视角下的道路设施质量发展态势图

从整体表现来看，"一带一路"沿线国家的道路设施质量发展实现了从中等偏下到中等的跨越，2013~2017 年分值均在 4 分以下，2018 年和 2019 年分值均在 4 分以上。

从年度变化来看，"一带一路"沿线国家的道路设施质量呈现出稳步上升发展态势，2013 年是年度最低值，为 3.83 分，2019 年是年度峰值，为 4.10 分。

2）国别视角下的道路设施质量：阿联酋、新加坡交替领先，也门等国家持续落后

基于所采集到的"道路质量"数据，遴选排序前 10%和后 10%的国家进行国别视角下的道路设施质量发展基础分析，如表 5-1 所示。

表 5-1 道路设施质量排名前 10%和后 10%的国家

排序	2013 年 国家（分值）	2014 年 国家（分值）	2015 年 国家（分值）	2016 年 国家（分值）
1	阿联酋（6.6）	阿联酋（6.6）	阿联酋（6.6）	阿联酋（6.5）
2	阿曼（6.4）	新加坡（6.1）	新加坡（6.2）	新加坡（6.3）
3	新加坡（6.2）	阿曼（6.0）	马来西亚（5.7）	马来西亚/阿曼/克罗地亚（5.9）
4	沙特阿拉伯（5.8）	克罗地亚/马来西亚（5.6）	阿曼/克罗地亚（5.6）	巴林/卡塔尔（5.1）
5	克罗地亚（5.5）	巴林（5.4）	巴林/卡塔尔（5.4）	土耳其（5.0）

排序	2013年 国家（分值）	2014年 国家（分值）	2015年 国家（分值）	2016年 国家（分值）
6	巴林/马来西亚（5.4）	沙特阿拉伯（5.3）	斯里兰卡（5.2）	沙特阿拉伯/立陶宛/以色列（4.9）
−6	埃及/尼泊尔/黎巴嫩（2.7）	俄罗斯/吉尔吉斯斯坦（2.7）	孟加拉国/塞尔维亚（2.9）	哈萨克斯坦/埃及/蒙古国（3.0）
−5	吉尔吉斯斯坦/俄罗斯（2.5）	蒙古国（2.6）	尼泊尔/黎巴嫩/罗马尼亚/蒙古国（2.8）	孟加拉国/塞尔维亚/波黑（2.9）
−4	缅甸/也门（2.4）	也门（2.5）	俄罗斯（2.7）	尼泊尔/黎巴嫩/俄罗斯（2.8）
−3	蒙古国（2.3）	缅甸（2.4）	波黑/吉尔吉斯斯坦（2.6）	罗马尼亚（2.6）
−2	乌克兰/罗马尼亚（2.1）	乌克兰（2.2）	乌克兰/摩尔多瓦（2.4）	吉尔吉斯斯坦/摩尔多瓦/也门（2.5）
−1	摩尔多瓦（1.7）	摩尔多瓦（2.1）	缅甸（2.3）	乌克兰（2.4）
排序	2017年 国家（分值）	2018年 国家（分值）	2019年 国家（分值）	
1	阿联酋（6.4）	新加坡（6.4）	新加坡（6.5）	
2	新加坡（6.3）	阿曼（6.0）	阿联酋（6.0）	
3	阿曼/克罗地亚/卡塔尔（5.5）	阿联酋（5.9）	阿曼（5.7）	
4	马来西亚（5.3）	卡塔尔（5.6）	克罗地亚（5.6）	
5	巴林/以色列（5.1）	克罗地亚/马来西亚（5.5）	卡塔尔（5.5）	
6	土耳其（5.0）	巴林（5.1）	马来西亚（5.3）	
−6	哈萨克斯坦/俄罗斯（2.9）	罗马尼亚（3.0）	蒙古国/吉尔吉斯斯坦（3.1）	
−5	尼泊尔（2.8）	波黑/吉尔吉斯斯坦（2.8）	罗马尼亚/乌克兰（3.0）	
−4	黎巴嫩/罗马尼亚/吉尔吉斯斯坦（2.7）	乌克兰（2.7）	尼泊尔（2.9）	
−3	摩尔多瓦（2.5）	尼泊尔/黎巴嫩（2.6）	波黑（2.8）	
−2	乌克兰（2.4）	摩尔多瓦（2.4）	黎巴嫩/摩尔多瓦（2.6）	
−1	也门（2.3）	也门（2.2）	也门（2.1）	

从排序前10%的国别视角来看，阿联酋和新加坡表现尤为卓越，两国均在2013~2019年连续七年入围，但分值均出现小幅波动，2013~2017年阿联酋连续五年稳居第一位，2018年和2019年被新加坡反超；阿曼、克罗地亚和马来西亚同样连续七年入围，阿曼始终在第二位至第四位之间徘徊，克罗地亚始终在第三位至第五位之间徘徊，马来西亚则从第六位迅速上升，在2015年和2016年稳居第三位，2017年后逐年下降回落至2019年的第六位；巴林和卡塔尔则分别在2013~2018年连续六年入围以及2015~2019年连续五年入围。

从排序后10%的国别视角来看，摩尔多瓦、乌克兰和吉尔吉斯斯坦均连续七年入围，其中，摩尔多瓦在2013年排序末位，该年度分值也是七年来本章所研究国家的最低值，但其各年度分值整体上仍呈现出波动上升发展的态势，而乌克兰虽然在2016年居于末位，但其各年度分值仍呈现稳步上升的发展态势，吉尔吉斯斯坦各年度分值整体上呈现出下降后再回升的发展态势。也门、蒙古国、尼泊尔和黎巴嫩均多次入围，其中，也门在2017~2019年连续三年位于排序末位，蒙古国虽然较多次入围，但其年度分值仍呈现出稳步上升的发展态势，尼泊尔的分值呈现出明显波动的发展态势，黎巴嫩的分值则呈现出先上升再下降的发展态势。

2. 港口设施联通的质量发展基础分析

这里将以所采集到的2013~2019年"港口设施质量"数据为基础，分别从全局和国别等视角分析港口设施联通的质量发展基础。

1）全局视角下的港口设施质量：整体处于中等偏下水平，年度发展呈现微幅波动

基于所采集到的"港口设施质量"数据，计算表5-1中满足数据非空状态的"一带一路"沿线国家在该指标的平均值，绘制出全局视角下的港口设施质量发展态势图（图5-2）。

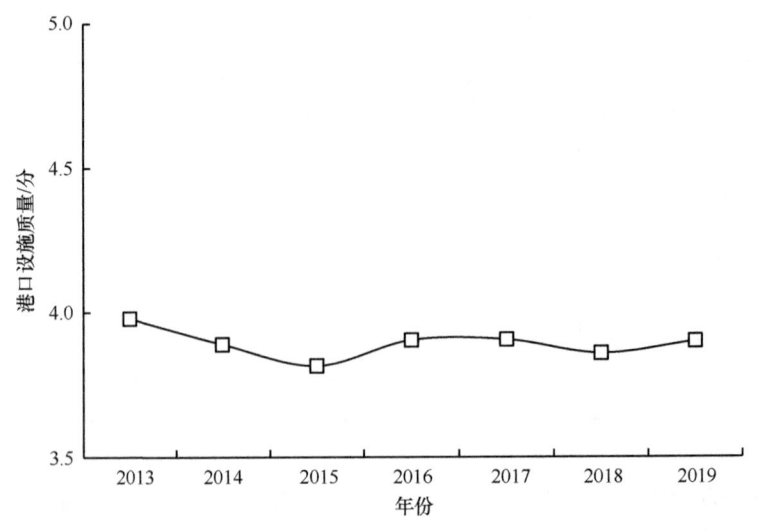

图5-2 全局视角下的港口设施质量发展态势图

从整体表现来看，"一带一路"沿线国家的港口设施质量发展仍有较大的提升空间，尚未达到4分相对应的中等水平。

从年度变化来看，"一带一路"沿线国家的港口设施质量呈现出微幅波动发展态势，2013年是年度峰值，为3.98分，2015年是年度最低值，为3.82分。

2）国别视角下的港口设施质量：新加坡表现最为卓越，蒙古国等内陆国家先天不足

基于所采集到的"港口设施质量"数据，遴选排序前10%和后10%的国家进行国别视角下的港口设施质量发展基础分析，如表5-2所示。

表5-2 港口设施质量排名前10%和后10%的国家

排序	2013年 国家（分值）	2014年 国家（分值）	2015年 国家（分值）	2016年 国家（分值）
1	新加坡（6.8）	新加坡（6.7）	新加坡（6.7）	新加坡（6.7）
2	阿联酋（6.4）	阿联酋（6.5）	阿联酋（6.5）	阿联酋（6.4）
3	巴林（5.8）	巴林（5.7）	卡塔尔/马来西亚（5.6）	爱沙尼亚（5.6）
4	爱沙尼亚（5.6）	爱沙尼亚/马来西亚（5.6）	爱沙尼亚（5.5）	卡塔尔（5.5）
5	阿曼（5.5）	卡塔尔（5.4）	巴林（5.4）	马来西亚（5.4）
6	马来西亚（5.4）	拉脱维亚/阿曼（5.2）	拉脱维亚（5.2）	巴林/拉脱维亚/斯洛文尼亚（5.1）
−6	也门（2.9）	缅甸/塞尔维亚/也门/老挝（2.6）	亚美尼亚/塔吉克斯坦（2.1）	也门（2.6）
−5	尼泊尔/哈萨克斯坦（2.7）	亚美尼亚（2.5）	波黑（2.0）	亚美尼亚（2.4）
−4	缅甸/老挝/摩尔多瓦/塞尔维亚/蒙古国（2.6）	摩尔多瓦/尼泊尔（2.2）	不丹（1.8）	摩尔多瓦/波黑（2.2）
−3	不丹（2.2）	不丹/塔吉克斯坦（2.1）	尼泊尔（1.6）	塔吉克斯坦（2.0）
−2	波黑（1.8）	蒙古国（1.7）	吉尔吉斯斯坦（1.5）	不丹（1.9）
−1	吉尔吉斯斯坦（1.3）	吉尔吉斯斯坦（1.3）	蒙古国（1.4）	尼泊尔/蒙古国（1.3）
排序	2017年 国家（分值）	2018年 国家（分值）	2019年 国家（分值）	
1	新加坡（6.7）	新加坡（6.4）	新加坡（6.5）	
2	阿联酋（6.2）	爱沙尼亚（5.6）	爱沙尼亚（5.6）	
3	爱沙尼亚/卡塔尔（5.6）	阿联酋（5.4）	阿联酋（5.5）	
4	马来西亚（5.4）	卡塔尔/马来西亚/阿曼（5.3）	卡塔尔（5.4）	
5	巴林/拉脱维亚（5.1）	阿塞拜疆（4.9）	马来西亚（5.2）	
6	斯洛文尼亚/斯洛伐克（5.0）	巴林/拉脱维亚（4.8）	阿曼/阿塞拜疆/巴林（5.1）	
−6	摩尔多瓦（2.4）	也门/北马其顿（2.2）	也门（2.2）	
−5	老挝（2.3）	波黑（2.0）	波黑（2.1）	
−4	波黑（2.1）	尼泊尔（1.8）	尼泊尔（2.0）	
−3	塔吉克斯坦/不丹（2.0）	蒙古国（1.6）	蒙古国（1.6）	
−2	尼泊尔（1.6）	吉尔吉斯斯坦（1.4）	吉尔吉斯斯坦（1.5）	
−1	蒙古国/吉尔吉斯斯坦（1.4）	塔吉克斯坦（1.0）	塔吉克斯坦（1.0）	

从排序前 10%的国别视角来看，新加坡表现最为卓越，其在 2013~2019 年连续七年入围，虽然各年度分值整体呈现下降态势，但始终保持第一位，具有较为明显的领先优势；阿联酋和巴林、马来西亚以及爱沙尼亚同样连续七年入围，阿联酋在 2013~2017 年稳居第二位，2018 年和 2019 年降至第三位，巴林的分值持续下降，排序也从 2013 年和 2014 年的第三位，降至 2015 年的第五位，再降至 2016 年的第六位，虽然 2017 年回升至第五位，但 2018 年和 2019 年再次回落至第六位，马来西亚的分数和排序则均呈现先上升再回落的态势，而爱沙尼亚各年度分值基本不变，仅在 2015 年出现微幅下降，但排序却呈现出向好发展态势，从 2013~2015 年的第四位，升为 2016 年和 2017 年的第三位，并在 2018 年和 2019 年升至第二位。

从排序后 10%的国别视角来看，其大多地处内陆、先天条件存在明显劣势，蒙古国、尼泊尔、不丹、吉尔吉斯斯坦、哈萨克斯坦、塔吉克斯坦均多次入围。其中，蒙古国和尼泊尔均连续七年入围，吉尔吉斯斯坦和蒙古国均有三次位于排序末位，塔吉克斯坦累计六次入围且分值持续下降，两次位于排序末位，并连续两年出现了最低评分值。波黑和摩尔多瓦分别六次和四次入围，也门则五次入围。

3. 航空设施联通的质量发展基础分析

本节以所采集到的 2013~2019 年"航空设施质量"数据为基础，分别从全局和国别等视角分析航空设施联通的质量发展基础。

1）全局视角下的航空设施质量：整体处于中等以上水平，年度发展呈现波动上升

基于所采集到的"航空设施质量"数据，计算满足数据非空状态的"一带一路"沿线国家在该指标的平均值，绘制出全局视角下的航空设施质量发展态势图（图 5-3）。

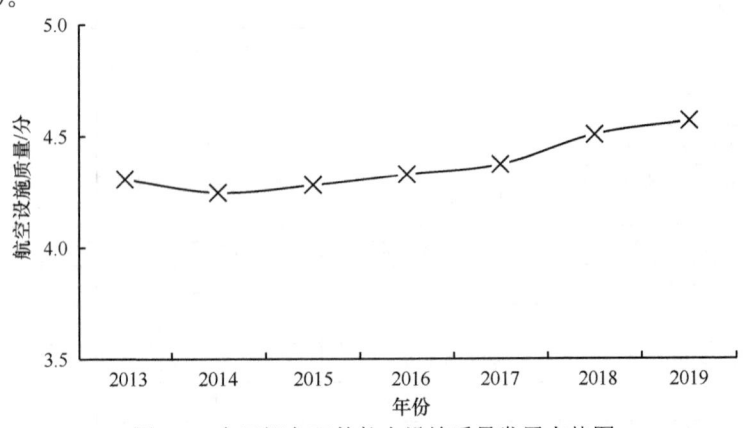

图 5-3　全局视角下的航空设施质量发展态势图

从整体表现来看，"一带一路"沿线国家的航空设施质量始终保持在 4 分相对应的中等水平以上，并在逐步向高质量迈进。

从年度变化来看,"一带一路"沿线国家的港口设施质量呈现出波动上升的发展态势,在 2014 年和 2015 年出现小幅回落,其他年度均保持稳步上升,2019年达到年度峰值,为 4.57 分,2015 年是年度最低值,为 4.28 分。

2)国别视角下的航空设施质量:新加坡和阿联酋持续领先,也门等国家显著落后

基于所采集到的"航空设施质量"数据,遴选排序前 10%和后 10%的国家进行国别视角下的航空设施质量发展基础分析,如表 5-3 所示。

表 5-3　航空设施质量排名前 10%和后 10%的国家

排序	2013 年 国家(分值)	2014 年 国家(分值)	2015 年 国家(分值)	2016 年 国家(分值)
1	新加坡(6.8)	新加坡(6.8)	新加坡(6.8)	新加坡(6.9)
2	阿联酋(6.7)	阿联酋(6.7)	阿联酋(6.7)	阿联酋(6.7)
3	卡塔尔(6.0)	卡塔尔(6.0)	卡塔尔(6.2)	卡塔尔(6.2)
4	马来西亚/捷克(5.8)	马来西亚(5.8)	马来西亚(5.7)	马来西亚(5.7)
5	巴林(5.6)	捷克(5.5)	捷克/拉脱维亚(5.4)	土耳其/以色列(5.4)
6	土耳其/泰国/阿曼/约旦(5.5)	土耳其/拉脱维亚(5.4)	土耳其(5.3)	捷克/阿塞拜疆/约旦(5.3)
−6	孟加拉国/蒙古国/斯洛伐克(3.2)	伊朗/吉尔吉斯斯坦(3.2)	斯洛伐克/不丹(3.5)	科威特(3.6)
−5	吉尔吉斯斯坦(3.1)	蒙古国(3.1)	伊朗/蒙古国/孟加拉国(3.2)	伊朗/斯洛伐克(3.4)
−4	尼泊尔(3.0)	孟加拉国(3.0)	吉尔吉斯斯坦(2.9)	菲律宾/孟加拉国(3.2)
−3	也门(2.7)	尼泊尔(2.9)	尼泊尔(2.8)	蒙古国(3.1)
−2	缅甸(2.2)	缅甸(2.5)	缅甸(2.6)	尼泊尔/波黑(2.6)
−1	波黑(2.0)	也门(2.3)	波黑(2.4)	也门(2.2)
排序	2017 年 国家(分值)	2018 年 国家(分值)	2019 年 国家(分值)	
1	新加坡(6.9)	新加坡(6.7)	新加坡(6.7)	
2	阿联酋(6.6)	阿联酋(5.9)	阿联酋(6.0)	
3	卡塔尔(6.3)	阿塞拜疆(5.8)	阿塞拜疆(5.8)	
4	马来西亚(5.7)	卡塔尔(5.7)	卡塔尔/拉脱维亚(5.7)	
5	阿塞拜疆(5.6)	马来西亚(5.6)	马来西亚/阿曼(5.5)	
6	土耳其/以色列/约旦(5.4)	拉脱维亚(5.5)	以色列/土耳其/巴林/沙特阿拉伯(5.4)	
−6	科威特/蒙古国(3.2)	越南/科威特(3.8)	科威特/蒙古国(3.6)	
−5	吉尔吉斯斯坦(3.1)	孟加拉国(3.7)	波黑(3.5)	
−4	菲律宾(2.9)	柬埔寨/蒙古国(3.6)	尼泊尔(3.2)	
−3	波黑(2.7)	伊朗/波黑(3.3)	伊朗(3.1)	
−2	尼泊尔(2.5)	吉尔吉斯斯坦/尼泊尔(3.0)	吉尔吉斯斯坦(3.0)	
−1	也门(2.1)	也门(2.2)	也门(2.2)	

从排序前 10%的国别视角来看，新加坡表现最为卓越，其在 2013~2019 年连续七年入围，虽然各年度分值略有波动，但始终以接近满分的状态保持第一位，具有非常显著的领先优势。阿联酋、卡塔尔和马来西亚同样连续七年入围，阿联酋虽然自 2017 年起出现分值下降，但仍连续七年稳居第二位，卡塔尔和马来西亚各年度分值均略有波动，在 2013~2017 年分别稳居第三位和第四位，2018 年和 2019 年顺次降至第四位和第五位。阿塞拜疆自 2016 年连续四年入围，分值呈现逐年上升的态势，排序也从 2016 年的第六位升至 2017 年的第五位，并于 2018 年和 2019 年稳居第三位。土耳其除 2018 年外六次入围，2016 年位居第五位，其他年度则位于第六位。

从排序后 10%的国别视角来看，尼泊尔连续七年入围，也门、波黑、蒙古国、吉尔吉斯斯坦则六次入围。伊朗除 2013 年和 2017 年外五次入围，孟加拉国除 2017 年和 2019 年外五次入围，科威特则自 2016 年起连续四次入围。

4. 电力设施联通的质量发展基础分析

本节以所采集到的 2013~2019 年"电力供应质量"数据以及二次加工的数据为基础，分别从全局和国别等视角分析电力设施联通的质量发展基础。

1）全局视角下的电力设施质量：整体处于良好水平，年度发展呈现阶段式波动

基于所采集到的"电力供应质量"数据及二次加工的数据，计算表 5-1 中满足数据非空状态的"一带一路"沿线国家在该指标的平均值，绘制出全局视角下的电力设施质量发展态势图（图 5-4）。

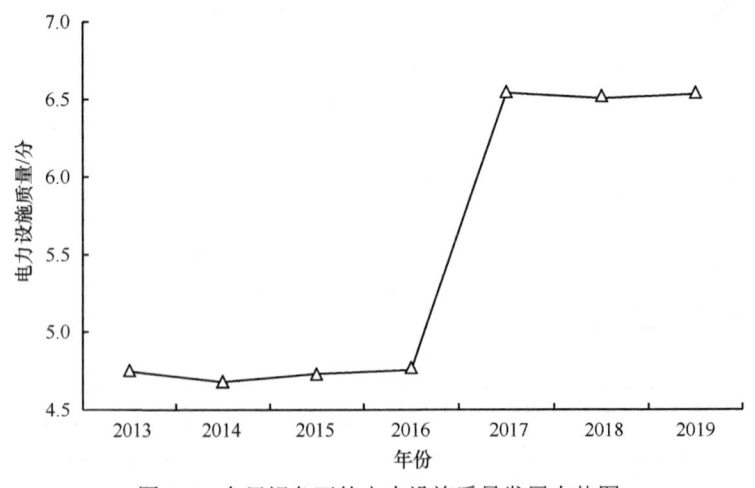

图 5-4　全局视角下的电力设施质量发展态势图

从整体表现来看，由于所依托的数据既包括原始数据也包括二次加工得到的折算数据，"一带一路"沿线国家的电力设施质量明显分为两个阶段，第一个阶段的分值始终保持在 4.5 分以上（4 分对应中等水平），第二个阶段则始终在 6.5

分（7分为满分）边缘波动，整体表现较为良好。

从年度变化来看，由于2017年之后该指标的测算依据发生了变化，"一带一路"沿线国家的电力设施质量呈现出阶段式波动的发展态势，2013~2016年的分值呈现出先下降再回升的态势，2014年既是该阶段内的年度最低值也是整个时间段内的年度最低值，2016年为该阶段年度峰值；2017~2019年的分值同样呈现出先下降再回升的态势，2017年为该阶段的年度峰值，2018年为该阶段的年度最低值。

2）国别视角下的电力设施质量：新加坡表现尤为卓越，黎巴嫩、也门等国家显著落后

基于所采集到的"电力供应质量"数据及二次加工的数据，遴选排序前10%和后10%的国家进行国别视角下的电力设施质量发展基础分析，如表5-4所示。

表5-4 电力设施质量排名前10%和后10%的国家

排序	2013年 国家（分值）	2014年 国家（分值）	2015年 国家（分值）	2016年 国家（分值）
1	新加坡（6.7）	新加坡（6.7）	新加坡（6.7）	新加坡（6.8）
2	卡塔尔（6.6）	阿联酋（6.6）	阿联酋（6.6）	阿联酋（6.7）
3	波黑/阿联酋（6.5）	卡塔尔（6.5）	卡塔尔/捷克（6.4）	卡塔尔/捷克（6.4）
4	捷克/阿曼/沙特阿拉伯/斯洛文尼亚（6.4）	捷克（6.4）	沙特阿拉伯/巴林/斯洛伐克（6.2）	斯洛文尼亚（6.3）
5	巴林（6.3）	阿曼（6.3）	阿曼/斯洛文尼亚/以色列（6.1）	沙特阿拉伯/巴林/阿曼/以色列（6.2）
6	斯洛伐克（6.2）	沙特阿拉伯/斯洛文尼亚/巴林/斯洛伐克（6.2）	不丹/马来西亚（5.8）	斯洛伐克（6.0）
−6	吉尔吉斯斯坦（2.7）	塔吉克斯坦（2.6）	柬埔寨（3.1）	柬埔寨（3.3）
−5	孟加拉国（2.2）	孟加拉国（2.5）	吉尔吉斯斯坦（2.9）	吉尔吉斯斯坦/孟加拉国（3.2）
−4	巴基斯坦（2.0）	巴基斯坦（2.1）	缅甸/孟加拉国（2.7）	巴基斯坦（2.4）
−3	尼泊尔（1.6）	尼泊尔（1.8）	巴基斯坦（2.1）	尼泊尔（1.8）
−2	也门（1.5）	也门（1.5）	尼泊尔（1.9）	黎巴嫩（1.7）
−1	黎巴嫩（1.3）	黎巴嫩（1.4）	黎巴嫩（1.6）	也门（1.2）
排序	2017年 国家（分值）	2018年 国家（分值）	2019年 国家（分值）	
1	新加坡/巴林（7.00）	新加坡/巴林（7.00）	新加坡/巴林（7.00）	
2	以色列（6.99）	以色列（6.99）	以色列（6.99）	
3	斯洛伐克（6.97）	斯洛伐克（6.95）	斯洛伐克（6.97）	
4	哈萨克斯坦（6.92）	哈萨克斯坦（6.94）	哈萨克斯坦（6.92）	
5	捷克/波兰（6.88）	捷克/斯洛文尼亚（6.87）	捷克/波兰（6.88）	
6	斯洛文尼亚/文莱/泰国（6.87）	卡塔尔/马来西亚（6.86）	斯洛文尼亚/文莱/泰国（6.87）	

续表

排序	2017年 国家（分值）	2018年 国家（分值）	2019年 国家（分值）	
-6	塔吉克斯坦（6.03）	塔吉克斯坦（6.05）	印度（6.01）	
-5	印度（6.01）	巴基斯坦/阿尔巴尼亚（6.04）	阿尔巴尼亚（5.96）	
-4	阿尔巴尼亚（5.96）	印度（5.94）	摩尔多瓦（5.92）	
-3	摩尔多瓦（5.92）	摩尔多瓦（5.92）	吉尔吉斯斯坦（5.85）	
-2	尼泊尔（5.66）	尼泊尔（5.47）	也门（5.70）	
-1	也门（5.41）	也门（5.41）	尼泊尔（5.66）	

注：2017~2019年为基于原始数据的二次加工数据，分值较2013~2016年相比更为集中，为便于进行国别区分，增强可比性，该阶段内分值保留了两位小数

从排序前10%的国别视角来看，新加坡表现最为卓越，其在2013～2019年连续七年入围，稳居首位且分值稳步上升；巴林、捷克、斯洛伐克和斯洛文尼亚同样连续七年入围，其中，巴林2013～2016年在第四位至第六位之间波动，2017～2019年则明显上升，与新加坡并列首位，捷克在第三位至第五位之间波动，斯洛伐克在第三位至第六位之间波动，斯洛文尼亚在第四位至第六位之间波动；沙特阿拉伯和阿曼在2013～2016年均连续四年入围，沙特阿拉伯分值略有下降，阿曼则在连续两年下降后小幅回升；以色列和哈萨克斯坦则在2017～2019年连续三年入围，并稳居第二位和第四位。

从排序后10%的国别视角来看，尼泊尔连续七年入围，并在2019年居于末位；也门除2015年外六次入围，且在2016～2018年连续三年居于末位，且其2016年的分值为整个时间段内的最低值；黎巴嫩、巴基斯坦、孟加拉国以及吉尔吉斯斯坦均多次入围，其中，虽然黎巴嫩的分值在2013～2016年逐年稳步上升，但其仍在2013～2015年连续三年居于末位，巴基斯坦、孟加拉国和吉尔吉斯斯坦则呈现出上升的发展态势。

5.2.2 设施联通的采用度成效分析

本节分别从全局和国别两个视角对"一带一路"沿线国家的ICT设施进行设施联通的采用度成效分析。

1. 全局视角下的ICT设施采用度：整体成效表现堪忧，年度发展呈现波动式上升态势

结合所采集到的2013～2019年"ICT采用度"数据，计算满足数据非空状态的"一带一路"沿线国家在该指标的平均值，绘制出全局视角下的ICT采用度成效态势图，如图5-5所示。结合"ICT采用度"指标的数据分布，划定60分以下为"不及格"，60~74分为"及格"，75~84分为"良好"，85~100分为"优秀"。

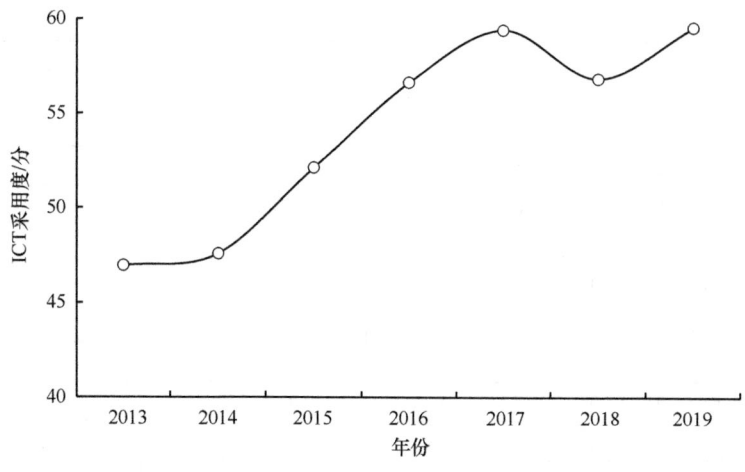

图 5-5 全局视角下的 ICT 采用度成效态势图

从整体表现来看,"一带一路"沿线国家的 ICT 采用度成效不甚理想,始终处于"及格"线以下。

从年度变化来看,"一带一路"沿线国家的 ICT 采用度成效呈现出波动式上升态势,2013～2017 年逐年稳步上升,2018 年明显回落,2019 年达到年度峰值,为 59.53 分,正在逐步向"及格"线靠拢。

2. 国别视角下的 ICT 采用度:卡塔尔、阿联酋表现卓越,也门等国显著落后

基于所采集到的"ICT 采用度"数据,遴选排序前 10%和后 10%的国家进行国别视角下的 ICT 采用度成效分析,如表 5-5 所示。

表 5-5　ICT 设施采用度排名前 10%和后 10%的国家

排序	2013 年 国家(分值)	2014 年 国家(分值)	2015 年 国家(分值)	2016 年 国家(分值)
1	卡塔尔(88.1)	巴林(90.0)	卡塔尔(91.5)	巴林(93.5)
2	巴林(88.0)	阿联酋(88.0)	巴林(91.0)	卡塔尔(92.9)
3	阿联酋(85.0)	卡塔尔(85.3)	阿联酋(90.4)	阿联酋(91.2)
4	斯洛伐克(80.0)	爱沙尼亚(80.6)	爱沙尼亚(84.2)	爱沙尼亚(88.4)
5	科威特(79.2)	斯洛伐克/科威特(77.9)	新加坡(82.0)	斯洛伐克(85.0)
6	爱沙尼亚(79.0)	拉脱维亚(75.2)	斯洛伐克(80.0)	新加坡/科威特(82.1)
−6	尼泊尔(11.7)	尼泊尔(13.9)	尼泊尔(15.4)	蒙古国(21.4)
−5	老挝(10.7)	巴基斯坦(10.9)	老挝(14.3)	塔吉克斯坦/柬埔寨(19.0)
−4	巴基斯坦(10.0)	孟加拉国(6.5)	巴基斯坦(13.8)	老挝(18.2)
−3	孟加拉国(6.3)	柬埔寨(6.0)	孟加拉国(9.6)	巴基斯坦(18.0)
−2	柬埔寨(4.9)	老挝(1.5)	柬埔寨(9.0)	尼泊尔(17.6)
−1	缅甸(1.1)	缅甸(1.2)	缅甸(2.1)	孟加拉国(14.4)

续表

排序	2017年 国家（分值）	2018年 国家（分值）	2019年 国家（分值）
1	巴林（98.0）	新加坡（85.2）	阿联酋（91.9）
2	卡塔尔（94.3）	阿联酋（83.7）	新加坡（87.1）
3	阿联酋（90.6）	卡塔尔（81.9）	卡塔尔（83.8）
4	爱沙尼亚（87.2）	拉脱维亚（80.4）	立陶宛（81.5）
5	新加坡（81.0）	爱沙尼亚（77.4）	拉脱维亚（79.7）
6	斯洛伐克（80.5）	文莱（76.2）	爱沙尼亚（78.8）
−6	蒙古国（22.3）	孟加拉国（39.8）	孟加拉国（39.1）
−5	老挝（21.9）	塔吉克斯坦（33.0）	尼泊尔（38.6）
−4	塔吉克斯坦（20.5）	斯里兰卡（32.9）	印度（32.1）
−3	尼泊尔（19.7）	印度（28.0）	塔吉克斯坦（31.8）
−2	孟加拉国（18.2）	巴基斯坦（23.6）	巴基斯坦（25.2）
−1	巴基斯坦（15.5）	也门（17.6）	也门（17.6）

从排序前10%的国别视角来看，卡塔尔、阿联酋和爱沙尼亚均连续七年入围。其中，卡塔尔和阿联酋始终在前三位之间徘徊，卡塔尔在2013年、2015年位居首位，阿联酋在2019年位居首位，爱沙尼亚则在第四位至第六位之间徘徊。巴林、新加坡和斯洛伐克也多次入围，巴林在2014年、2016年和2017年三次位居首位，新加坡则在2018年位居首位，斯洛伐克则在第四位至第六位之间徘徊。

从排序后10%的国别视角来看，孟加拉国和巴基斯坦连续七年入围，其分值在2013~2018年呈现逐年稳步上升的态势，2019年出现微幅回落，巴基斯坦则始终保持逐年稳步上升的态势，但其在2017年位居末位；尼泊尔除2018年之外六次入围，始终保持逐年稳步上升的态势；缅甸、柬埔寨、老挝和塔吉克斯坦也多次入围，其中，缅甸在2013~2015年连续三年居于末位；也门在2018~2019年连续两年居于末位。

5.2.3 设施联通的连通性成效分析

本节分别从全局和国别两个差异化视角对道路设施、港口设施和航空设施的连通性成效进行多视角态势分析，并凝练其典型特征。

1. 全局视角下的设施连通性：呈现增长或平稳发展态势，但仍亟待全面提升

结合所采集到的2018~2019年"道路连通性""港口连通性"和"航空连通性"的数据，计算表5-1中满足数据非空状态的"一带一路"沿线国家在这三个指标的平均值，绘制出全局视角下的设施连通性成效态势图，如图5-6所示。结合"道路连通性""港口连通性""航空连通性"三个指标的数据分布，划定

60 分以下为"不及格",60～74 分为"及格",75～84 分为"良好",85～100 分为"优秀"。

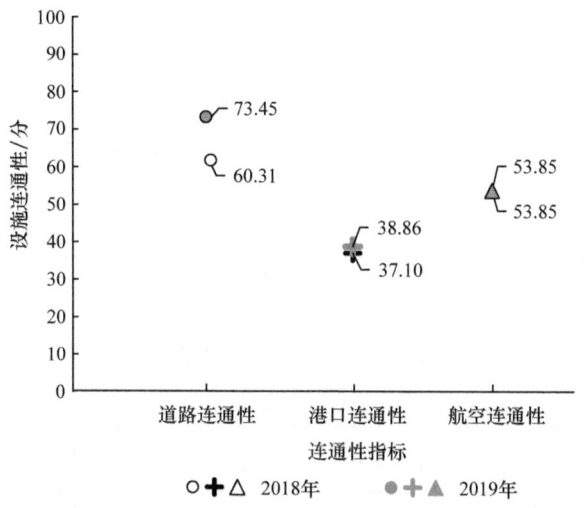

图 5-6 全局视角下的设施连通性成效态势图

从整体表现来看,"一带一路"沿线国家的设施连通性仍有较大的提升空间,表现相对突出的道路连通性分值从 2018 年的 60.31 分上升至 2019 年的 73.45 分,但仅处于"及格"状态;港口连通性和航空连通性的分值则始终在 60 分以下,处于"不及格"状态,亟待采取积极举措,从存量设施升级改造扩建和增量设施新建两方面着手来加快推动设施连通性的全面提升。

从年度变化来看,"一带一路"沿线国家三种代表性交通基础设施的连通性表现出增长或平稳发展态势,其中,道路连通性在 2019 年的表现相较于 2018 年有较为明显的增长,港口连通性在 2019 年的表现相较于 2018 年呈现出微小幅度的增长,而航空连通性 2019 年和 2018 年的分值相同,保持平稳发展。

从设施比对来看,"一带一路"沿线国家道路设施的连通性表现优于航空设施和港口设施,这主要得益于其更为基础的通行价值和更为广泛的适用性,航空设施的连通性位居第二位,港口设施的连通性明显略低于道路设施和航空设施,主要是受制于地理区域分布,有些"一带一路"沿线国家的海、江、河、湖等沿岸水运条件有限。

2. 国别视角下的设施连通性:各国表现特色鲜明、差异显著

基于 2018～2019 年"道路连通性""港口连通性""航空连通性"的数据,遴选排序前 10%和后 10%的国家进行国别视角下的设施连通性成效态势分析(表 5-6)。

表 5-6　基础设施连通性排名前 10%和后 10%的国家

排序	道路连通性 2018 年 国家（分值）	道路连通性 2019 年 国家（分值）	港口连通性 2018 年 国家（分值）	港口连通性 2019 年 国家（分值）	航空连通性 2018 年 国家（分值）	航空连通性 2019 年 国家（分值）
1	沙特阿拉伯（99.3）	沙特阿拉伯（100）	新加坡（100）	新加坡/马来西亚（100）	印度尼西亚/印度（100）	印度尼西亚/印度（100）
2	阿曼（92.4）	阿曼（94.2）	马来西亚（98.1）	阿联酋（83.9）	泰国（98.9）	泰国（98.9）
3	立陶宛（84.6）	捷克（92.2）	阿联酋（73.7）	斯里兰卡（72.5）	俄罗斯/阿联酋（89.2）	俄罗斯/阿联酋（89.2）
4	以色列（83.5）	卡塔尔（92）	斯里兰卡（69.4）	埃及（70.3）	马来西亚（88.9）	马来西亚（88.9）
5	拉脱维亚（81.6）	阿联酋（90.1）	阿曼（63.6）	越南（68.8）	越南（86）	越南（86）
6	匈牙利（80.6）	立陶宛（89.9）	越南（60.5）	沙特阿拉伯（66.6）	新加坡（85.4）	新加坡（85.4）
−6	印度尼西亚（34.6）	阿尔巴尼亚（55.5）	爱沙尼亚（8.4）	也门（7.9）	斯洛文尼亚（30.4）	斯洛文尼亚（30.4）
−5	孟加拉国/尼泊尔（34.3）	菲律宾（51.6）	柬埔寨（8.0）	爱沙尼亚（7.2）	阿尔巴尼亚（30.1）	阿尔巴尼亚（30.1）
−4	黑山（27.7）	老挝（51.5）	拉脱维亚（7.6）	保加利亚（6.8）	斯洛伐克（27.5）	斯洛伐克（27.5）
−3	马来西亚（26.8）	黑山（45.1）	阿尔巴尼亚（7.2）	文莱（5.3）	北马其顿（25.7）	北马其顿（25.7）
−2	菲律宾（22.5）	马来西亚（40.0）	文莱（6.6）	阿尔巴尼亚/黑山（3.0）	塔吉克斯坦（23.8）	塔吉克斯坦（23.8）
−1	老挝（20.5）	塔吉克斯坦（35.8）	黑山（6.5）	北马其顿（0.6）	也门（0.1）	也门（0.1）

从整体排序来看，阿联酋成效表现最为卓越，其在 2019 年入围"道路连通性"排序前 10%，并在 2018 年和 2019 年均入围"港口连通性"和"航空连通性"排序前 10%；阿尔巴尼亚成效表现严重滞后，其在 2019 年入围"道路连通性"排序后 10%，并在 2018 年和 2019 年均入围"港口连通性"和"航空连通性"排序后 10%；而马来西亚表现差异化最为显著，其 2018 年和 2019 年均入围"道路连通性"排序后 10%，但同时又连续两年均入围"港口连通性"和"航空连通性"排序前 10%。

从各类基础设施来看，在道路连通性成效方面，沙特阿拉伯和阿曼连续两年分列第一和第二；立陶宛同样两次入围排序前 10%，虽然分值明显上升，但排序从第三位降至第六位；老挝连续两年入围排序后 10%，分值实现 2.5 倍上升，且排序从最末位上升至倒数第四位；黑山、菲律宾和马来西亚同样两次入围排序后 10%，黑山和马来西亚虽然分值均明显上升，但排序分别从倒数第四位、倒数第三位降为倒数第三位和倒数第二位，菲律宾分值实现翻番上升，排序从倒数第二位上升至倒数第五位。

在港口连通性成效方面，新加坡、马来西亚、越南、阿联酋、斯里兰卡均连续两年入围排序前 10%。其中，新加坡连续两年保持满分 100 分位居榜首，马来西亚由 2018 年的第二位跃升至 2019 年的并列第一位，阿联酋、斯里兰卡和越南 2019 年的排位也较 2018 年顺次上升一位，排序第五位的国家从 2018 年阿曼变为 2019 年越南。黑山、阿尔巴尼亚、爱沙尼亚、文莱均连续两年入围排序后 10%且分值均呈现出不同程度的下降态势，黑山排序从最末位上升至倒数第二位，文莱的排序从倒数第二位升至倒数第三位，阿尔巴尼亚从倒数第三位降至并列倒数第二位，爱沙尼亚则从倒数第六位降至倒数第五位。

在航空连通性成效方面，由于各国 2018 年和 2019 年的数据均保持不变，故未出现排序位次的变化。印度尼西亚和印度均以满分 100 分始终位居榜首；入围排序前 10%的国家中，印度尼西亚、泰国、马来西亚和新加坡已形成一定的航空设施联通区域优势；入围排序后 10%的国家中，斯洛文尼亚、阿尔巴尼亚、斯洛伐克和北马其顿是航空设施联通的主要洼地。

5.3 本章小结

本章基于已有文献研究和美国、德国、澳大利亚、日本等代表性国家的政府文件，给出了本书所研究基础设施的概念与范畴界定，并详细阐述了态势分析框架设计要点所涉及分析对象、分析视角和分析指标的选取，进而设计了设施联通态势分析框架。以《全球竞争力报告》中 2013～2019 年的"道路质量""港口设施质量""航空设施质量""电力供应质量"等指标数据为基础，分别从全局和国别等视角分析了"一带一路"沿线国家道路设施、港口设施、航空设施和电力设施的质量发展基础；以《全球竞争力报告》中"ICT 采用度"指标 2013～2019 年的数据为基础，分别从全局和国别等视角分析了"一带一路"沿线国家 ICT 采用度成效；以《全球竞争力报告》中"道路连通性""港口连通性""航空连通性"等指标 2018～2019 年的数据为基础，分别从全局和国别等视角分析了"一带一路"沿线国家道路设施、港口设施和航空设施的连通性成效。上述研究工作将为相关部门和企业的决策者多视角、全方位洞悉这些国家基础设施互联互通的全貌，以及基础设施发展基础与建设成效提供必要的数据支撑和可视化分析依据。

贸易畅通篇：加速贸易一体化，发挥大国稳压器作用

自2008年全球金融危机后，世界经济形势一直处于深刻变革中，中美经贸摩擦、新冠疫情、俄乌冲突等"黑天鹅"和"灰犀牛"事件一直冲击着全球贸易格局的稳定性。特别是2020年以来，逆全球化趋势愈加凸显，全球经济负增长和供应链紧张都导致全球贸易大幅收缩，区域内贸易一体化趋势加强，以中国为主导的亚太地区成为全球贸易增长的新亮点。

在全球贸易面临长期停滞的困境下，"一带一路"倡议为全球贸易增长提供了新动力。在全球商品贸易额下降的情况下，2021年中国与"一带一路"沿线国家贸易额同比增长23.6%，"一带一路"倡议为沿线国家带来更多的贸易机会，可以部分抵消贸易保护主义的消极影响。中国与"一带一路"沿线国家贸易规模占中国外贸总值比重已从2013年的25%提升到2021年的29.7%。截至2022年6月，中国与沿线国家货物贸易额累计约12万亿美元，一大批务实合作项目落地，为当地经济发展、民生改善做出实实在在的贡献。根据商务部预测，未来"一带一路"沿线国家在我国外贸总额的占比将会达到35%以上，成为我国对外贸易的重点发展方向。特别是"一带一路"倡议中对交通等基础设施的大规模投资和发展进程，可以大幅度对冲国际贸易中运输成本因素对跨境贸易的抑制作用。根据世界银行2019年发布的研究报告，"一带一路"建设可使全球贸易成本降低1.1%~2.2%，使中国—中亚—西亚经济走廊上的贸易成本降低10.2%，有效提升了"一带一路"沿线国家间的跨境物流便捷度，进一步促进"一带一路"沿线国家间的经贸往来。

在此背景下，本篇主要对"一带一路"沿线国家的贸易发展态势进行全面的刻画。本篇由三章内容构成，其中第6章主要对我国与"一带一路"沿线国家间的贸易进行全景式刻画，从贸易规模、贸易结构、重点贸易伙伴等维度进行综合的分析。第7章主要以我国对外贸易额最大的原油贸易为例，通过构建全球原油贸易网络，量化研究"一带一路"倡议对保障中国原油贸易安全的重要性。第8章则主要从隐含碳排放的视角，测算了"一带一路"沿线国家间的贸易隐含碳，为我国的绿色贸易发展提供了依据。

第6章 中国与"一带一路"沿线国家贸易合作态势

贸易畅通是"一带一路"建设的重点内容。在贸易畅通方面，自"一带一路"倡议提出以来，中国积极与"一带一路"沿线国家合作，消除贸易壁垒，积极同沿线国家和地区共同商建自由贸易区，开通"中欧班列"，加强贸易合作，贸易便利化水平不断提升，贸易规模不断增加，贸易结构不断改善。一方面，我国与"一带一路"沿线国家通过双边贸易协定签署大力推动贸易和投资便利化，不断改善营商环境；另一方面，我国与"一带一路"沿线国家优势互补，优化资源配置，加强贸易合作力度。本章主要从全球视角对我国与"一带一路"沿线国家的贸易合作发展态势进行综合分析，基于贸易规模、贸易结构以及贸易主体等方面，梳理我国与"一带一路"沿线国家的合作基础。

6.1 全球贸易整体态势

2008年全球金融危机后，世界经济格局发生了深刻变革，全球贸易与投资增长开始放缓，受到了诸多因素的制约。一方面，世界经济周期性调整以及新兴经济体经济增速开始放缓，导致全球贸易和投资需求不振；另一方面，全球价值链的发展进入收缩期，其分工深化带来边际效益递减。近年来全球贸易保护主义日渐抬头，也会影响到全球的贸易格局和投资路径选择。特别是2020年新冠疫情暴发，对全球社会和经济造成严重冲击，使跨境贸易和投资活动受到明显抑制或延迟，2021年逐渐得以恢复。

从全球贸易量增速来看，2012～2020年，（除2012年和2017年）全球货物贸易量增速略低于或持平于世界GDP增速，打破了过去几十年贸易增长一直高于GDP增长的发展格局，全球贸易对于经济增长的贡献逐渐放缓（图6-1）。2021年，全球贸易量增速大幅回升，也是2017年后，首次高于GDP增速。同时，2021年全球货物贸易额创下新高，已超越疫情前水平，除全球市场对于货物的强劲需求外，货物价格的上涨也是重要因素。

从2021年全球各国货物进出口贸易额数据来看，全球进出口贸易格局和贸易分布基本相似，即出口贸易大国也同时是进口贸易大国。从贸易分布来看，亚洲、欧洲和北美洲是三大主要的贸易流动区。从贸易国来看，中国、美国、德国、荷兰、日本是全球五大出口贸易国，而美国、中国、德国、日本、荷兰是全球五大进口贸易国。根据计算，前五大进出口贸易国占全球贸易份额分别达到了37.9%

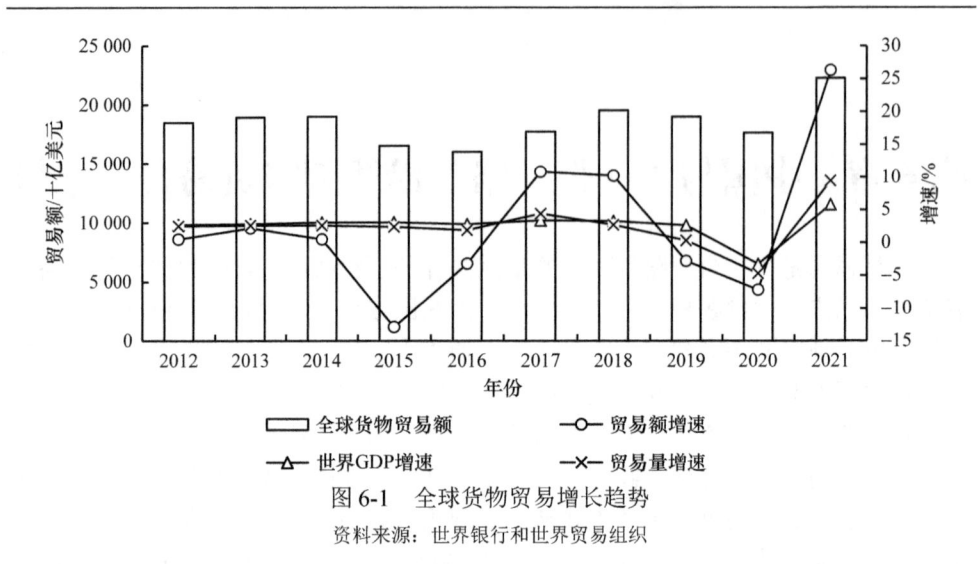

图 6-1　全球货物贸易增长趋势

资料来源：世界银行和世界贸易组织

和 37.4%。其中，中国已经成为全球第一大出口贸易国和第二大进口贸易国，贸易额占全球份额分别为 15.1%和 11.9%。

图 6-2 展示了 2005~2021 年全球服务出口贸易结构。从图中可以看出，2021 年全球服务贸易额已基本恢复到疫情前水平。但受全球疫情防控等因素持续影响，

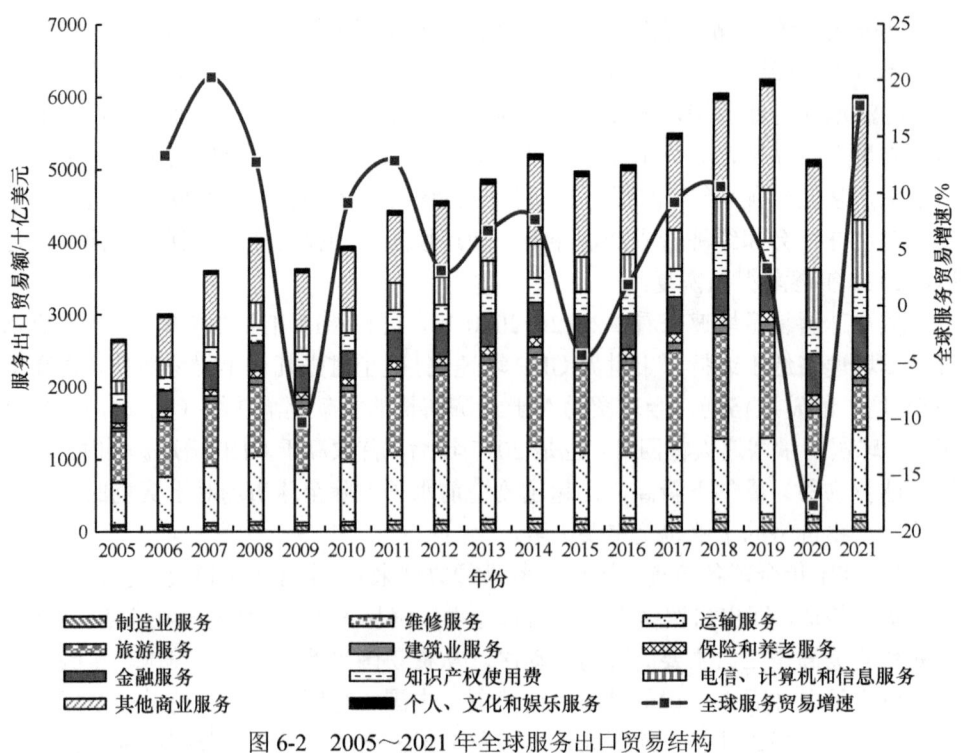

图 6-2　2005~2021 年全球服务出口贸易结构

资料来源：世界贸易组织

服务贸易复苏相比于货物贸易较为缓慢，相较 2020 年，2021 年贸易额增速为 17.4%，低于 26.3% 的货物贸易额增速。具体来看，全球疫情暴发前，旅游服务、运输服务以及电信、计算机和信息服务是全球服务贸易三大支柱性服务产业，2019 年占全球服务贸易比重分别为 23.7%、16.8% 和 11.1%。2020 年全球疫情暴发，全球旅游产业受到重创，2021 年，全球旅游服务贸易额为 6146 亿美元，较 2020 年增长 11%，但仅为 2019 年的 42%。相对而言，高科技和新兴服务贸易发展迅速，已经占据了全球服务贸易的主导地位。2021 年，高科技和新兴服务贸易在全球服务贸易中所占份额为 59.6%。其中，金融服务和知识产权使用费出口贸易额占全球总量的 18%，电信、计算机和信息服务出口贸易额占全球的 15%，而其他商业服务出口贸易额占比达到 26.6%。这充分表明服务贸易价值链逐渐向高端知识密集型和技术密集型服务贸易延伸，知识和技术密集型服务贸易开始在全球服务贸易结构中占据主导地位，成为推动全球服务贸易增长的主要动力。

美国是全球服务贸易最大的出口国，出口贸易额为 7719 亿美元，英国和中国分列第二和第三，出口贸易额分别为 4151 亿美元和 3906 亿美元。与货物贸易不同，欧洲是全球最大的服务出口贸易区域。中国是亚洲区域最大的服务出口贸易国，其次是印度和日本，在全球分别排第八和第十，2021 年服务出口贸易额分别为 2399 亿美元和 1640 亿美元。

6.2 中国对外贸易态势

近年来，中国经济增长有所放缓，结构性矛盾凸显。努力促进进出口贸易发展，不断提升在国际贸易中的市场份额和影响力已经成为我国对外贸易合作的重心。图 6-3 展示了我国货物进出口贸易额和贸易顺差趋势。从图 6-3 可以看出，2008 年全球金融危机以来，我国货物进出口贸易形势整体向好，贸易结构持续优化。2015～2016 年，全球经济增速放缓、有效需求不足，导致全球贸易量出现萎缩，受此影响，我国货物进出口贸易额出现下降，但仍然稳居世界第一。2021 年，我国货物进出口贸易额分别为 2.69 万亿美元和 3.36 万亿美元，同比 2020 年分别上涨了 29.8% 和 30.1%。此外，2005～2021 年，我国货物贸易始终保持贸易顺差趋势，2021 年，我国贸易顺差达到 6764 亿美元，打破贸易顺差纪录。

中国贸易进出口已经成为世界经济再平衡的重要力量。图 6-4 展示了中国历年货物贸易进出口占世界比重。从图 6-4 可以看出，2006～2021 年，尽管我国 GDP 增速呈下降趋势，但是我国货物贸易出口占世界比重呈现持续上升趋势，对经济增长形成了有力支撑，拉动作用明显。根据计算，2006～2021 年，我国货物进出口贸易占世界份额分别提高了 5.54 个百分点和 7.11 个百分点。2021 年，我国货

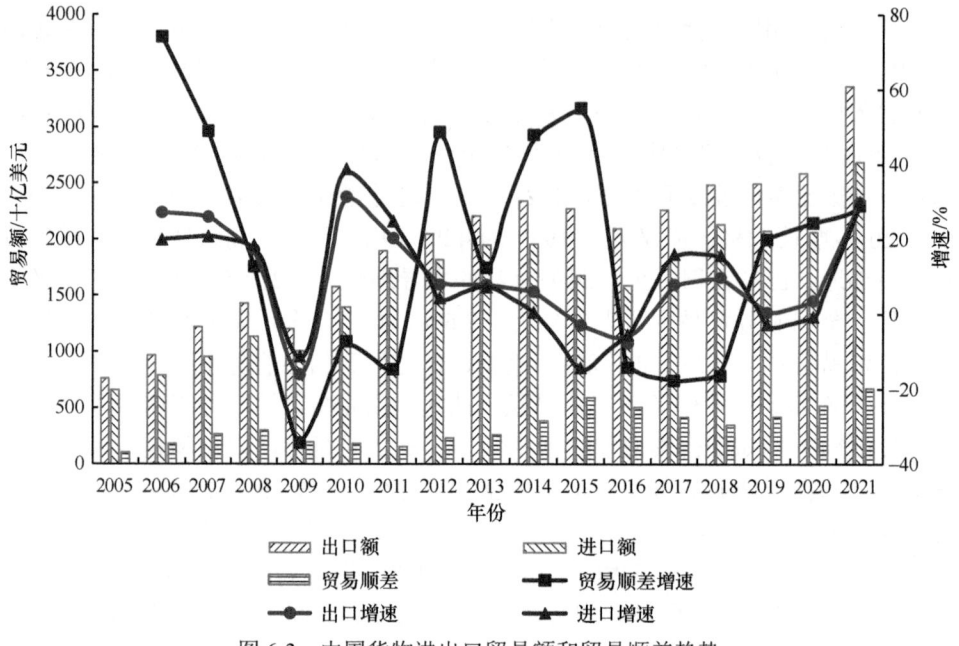

图 6-3　中国货物进出口贸易额和贸易顺差趋势

资料来源：世界贸易组织

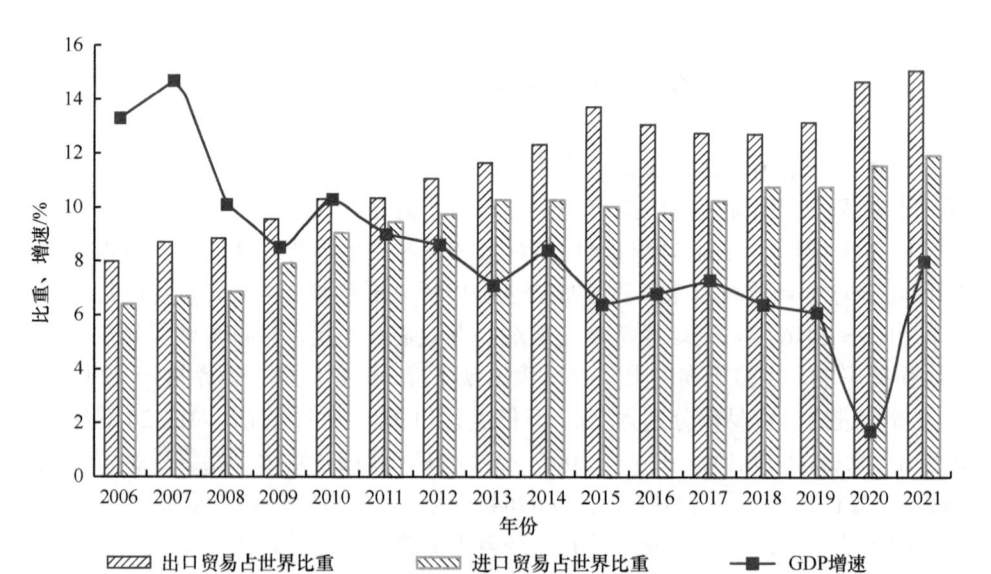

图 6-4　中国历年货物进出口贸易占世界比重及 GDP 增速

资料来源：《中国统计年鉴》和世界贸易组织

物出口贸易占世界比重为 15.1%，为最高值。同时，我国货物进口贸易与出口贸易保持同步增长态势，2021 年，我国货物进口贸易占世界比重为 11.93%，相对于 2020 年略增 0.37 个百分点。

图 6-5 和图 6-6 分别展示了 2006~2020 年我国货物进出口贸易结构。从图中可以看出，我国货物进出口贸易结构存在明显的差异性。在进口贸易结构中，燃料和采矿产品、办公和电信设备以及集成电路和电子元件是进口贸易额最大的三类产品，2020 年，进口贸易额分别达到 0.53 万亿美元、0.50 万亿美元和 0.38 万亿美元，占我国总进口比重分别为 25.6%、24.4% 和 18.3%。而在出口贸易结构中，办公和电信设备、电子数据处理及办公设备与通信设备是出口贸易额最大的三类产品，2020 年，出口贸易额分别达到 0.69 万亿美元、0.28 万亿美元和 0.25 万亿美元，占我国总出口比重分别为 26.6%、10.7% 和 9.7%。综合来看，我国出口贸易结构正在不断优化。在供给侧结构性改革提速、"一带一路"倡议等重大政策的推进下，我国对外贸易结构正在不断改善，高附加值和资本密集型、技术密集型产品的出口比重正在逐步增加。

图 6-7 展示了 2006~2021 年我国服务进出口贸易额和贸易顺差趋势。2021 年，我国服务进出口贸易额分别是 4380.8 亿美元和 3906 亿美元，比 2020 年，分别增长了 16% 和 40%。相对于货物贸易，我国服务贸易一直处于贸易逆差态势，

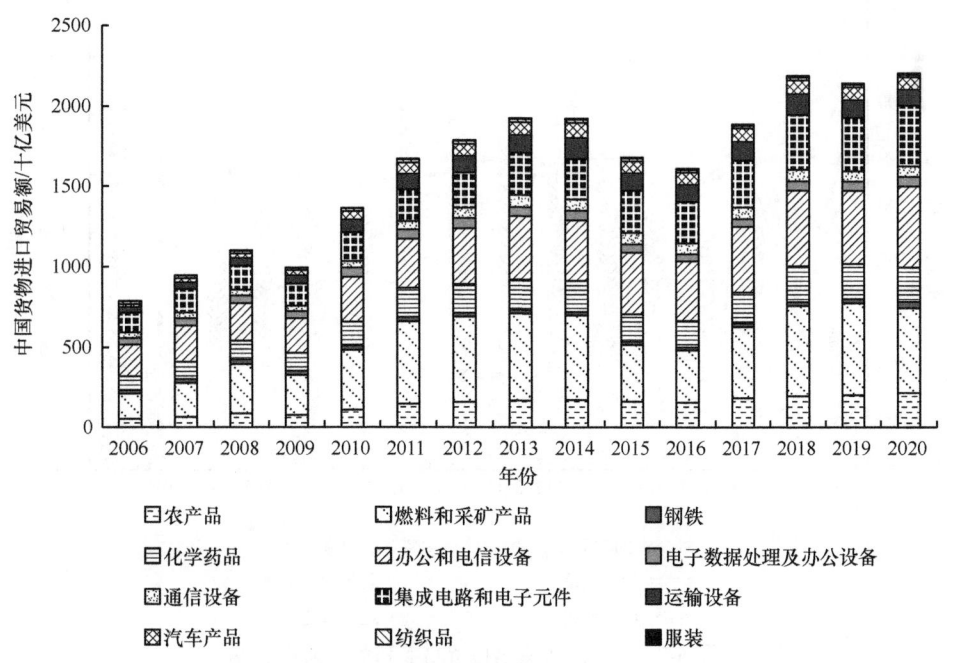

图 6-5 中国货物进口贸易结构

资料来源：世界贸易组织

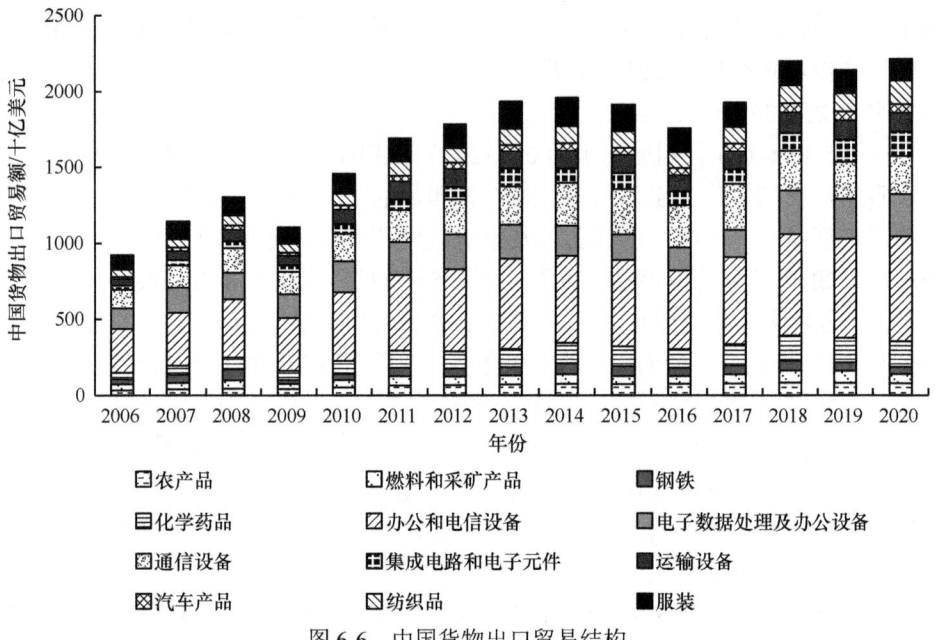

图 6-6　中国货物出口贸易结构

资料来源：世界贸易组织

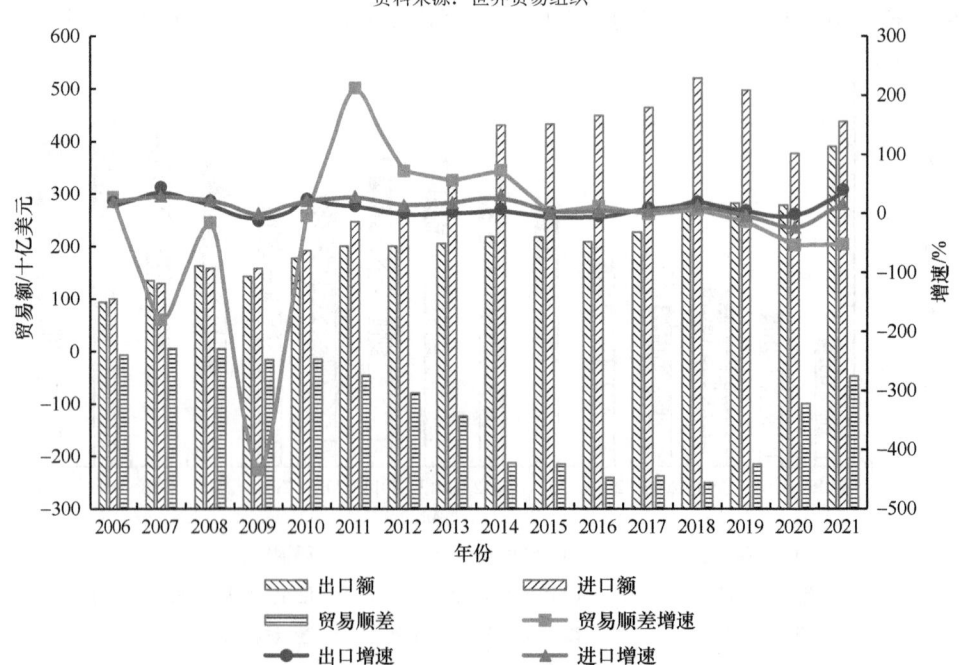

图 6-7　中国服务进出口贸易额和贸易顺差趋势

资料来源：世界贸易组织

服务贸易进口大于出口，但贸易逆差值自 2018 年以来逐渐缩小，2021 年我国服务贸易逆差比 2020 年下降了 52%，降到 474.6 亿美元，为 2012 年以来的最低值。受疫情冲击，旅游进出口大幅下降。疫情前，旅游一直是服务贸易的第一大领域，2021 年我国旅游服务贸易逆差 1146.8 亿美元，比疫情前的 2019 年下降了 55.8%，成为拉动服务贸易逆差下降的最主要因素。同时，传统服务出口提升也带动了服务贸易逆差收窄，2020 年我国运输服务出口保持高位态势，2021 年运输服务出口达到了 1272 亿美元，增长 124.7%，带动了传统服务出口的提升。

图 6-8 展示了 2006～2021 年中国服务进出口贸易占世界比重。从图 6-8 可以看出，我国服务进出口贸易占世界比重相对货物贸易还较低。2010 年以前，我国服务贸易进出口占比基本持平，2011 年以后服务贸易进口占比出现明显升高，2021 年，我国服务进出口贸易占比分别为 7.91% 和 6.52%，其中，服务出口贸易占比为最高值，进口贸易占比尚未恢复疫情前水平。

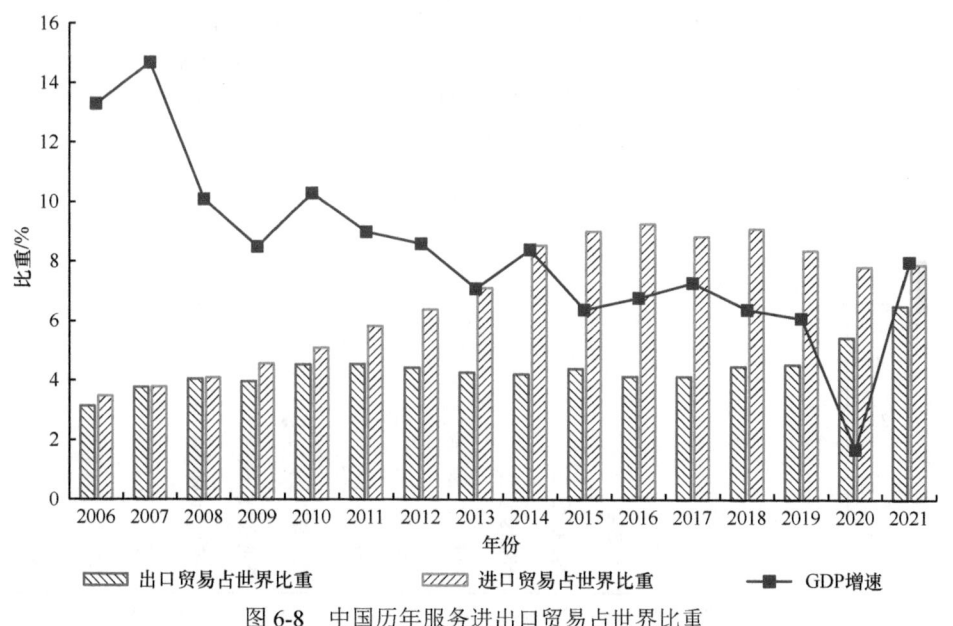

图 6-8　中国历年服务进出口贸易占世界比重

资料来源：《中国统计年鉴》和世界贸易组织

图 6-9 和图 6-10 分别展示了 2006～2021 年中国服务进出口贸易结构的演化。可以看出，2006～2021 年我国服务进口贸易结构出现了显著的变化，2021 年运输服务首次超过旅游服务，成为我国服务进口贸易的最大主体，2021 年运输服务进口贸易额达到 1479 亿美元，占我国服务进口贸易的比重为 33.8%。受新冠疫情影响，我国旅游服务进口额大幅下降，2021 年旅游服务进口贸易额为 1110 亿美元，仅为 2018 年最高值的 40%，虽然旅游服务进口贸易额大幅下降，但仍是我国服务进口贸易的第二大主体，占我国服务进口贸易的比重为 25.3%。而在我国服务出

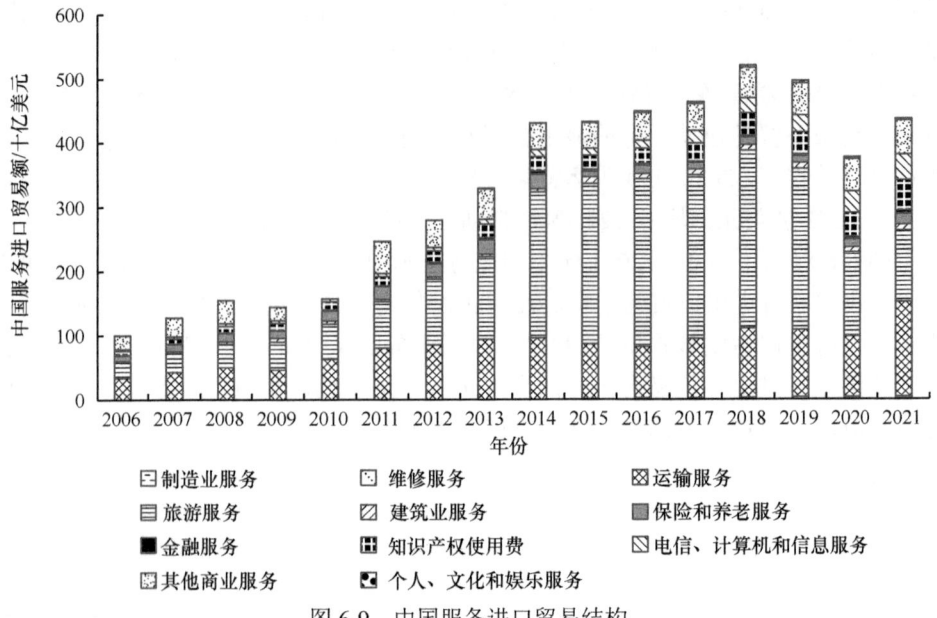

图 6-9　中国服务进口贸易结构

资料来源：世界贸易组织

图 6-10　中国服务出口贸易结构

资料来源：世界贸易组织

口贸易结构中，2021 年运输服务出口贸易首次占据第一位置，2021 年运输服务出口贸易额为 1273 亿美元，占比为 32.6%。其他商业服务及电信、计算机和信息服务分别位居第二、三位，出口贸易额分别为 936 亿美元和 770 亿美元，占比分别为 24.0%和 19.7%。此外，新兴服务出口贸易额也增长迅速，2021 年，电信、计算机和信息服务，知识产权使用费，个人、文化和娱乐服务等出口增速都超过了30%，2021 年出口贸易额分别达到 770 亿美元、119 亿美元、18 亿美元，较 2006年，分别增长了 20 倍、58 倍和 13 倍。

从进出口规模来看，我国服务贸易还是以传统的旅游、运输等行业作为支撑，其主要属于资源型和劳动密集型产业，而资本密集型服务如通信和建筑，知识密集型服务如金融、养老和保险等部门对中国服务贸易的贡献有限，在服务贸易的高端价值链中还处于劣势。在新一轮全球产业结构调整和经济贸易自由化的背景下，我国资本密集型、技术和知识密集型的现代服务业也在快速发展。但是，美国贸易保护主义的政策以及一些国家和地区为了避免或者降低国外企业对本国经济的影响和冲击，制定了一系列保护主义政策，也对我国服务贸易出口形成了新的挑战。

为了更好地了解我国进出口结构中占据主导地位的货物，我们根据海关总署提供的 6 位 HS 编码[①]对我国 2013 年、2017 年和 2021 年进出口前十大货物进行了梳理（海关编码、货物名称和进出口金额具体见表 6-1 和表 6-2）。从表 6-1 中可以看出，我国货物出口以机电产品、传统劳动密集型产品为主，2021 年电话、自动数据处理机和存储器分列前三。而在进口分类中，原油等大宗商品和电子产品排在前列。2021 年，我国原油进口金额为 258 十亿美元，进口处理器和控制器及铁矿石和铁精矿分别为 203 十亿美元和 178 十亿美元。

表6-1　中国出口额最大的前十大货物

2013 年			2017 年			2021 年		
海关编码	货物	出口额/十亿美元	海关编码	货物	出口额/十亿美元	海关编码	货物	出口额/十亿美元
847130	自动数据处理机	111	851712	电话	127	851712	电话	147
851712	电话	96	847130	自动数据处理机	90	847130	自动数据处理机	139
851770	电话机和其他装置；零件	47	851770	电话机和其他装置；零件	51	854232	存储器	76

---

① HS 编码即海关编码，为编码协调制度的简称。其全称为《商品名称及编码协调制度的国际公约》（International Convention for Harmonized Commodity Description and Coding System），简称协调制度（Harmonized System，缩写为 HS）。

续表

2013 年			2017 年			2021 年		
海关编码	货物	出口额/十亿美元	海关编码	货物	出口额/十亿美元	海关编码	货物	出口额/十亿美元
854231	电子集成电路	37	851762	通信设备	36	851770	电话机和其他装置；零件	55
901380	光学器件	36	847330	机械	33	851762	通信设备	52
847330	机械	29	854232	存储器	30	854231	电子集成电路	51
711319	珠宝	28	854231	电子集成电路	27	950300	玩具	46
851762	通信设备	27	901380	光学器件	26	847330	机械	36
271019	沥青	19	950300	玩具	24	854140	电气设备	34
890190	船只	18	271019	沥青	20	850760	电动蓄能器	28

资料来源：世界贸易整合解决方案数据库

表6-2　中国进口额最大的前十大货物

2013 年			2017 年			2021 年		
海关编码	货物	进口额/十亿美元	海关编码	货物	进口额/十亿美元	海关编码	货物	进口额/十亿美元
270900	原油	220	270900	原油	164	270900	原油	258
854231	电子集成电路	115	854231	电子集成电路	113	854231	电子集成电路	203
260111	铁矿石和铁精矿	102	854232	存储器	89	260111	铁矿石和铁精矿	178
854239	其他集成电路	50	260111	铁矿石和铁精矿	75	854232	存储器	122
901380	光学器件	50	854239	其他集成电路	49	854239	其他集成电路	92
854232	存储器	46	710812	金属	49	260300	铜矿石和精矿	57
851770	电话机和其他装置；零件	40	851770	电话机和其他装置；零件	41	120190	大豆	54
120190	大豆	38	120190	大豆	40	710812	金属	46
870323	汽车	36	870323	汽车	38	851770	电话机和其他装置；零件	45
271019	沥青	26	901380	光学器件	31	271111	天然气	44

资料来源：世界贸易整合解决方案数据库

6.3　中国与"一带一路"沿线国家贸易合作基础

后金融危机时代，全球经济处于格局演变、动力转换、秩序重塑等深度调整的交织期，各种挑战和不确定性因素明显增多。在这一背景下，"一带一路"倡议的提出成为欧亚非地区共同促进经济发展的新动能和新的增长点。"一带一路"建设的核心目标是促进各国的经济发展、区域稳定和繁荣,加强贸易投资合作是实现这一目标的关键。中国对"一带一路"沿线国家的贸易与投资正在快速发展。自 2013 年"一带一路"倡议提出以来,"一带一路"建设取得了丰硕的成果。根据世界贸易整合解决方案数据库数据,2021 年,中国与"一带一路"沿线国家的货物进出口贸易额合计达到 1.58 万亿美元,进出口同比 2020 年分别增长了-2.4%和 30.3%,如图 6-11 所示。2021 年,中国与"一带一路"沿线国家的货物进出口贸易分别占中国全部进出口贸易的 26.1%和 30.5%。

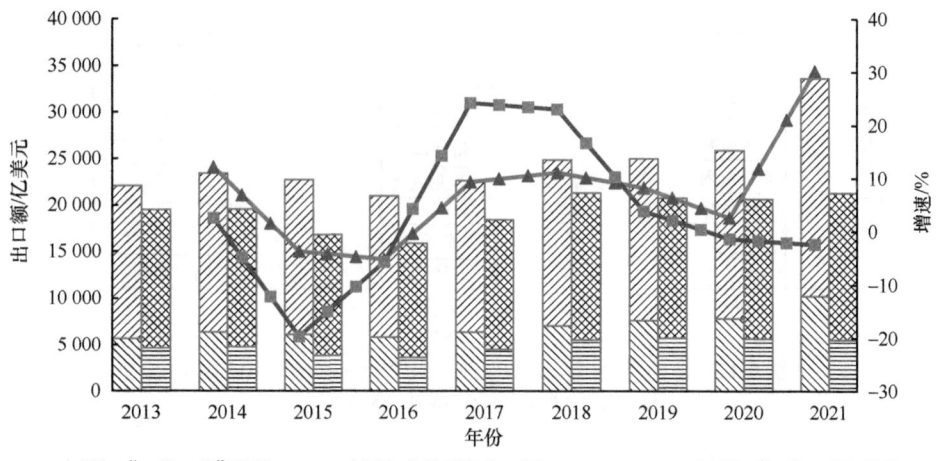

图 6-11 中国与"一带一路"沿线国家间货物进出口贸易趋势

资料来源:世界贸易整合解决方案数据库

图 6-12 和图 6-13 展示了中国货物进出口贸易额最大的前十"一带一路"沿线国家。可以看出,在"一带一路"沿线国家中,越南、印度、新加坡、马来西亚等国始终位列中国货物出口贸易额的前列,2021 年越南、印度、马来西亚是中国货物出口贸易额最大的前三国家,出口额分别为 1379 亿美元、975 亿美元和 787 亿美元。从进口贸易来看,马来西亚、越南、泰国、俄罗斯、沙特阿拉伯等国家始终位列中国货物进口贸易额的前列,2021 年越南、马来西亚、俄罗斯是中国进口贸易额最大的前三国家,进口贸易额分别为 640 亿美元、632 亿美元和 591 亿美元。

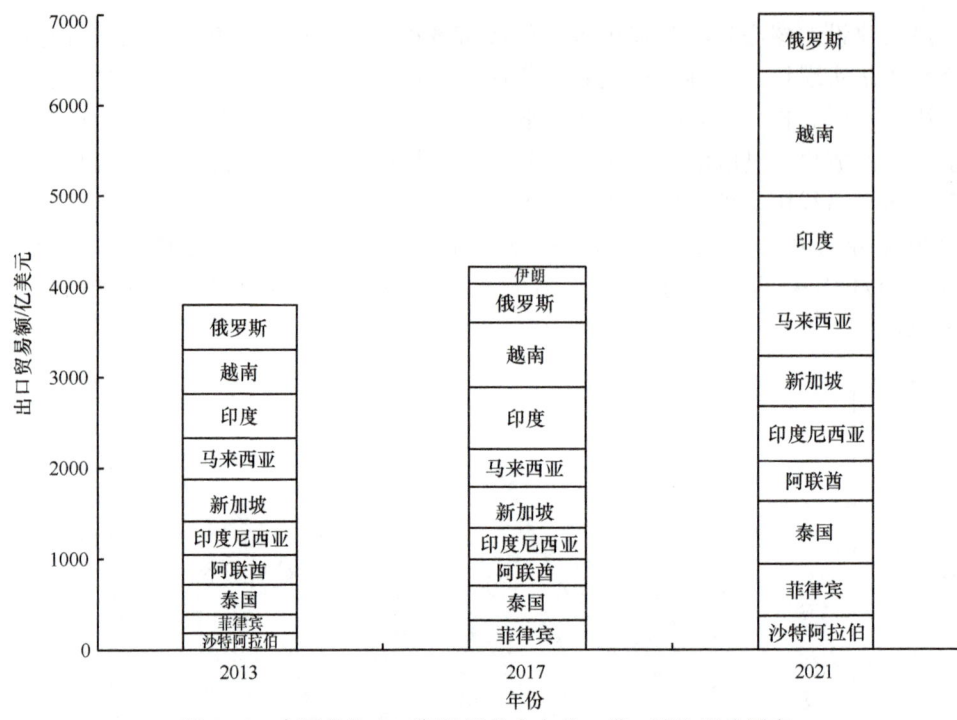

图 6-12　中国货物出口贸易额前十大"一带一路"沿线国家

资料来源：世界贸易整合解决方案数据库

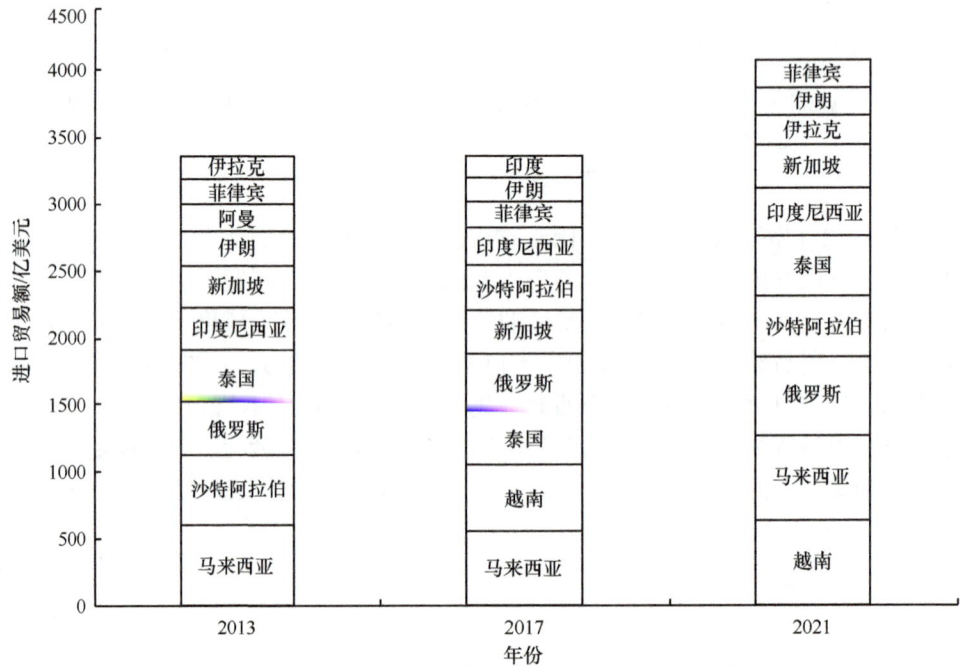

图 6-13　中国货物进口贸易额前十大"一带一路"沿线国家

资料来源：世界贸易整合解决方案数据库

6.4 本章小结

本章基于贸易规模、贸易结构以及贸易主体等方面,从全球视角对我国与"一带一路"沿线国家的贸易合作发展态势进行综合分析,梳理我国与"一带一路"沿线国家的合作基础。自"一带一路"倡议提出以来,中国与"一带一路"沿线国家贸易规模持续扩大,尤其是2018年中美贸易战爆发以来,中国企业加快了到"一带一路"沿线国家开拓市场的步伐,这也使得"一带一路"沿线国家在中国对外贸易中的份额不断提升。此外,在供给侧结构性改革提速、"一带一路"倡议等重大政策的推进下,我国对外贸易结构也在不断改善,高附加值和资本密集型、技术密集型产品的出口比重正在逐步增加。然而,我国与"一带一路"沿线国家的贸易还存在不平衡特征,未来随着相关贸易便利化措施的进一步推行,必将呈现更好的发展潜力。

第 7 章　"一带一路"沿线国家原油贸易安全态势

世界原油供需格局正在发生深刻变化，为中国企业参与"一带一路"上的能源合作提供了契机。近年来，世界能源供应中心正向美国和非洲转移，亚洲新兴经济体崛起带动该区能源消费量增长，能源需求中心正逐渐转向亚洲，世界能源市场重心东移，中国成为能源地缘政治的中心，这有利于中国企业参与"一带一路"能源方面的合作发展。我国的资源禀赋决定了我国对油气资源的需求是长期的、刚性的。因此，我国在"一带一路"沿线国家的油气贸易是持久性的，应做好长期规划，深谋远虑，从大局出发，将"一带一路"沿线国家作为我国未来获取油气资源的主要区域。2022 年，俄乌冲突打破世界能源的供需平衡，全球特别是欧盟面临能源供应中断的危机。本章对我国在"一带一路"沿线国家原油贸易的安全态势进行量化评估，全面梳理当前的主要风险点和发展趋势，为未来的合作布局提供优化对策。

7.1　全球原油贸易网络与安全指数

国际贸易是指跨越国界的商品和服务的交换活动，传统国际贸易理论虽然解释了贸易产生的原因，并得出了贸易有利于促进参与国经济发展和福利提高，但是并未解释决定贸易流量的关键因素。根据现有文献，贸易流量会受到贸易伙伴国经济规模、两国之间空间距离、地缘政治风险、资源禀赋、贸易替代品发展、技术进步、研发投入以及贸易国政治关系等诸多因素的影响（Zhang et al.，2015）。但就贸易国而言，保障贸易的持续流动不出现中断的情况，是贸易安全的核心内容。特别是对于资源品贸易而言，贸易网络整体的安全性是判断当前贸易面临各种负面因素导致贸易中断的可能性以及系统应对贸易中断的能力，以及测度贸易网络是否有效运行的重要方面。因此，本节构建一类新的全球原油贸易安全指数，用来测度当原油贸易出现中断情况下，全球原油贸易网络的稳定性以及各贸易国在贸易网络中的安全性。

7.1.1　全球原油贸易复杂网络测度

在构建贸易安全指数之前，我们首先构造基于全球原油流向的复杂网络和网络的基本测度指标，对全球原油贸易的整体格局以及动态规律进行识别。

石油资源在国家间的自由流动形成了贸易往来，将全部的贸易流向进行刻画，就形成了全球石油贸易网络。根据复杂网络理论，原油贸易有向网络可用集合

$G=(V, E)$表示，$V=\{v_1,v_2,\cdots,v_N\}$表示所有的贸易参与国，E表示所有参与国之间的贸易往来。其网络结构可用贸易网络的邻接矩阵表示，若 v_i 国向 v_j 国出口石油，则 $a_{ij}=1$，否则为 0。参考 Ji 等（2014），我们采用度和度分布、集聚系数等指标对网络的整体特征进行刻画。

1. 度和度分布指标

网络中某个节点与其他节点的连接数，为该节点的度（k），在石油贸易网络中，度衡量的是与贸易节点有贸易关系的国家数。直观上来看，一个国家的度越大，其贸易影响力就越大，对贸易网络稳定的支撑作用就越明显。具体计算公式如下：

$$\text{出度：} k_i^{\text{out}} = \sum_{j=1}^{v_N} a_{ij} \quad i=v_1,v_2,\cdots,v_N \tag{7-1}$$

$$\text{入度：} k_j^{\text{in}} = \sum_{i=1}^{v_N} a_{ij} \quad j=v_1,v_2,\cdots,v_N \tag{7-2}$$

其中，v_N 表示节点国家。度分布则用于描述网络节点连接数的分布特征，考察网络节点的异质性，计算公式如下：

$$P(k) = \frac{N_k}{N} \tag{7-3}$$

其中，N_k 表示连接数为 k 的节点个数；N 表示网络的总节点数。对于随机网络而言，其度分布服从泊松分布，节点的连接数（度）都大致相同，网络节点比较均匀。若度分布服从幂率分布 $p(k)=k^{-r}$，则表明节点之间呈现明显的异质性，网络中存在极少的"核心节点"、大量的"末梢节点"，各个节点的重要性有明显的差异，这样的网络被称为无标度网络。

2. 集聚系数指标

集聚系数是描述网络节点之间紧密程度的统计指标，衡量网络局部集团化的程度，是指与某个节点 v_i 有直接贸易关系的贸易伙伴之间也存在贸易关系的概率，定义为

$$C_i = \frac{E_i}{k_i \times (k_i - 1)} \tag{7-4}$$

$$C(k) = \frac{1}{N_k} \sum_{j=\{i|k_i=k\}} C_j \tag{7-5}$$

其中，C_i 表示节点 v_i 的集聚程度；k_i 表示节点 v_i 有 k_i 个贸易紧邻；E_i 表示这 k_i 个紧邻之间实际存在的连接数；$C(k)$ 表示度为 k 的节点的平均集聚程度。$C_i \in [0, 1]$，高集聚系数反映出贸易节点的贸易紧邻之间也存在密切的贸易关系，说明局部贸易密切程度较高。

7.1.2 贸易安全指数

1. 节点安全指标

由于石油出口国多集中在政局不稳、政治风险较高的地区，局部战争、政局交替都有可能引发石油供应的中断，石油供给存在很大的不确定性和风险。因此，本节将进口贸易国安全性定义为在贸易网络中，当出口节点受到攻击，出现不同程度的供应中断的情况下，进口贸易节点面临的影响程度。这里的安全性指进口节点的石油进口需求可以获得快速补给的可能性，具体定义如下：

$$R(i) = \sum_{j=1}^{N_{\text{direct}}} p_j \times \frac{T_{ij}}{E_w} \times (1-r_j) \times d_{ij}^{-1} + \sum_{k=1}^{N_{\text{indirect}}} p_k \times \frac{E_k}{E_w} \times (1-r_k) \times (d_{ik} \times d'_{ik})^{-1} \quad (7-6)$$

其中，$R(i)$ 表示进口国 v_i 的贸易安全性；N_{direct} 表示进口国 v_i 有直接贸易关系的出口国的数目；N_{indirect} 表示进口国 v_i 没有直接贸易关系的出口国的数目；p_j、p_k 表示出口国 v_j 和 v_k 的政治风险系数[①]；T_{ij} 表示进口国 v_i 与出口国 v_j 的贸易额；E_k 表示出口国 v_k 的总出口额；E_w 表示世界总出口额；r 表示出口国贸易中断比例；d_{ij} 表示进口国 i 与出口国 j 之间的空间距离，d'_{ik} 代表进口国 i 与出口国 k 之间的贸易距离，即贸易网络中进出口国之间的最短贸易有向路径，当进口国和出口国之间不存在最短路径时，我们设定 d_{ij} 趋近于 ∞。

本章从进口国 v_i "获取补给的安全性""获取补给的可能性""获取补给的及时性"三个方面衡量其面临中断风险的安全性。以出口国 v_j 的政治风险系数 p_j 衡量进口国 v_i 从出口国 v_j 获取补给的安全性，若出口国 v_j 具有较为安全的政治环境，则进口国 v_i 获取稳定石油的风险相对较低。若进出口国之间已经存在直接贸易关系，则以指标 T_{ij}/E_w 衡量出口国 v_j 与进口国 v_i 之间贸易关系的稳定性，显然，T_{ij}/E_w 值越大，说明两者之间的关系越趋向稳定。若进出口国家间不存在直接的贸易关系，则以 E_k/E_w 反映网络中其他出口国的补给能力。以指标 d_{ij} 测度进口国 v_i 获取补给的及时性，衡量其从出口国 v_j 获得补给的难易程度，如果进出口国的空间距离较近，则进口国 v_i 可以较快地获得出口国 v_j 的贸易补给，快速满足其贸易需求。同时，考虑出口国与进口国 v_i 之间贸易距离，随着出口国与进口国 v_i 之间最短路径以及空间距离的不断增加，对进口国 v_i 贸易供给及时性的贡献将不断减弱，进口国的安全性将减弱。显然，"节点安全"指标值越大，则说明该进口国获得快速、可靠的贸易补给的能力越强，抵御贸易中断的能力越强。

2. 网络风险指标

贸易网络的系统性安全是指系统应对攻击的能力，即网络中所有进口节点的

[①] 政治风险系数作为对国家政治稳定情况的测度，得分越低的国家风险越高，得分越高的国家风险越低。

平均安全性，用以测度当前石油贸易运行的稳定性。由于各石油进口国在贸易规模上存在很大的差异，石油贸易大国对于贸易网络的安全性贡献显然更大。因此，我们采用各进口国的贸易量占世界总进口量的比例作为权重测度各国对整体贸易网络安全的贡献程度。计算公式如下：

$$NV = \sum_{i=1}^{N_{im}} \frac{M_i}{M_w} \times R(i) \tag{7-7}$$

其中，NV 表示贸易网络的系统性安全；N_{im} 表示进口国家数量；M_i 表示进口国 v_i 的进口额；M_w 表示世界总进口额。该指标值越大，说明石油贸易系统的安全性越高，石油贸易网络运行的稳定性越强。

另外，石油出口节点是贸易网络运行的动力，出口国家的贸易中断，将直接给贸易网络带来风险。由于资源禀赋、贸易关系的差异性，出口国家在网络中的贸易地位也具有明显的不同。因此，识别网络中重要的出口节点，对研究和应对贸易网络风险具有显著的意义。我们以当某出口国出现供应中断时，贸易网络系统性安全的变化作为测度该出口国贸易重要性的标准。具体表达式如下：

$$M(i) = \frac{NV(S, v_i) - NV(S)}{NV(S)} \tag{7-8}$$

其中，$M(i)$ 表示出口国 v_i 的重要性；$NV(S, v_i)$ 表示当出口国 v_i 出现中断时贸易网络的系统性安全；$NV(S)$ 表示网络未出现贸易中断时贸易网络的系统性安全；$M(i) \in [0, 1]$，该指标值越大，说明出口国 v_i 在石油网络中的地位越重要。

7.2 全球原油贸易整体态势

7.2.1 全球原油贸易网络

图 7-1 描述了 2014 年、2017 年和 2020 年全球原油贸易进口网络和出口网络的度分布的演变，考察不同贸易网络节点的异质性。相比较进口网络，原油出口网络的幂率特性更加突出，呈现无标度网络的特性，即大部分节点的出口连接数比较少，极少的节点具有较多的连接，网络节点之间的异质性突出，节点的重要性有明显的差异，这与石油资源的分布不均相一致，石油资源被垄断在少数几个国家和地区。近年来，原油出口网络的无标度特性越发明显。石油资源是一种非再生的自然资源，随着常规石油资源的不断耗竭，全球石油的发现和供应的增长空间有限，石油资源越来越集中在少数几个国家中，2021 年，沙特阿拉伯、委内瑞拉、加拿大、伊朗、伊拉克、俄罗斯等前十位最大储量国占全球原油储量的 86.4%，比 2007 年占比提升 4 个百分点。

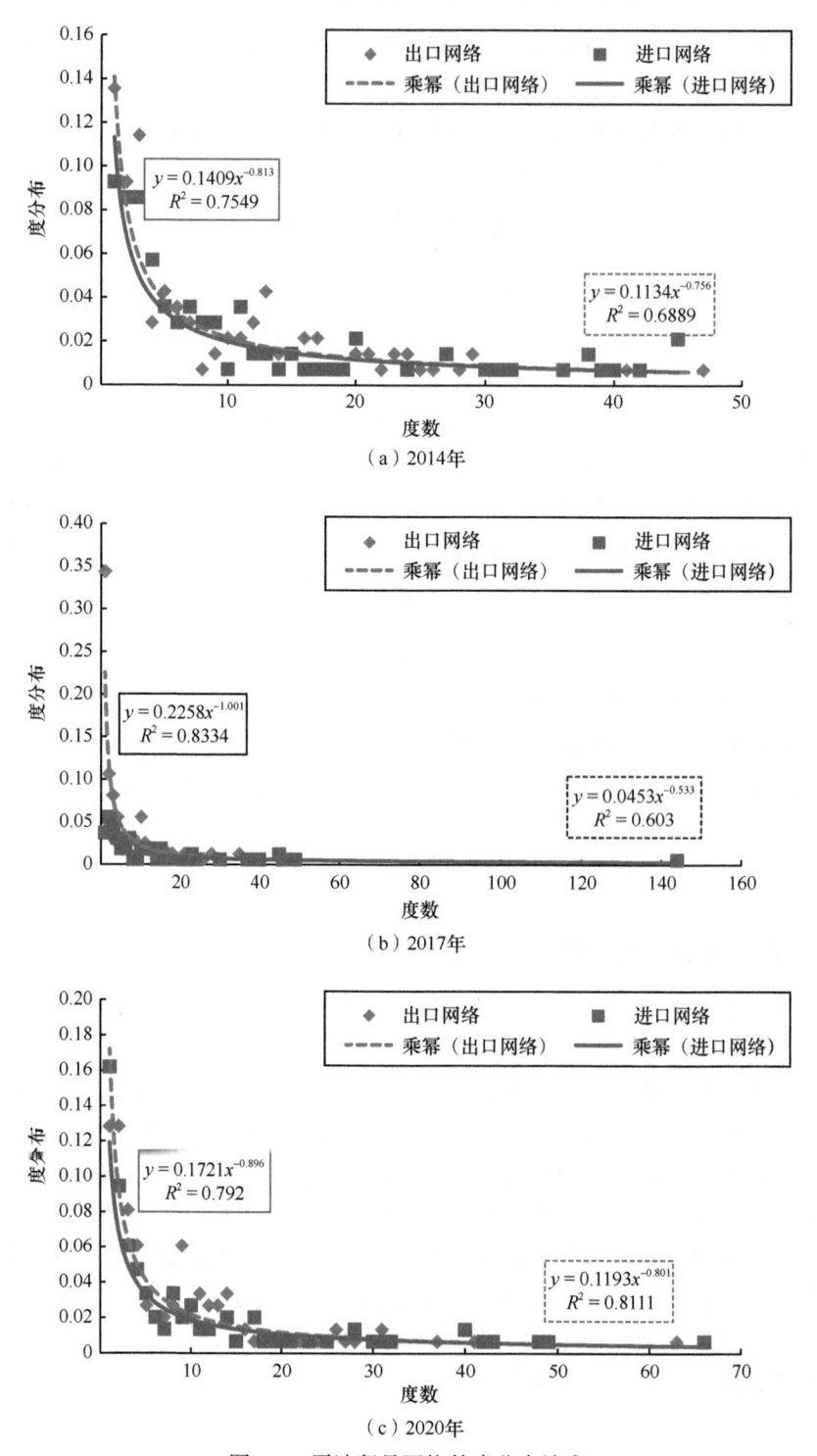

图 7-1　原油贸易网络的度分布演变

Barabási 和 Albert（1999）指出，"增长性"和"择优性"机制是产生无标度网络的两个关键因素。在贸易网络中，由于石油资源产能的限制，越来越多的国家选择通过进口贸易保障国家的石油安全性。因此，贸易网络中节点数量逐渐增加，而新增加的进口节点为保障石油的稳定供应，会优先选择资源丰富、贸易量大的国家满足其消费需求，导致与出口大国建立贸易的国家数目越来越多，出口大国的贸易地位也越来越重要。因此，稳定网络中少数出口大国的石油供应，成为石油贸易网络有效运行的关键。对于原油进口网络来说，近年来，无标度网络的特征逐渐弱化，这与发达国家石油需求减弱，发展中国家需求逐步提升有关。"一带一路"倡议拉动着沿线国家经济的同时，也增强了"一带一路"沿线国家对石油的需求，但 2020 年，新冠疫情暴发，使各国经济进入衰退，各国原油进口需求也有了比较明显的下降，导致进口需求主要集中在中国等几个进口大国，原油进口网络的无标度特征有所增强。

图 7-2 展示了 2014 年、2017 年和 2020 年原油贸易网络的集聚系数与度关系的演变。集聚系数是描述网络节点局部紧密程度的重要指标，同时也可以有效地测度网络中是否存在明显的层次结构，如果网络的 $c(k)$ 分布服从幂率形式（$c(k)=k^{-\beta}$），说明网络中存在层次结构（Ravasz and Barabási, 2003）。出口网络的幂率特征更为明显，集聚系数随着度的增大而递减，出口网络存在比较明显的层次结构。这表明，在出口网络中，出口度较小的国家，其局部贸易紧密程度较高，形成紧密连接的较小集群，而出口度大的国家的贸易对象之间的贸易往来并不频繁。网络中度较大的节点将较小的集群连接形成较大的、较为疏松的集群，继而通过节点度更大的点连接集群形成网络。因此，度较大的节点在贸易网络的形成过程中扮演着重要的"桥梁"角色。另外，可以看出，当出口大国能够满足其贸易对象的贸易需求时，该贸易大国邻居之间进行的贸易往来相对较少，对出

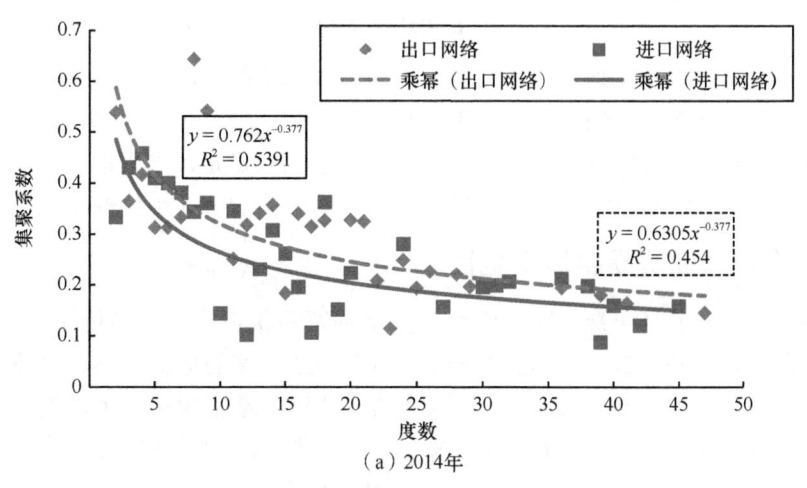

（a）2014年

(b) 2017年

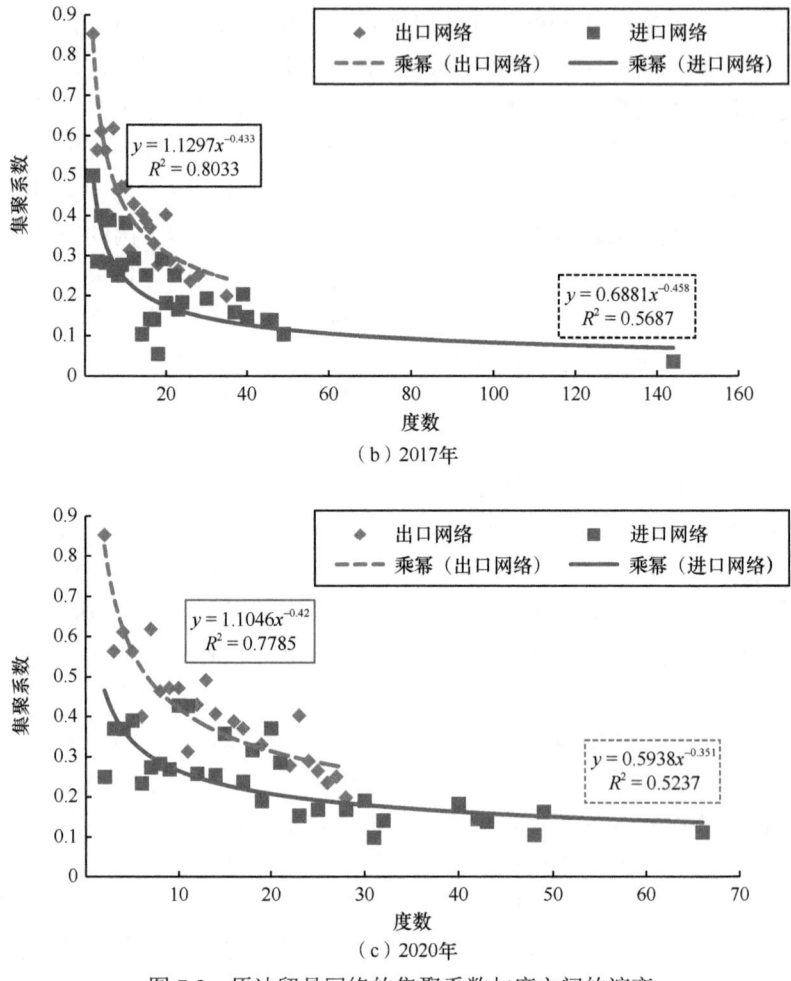

(c) 2020年

图 7-2 原油贸易网络的集聚系数与度之间的演变

口大国的贸易依赖性越强，石油出口大国对贸易网络的影响力就越大。与出口网络相比，进口网络幂率的性质相对不明显，网络的层次结构相对模糊。这说明当进口需求达到一定规模时，进口国为保障其石油供应稳定，多采取进口多样化的贸易政策，规避贸易中断风险，可见进口国在网络中的贸易地位变得均衡。

7.2.2 全球原油贸易整体安全性

图 7-3 展示了"一带一路"沿线国家原油贸易量占全球贸易量比例。从原油贸易量来看，2013~2020 年，"一带一路"沿线国家的原油贸易量基本维持在 11 亿吨左右。非"一带一路"沿线国家的原油贸易量呈现波动上涨的趋势，平均增速约为 1.6%。从原油贸易占比来看，"一带一路"沿线国家的原油贸易占比超过全球贸易总量的 40%，2014 年占比达 47.28%，是近年来的最高比例，2020

年下降至 40.21%。

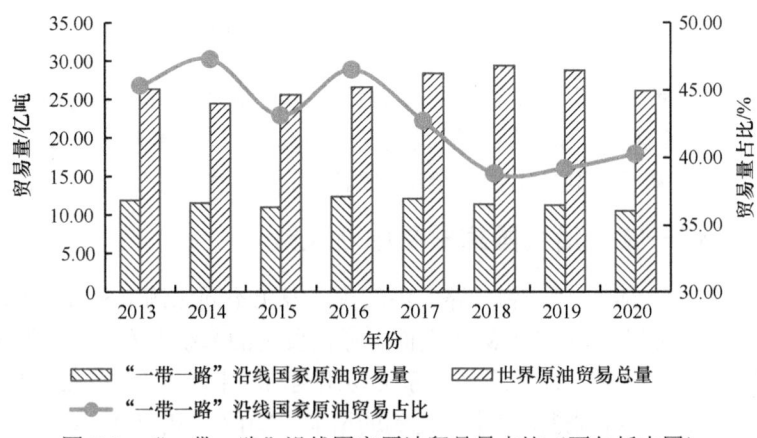

图 7-3　"一带一路"沿线国家原油贸易量占比（不包括中国）

图 7-4 展示了历年原油贸易系统性安全指数的演变趋势。可以发现，2013 年以来，全球的原油贸易系统性安全呈现波动不稳定的态势。2013~2017 年，全球贸易系统性安全不断提升，这说明"一带一路"倡议的不断推进为国际原油贸易合作搭建了广泛的国际合作平台，全球的原油合作逐步加强，提升了全球贸易格局的稳定性和安全性。2013 年全球参与原油贸易合作的国家约为 133 个，到 2017 年增长到 160 个，增长约为 20%，合作共赢的国际模式效应开始显现，逐步打破了"中心—边缘"的分化格局，将欠发达国家和发展中国家与地区连接到世界能源贸易网络中，构筑了更加稳定的石油贸易网络。2018 年中东乱局、OPEC（Organization of the Petroleum Exporting Countries，石油输出国组织）减产等带来的地缘政治担忧、金融波动等，打破了 2014 年以来全球原油贸易安全不断向好的趋势，虽然 2018 年后，全球原油贸易安全也呈现小幅上升的趋势，但贸易安全依然处于近几年的低位水平，全球原油贸易的安全性有所减弱。从"一带一路"沿线国家对全球原油贸易安全性的贡献来看，整体贡献度保持在 10%~20%。

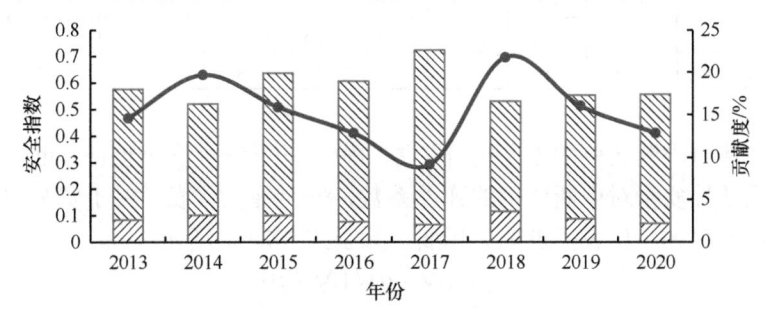

图 7-4　历年原油贸易系统性安全指数（不包括中国）

7.3 全球原油贸易中断风险

考虑到"一带一路"沿线国家是原油贸易的主要出口国,也是地缘政治高风险区域,同时为考察"一带一路"沿线国家的贸易重要性,本章进一步测度了"一带一路"沿线国家发生贸易中断对全球原油贸易网络系统性安全的影响。

7.3.1 "一带一路"沿线国家贸易中断风险

表 7-1 展示了历年当"一带一路"沿线国家发生不同比例中断时的原油贸易系统性安全变化。可以发现,2018 年之前,原油贸易的系统性安全在不断提升,与2013 年相比,当"一带一路"沿线国家贸易比例同时中断 10%时,2017 年的贸易安全性提升 27.0%。特别是随着中断比例的增加,2017 年相对 2013 年贸易安全性的提升更为明显,当贸易中断比例达到 90%时,贸易安全性提升了 43.2%,说明原油贸易的稳定性在不断增强。这主要是因为进口国为防止供应中断,避免过度依赖某一国家,越来越多的国家选择进口来源多样化的进口策略,在分散贸易中断带来的风险的同时也增强了原油的贸易关系,从系统上提升了原油贸易网络应对贸易中断的能力。然而,自 2018 年开始,随着中美贸易摩擦以及逆全球化形势的加剧,全球的原油贸易安全态势开始逆转,安全性明显下降,基本回到了 2014 年的水平。

表7-1 不同中断比例下的原油贸易中断风险指数

年份	中断比例										
	0	10%	20%	30%	40%	50%	60%	70%	80%	90%
2013	5.54	5.93	6.38	6.92	7.59	8.45	9.59	11.24	13.94	19.81
2014	5.47	5.85	6.30	6.85	7.52	8.36	9.46	11.00	13.33	17.70
2015	4.69	4.99	5.35	5.77	6.29	6.93	7.77	8.93	10.66	13.84
2016	4.11	4.39	4.73	5.13	5.62	6.24	7.06	8.19	9.94	13.30
2017	4.07	4.33	4.63	4.99	5.42	5.95	6.63	7.55	8.90	11.26
2018	5.29	5.66	6.09	6.61	7.26	8.09	9.21	10.82	13.42	18.76
2019	5.06	5.41	5.84	6.36	7.00	7.83	8.95	10.57	13.21	18.70
2020	4.89	5.23	5.64	6.13	6.73	7.51	8.54	10.03	12.40	17.28

同时,随着中断比例的不断提升,原油贸易的系统性安全也在不断下降。本节构建了系统性安全对中断比例的弹性系数,安全弹性代表了对于贸易中断的抵御能力,数值越大,代表抵御能力越弱,如公式(7-9)所示:

$$E_d = (\Delta q / q) / (\Delta p / p) \tag{7-9}$$

其中,E_d 表示系统性安全对中断比例的弹性系数;q 表示石油贸易安全指数;Δq 表示贸易中断的石油贸易安全指数变动量;p 表示原油贸易量;Δp 表示原油贸易中断量。

通过对系统性安全弹性系数的测算(图 7-5)可以发现,随着中断比例不断提升，弹性系数从小于 1 转变成大于 1，呈现由低弹性向高弹性转变的趋势。以 2013 年为例，弹性的分界点约在 50%，石油贸易系统对中断比例的弹性出现质变。即当中断比例小于 50%时，系统性风险对于中断比例缺乏弹性；当中断比例大于 50%时，石油贸易系统性风险对于中断比例是富有弹性的，而且中断比例越大，弹性越大。当中断比例达到 90%时，弹性系数达到 2.8，这也表明当"一带一路"沿线国家贸易中断低于 50%时，系统对贸易中断具有一定的抵御能力。近年来，石油贸易系统的弹性分界点不断后移，2017 年弹性分界点约为 60%，也说明原油贸易系统对贸易中断的抵御能力在不断增强。

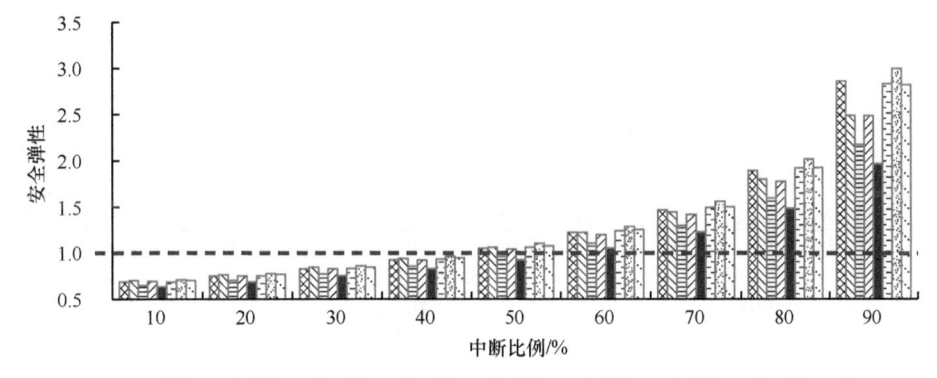

图 7-5 历年原油贸易安全弹性

7.3.2 随机中断对贸易网络风险的影响分析

本节对历年的原油贸易网络应对随机的贸易中断的能力进行了分析，随机贸易中断是指随机攻击一定比例的出口国数量。针对不同的中断比例和攻击国家，本章重复随机模拟 100 次，以平均水平代表该随机中断条件下的原油贸易系统性风险。进一步地，为考察"一带一路"沿线国家在原油贸易系统中的作用，本节分别对"一带一路"沿线国家和非"一带一路"沿线国家两类国家进行随机贸易中断分析，攻击比例分别为 10%~50%。对于 65 个"一带一路"沿线国家而言，分别攻击 7 个国家（占比 10%）、14 个国家（占比 20%）、21 个国家（占比 30%）、28 个国家（占比 40%）和 35 个国家（占比 50%）；对于 218 个非"一带一路"沿线国家而言，分别攻击 22 个国家（占比 10%）、44 个国家（占比 20%）、66 个国家（占比 30%）、88 个国家（占比 40%）和 110 个国家（占比 50%）。

图 7-6 展示了 2013 年原油贸易网络应对随机贸易中断的能力。可以看出，虽然非"一带一路"沿线国家是"一带一路"沿线国家数量的 3 倍之多，但"一带一路"沿线国家在稳定原油贸易，降低贸易风险中发挥着更加重要的作用。这主要表现在当发生贸易同比例中断时，攻击相同比例的国家数量，"一带一路"沿线国家导致的贸易风险要超过非"一带一路"沿线国家导致的风险，而且随着攻击国家比

例的提升,"一带一路"沿线国家与非"一带一路"沿线国家的影响力差异更为明显。当贸易中断比例为10%时,攻击10%的"一带一路"沿线国家的贸易风险比攻击10%的非"一带一路"沿线国家的贸易风险提升0.4%,攻击50%的"一带一路"沿线国家的贸易风险比攻击50%的非"一带一路"沿线国家的贸易风险提升1.5%。当贸易中断比例为90%时,攻击10%的"一带一路"沿线国家的贸易风险比攻击10%的非"一带一路"沿线国家的贸易风险提升8.3%,攻击50%的"一带一路"沿线国家的贸易风险比攻击50%的非"一带一路"沿线国家的贸易风险提升了55%。

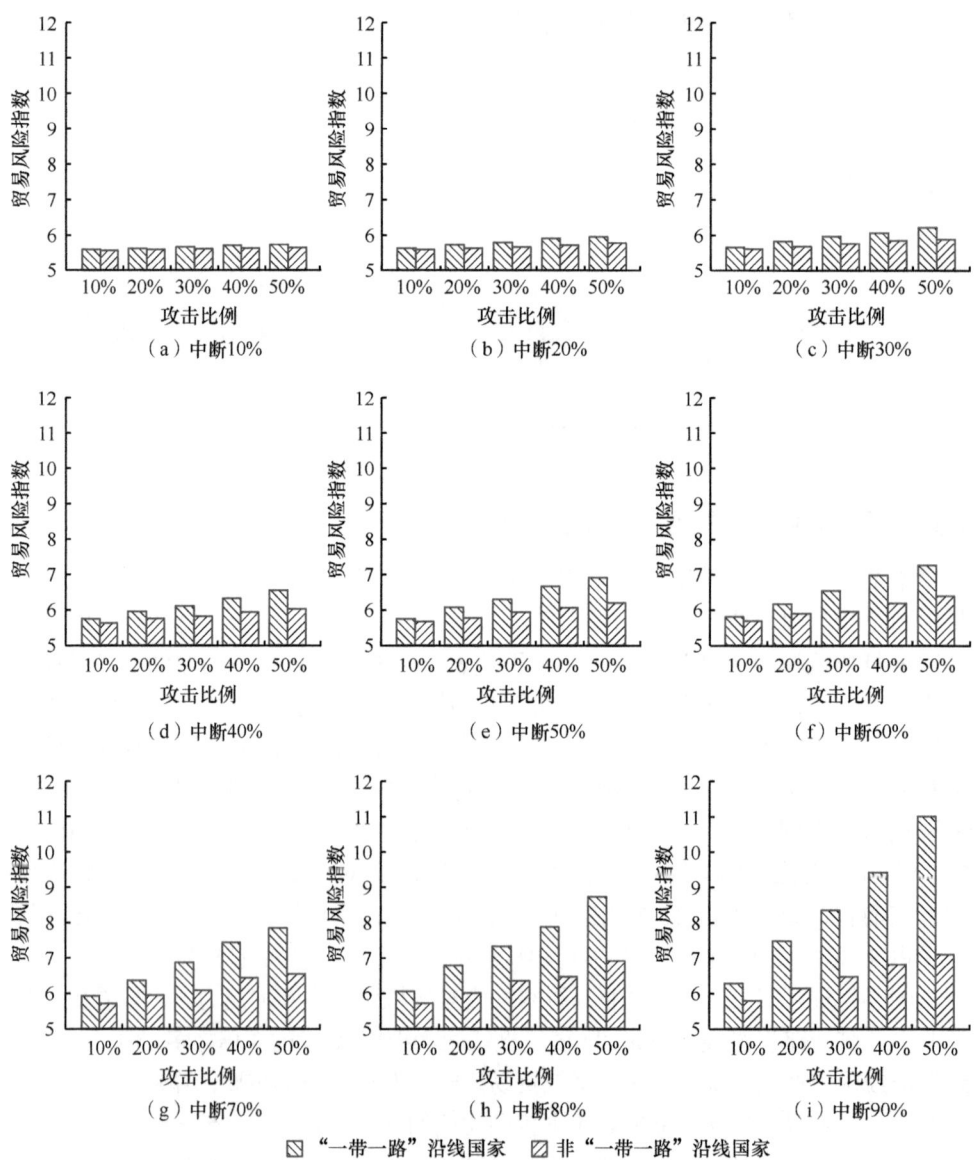

图7-6 2013年原油贸易网络应对随机的贸易中断的能力

图 7-7 展示了 2017 年原油贸易网络应对随机贸易中断的能力。可以发现，当贸易中断比例为 10%时，攻击 10%的"一带一路"沿线国家的贸易风险同比降低 1.4%，当贸易中断比例为 90%时，攻击 10%的"一带一路"沿线国家的贸易风险同比降低 3.2%。同时，当贸易中断比例为 10%时，攻击 10%的"一带一路"沿线国家的贸易风险比攻击 10%的非"一带一路"沿线国家的贸易风险提升 0.14%，攻击 50%的"一带一路"沿线国家的贸易风险比攻击 50%的非"一带一路"沿线国

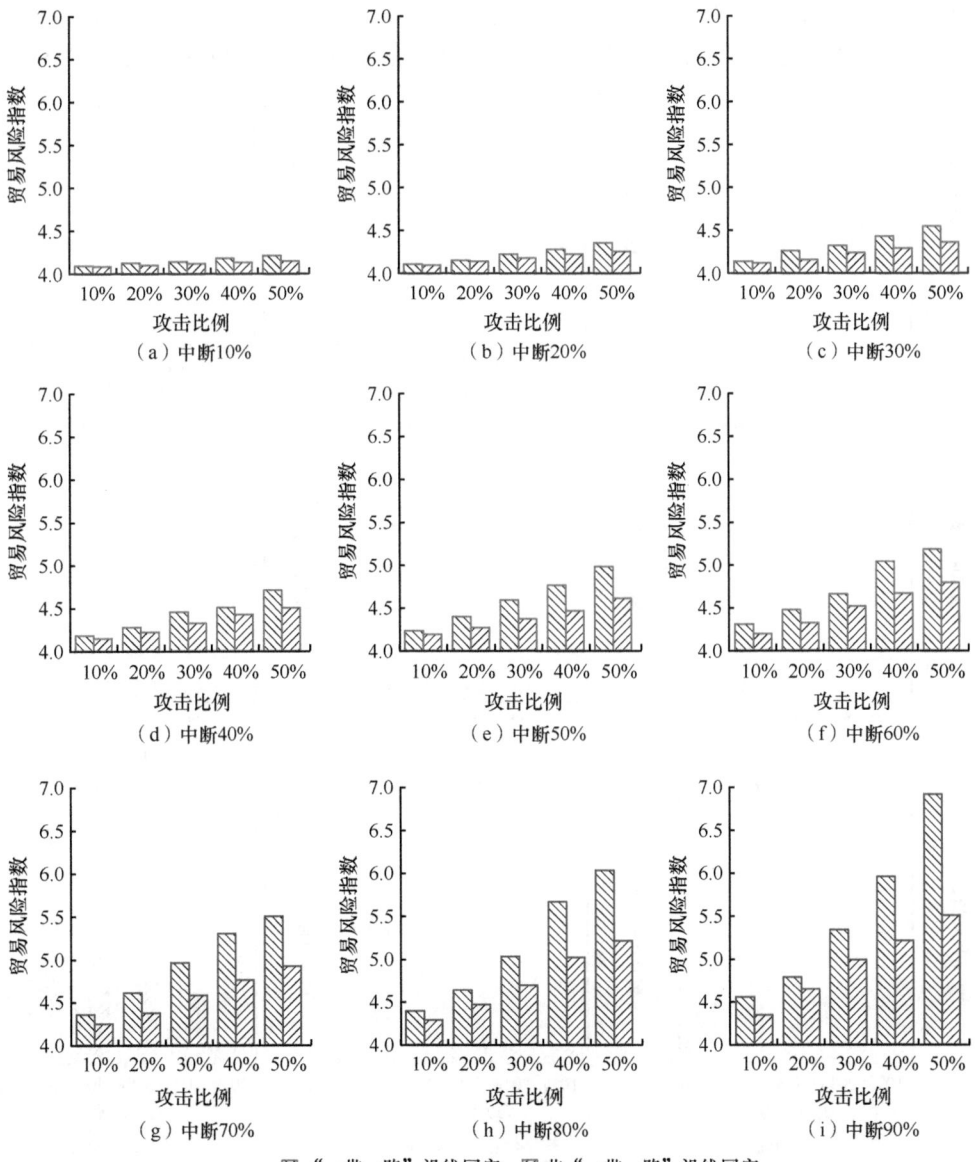

图 7-7　2017 年原油贸易网络应对随机贸易中断的能力

家的贸易风险提升 1.6%。当贸易中断比例为 90% 时，攻击 10% 的"一带一路"沿线国家的贸易风险比攻击 10% 的非"一带一路"沿线国家的贸易风险提升 4.8%，攻击 50% 的"一带一路"沿线国家的贸易风险比攻击 50% 的非"一带一路"沿线国家的贸易风险提升了 26%。

图 7-8 展示了 2020 年原油贸易网络应对随机贸易中断的能力。可以发现，2020 年的原油贸易网络相对于 2017 年安全态势有所下降。当贸易中断比例为 10% 时，攻击 10% 的"一带一路"沿线国家的贸易风险比 2017 年上升 20.1%，当贸易中断比例为 90% 时，攻击 10% 的"一带一路"沿线国家的贸易风险比 2017 年上升 22.0%。

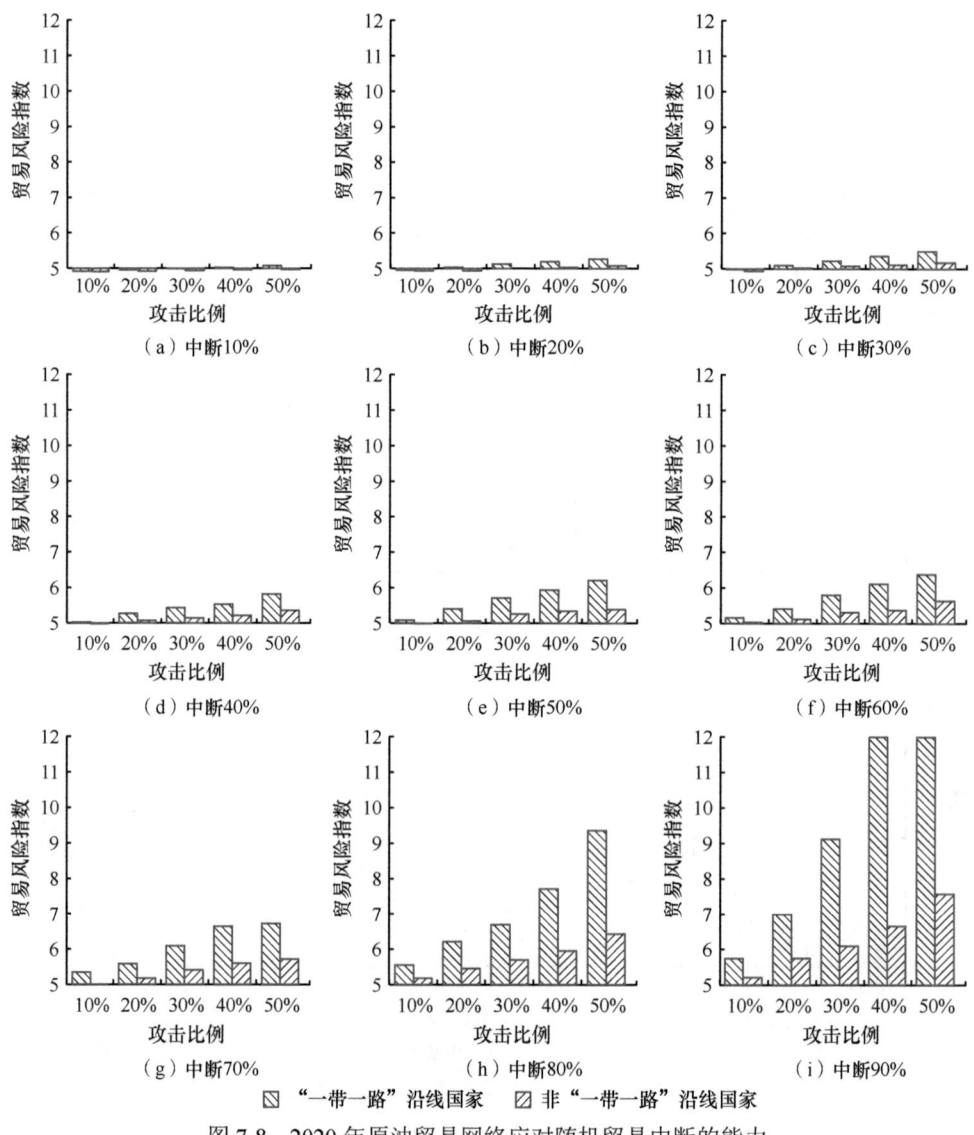

图 7-8 2020 年原油贸易网络应对随机贸易中断的能力

同时，当贸易中断比例为10%时，攻击10%的"一带一路"沿线国家的贸易风险比攻击10%的非"一带一路"沿线国家的贸易风险提升0.19%，攻击50%的"一带一路"沿线国家的贸易风险比攻击50%的非"一带一路"沿线国家的贸易风险提升2.18%。当贸易中断比例为90%时，攻击10%的"一带一路"沿线国家的贸易风险比攻击10%的非"一带一路"沿线国家的贸易风险提升10.3%，攻击50%的"一带一路"沿线国家的贸易风险比攻击50%的非"一带一路"沿线国家的贸易风险提升了51.5%。

整体来看，"一带一路"沿线国家是稳定原油贸易的关键，随机攻击"一带一路"沿线国家带来的贸易风险要大于非"一带一路"沿线国家，特别是随着中断比例的不断提高，风险也不断增加。特别是2020年，受新冠疫情暴发等因素影响，随机攻击"一带一路"沿线国家带来的贸易风险有所上升。"一带一路"沿线国家和地区大多属于能源资源富集的地区，随着"一带一路"倡议的推进，全球能源贸易合作将不断加强，"一带一路"沿线国家对于全球贸易安全的稳压器作用将更加凸显。

7.3.3 重点"一带一路"沿线国家贸易影响力分析

本节对石油出口国在网络中的地位进行了测度（表7-2），可以发现，影响贸易稳定的石油出口国主要集中在沙特阿拉伯、俄罗斯、阿联酋、科威特等出口大国，美国的贸易地位逐渐凸显。2020年，贸易地位前五位的国家分别是沙特阿拉伯、阿联酋、科威特、美国、俄罗斯。"一带一路"沿线国家在稳定全球贸易网络中占据着重要的作用。

表7-2　全球石油出口国重要性排序

排序	2014年	2016年	2018年	2020年
1	沙特阿拉伯*	沙特阿拉伯*	科威特*	沙特阿拉伯*
2	科威特*	阿联酋*	沙特阿拉伯*	阿联酋*
3	阿联酋*	挪威	尼日利亚	科威特*
4	委内瑞拉	科威特*	阿联酋*	美国
5	挪威	委内瑞拉	挪威	俄罗斯*
6	荷兰	俄罗斯*	委内瑞拉	伊拉克*
7	俄罗斯*	英国	俄罗斯*	马来西亚*
8	卡塔尔*	伊朗*	马来西亚*	越南*
9	越南*	伊拉克*	伊拉克*	卡塔尔*
10	巴林*	荷兰	也门*	阿曼*

*表示其为"一带一路"沿线国家

1. 沙特阿拉伯

沙特阿拉伯是全球能源供应的中心，2020 年，沙特阿拉伯石油探明储量 409 亿吨，位居全球第二，2021 年石油产量 5.15 亿吨，位居全球第三，占全球石油供应的 12.2%，2021 年原油出口 3.23 亿吨，位居全球第一，占全球总贸易量的 15.7%，沙特阿拉伯是"一带一路"倡议的重要节点国家，区位优势明显，具有丰富的贸易潜力。特别是美国页岩气革命的成功减少了美国对沙特阿拉伯石油的依赖，美沙同盟关系热度下降，沙特阿拉伯开始转向亚洲市场，2009 年，中国取代美国成为沙特阿拉伯最大的石油出口国。因此，稳定沙特阿拉伯国家的贸易对于维护全球贸易，特别是亚洲地区贸易具有重要的意义。

图 7-9 展示了沙特阿拉伯对主要进口国的影响排序。可以看出，近年来，沙特阿拉伯对主要进口国的影响相对比较稳定，主要影响的国家集中在日本、印度、韩国和中国等亚洲国家。这主要是因为 20 世纪 70 年代，石油危机的爆发对欧美国家等主要石油进口国产生了巨大的冲击，欧美等国家和地区逐步摆脱对中东国家的石油依赖。随着中国、印度等亚洲新兴国家的发展，中东国家的贸易重点逐步向亚洲转移，特别是美国的页岩气革命，给全球油气贸易格局带来了深度的调整，加速了中东贸易重点的东移。

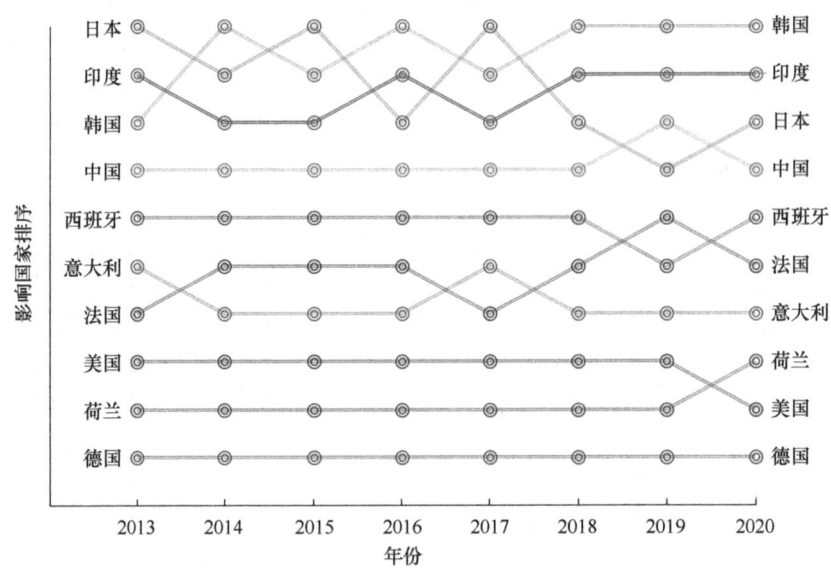

图 7-9　沙特阿拉伯对前十大进口国的影响排序
从上向下排序，2020 年韩国排序第一，以此类推

2. 阿联酋

阿联酋位于阿拉伯半岛东南端，是世界十大石油生产商之一，也是 OPEC 和 GECF（Gas Exporting Countries Forum，天然气输出国论坛）的成员，虽然

阿联酋进一步发现重大油气田的可能性很小，但阿联酋采用了各种提采技术，提高了该国老油田的采收率。根据英国石油公司（BP）统计，2020年，阿联酋石油探明储量130亿吨，位居全球第二，2021年石油产量1.64亿吨，位居全球第八，占全球石油供应的3.9%，2021年原油出口1.46亿吨，位居全球第六，占全球总贸易量的7.09%。2021年，阿联酋的穆尔班原油期货正式上市，成为继2007年阿曼原油期货合约之后，海湾地区第二个进行实物交割的原油期货合约。该期货可能会改变未来中东原油的定价和交易方式，影响全球1/5原油的价格基准。

图7-10展示了阿联酋对主要进口国的影响排序。可以看出，相对于沙特阿拉伯，阿联酋对前十大主要进口国的影响力排序波动比较大，特别是西班牙、荷兰、意大利等欧洲国家受阿联酋的影响在不同年份跳跃性很大。阿联酋对亚太国家的影响力排序相对稳定，整体影响比较靠前。

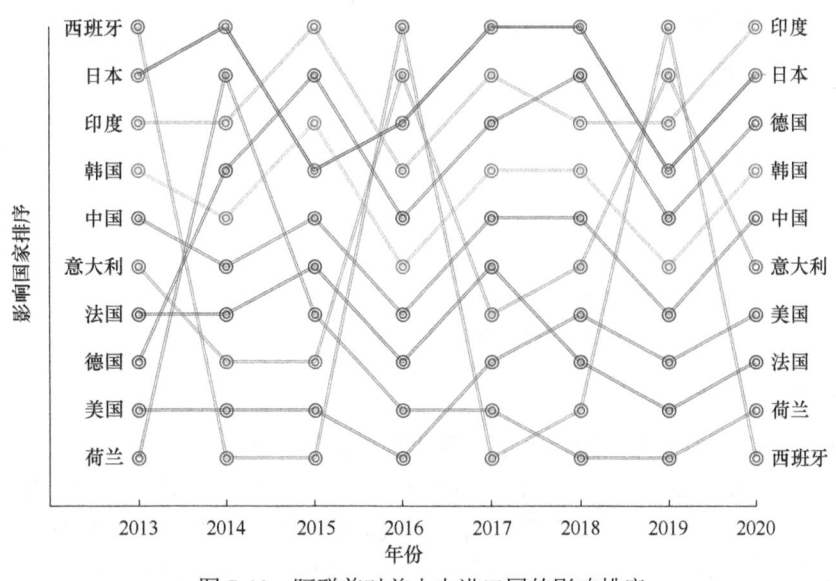

图7-10 阿联酋对前十大进口国的影响排序

从上向下排序，2020年印度排序第一，以此类推

3. 科威特

科威特位于西亚地区，阿拉伯半岛东北部，与沙特阿拉伯和伊拉克接壤，也是OPEC成员国之一。科威特的面积比北京市还要小，但2020年已探明的石油储量为140亿吨，占世界的5.9%，原油储采比高达103.2年。2021年科威特石油产量1.31亿吨，位居全球第十，占全球石油供应的3.1%，2021年原油出口8840万吨，位居全球第十，占全球总贸易量的4.29%。

图 7-11 展示了科威特对主要进口国的影响排序。可以看出，科威特对德国、法国、意大利等欧洲国家的影响力整体呈现波动上升的趋势，与 2013 年相比，2020 年科威特对欧洲国家的影响力排名整体上升。相反，科威特对中国、日本、韩国、印度等亚太国家的影响排名则出现明显的下降，这也反映了科威特整体原油出口策略的调整。

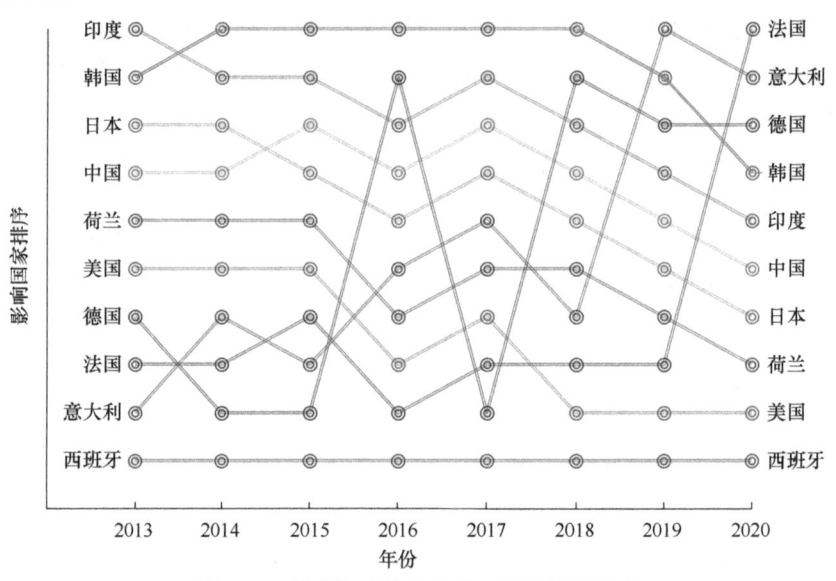

图 7-11　科威特对前十大进口国的影响排序

从上向下排序，2020 年法国排序第一，以此类推

4. 俄罗斯

俄罗斯是目前世界上最主要的能源供应国之一，该国石油及天然气产量均排名世界第二位，同时是第二大石油出口国、第一大天然气出口国，而欧洲是俄罗斯能源出口的主要目的地，俄罗斯出口到欧洲的石油和天然气在俄罗斯总出口的占比分别达到 50% 和 70% 左右。尽管 2022 年俄乌冲突导致俄罗斯的油气出口受到限制，但从中长期看，俄罗斯在全球能源市场中的重要地位难以改变。

图 7-12 展示了俄罗斯对前十大进口国的影响排序。可以看出，俄罗斯的原油出口策略近几年发生了重大变化。2020 年，中国成为俄罗斯最重要的合作伙伴。除此之外，俄罗斯的出口策略仍然主要布局在欧洲地区，德国、意大利、荷兰、西班牙、法国等欧洲国家受俄罗斯影响比较靠前。此外，由于政治冲突的原因，俄罗斯与印度、美国等国的原油贸易关系一直较弱。随着"一带一路"倡议的推进，中国和俄罗斯能源合作将逐步深化，特别是在 2022 年俄乌冲击的推动下，俄罗斯未来的能源战略将进一步东移，俄罗斯与亚太地区的能源合作将不断深化。

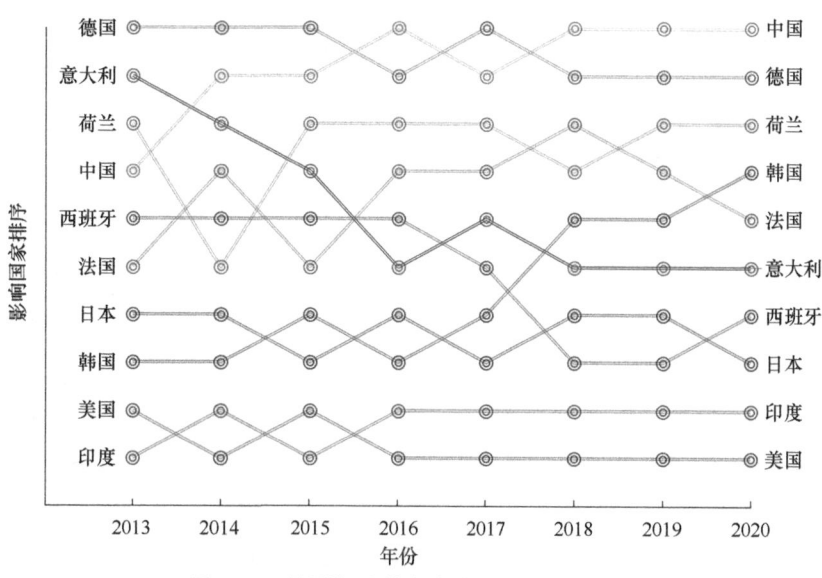

图 7-12　俄罗斯对前十大进口国的影响排序

从上向下排序，2020 年中国排序第一，以此类推

5. 伊拉克

伊拉克也是中东重要的产油国之一，本身石油储量全球第五，石油产量全球第六，石油出口量全球第四，在中东仅次于沙特阿拉伯，是我国石油进口第三大来源国。伊拉克的经济严重依赖原油出口，原油出口收入占国家财政收入的 90% 以上。2020 年以来，中东地区局势持续升级，美伊冲突频发，而伊拉克既是美国制裁下伊朗原油出口的重要通道，又是双方兵戎相见的焦点地区，其战略位置不言而喻。

图 7-13 展示了伊拉克对前十大进口国的影响排序。可以看出，伊拉克的最大影响国主要集中在印度、中国、韩国等亚洲进口大国。伊拉克对欧洲国家的影响力相对比较稳定。

6. 伊朗

伊朗作为中东地区重要的石油储备和出口国，对世界石油有着极其重要的影响。伊朗油气资源丰富，探明石油储量位居全球第四，仅次于委内瑞拉、沙特阿拉伯、加拿大，拥有近 1600 亿桶的已探明石油储量，约占全球探明储量的 10%，就可轻易开采储量而言，伊朗仅次于委内瑞拉和沙特阿拉伯。

图 7-14 展示了伊朗对前十大进口国的影响排序。可以看出，2015 年前，伊朗对前十大进口国的影响相对比较稳定，主要影响的国家主要集中在法国、中国、印度、德国、日本等欧洲和亚洲国家。2015 年后，受到美国对伊朗石油出口制裁的影响，伊朗对前十大进口国的影响经历了明显的格局重筑。2020 年，印度、法国、中国、德国依然是受伊朗影响最大的前四位国家，对日本的影响排序从 2013

年的第五位降至第九位。伊朗对美国的石油贸易影响始终维持在末位。

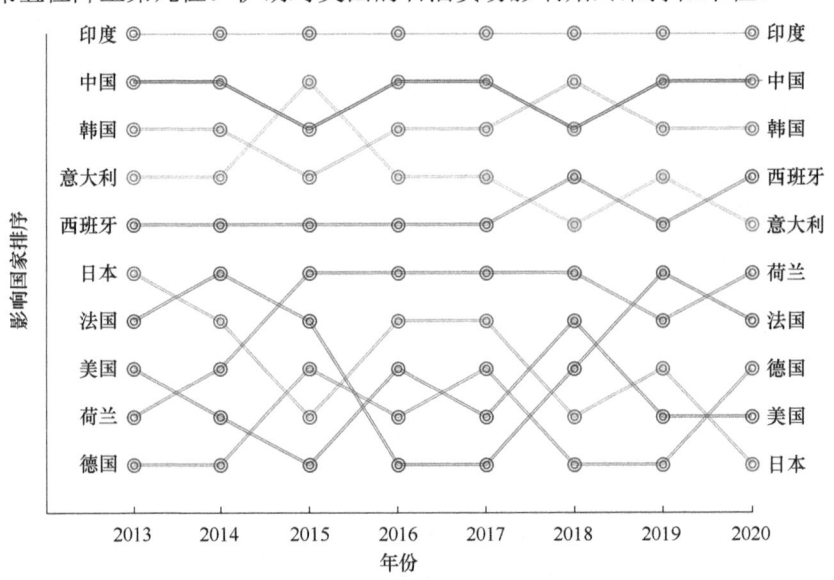

图 7-13　伊拉克对前十大进口国的影响排序

从上向下排序，2020 年印度排序第一，以此类推

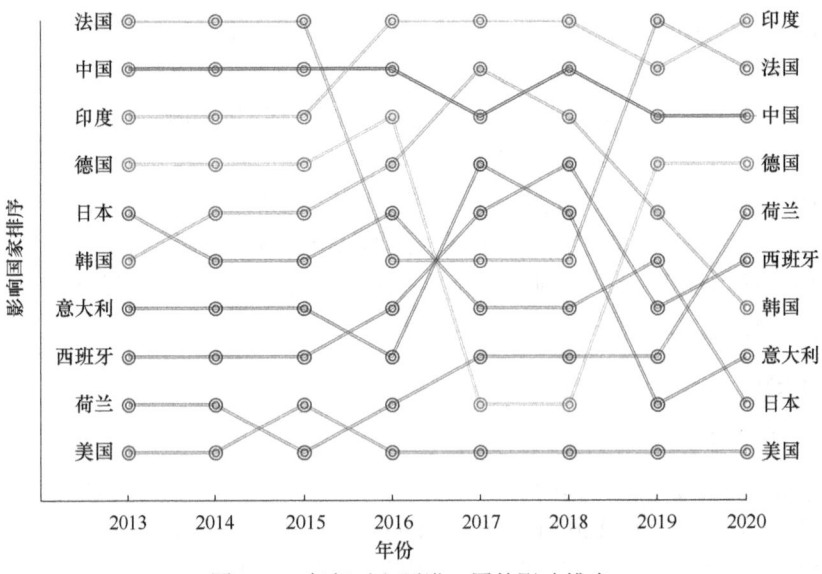

图 7-14　伊朗对主要进口国的影响排序

从上向下排序，2020 年印度排序第一，以此类推

7.3.4　重点原油进口国贸易安全分析

1. 中国

作为我国货物贸易进口额最大的产品，原油贸易对于我国的能源安全意义重

大。2021 年，我国原油进口 5.13 亿吨，进口对外依存度上升至 72%。

我国原油进口自 2010 年以来保持中高速增长，其中 2016 年进口同比增速最高，达到 13.6%，随后随着我国能源结构的进一步优化调整和低碳能源转型的推进，我国原油进口增速开始出现明显下降。同时，受 2020 年新冠疫情的冲击，2020 年、2021 年我国原油进口同比增速仅为 3.7%和 5.9%。从进口源来看，中东在我国的原油进口来源中一直占据主导地位，但是中东的比重在不断下降。2013 年，我国从中东进口占总进口比重为 51.9%，而 2021 年这一比重则降为 46.1%，也说明我国原油进口的多元化策略在不断推进。此外，我国从非洲地区进口的原油比重也在不断下降，从 2013 年的 22.8%降低至 2021 年的 13.9%。由于中俄贸易关系的不断加强，欧洲成为我国第二大原油进口来源地，2021 年我国从欧洲进口原油占比上升至 19.5%。由于美国页岩油革命的崛起，美国的原油出口量在不断增加，我国从美洲地区的原油进口占比也出现大幅度提升，从 2013 年的 10.0%上升至 2021 年的 17.1%。这些变化都说明我国的原油进口结构在不断改善，从中东、北非等高风险地区进口开始向欧洲、美洲等较低风险的地区转移。

尽管我国原油一直采取多元化的进口策略，但是进口量仍然集中在少数国家。2021 年，我国进口量前十大国家占比 84.3%。从前十大进口国来源看，基本保持稳定。2021 年，前三大供应国分别是沙特阿拉伯、俄罗斯和伊拉克，进口量分别为 8757 万吨、7964 万吨和 5708 万吨。从进口源也能看出，我国目前的原油进口还主要依赖中东和非洲的资源国，这些国家的地缘政治风险较高，我国进口仍然面临很大的不确定性。虽然再次出现全球性的石油危机的概率很小，但是局部性的供应中断仍有可能发生，如 2011 年的利比亚战争、2013 年的伊朗石油禁运和 2022 年俄乌冲突等突发事件。特别是在当前全球局势不稳，地缘政治事件频频发生的背景下，分析我国原油进口贸易的风险演化，特别是我国与"一带一路"沿线国家的贸易风险规律对于优化我国的贸易策略，保障我国原油进口安全具有现实指导意义，同样对于我国其他大宗商品贸易安全也有借鉴意义。

图 7-15 展示了中国 2013～2020 年石油贸易安全变化，可以看出，中国的贸易安全呈现上升的趋势。随着"一带一路"倡议的推进，中国与"一带一路"沿线国家的贸易往来更加密切，原油是我国货物贸易进口额最大的产品，"一带一路"倡议进一步推动了中国石油进口来源的多元化，打破了中国高度依赖中东石油进口的贸易格局，规避了风险，2016 年，俄罗斯首次超过沙特阿拉伯成为中国的最大进口源，对稳定中国原油贸易发挥了重要的作用。

图 7-16 展示了中国应对随机贸易中断的能力。可以发现，中国对非"一带一路"沿线国家贸易中断具有一定的抵御能力，2020 年，即使当随机攻击 50%的非"一带一路"沿线国家（110 个）时，中断量为 10%时，中国的原油贸易安全仅下降 1.1%，但随机攻击 10%的"一带一路"沿线国家（7 个）时，中断量同样为

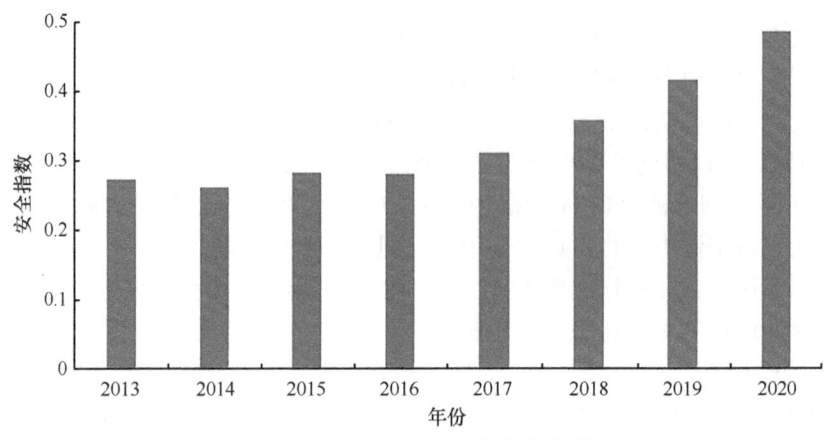

图 7-15 中国历年的石油贸易安全变化

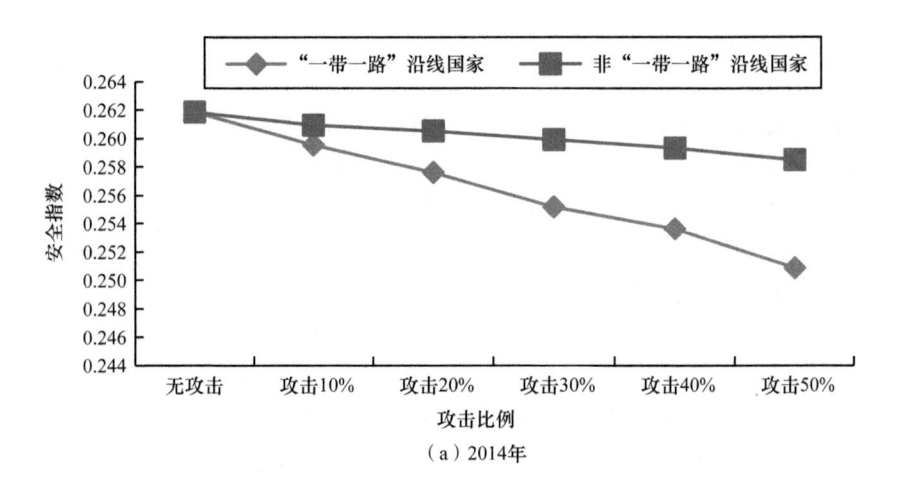

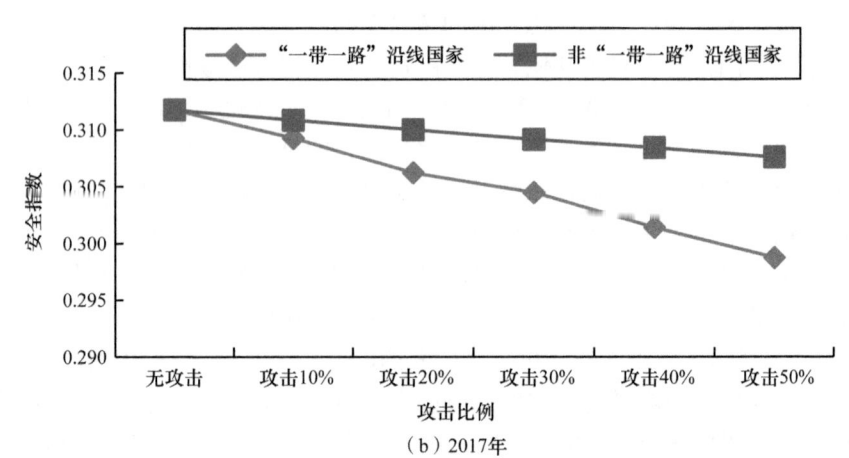

（a）2014年

（b）2017年

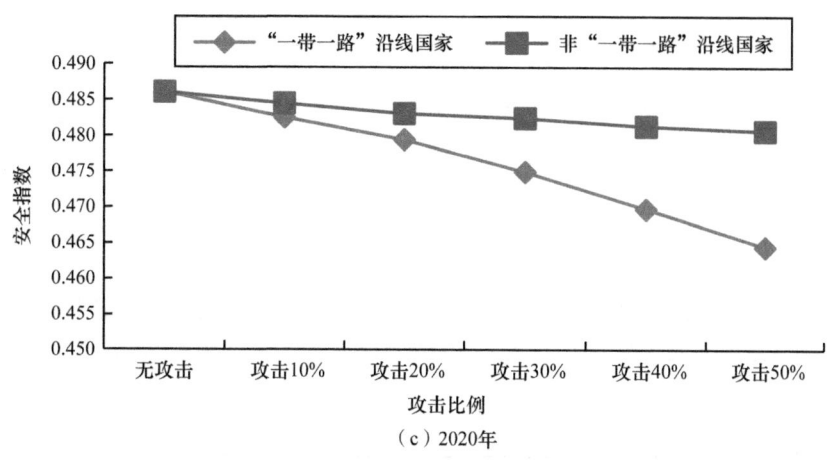

第7章 "一带一路"沿线国家原油贸易安全态势 · 127 ·

（c）2020年

图7-16 中国应对随机贸易中断的能力

同时中断10%的贸易量

10%时，中国的原油贸易安全下降0.7%，当随机攻击20%的"一带一路"沿线国家（14个）时，中国的原油贸易安全下降1.4%，影响就已远超随机中断一半的非"一带一路"沿线国家。因此，从全局稳定中国的原油贸易角度来看，维护"一带一路"沿线国家的贸易稳定对保障中国原油贸易安全更加重要。另外，我国对贸易中断的抵抗能力有所提升，当随机中断10%数量的"一带一路"国家，2014年我国原油贸易安全下降0.8%，2020年，影响仅为0.7%。

表7-3展示了当出口国出现贸易中断时，影响中国最大的前十位国家。可以看出，近年来，影响中国的国家相对比较稳定，沙特阿拉伯、俄罗斯、阿曼、伊拉克等始终是影响中国原油贸易稳定的主要国家，这与中国的石油进口来源和进口量基本保持一致。另外，影响中国的国家越来越多地集中在"一带一路"沿线国家，对中国影响最大的前十位国家中"一带一路"沿线国家超过7个。当蓄意攻击重点国家时，中国的原油贸易安全将显著下降，2020年当沙特阿拉伯、俄罗斯、阿曼等国家分别出现10%的贸易中断量时，中国的原油贸易安全分别下降了1.5%、1.4%和1.0%，但较2014年有所下降。因此，中国在维护贸易稳定时，应该有所侧重，进一步加强与重点国家的贸易合作，对维护中国原油贸易稳定具有更为重要的意义。

表7-3 对中国影响最大的前十大出口国

序号	2014年		2016年		2018年		2020年	
	国家排序	影响力	国家排序	影响力	国家排序	影响力	国家排序	影响力
1	沙特阿拉伯*	0.018	沙特阿拉伯*	0.016	俄罗斯*	0.015	沙特阿拉伯*	0.015
2	阿曼*	0.013	俄罗斯*	0.013	沙特阿拉伯*	0.014	俄罗斯*	0.014
3	俄罗斯*	0.011	阿曼*	0.013	阿曼*	0.010	阿曼*	0.010
4	伊朗*	0.009	伊朗*	0.009	伊拉克*	0.008	伊拉克*	0.009

续表

序号	2014年		2016年		2018年		2020年	
	国家排序	影响力	国家排序	影响力	国家排序	影响力	国家排序	影响力
5	荷兰	0.008	伊拉克*	0.007	伊朗*	0.007	阿联酋*	0.007
6	安哥拉	0.007	安哥拉	0.006	科威特*	0.006	科威特*	0.006
7	伊拉克*	0.006	科威特*	0.006	荷兰	0.006	安哥拉	0.006
8	阿联酋*	0.005	阿联酋*	0.005	安哥拉	0.005	荷兰	0.005
9	科威特*	0.004	越南*	0.005	马来西亚*	0.004	马来西亚*	0.003
10	哈萨克斯坦*	0.004	巴西	0.003	阿联酋*	0.004	巴西	0.003
"一带一路"沿线国家合计	8		8		8		7	

*表示其为"一带一路"沿线国家

2. 其他主要进口国

表7-4展示了2013年主要石油进口国的贸易安全的前五大来源国。可以看出，主要进口国的影响来源各不相同，除意大利和西班牙的安全影响来源比较分散以外，其他国家的贸易影响来源比较集中。美国的主要来自美洲国家，其中加拿大是美国最主要的影响来源，当加拿大的贸易量中断10%时，对美国的贸易安全的影响是9.2%，是墨西哥中断影响的17倍。中国、印度、日本、韩国的主要影响来源于中东国家，其中，沙特阿拉伯是最大的影响来源国。德国、荷兰、法国的安全影响来源主要集中在欧洲和俄罗斯等独联体国家。可见，对于石油进口国而言，在提升进口来源多样化的同时，更应该明确自己的贸易重心和贸易目标，制定针对性的贸易策略保障自身的石油供应安全。

表7-4 2013年主要石油进口国的贸易安全主要影响来源国（单位：%）

美国		中国		印度		日本		韩国	
加拿大	9.20	沙特阿拉伯	1.78	沙特阿拉伯	2.10	沙特阿拉伯	2.17	沙特阿拉伯	1.98
墨西哥	0.54	挪威	1.26	科威特	1.22	阿联酋	1.88	荷兰	1.08
委内瑞拉	0.29	阿曼	1.05	阿联酋	1.19	卡塔尔	0.92	科威特	1.04
沙特阿拉伯	0.22	俄罗斯	0.79	挪威	1.11	荷兰	0.91	墨西哥	0.92
哥伦比亚	0.16	荷兰	0.71	伊拉克	0.78	墨西哥	0.90	尼日利亚	0.90
德国		意大利		荷兰		法国		西班牙	
荷兰	2.47	利比亚	1.80	英国	3.58	挪威	1.27	阿联酋	4.55
俄罗斯	1.88	卡塔尔	1.74	比利时	2.04	卡塔尔	1.15	阿尔及利亚	1.56
挪威	1.58	俄罗斯	0.98	挪威	1.93	英国	0.99	俄罗斯	0.64
英国	0.99	委内瑞拉	0.93	俄罗斯	0.95	委内瑞拉	0.84	沙特阿拉伯	0.57
卡塔尔	0.64	阿塞拜疆	0.83	阿曼	0.50	阿曼	0.79	尼日利亚	0.47

表 7-5 展示了 2020 年主要石油进口国的贸易安全的主要影响来源国。与 2013 年相比，美国的贸易安全影响来源基本没有改变，但加拿大对其的贸易安全影响较 2013 年有所提升，从 9.2%提升到 10.21%。中东国家依然是中国、印度、日本、韩国等亚洲进口大国的主要贸易安全影响来源国。其中，中国前五位的安全影响国中的中东国家从 2013 年 2 个增加到 4 个；印度的前五位安全影响来源国全部来源于中东国家；日本的前五位安全影响来源国中仅有 2 个国家来自中东国家，对中东国家的依赖有所降低；韩国的前五位安全影响来源国中有 3 个国家来自中东国家。德国逐渐向中东国家转移，对俄罗斯的依赖有所降低。荷兰、法国等国家的安全影响来源仍然主要集中在欧洲和俄罗斯等独联体国家。意大利和西班牙的安全影响有所集中，意大利的安全影响集中来自中东国家，西班牙的安全影响向欧洲和非洲地区转移。另外，美国的影响逐渐凸显，2020 年，已成为韩国和荷兰的主要影响国。

表7-5 2020年主要石油进口国的贸易安全主要影响来源国（单位：%）

美国		中国		印度		日本		韩国	
加拿大	10.21	沙特阿拉伯	1.86	沙特阿拉伯	2.48	沙特阿拉伯	2.11	沙特阿拉伯	2.87
墨西哥	0.32	俄罗斯	1.44	伊拉克	2.01	挪威	1.82	荷兰	1.23
哥伦比亚	0.10	阿曼	1.00	阿联酋	1.95	阿联酋	1.74	科威特	1.09
沙特阿拉伯	0.08	伊拉克	0.94	科威特	0.69	荷兰	0.82	美国	0.83
厄瓜多尔	0.06	阿联酋	0.68	卡塔尔	0.31	英国	0.80	阿联酋	0.73
德国		意大利		荷兰		法国		西班牙	
荷兰	1.97	荷兰	3.07	英国	5.74	科威特	3.00	尼日利亚	1.53
阿联酋	1.50	科威特	2.27	挪威	1.50	英国	1.40	英国	1.17
科威特	1.15	阿曼	0.85	比利时	1.23	阿曼	1.19	阿尔及利亚	1.06
俄罗斯	1.06	卡塔尔	0.58	俄罗斯	0.83	挪威	0.71	沙特阿拉伯	0.72
英国	1.03	阿塞拜疆	0.55	美国	0.28	墨西哥	0.69	利比亚	0.66

7.4 本章小结

原油贸易合作是契合中国与"一带一路"沿线国家经济发展及构建区域能源话语权的重要内容。本章首先构造基于全球原油流向的复杂网络和网络的基本测度指标，对全球原油贸易的整体格局以及动态规律进行识别；其次，构建一类新的全球原油贸易安全指数，测度当原油贸易出现中断情况下，全球原油贸易网络的稳定性以及各贸易国在贸易网络中的安全性。随着"一带一路"建设的推进，原油贸易的稳定性不断增强。这主要是因为进口国为防止供应中断，避免过度依赖某一国家，越来越多的国家选择进口来源多样化的进口策略，在分散贸易中断带来的风险时，也增强了原油的贸易关系，从系统上提升了原油贸易网络应对贸易中断的能力。然而，自2018年开始，随着中美贸易摩擦以及逆全球化形势的加剧，全球的原油贸易安全态势开始逆转，安全性明显下降。因此，基于以上对原油贸易网络结构特征的分析，中国应如何完善自身制度体系，维护区域内的稳定安全，打破原油贸易网络的集团化趋势，促进原油贸易网络的安全稳定发展仍旧是重要关切。

第8章 "一带一路"沿线国家贸易隐含碳排放态势

"一带一路"建设旨在促进沿线国家的互联发展与繁荣。由于大多数"一带一路"沿线国家都处于发展的初始阶段，根据"库兹涅茨曲线"理论，增加的外国投资可能会加剧资金流入国的环境污染与碳排放。在促进"一带一路"沿线各国经济协调发展的同时，如何兼顾生态保护，实现绿色"一带一路"成为现实难题。因此，有必要综合考虑"一带一路"沿线国家的贸易隐含碳排放特征和趋势，以及"一带一路"沿线国家与其他经济体之间的贸易联系。本章编制了"一带一路"沿线国家间投入产出表，基于投入产出模型和计量经济模型测算了"一带一路"沿线国家间的贸易隐含碳现状，分别从国家层面和行业层面分析了"一带一路"沿线国家的贸易隐含碳排放情况，为各国推进绿色贸易和绿色金融体系发展，为共建绿色"一带一路"提供科学数据支撑。

8.1 基于国家间投入产出表的隐含碳测算

全球化进程通常伴随的问题是碳排放随着贸易和投资在区域间产生的转移，贸易和投资的复杂流动使碳排放责任归属的划分逐渐复杂。在全球化进程不断深化的同时，全球气候变化使各国越发重视碳减排，贸易隐含碳和对外直接投资（outward foreign direct investment，OFDI）引起的碳排放变化已成为全球关注的焦点。"一带一路"沿线国家以化石能源为主的能源消费特征也使其面临着严峻的碳减排挑战。根据世界银行的世界发展指标数据库，2014年近半数"一带一路"沿线国家的化石能源消耗比例高于经济合作与发展组织国家。"一带一路"倡议的提出使"一带一路"沿线国家的电力开发项目大幅增长，Tao等（2020）的测算显示，到2030年底，15个国家与"一带一路"倡议相关的电力开发总量预计可产生37 Gt碳排放，将这一结果扩大到所有"一带一路"沿线国家，则到2030年底，预计将产生约56 Gt碳排放，相当于全球降低1.5℃气候目标剩余碳预算的7%~17%。

2022年3月，国家发展和改革委员会等部门提出了关于推进共建"一带一路"绿色发展的意见，认为推进共建"一带一路"绿色发展，是践行绿色发展理念、推进生态文明建设的内在要求，是积极应对气候变化、维护全球生态安全的重大举措，是推进共建"一带一路"高质量发展、构建人与自然生命共同体的重要载体。"一带一路"沿线国家多为发展中国家，在全球面临碳减排压力的背景下，探究"一带一路"沿线国家间贸易活动对环境产生的影响对于这些国家正确规划减碳路径具有重要意义，对推进共建"一带一路"绿色发展有重要参考价值。

8.1.1 编制"一带一路"沿线国家间投入产出表

本章编制了"一带一路"沿线国家间投入产出表（Belt & Road multi-regional input-output table，简称 BR-MRIO），基于投入产出模型和计量经济模型测算了"一带一路"沿线国家间贸易隐含碳现状。基于数据可获取性，覆盖了 47 个"一带一路"沿线国家，分别为阿联酋、亚美尼亚、阿塞拜疆、孟加拉国、保加利亚、白俄罗斯、文莱、斯洛伐克、塞浦路斯、捷克、埃及、爱沙尼亚、格鲁吉亚、希腊、克罗地亚、匈牙利、印度尼西亚、伊朗、以色列、约旦、哈萨克斯坦、吉尔吉斯斯坦、柬埔寨、科威特、老挝、斯里兰卡、立陶宛、缅甸、蒙古国、马来西亚、尼泊尔、阿曼、巴基斯坦、菲律宾、波兰、卡塔尔、罗马尼亚、俄罗斯、沙特阿拉伯、新加坡、斯洛文尼亚、泰国、塔吉克斯坦、土库曼斯坦、土耳其、乌兹别克斯坦[①]和越南。"一带一路"沿线国家间投入产出表在编制过程中借鉴的数据主要包括 WIOD（World Input-Output Database，世界投入产出数据库）[②]、GTAP 10 数据库[③]、Comtrade 数据库[④]以及《"一带一路"沿线国家统计年鉴》（陕西省统计局，2017）。WIOD 数据库是国际上常用的国家间投入产出数据库，基于 WIOD ICIO（inter-country input-output，国家间投入产出）表 2014 年的数据。此外，还包括联合国、世界银行、国际货币基金组织（International Monetary Fund，IMF）等国际组织数据以及各国家官方统计数据。

本章所使用的碳排放数据来源于 GTAP 10 数据库，其中 GTAP 10 数据库的部门划分与"一带一路"沿线国家间投入产出表的部门划分不同，因此我们将 GTAP 10 数据库的部门与投入产出表的部门做了匹配。本章假定东道国的经济结构和碳排放系数在 2009~2018 年未发生太大改变，以 2014 年的情况为计算基础。

8.1.2 沿线国家贸易隐含碳测算方法

全球化的持续深化使伴随贸易而生的隐含碳流动对全球碳排放的贡献日益扩大，本章中隐含碳的含义为产品和服务在生产过程中直接和间接产生的碳排放总量（姚秋蕙等，2018），基于 2014 年"一带一路"沿线国家间投入产出表和投入产出模型，对"一带一路"沿线国家贸易隐含碳进行测算。

[①] 由于 GTAP 10 数据库中，土库曼斯坦和乌兹别克斯坦两国数据无法折分，本章将两国作为整体进行分析，即"土库曼斯坦&乌兹别克斯坦"。

[②] "World Input-Output Database"，http://www.wiod.org/database/wiots16[2022-12-09]。

[③] GTAP 官网，https://www.gtap.agecon.purdue.edu/databases/v9/default.asp[2022-12-09]。

[④] UN Comtrade Database 官网，https://comtrade.un.org/[2022-12-09]。

以一个两区域投入产出模型为例，根据行向平衡式（8-1）：

$$\begin{pmatrix} X_r \\ X_s \end{pmatrix} = \begin{pmatrix} A_{rr} & A_{rs} \\ A_{sr} & A_{ss} \end{pmatrix} \begin{pmatrix} X_r \\ X_s \end{pmatrix} + \begin{pmatrix} F_r \\ F_s \end{pmatrix} \quad (8\text{-}1)$$

其中，$\begin{pmatrix} X_r \\ X_s \end{pmatrix}$ 表示国家 r 和 s 的总产出向量；A_{rr}、A_{ss} 表示国家 r 和 s 的国内直接消耗系数矩阵；A_{rs}、A_{sr} 表示区域间直接消耗系数矩阵，A_{rs} 表示国家 s 生产单位产品消耗的由国家 r 生产的产品，A_{sr} 表示国家 r 生产单位产品消耗的国家 s 生产的产品；$\begin{pmatrix} F_r \\ F_s \end{pmatrix}$ 表示国家 r 和 s 的最终需求向量，包括最终消费和资本形成。

引入碳排放系数向量 A_{carbon}，该向量中的元素 $a_{\text{carbon}_r^j} = \dfrac{\text{carbon}_r^j}{x_r^j}$，其含义为国家 r 的部门 j 生产一单位产出所产生的碳排放，则全球碳排放矩阵可表示为

$$C = \hat{A}_{\text{carbon}} \times (I - A)^{-1} \times \hat{F} \quad (8\text{-}2)$$

式（8-2）计算得到的全球碳排放矩阵 C 进行行向求和则表示一国某个行业生产产品所产生的碳排放，其生产的产品分为两部分，一部分是为了满足该国国内需求，另一部分是为了满足国外需求，表示该国贸易隐含碳的出口；将矩阵 C 进行列向求和，则表示一国某个行业的生产所引发的全球生产导致的碳排放，其中引致的其他国家碳排放表示该国贸易隐含碳的进口。

8.2 "一带一路"沿线国家碳排放概况

测算结果显示，2014 年全球碳排放量为 20 012 Mt，涉及 47 个"一带一路"沿线国家，为满足"一带一路"沿线国家需求而产生的碳排放为 1220.4 Mt，占总碳排放比重为 19.2%，为满足本国需求而产生的碳排放为 4216.1 Mt，占总碳排放比重为 66.3%。国家层面，为满足"一带一路"沿线国家需求产生的碳排放为 164.63 Mt，占总排放量的 8.4%；从碳强度（碳强度指生产单位产出所产生的碳排放）角度看，计算结果显示为满足"一带一路"沿线国家需求而产生的碳强度为 0.31 kg/美元，为满足国内需求而产生的碳强度为 0.22 kg/美元。

分国别来看，"一带一路"沿线国家贸易隐含碳排放量较高的国家（除中国外）为俄罗斯、沙特阿拉伯、伊朗、泰国、土耳其、印度尼西亚、波兰、马来西亚（图 8-1）。其中，泰国和马来西亚满足国内需求产生的碳排放占比相对较低，分别为 57.2%和 38.3%，而其满足"一带一路"沿线国家需求产生的碳排放占比也相对较高，分别为 23%和 36%，这反映出两国与"一带一路"沿线国家间贸易活跃，为贸易伙伴国最终需求产生了较多生产性碳排放。

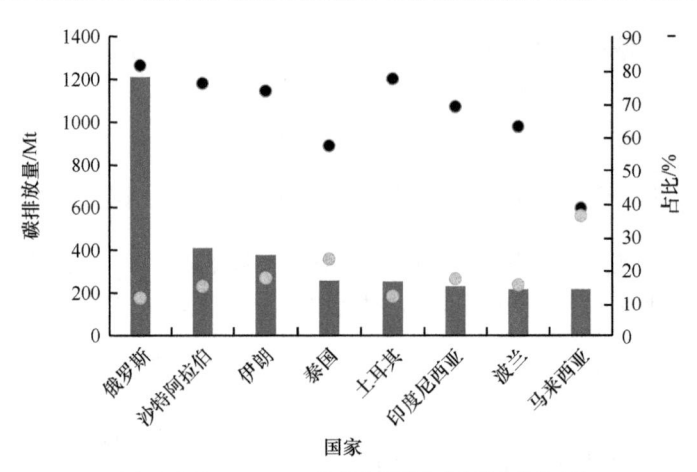

图 8-1 "一带一路"沿线国家隐含碳总量及其需求结构

具体各国碳排放总量和碳强度计算结果如表 8-1 所示。

表8-1 "一带一路"沿线国家碳排放总量及来源

地区	碳排放总量/Mt	满足"一带一路"沿线国家需求碳排放/Mt	比重/%	满足本国需求产生碳排放/Mt	比重/%	整体碳强度/(kg/美元)	满足"一带一路"沿线国家需求碳强度/(kg/美元)	满足本国需求碳强度/(kg/美元)
泰国	258.8	59.5	23.0	148.1	57.2	0.7	0.8	0.7
印度尼西亚	231.1	39.4	17.0	159.2	68.9	0.3	0.3	0.2
马来西亚	216.6	78.1	36.0	83.0	38.3	0.7	0.8	0.5
越南	119.5	25.7	21.5	64.4	53.9	0.8	0.8	0.7
菲律宾	87.4	8.9	10.2	68.9	78.9	0.4	0.4	0.3
新加坡	78.9	31.1	39.4	25.8	32.7	0.3	0.4	0.2
缅甸	19.2	9.2	47.8	6.9	35.9	0.3	0.4	0.3
文莱	6.8	1.4	20.8	3.8	56.3	0.4	0.3	0.6
柬埔寨	6.1	1.2	19.8	2.8	45.8	0.4	0.6	0.4
老挝	2.2	0.5	24.2	1.3	57.9	0.2	0.3	0.2
俄罗斯	1211.1	137.9	11.4	985.6	81.4	0.7	0.9	0.7
哈萨克斯坦	203.5	62.3	30.6	115.9	56.9	0.9	1.2	0.8
土库曼斯坦&乌兹别克斯坦	124.6	73.1	58.7	32.0	25.7	3.2	3.1	2.7
吉尔吉斯斯坦	5.6	0.9	15.3	4.1	73.1	0.9	1.2	0.8
塔吉克斯坦	3.2	0.2	5.0	2.9	90.2	0.4	0.3	0.4
蒙古国	2.5	0.6	23.3	1.7	66.1	0.2	0.1	0.3

续表

地区	碳排放总量/Mt	满足"一带一路"沿线国家需求碳排放/Mt	比重/%	满足本国需求产生碳排放/Mt	比重/%	整体碳强度/(kg/美元)	满足"一带一路"沿线国家需求碳强度/(kg/美元)	满足本国需求碳强度/(kg/美元)
沙特阿拉伯	410.8	61.1	14.9	311.9	75.9	0.6	0.3	0.8
伊朗	378.3	65.6	17.3	278.6	73.6	1.0	0.6	1.2
土耳其	254.2	30.1	11.8	196.4	77.3	0.4	0.6	0.3
阿联酋	146.6	40.0	27.3	89.9	61.4	0.4	0.4	0.4
埃及	141.1	15.6	11.1	111.5	79.0	0.5	0.7	0.5
科威特	80.5	17.7	22.0	50.1	62.2	0.5	0.3	1.0
以色列	57.5	9.4	16.4	29.6	51.4	0.2	0.5	0.2
阿曼	54.0	15.4	28.5	32.1	59.4	0.7	0.5	0.9
阿塞拜疆	24.9	3.9	15.7	18.2	73.3	0.3	0.2	0.5
约旦	22.0	2.6	11.8	16.6	75.6	0.7	0.7	0.7
格鲁吉亚	6.6	1.3	19.0	4.4	66.3	0.5	0.8	0.4
亚美尼亚	3.6	0.9	26.6	2.2	61.3	0.4	0.8	0.3
卡塔尔	74.0	21.3	28.8	32.9	44.4	0.4	0.4	0.3
波兰	217.8	33.4	15.4	137.0	63.0	0.4	0.6	0.4
希腊	137.4	27.6	20.1	66.0	48.1	0.7	1.9	0.4
捷克	74.3	20.7	27.9	32.1	43.2	0.4	0.4	0.3
罗马尼亚	53.2	9.8	18.5	34.0	63.9	0.3	0.4	0.3
白俄罗斯	48.7	45.7	93.8	0.0	0.0	0.7	0.7	1.3
保加利亚	38.2	10.0	26.2	21.4	55.9	0.8	1.1	0.6
匈牙利	29.7	8.2	27.5	14.1	47.5	0.3	0.4	0.2
斯洛伐克	18.4	6.1	33.0	8.0	43.4	0.2	0.3	0.1
爱沙尼亚	15.9	3.4	21.6	7.6	47.5	0.7	0.9	0.5
克罗地亚	14.0	3.5	24.5	7.6	54.0	0.3	0.5	0.2
斯洛文尼亚	10.8	3.7	34.1	4.7	43.3	0.4	0.4	0.2
塞浦路斯	10.7	4.1	38.3	4.2	39.1	0.5	1.0	0.3
立陶宛	8.8	3.0	33.9	4.0	45.1	0.2	0.5	0.1
巴基斯坦	106.3	7.2	6.8	90.8	85.4	0.3	0.3	0.4
孟加拉国	52.2	2.1	4.0	46.1	88.4	0.3	0.6	0.3
斯里兰卡	22.5	2.3	10.4	17.0	75.6	0.3	0.6	0.2
尼泊尔	4.0	0.3	7.3	3.6	89.6	0.5	0.6	0.4

结果表明，泰国、印度尼西亚、马来西亚、越南、菲律宾、新加坡、缅甸、文莱、柬埔寨、老挝 10 个国家共产生碳排放 1026.6 Mt。其中，为满足"一带一

路"沿线国家需求而产生的碳排放为255 Mt，占总碳排放比重为24.8%，为满足本国需求而产生的碳排放为564.2 Mt，占比为55%。主要的碳排放国家为泰国、印度尼西亚、越南、菲律宾和新加坡，从碳强度角度看，泰国、马来西亚和越南的碳强度相对较高。整体上，上述国家为满足本国需求而产生的碳排放占比相对不高，为满足"一带一路"沿线国家需求而产生的碳排放占比相对较高，反映出上述各国经济具有外向型的特点。

俄罗斯、哈萨克斯坦、土库曼斯坦&乌兹别克斯坦、吉尔吉斯斯坦、塔吉克斯坦、蒙古国这些国家共产生碳排放1550.5 Mt，其中，为满足"一带一路"沿线国家需求而产生的碳排放为275 Mt，占总碳排放比重为17.7%，为满足本国需求而产生的碳排放为1142.2 Mt，占比为73.7%。主要的碳排放国家为俄罗斯、哈萨克斯坦、土库曼斯坦&乌兹别克斯坦；碳强度方面，土库曼斯坦&乌兹别克斯坦、俄罗斯、哈萨克斯坦和吉尔吉斯斯坦的碳强度均较高。整体上，上述国家为满足国内需求而产生的碳排放占比相对较高，说明其与其他"一带一路"沿线国家的贸易联系相对较少。

沙特阿拉伯、伊朗、土耳其、阿联酋、埃及、科威特、以色列、阿曼、阿塞拜疆、约旦、格鲁吉亚、亚美尼亚、卡塔尔13个国家共产生碳排放1654.1 Mt，其中，为满足"一带一路"沿线国家需求而产生的碳排放为284.9 Mt，占总碳排放比重为17%，为满足本国需求而产生的碳排放为1174.4 Mt，占比为71%。主要的碳排放国家为沙特阿拉伯、伊朗、土耳其、阿联酋；碳强度方面，伊朗、阿曼、约旦、沙特阿拉伯的碳强度相对较高，以色列的碳强度较低。整体上，上述国家为满足国内需求产生的碳排放占比较高。

波兰、希腊、捷克、罗马尼亚、白俄罗斯、保加利亚、匈牙利、斯洛伐克、爱沙尼亚、克罗地亚、斯洛文尼亚、塞浦路斯、立陶宛等13个国家共产生碳排放677.4 Mt，其中，为满足"一带一路"沿线国家需求而产生的碳排放为179.2 Mt，占总碳排放比重为26.5%，为满足本国需求而产生的碳排放为340.7 Mt，占比为50.3%。主要的碳排放国家为波兰、希腊、捷克等；碳强度方面，白俄罗斯、爱沙尼亚、希腊的碳强度相对较高，其余国家碳强度整体较低。整体上，上述国家为满足国内需求产生的碳排放占比相对较低，为满足"一带一路"沿线国家需求而产生的碳排放占比也相对较低，说明上述国家与其他"一带一路"沿线国家的贸易联系相对较少。

巴基斯坦、孟加拉国、斯里兰卡、尼泊尔4个国家共产生碳排放185 Mt，其中，为满足"一带一路"沿线国家需求而产生的碳排放为11.9 Mt，占总碳排放比重为6.4%，为满足本国需求而产生的碳排放为157.5 Mt，占比为85.1%。最大的碳排放国为巴基斯坦，各国碳强度均相对不高，整体上为满足"一带一路"沿线国家需求而产生的碳排放占比相对较低，说明其与其他"一带一路"沿线国家的贸易联系较少，经济开放性相对较弱。

8.3 "一带一路"沿线国家贸易隐含碳分行业流向

"一带一路"沿线国家中，中国的贸易隐含碳出口量最大，2014年为387.18 Mt。在全球范围内，中国贸易隐含碳出口主要流向美国（54.7 Mt）、德国（19.9 Mt）、日本（19.3 Mt）、俄罗斯（18 Mt）、印度（14.4 Mt）、韩国（13.17Mt）、英国（13.1 Mt）、巴西（12 Mt）、法国（10.1 Mt）、加拿大（9.2 Mt），其中仅俄罗斯为"一带一路"沿线国家。在"一带一路"沿线国家范围内，中国贸易隐含碳出口主要流向俄罗斯（18.0 Mt）、伊朗（8.2 Mt）、越南（6.9 Mt）、马来西亚（6.7 Mt）、意大利（6.6 Mt）、土耳其（6.2 Mt）、泰国（6.1 Mt）、印度尼西亚（6.1 Mt）。

俄罗斯是第二大贸易隐含碳出口国，2014年出口量为225.5 Mt，在全球范围内，俄罗斯的贸易隐含碳出口主要流向中国（23.0 Mt）、德国（16.0 Mt）、白俄罗斯（12.3 Mt）、土耳其（10.7 Mt）、美国（10.1 Mt）、哈萨克斯坦（9.3 Mt）、波兰（7.9 Mt）、意大利（7.8 Mt）、乌克兰（7.4 Mt）、英国（6.7 Mt），其中"一带一路"沿线国家有5个，这与俄罗斯横跨欧亚的地理位置有关。其他主要的隐含碳出口国包括马来西亚、泰国、伊朗、沙特阿拉伯、哈萨克斯坦等（图8-2）。

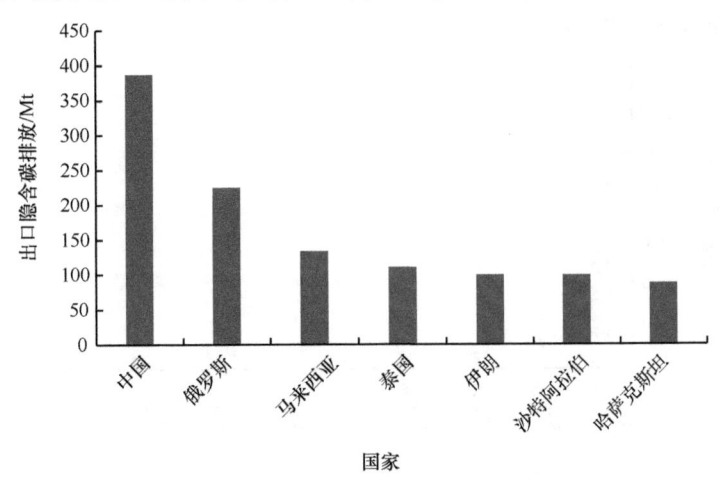

图8-2 "一带一路"沿线主要碳出口国

在全球范围内，中国贸易隐含碳进口主要来源国为南非（29.8 Mt）、伊朗（27.6 Mt）、马来西亚（25.4 Mt）、俄罗斯（23.0 Mt）、泰国（19.7 Mt）、沙特阿拉伯（17.3Mt）、哈萨克斯坦（13.4 Mt）、印度尼西亚（12.8 Mt）。"一带一路"沿线国家中其他主要碳进口国包括俄罗斯、土耳其、泰国、马来西亚、阿联酋、波兰、越南、印度尼西亚等（图8-3）。

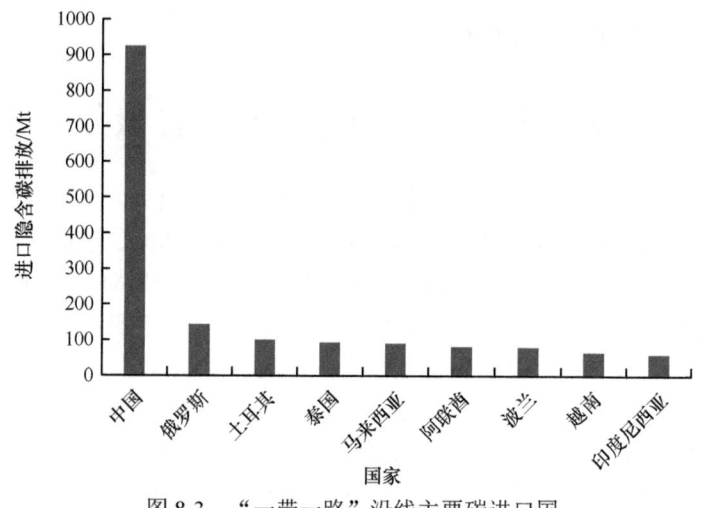

图 8-3 "一带一路"沿线主要碳进口国

8.4 "一带一路"沿线国家整体分行业贸易隐含碳分析

整体上,"一带一路"沿线国家碳排放总量的主要排放行业为电力、热力、蒸汽、水的供应,陆路运输业,化学产品制造业,矿采业,航空运输业,炼焦及石油精炼业等(图8-4)。

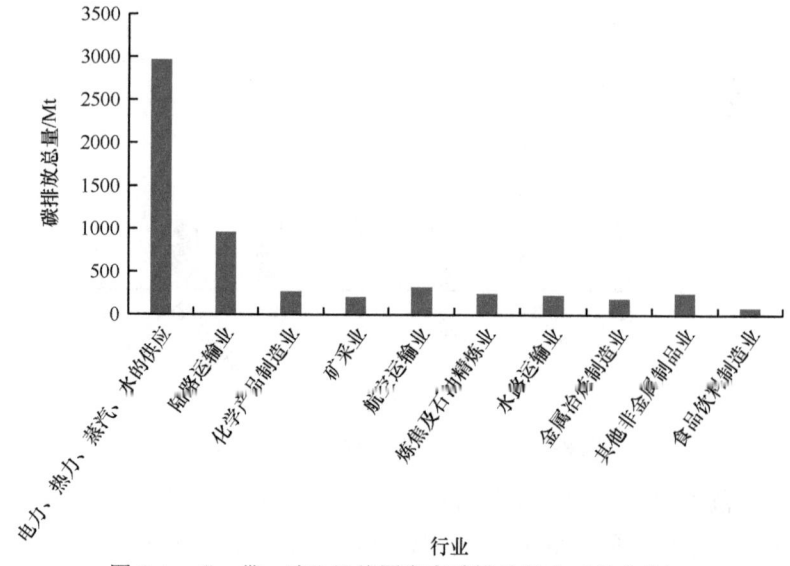

图 8-4 "一带一路"沿线国家高碳排放行业(前十位)

如图 8-5 所示,中国与"一带一路"沿线国家的贸易隐含碳主要出口行业为电力、热力、蒸汽、水的供应(45.5 Mt),金属冶炼制造业(30.1 Mt),陆路运输业（25.3 Mt），化学产品制造业（16.8 Mt），炼焦及石油精炼业（10.6 Mt）等；其中，在全球范围内，中国上述行业的出口碳排放流向第一大国均为美国，在"一带一路"沿线国家中，中国上述行业的出口碳排放流向第一大国为俄罗斯。

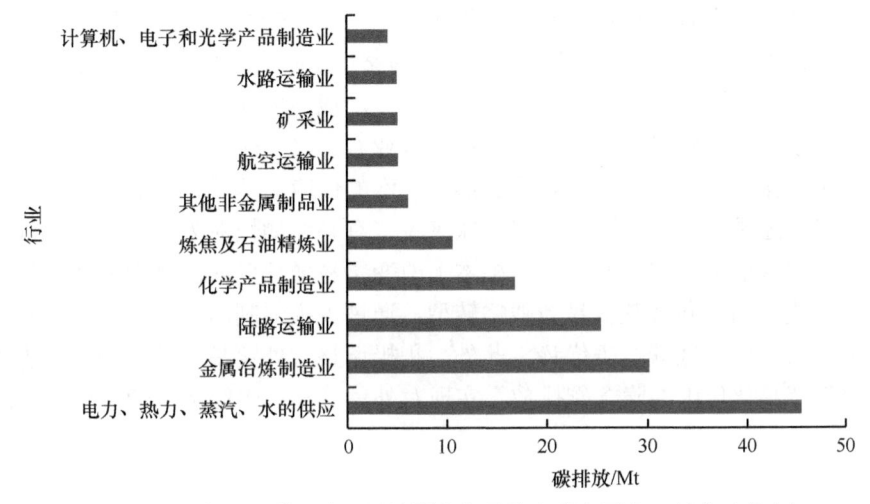

图 8-5　中国与"一带一路"沿线国家贸易隐含碳主要出口行业（前十）

如图 8-6 所示，中国与"一带一路"沿线国家的贸易隐含碳主要进口行业为电力、热力、蒸汽、水的供应，化学产品制造业，陆路运输业，矿采业，金属冶炼制造业，与主要出口行业类似。电力、热力、蒸汽、水的供应行业进口碳的主要来源国为俄罗斯、马来西亚、伊朗等国，化学产品制造业进口碳的主要来源国为伊朗、沙特阿拉伯；陆路运输业进口碳的主要来源国为泰国和伊朗等国；矿采业进口碳的主要来源国为哈萨克斯坦、伊朗等国。

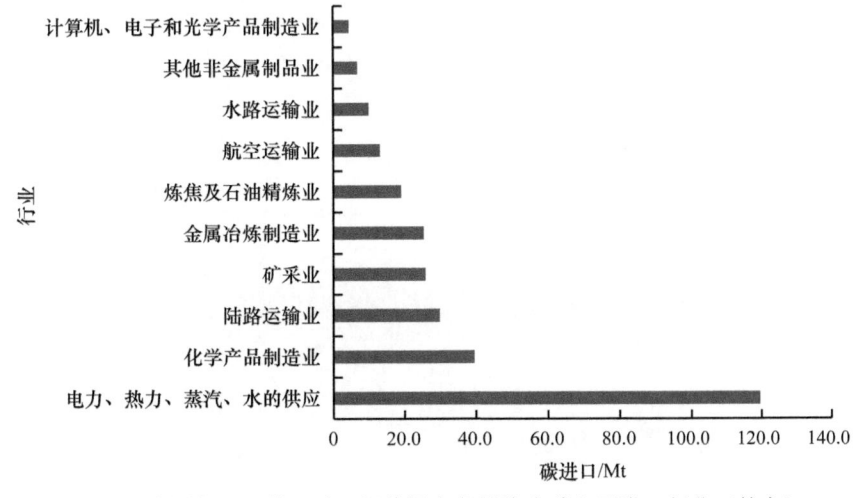

图 8-6　中国与"一带一路"沿线国家贸易隐含碳主要进口行业（前十）

8.5 本章小结

本章从国家和行业层面测算并分析了中国与"一带一路"沿线国家贸易隐含碳的情况。分国别来看,"一带一路"沿线国家贸易隐含碳排放量较高的国家(除中国外)中,泰国和马来西亚与"一带一路"沿线国家间贸易活跃,为贸易伙伴国最终需求产生了较多生产性碳排放;分行业看,"一带一路"沿线国家碳排放总量的主要排放行业为电力、热力、蒸汽、水的供应。基于本章研究结果,无论是对于中国还是"一带一路"沿线国家来说,有必要加快对外贸易战略的低碳转型,大力发展低碳型贸易产业,从根本上改变贸易增长以高碳排放为代价的外延式增长模式,加快向低碳贸易新战略转型,通过关税限制高污染、高能耗及能源型产品出口,培育低碳竞争优势。此外,积极调整对外贸易商品结构,减少"一带一路"贸易伙伴国的隐含碳排放,实现对外贸易与低碳经济协调发展新局面。

资金融通篇：深化金融合作，打通"一带一路"共建血脉

金融是现代经济的血液，自"一带一路"倡议提出以来，我国与"一带一路"共建国家通过多种形式的金融合作，显著促进了投资、贸易等领域的互联互通，为"一带一路"建设提供了长期、稳定、可持续的金融支撑。

随着人民币国际清算网络的逐步建成，我国的银行已经开始在全球募集资金、全球调拨资金，为"一带一路"建设提供支持。越来越多的资金向"一带一路"共建国家聚集。首个由我国发起设立的多边开发性金融机构亚洲基础设施投资银行，先后为多个国家的基础设施项目提供资金支持；我国专门为"一带一路"建设服务的丝路基金也开始投资。一个包括多边金融机构、开发性金融机构以及众多商业银行在内的国际金融合作网络正在形成，为"一带一路"建设、投资、贸易等提供了重要支撑。双边、多边合作协议不断推进，合作机制愈发完善，助推"一带一路"对外直接投资稳步发展。具体而言，与"一带一路"共建国家通过双边贸易协定和投资协定签署大力推动贸易和投资便利化，不断改善营商环境；与"一带一路"共建国家优势互补，优化资源配置加强贸易与投资合作力度。而在资金融通过程中，汇率波动是关键一环。"一带一路"将共建国家贸易合作、经济发展紧密相连，投资建设的加强、资金的融通都会带来相应汇率的波动，从而又会反作用于各国之间的经济合作发展。

为此，本篇主要由以下章节构成：第9章分析了在全球投资大背景下我国对外投资态势；第10章分析了"一带一路"倡议提出以来为促进资金融通、扩大对外投资提供坚实保障的重要合作协议与机制；第11章聚焦于汇率波动，分别从汇率制度、汇率波动的多尺度特征、关联网络等视角出发，分析了"一带一路"共建国家基本的汇率特征及波动、演化规律。

第 9 章 我国与"一带一路"沿线国家投资合作态势

对外投资是我国对外开放,发展对外经济关系的重要手段,已经成为我国参与全球资源配置的重要方式。对外投资无疑给中国经济的转型升级提供了新的窗口、市场和空间。我国正逐步从"商品出口"向"资本出口"转变。自 2013 年"一带一路"倡议提出以来,我国与"一带一路"沿线国家的贸易与投资合作都取得了很大的进展。一方面,我国与"一带一路"沿线国家通过双边贸易协定和投资协定签署大力推动贸易和投资便利化,不断改善营商环境;另一方面,我国与"一带一路"沿线国家优势互补,优化资源配置加强贸易与投资合作力度。本章主要从全球视角对我国与"一带一路"沿线国家的对外投资发展态势进行综合分析,梳理我国与重点"一带一路"沿线国家的投资合作态势。

9.1 全球投资增长趋势

近年来,世界经济增长乏力,复苏之路崎岖不平,加上世界各地重大政策风险事件频发,全球对外直接投资总量呈现波动式发展。图 9-1 展示了 2012~2020 年的全球对外直接投资流量流入额增长趋势。从图 9-1 可以看出,2015 年是自 2012 年以来全球对外直接投资流量首次出现正增长,投资流量接近 2 万亿美元。然而,自 2016 年开始的欧美发达国家出现的逆全球化浪潮,使全球对外直接投资表现谨慎,加上特朗普上台开始反对原有的自由贸易协定与跨太平洋伙伴关系协定(Trans-Pacific Partnership Agreement,TPP),导致 2016 年和 2017 年全球对外直接投资持续疲弱,出现连续小幅下滑。根据联合国贸易和发展会议(United Nations Conference on Trade and Development,UNCTAD)统计,2020 年全球对外直接投资流量流入额为 1 万亿美元,较 2019 年投资流量下降 35%,也是自 2012 年以来,对外直接投资流量下降幅度最大的一年。从投资流量区域结构来看,发展中经济体对外直接投资流量自 2012 年开始持续上升,2015 年达到最高点 7440 亿美元,2016 年开始回落,维持在 6700 亿美元附近。2020 年,发展中经济体对外直接投资流量占全球比例为 52.3%,超过发达经济体。2020 年,发达经济体对外直接投资流量占全球比例为 46.9%,相比 2019 年下降 56%。转型经济体 2012~2020 年的对外直接投资流量平均维持在 343 亿美元附近,占全球比例平均为 5%。

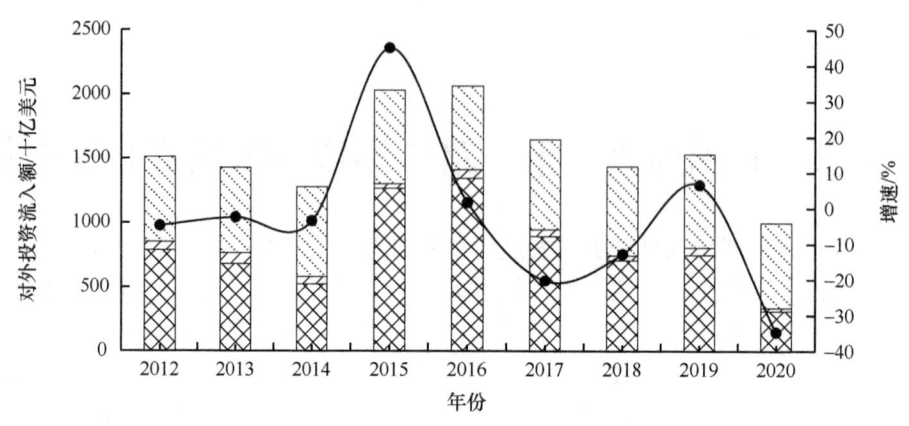

图 9-1　全球对外直接投资流量流入额增长趋势

资料来源：UNCTAD

与全球对外直接投资流量流入结构不同，发达经济体在投资流量流出结构中占据绝对主导地位，是全球对外直接投资的主力军（图 9-2）。根据统计，2012～2020 年，发达经济体对外直接投资流量流出额平均为 8473 亿美元，占全球比重平均为 64.4%，2020 年对外直接投资流出额为 3471 亿美元，占比下降至 55.5%。转型经济体对外直接投资流量流出额近 3 年下降明显，从 2018 年的 376 亿美元，下降至 2020 年的 56 亿美元附近，占比不足 1%。发展中经济体对外直接投资流量流出比较稳定，维持在 4000 亿美元附近。

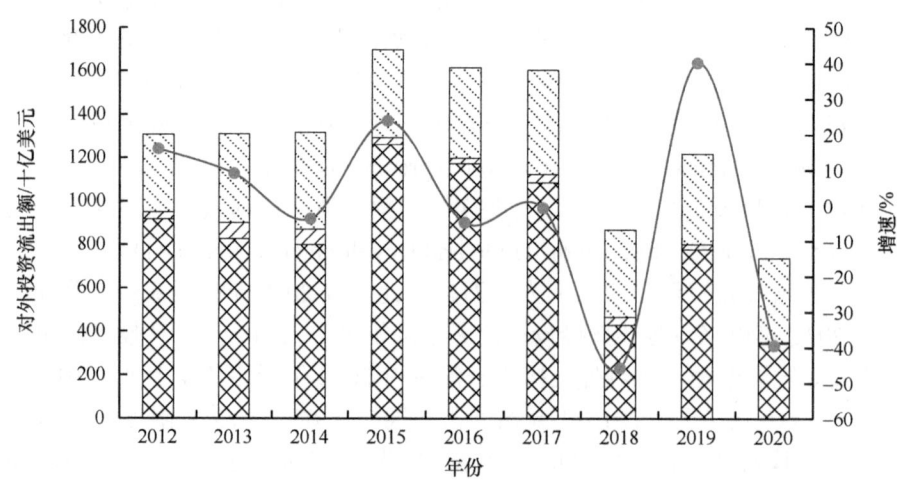

图 9-2　全球对外直接投资流量流出额增长趋势

资料来源：UNCTAD

图 9-3 展示了 2012~2020 年的全球对外直接投资存量流入额增长趋势。与对外直接投资流量不同，全球对外直接投资存量保持持续上涨，2020 年首次超过 40 万亿美元，达到 41.4 万亿美元。从增速来看，2012~2015 年，全球投资存量增速持续下降，自 2016 年开始，增速有所回升，2017 年投资存量增速高达 16.5%，为 2012~2020 年最高。从区域来看，发达经济体和发展中经济体投资存量流入额均保持持续增长，2017 年，发达经济体和发展中经济体投资存量流入额分别突破 20 万亿美元和 10 万亿美元。从投资存量流入区域结构来看，各经济体占比比较稳定，2012~2020 年，发达经济体、发展中经济体和转型经济体投资存量流入额占全球比例平均值分别为 66.2%、31.2%和 2.6%。

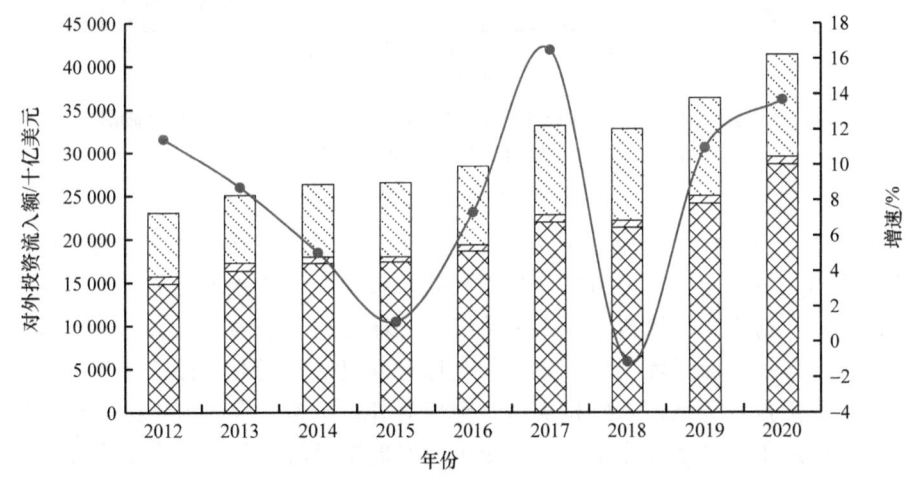

图 9-3　全球对外直接投资存量流入额增长趋势
资料来源：UNCTAD

与全球对外直接投资存量流入结构类似，全球对外直接投资存量流出结构也基本保持稳定，但是不同经济体之间的差异更大（图 9-4）。从投资存量流出额占比来看，发达经济体、发展中经济体和转型经济体投资存量流出占全球比例平均值分别为 77.3%、21.3%和 1.5%。2020 年，发达经济体对外直接投资存量流出额首次突破 30 万亿美元，与流入额基本一致。发展中经济体 2019 年对外投资存量流出额突破 8 万亿美元，是投资存量主要的净流入地区，这也反映了发展中经济体对于全球投资的吸引力持续保持旺盛。

综上，从全球视角上看，全球各地为应对新冠疫情暴发而实施的封锁减缓了现有的投资项目，2020 年全球对外直接投资流量流入额为 1 万亿美元，较 2019 年投资流量下降 35%，也是自 2012 年以来，对外直接投资流量下降幅度最大的一年。在全球对外直接投资流量流出结构中，发达经济体依然占据绝对主导地位，

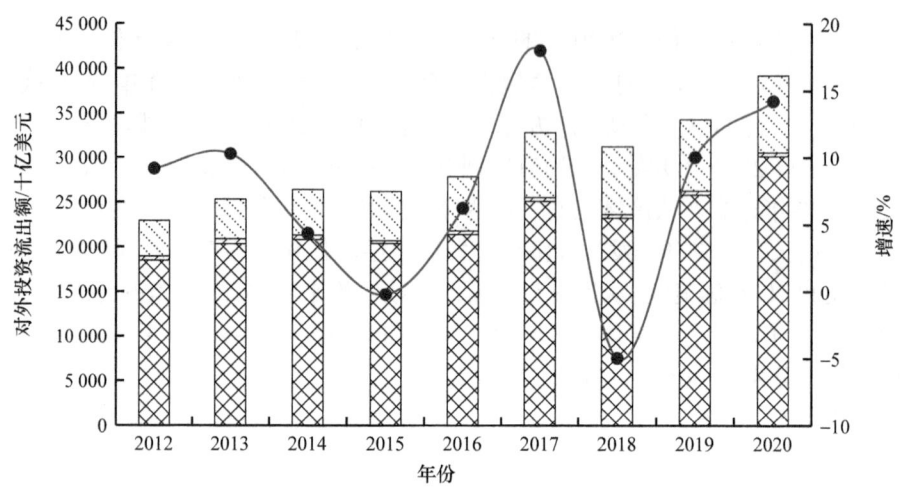

图 9-4　全球对外直接投资存量流出额增长趋势

资料来源：UNCTAD

转型经济体对外直接投资流量流出额近 3 年下降明显，发展中经济体对外直接投资流量流出比较稳定。从 2020 年全球对外直接投资流量流入流出前十大国家和地区占比来看，前十大国家投资流入和流出占全球比例分别为 76.6% 和 79.7%，全球的对外直接投资流量流出更加集中。全球对外直接投资存量保持持续上涨，与全球对外直接投资存量流入结构类似，全球对外直接投资存量流出结构也基本保持稳定，但是不同经济体之间的差异更大。发展中经济体是投资存量主要的净流入地区，说明发展中经济体对于全球投资的吸引力持续保持旺盛，而其中，中国的投资存量近几年上升迅速。

9.2　我国对外投资总体态势

根据 UNCTAD 统计，2020 年，世界 FDI（foreign direct investment，外国直接投资）存量金额总计 41.4 万亿美元，我国 FDI 存量流入和流出基本持平，分别为 1.9 万亿美元和 2.3 万亿美元。中国对外直接投资流量规模跃居全球第一，投资结构持续优化。从发展趋势来看（图 9-5），我国 FDI 存量流出增速要明显快于 FDI 存量流入增速。从图中可以看出，2000 年，我国 FDI 存量流出额为 278 亿美元，占世界比例仅为 0.4%，而同期我国 FDI 存量流入额达到 1933 亿美元，占世界比例为 2.6%。到了 2016 年，我国 FDI 存量流入和流出占世界比例基本达到一致。

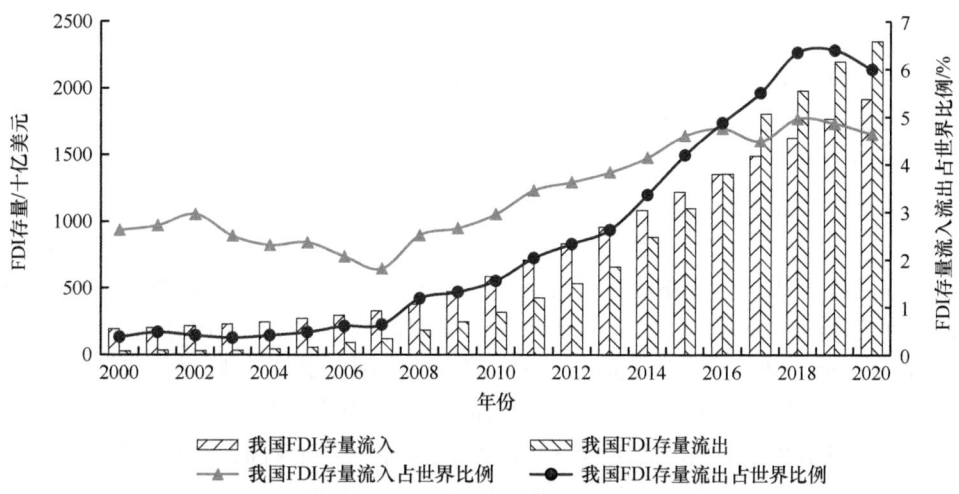

第9章 我国与"一带一路"沿线国家投资合作态势

图 9-5 2000~2020 年我国对外直接投资存量

资料来源：UNCTAD

从我国对外直接投资结构来看，2020 年，我国对外直接投资存量分布在全球的 189 个国家（地区），占全球国家（地区）总数的 81.1%（《2020 年度中国对外直接投资统计公报》）。图 9-6 展示了我国对外直接投资存量区域分布。2020 年末，我国在亚洲、拉丁美洲、欧洲、北美洲、非洲和大洋洲投资存量分别为 1.6 万亿美元、6298.1 亿美元、1224.3 亿美元、1000.2 亿美元、434 亿美元和 401.1 亿美元，

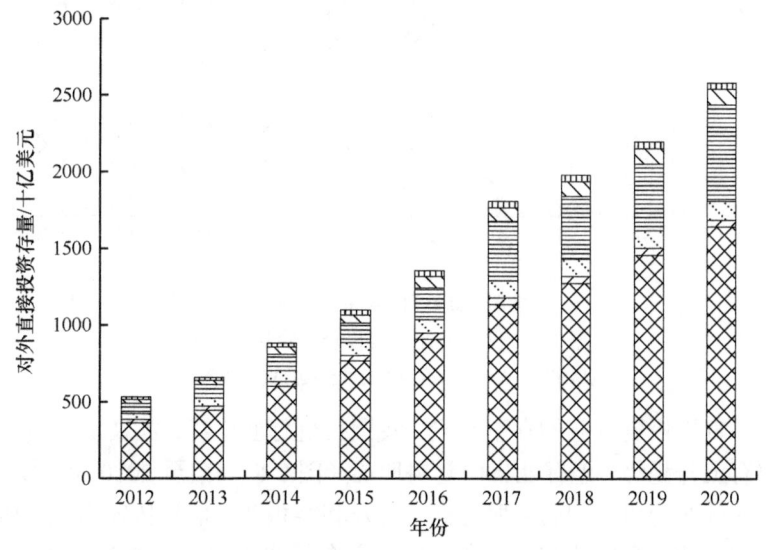

图 9-6 我国对外直接投资存量区域分布

资料来源：《2020 年度中国对外直接投资统计公报》

占我国对外直接投资比例分别为 63.7%、24.4%、4.7%、3.9%、1.7%和 1.6%。从我国对外投资结构变化来看，我国在拉丁美洲的对外直接投资占比近年来上升最快，2020 年投资占比同比上升了 44 个百分点，其次是亚洲、欧洲，分别上升了 13 个百分点和 7 个百分点，相应地，在其他洲的占比都有不同程度的下降。

从我国的对外投资流量来看，2017 年对外直接投资 1582.9 亿美元（图 9-7），同比下降 19.3%，是 2009 年以来首次下降。2017~2019 年我国对外直接投资流量呈下降趋势，2020 年对外投资再次增长，相较于 2019 年增长了 12.3%。从对外直接投资流量结构来看，2020 年亚洲和拉丁美洲占主导地位，占比分别达到 73.1% 和 10.8%。2017 年，流向欧洲的投资 184.6 亿美元，创历史最高值，同比增长 72.7%，占当年对外直接投资流量比例较上年增加 6.3 个百分点。2020 年，流向拉丁美洲地区的投资 167 亿美元，同比增长 160.5%，同时，流向亚洲、非洲、欧洲和北美洲的投资均有不同程度的上升，唯独流向大洋洲下降 30.5%。

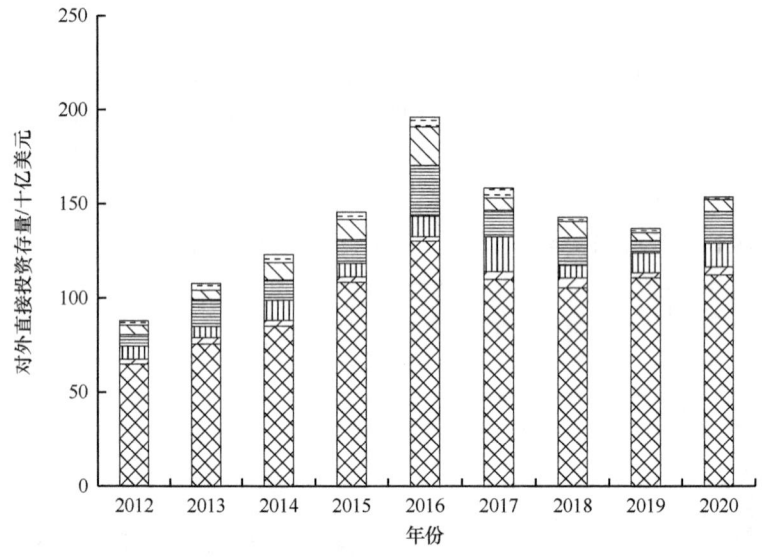

图 9-7 我国对外直接投资流量区域分布

资料来源：《2020 年度中国对外直接投资统计公报》

从对外直接投资行业的存量来看，我国投资行业广泛，涉及 18 个行业，各行业存量都有上升趋势，但行业集中趋势明显（图 9-8）。截至 2020 年，投资存量过千亿美元的行业为租赁和商务服务业、批发和零售业、信息传输/软件和信息技术服务业、制造业、金融业和采矿业，以上六个行业存量合计 2.2 万亿美元，占我国对外直接投资存量的 85.2%。

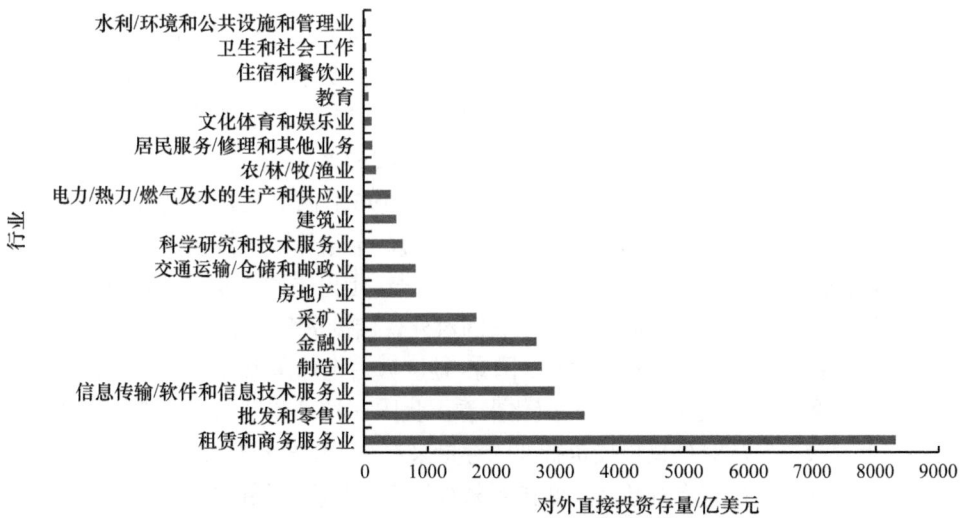

图 9-8 2020 年我国对外直接投资存量行业分布

资料来源:《2020 年度中国对外直接投资统计公报》

由于各区域地理位置、资源禀赋、经济条件等因素的差异性,我国在不同区域的投资侧重点也有所不同,这里我们只选取各大洲投资前五的行业进行分析(图 9-9)。根据统计,我国在非洲的投资最为集中,2020 年前五大行业占全部投资比重为 84.6%,其他各洲前五大行业占比也都超过了 80%。另外,从存量行业的地区分布情况看,中国对各地区直接投资的行业高度集中,租赁和商务服务业、金融业以及采矿业是我国对外投资的主要行业,除拉丁美洲外,在其他大

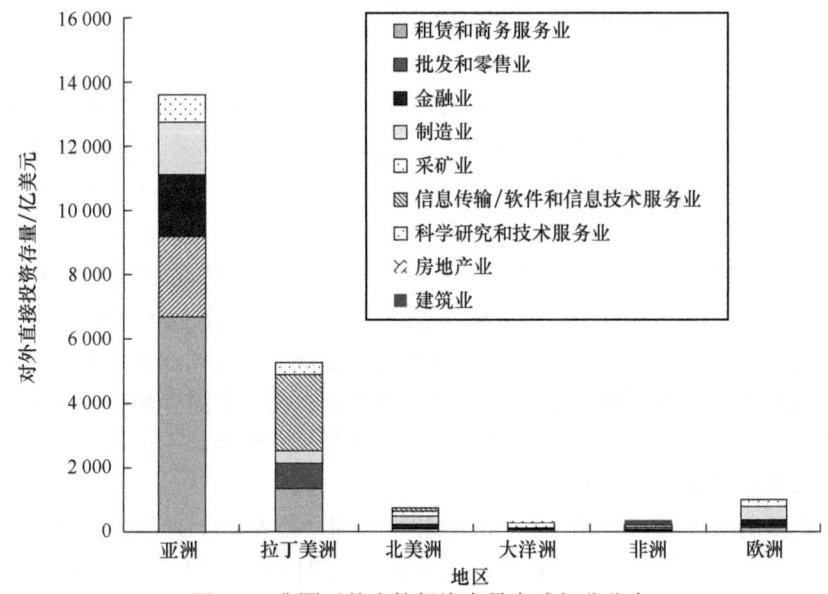

图 9-9 我国对外直接投资存量全球行业分布

资料来源:《2020 年度中国对外直接投资统计公报》

洲的投资存量额均排在前五。根据统计，我国在亚洲、拉丁美洲、欧洲、北美洲、非洲和大洋洲投资最大的行业分别是租赁和商务服务业（6694.8 亿美元，占比 40.7%）、信息传输/软件和信息技术服务业（2371.2 亿美元，占比 37.6%）、制造业（405.6 亿美元，占比 33.1%）、制造业（265.8 亿美元，占比 26.6%）、建筑业（151.5 亿美元，占比 34.9%）和采矿业（175.1 亿美元，占比 43.6%）。

综上，从我国对外直接投资视角上看，中国在全球外国直接投资中的影响力不断扩大，2020 年中国双向投资基本持平，引进来、走出去同步发展。我国对外直接投资领域日趋广泛，结构不断优化。从我国对外直接投资范围来看，2020 年，我国对外直接投资存量分布在全球的 189 个国家(地区)，占全球国家(地区)总数的81.1%，分布广。从我国对外直接投资结构变化来看，我国在拉丁美洲的对外直接投资占比近年来上升最快。从对外直接投资行业的存量来看，我国投资行业广泛，涉及 18 个行业，各行业存量都有上升趋势。我国对外投资互利共赢效果凸显，实现共同发展。

9.3 我国对"一带一路"沿线国家投资态势

后金融危机时代，全球经济处于格局演变、动力转换、秩序重塑等深度调整的交织期，各种挑战和不确定性因素明显增多。在这一背景下，"一带一路"倡议的提出成为欧亚非地区共同促进经济发展的新动能和新的增长点。"一带一路"建设的核心目标是促进各国的经济发展、区域稳定和繁荣，加强贸易投资合作是实现这一目标的关键。中国对"一带一路"沿线国家和地区的贸易与投资正在快速发展。自 2013 年"一带一路"倡议提出到 2020 年的 8 年来，"一带一路"建设取得了丰富的成果。

"一带一路"沿线国家，潜在市场规模较大，产业结构多种多样，资源禀赋各不相同，处于差异很大的发展阶段，与我国经济高度互补，蕴含着互利共赢的潜在利益，要实现潜在的巨大利益需要依靠来自各方的投资，"一带一路"倡议为我国对外投资带来新机遇和新动力。图 9-10 显示，根据《2020 年度中国对外直接投资统计公报》统计数据，我国在"一带一路"沿线国家的投资从 2013 年的 126 亿美元增加到 2020 年的 225.4 亿美元。其中，涉及国民经济 18 个行业大类，2020 年实现直接投资 225.4 亿美元，同比增长 20.6%，占同期中国对外直接投资流量的 14.7%。主要投向新加坡、黑山、印度尼西亚、泰国、越南、阿联酋、老挝、马来西亚、柬埔寨、巴基斯坦等国家。2013~2020 年，中国对"一带一路"沿线国家累计直接投资 1398.5 亿美元。

从我国的对"一带一路"沿线国家投资流量（图 9-10）来看，2020 年同比上升 20.6%，增长幅度仅次于 2015 年的 38.6%与 2017 年的 31.5%。2017 年首次突破 200 亿美元，2018 年有所回落，随后又再次上涨。

第 9 章 我国与"一带一路"沿线国家投资合作态势 ·151·

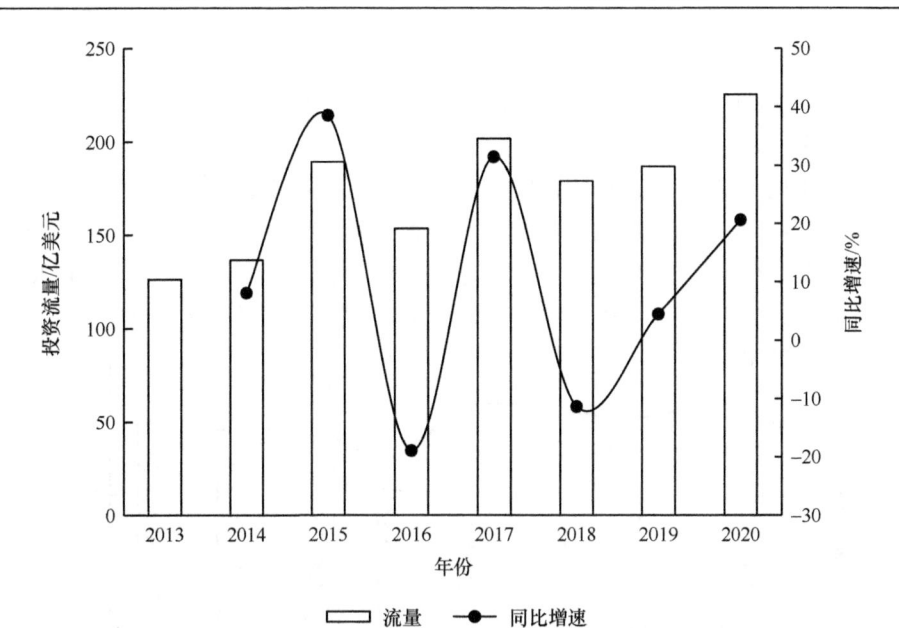

图 9-10 2013~2020 年我国对"一带一路"沿线国家投资流量情况

资料来源:《2020 年度中国对外直接投资统计公报》

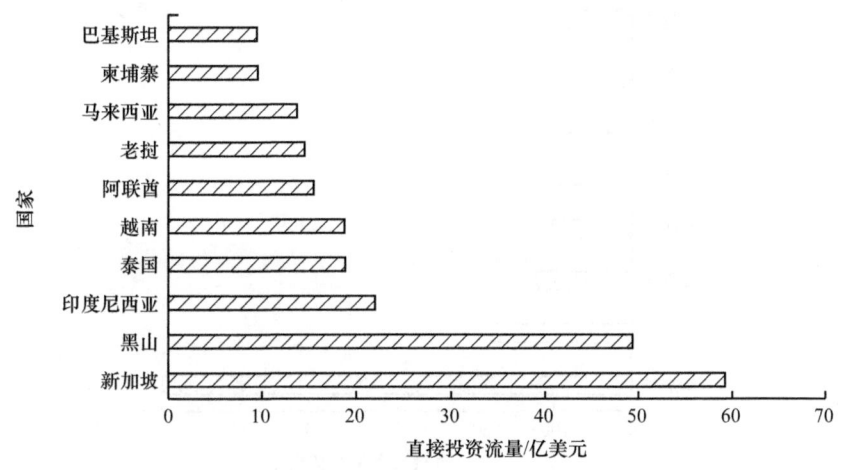

图 9-11 展示了 2020 年我国对"一带一路"沿线直接投资流量前十大国家。从占比来看,我国对"一带一路"沿线直接投资流量前十大国家的投资占我国对"一带一路"沿线国家投资比例为 83.7%,中国对"一带一路"沿线国家的投资流量更加集中。从我国对"一带一路"沿线直接投资流量前十大国家的投资流量结构来看,2020 年,在我国对"一带一路"沿线直接投资流量前十大国家中,新加坡、黑山和印度尼西亚占据前三,分别为 59 亿美元、49 亿美元和 22 亿美元,占我国对"一带一路"沿线国家投资比例分别为 21.4%、17.8%和 8.0%。近几年,

图 9-11 2020 年我国对"一带一路"沿线直接投资流量前十大国家

黑山经济增长迅猛。2019年，自黑山加入北约以来，黑山从其他成员国获得的投资增长超过了64%，中国投资者向黑山投资7100万欧元，成为黑山第二大投资国人群，仅次于俄罗斯。

从图9-12可以看出，我国在"一带一路"沿线国家投资存量呈现持续上涨态势，但是占我国对外直接投资存量比则呈下降趋势。2020年，我国在"一带一路"沿线国家投资存量为2008亿美元，占我国全部对外直接投资存量的7.8%。2013~2020年，中国对"一带一路"沿线国家累计直接投资1398.5亿美元。

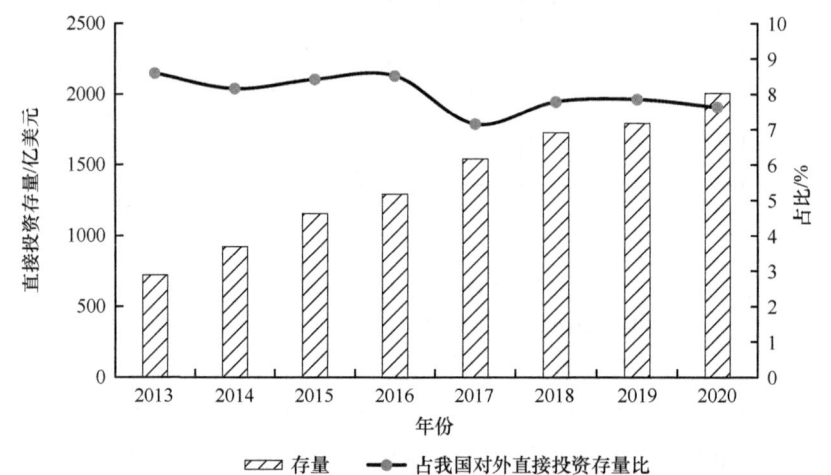

图9-12 2013~2020年我国对"一带一路"沿线国家直接投资存量

图9-13展示了2020年我国对"一带一路"沿线直接投资存量前十大国家。

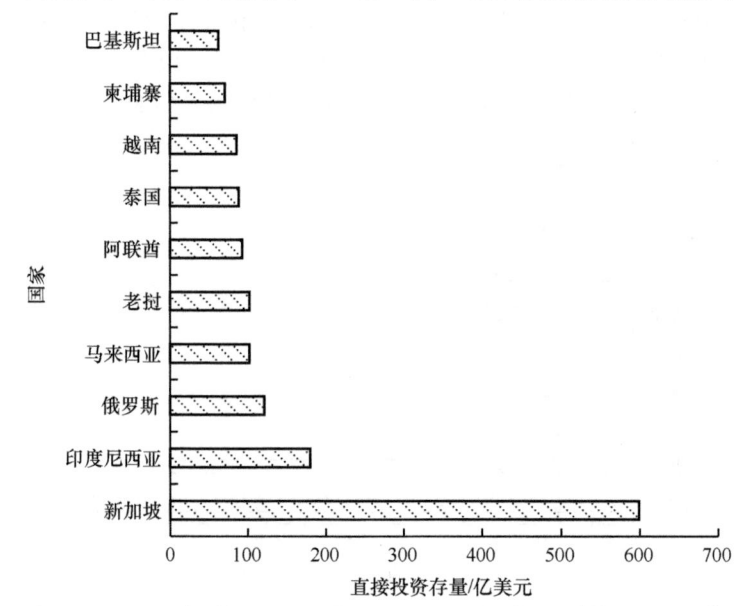

图9-13 2020年我国对"一带一路"沿线直接投资存量前十大国家

从占比来看，我国对"一带一路"沿线直接投资存量前十大国家的投资占我国对外直接投资比例为 78.5%，中国对"一带一路"沿线国家的投资存量更加集中。从我国对"一带一路"沿线直接投资存量前十大国家的投资存量结构来看，在我国对"一带一路"沿线直接投资存量前十大国家中，新加坡、印度尼西亚和俄罗斯占据前三，2020 年分别为 599 亿美元、179 亿美元和 121 亿美元，占我国对"一带一路"沿线国家投资比例分别为 29.8%、8.9%和 6.0%。

9.4 我国对"一带一路"沿线投资重点国家

为深入分析我国对"一带一路"沿线国家直接投资的重点，给出 2013~2020 年我国对"一带一路"沿线直接投资存量前十大国家，如图 9-14 和图 9-15 所示。从图 9-14 和图 9-15 可以看出，新加坡一直占据我国对"一带一路"沿线直接投资存量第一位置，说明中新两国投资合作始终保持着良好的发展势头。2015 年，新中两国正式步入"与时俱进的全方位合作伙伴关系"新时代。2017 年，中新两国签署了《关于共同推进"一带一路"建设的谅解备忘录》。李显龙总理指出，新加坡很早就支持和参与"一带一路"合作，愿继续在"一带一路"框架内在互联互通、投资、金融等领域同中国深化合作，共同努力促进区域经济一体化和东盟—中国关系发展。截至 2020 年，新加坡是中国对外投资存量第二大国，在新中资企业数量已超过 7500 家，中国对新加坡投资主要行业包括金融保险服务业、批发和零售业、房地产业等。

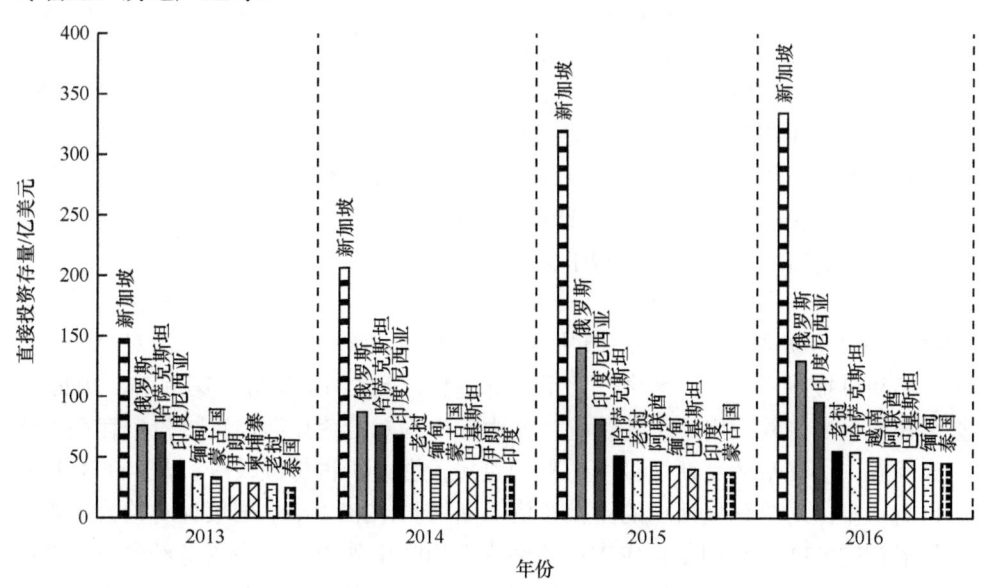

图 9-14 2013~2016 年我国对"一带一路"沿线直接投资存量前十大国家

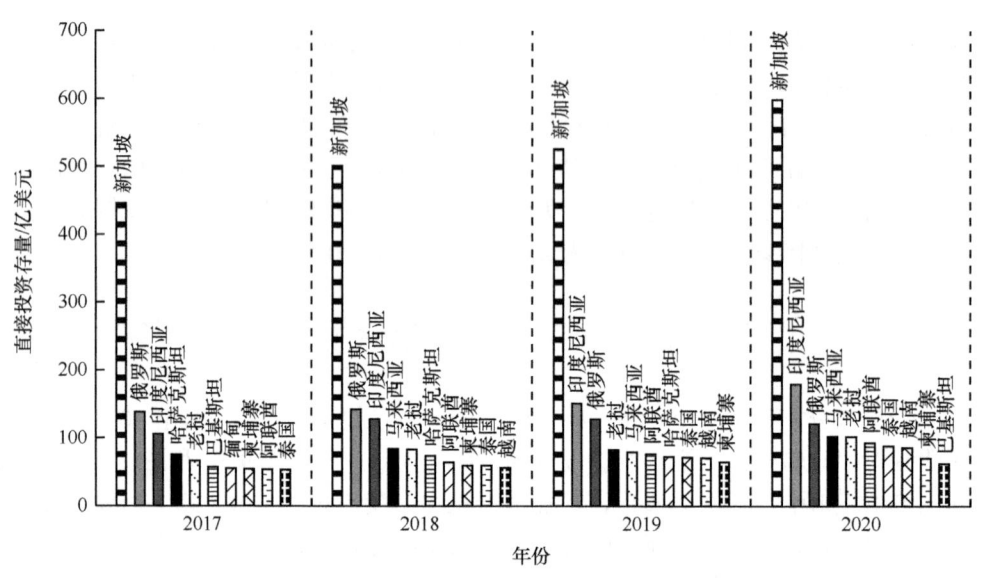

图 9-15 2017～2020 年我国对"一带一路"沿线直接投资存量前十大国家

在 2015 年我国对"一带一路"沿线直接投资存量前十大国家排名中，印度尼西亚首次超过哈萨克斯坦，成为第三名。2015 年中国与印度尼西亚双方在政治、经济、文化等领域的交流合作不断扩大，在国际和地区事务中保持密切协调和配合。具体表现在：中国与印度尼西亚政治互信，双方政府部门的相互交流加强，中国与印度尼西亚的合作呈现出深化的趋势。2015 年 1 月，印度尼西亚经济统筹部长索菲安来华主持召开两国高层经济对话首次会议。与此同时，2015 年两国签署关于基础设施和产能合作的谅解备忘录。

印度尼西亚稳步发展，2019 年首次超过俄罗斯，成为仅次于新加坡的第二名。2018 年 10 月，中国与印度尼西亚两国签署共建"一带一路"和"全球海洋支点"谅解备忘录。同年 11 月，两国央行续签双边本币互换协议并将互换规模扩大至 2000 亿元。2019 年，中国企业在印度尼西亚新签工程承包合同额 140.8 亿美元，同比增长 23.5%；完成营业额 87.1 亿美元，同比增长 42.8%。

我国对"一带一路"沿线直接投资存量前十大国家排名中，哈萨克斯坦在 2013～2014 年始终保持第三。但从 2015 年开始，哈萨克斯坦在我国对"一带一路"沿线直接投资存量排名中开始呈下降趋势，到 2019 年排名第七名，2020 年甚至在前十名之外。出现上述情况，是由于中国对哈萨克斯坦直接投资存在以下三大问题：①在哈萨克斯坦吸引的外国直接投资中所占份额较少。从 1993 年到 2011 年，中国对哈萨克斯坦的直接投资不断增长，2013 年中国累计对哈直接投资额是最初的 434 倍。但是，中国在哈萨克斯坦吸引外国直接投资份额中所占的比重始终不高。②在哈萨克斯坦直接投资行业过于集中，中国在哈萨克斯坦直接投资的行业主要集中在能源勘探与生产、技术服务、工程承包、农业种植、农副产品生产加工、房屋建筑施工、汽车及配件的销售和维修等领域。③对哈萨克斯坦直接投资受到发达国家的挑战：美国对哈萨克斯坦的援助越来越多，每年都要向这一地区提供大量援助和改革资金，不断扩大其国家影响力，力图控制开采中亚油气资源的主导权。从2004年开始，美国一直占据哈萨克斯坦当年外国对哈萨克斯坦直接投资的前三名。美国、荷兰、英国这三国对哈萨克斯坦直接投资额已经超过总额的50%。中国的投资力度远不及发达国家。

在我国对"一带一路"沿线直接投资存量前十大国家排名中，马来西亚从2018年开始出现在前十，并以第四名出现。2017年数据显示，中国已经成为马来西亚外商直接投资的第一大来源国，贡献了马来西亚全部外资投资总额的7%，并且持续成为马来西亚制造业的最大投资来源国。中国连续第五年保持马来西亚制造业领域最大投资国的地位。

表9-1显示，2020年"一带一路"沿线国家中世界投资存量超过千亿美元的潜力国家有19个。我国在"一带一路"沿线国家中投资存量超过10亿美元的国家有25个。我国在剩余国家的投资占比普遍偏低，这表明我国与"一带一路"沿线国家的投资合作还有很大增长空间，"一带一路"倡议的提出也为我国加强与"一带一路"沿线国家的合作提供了契机。

表9-1　2020年主要"一带一路"沿线国家吸引我国和世界外资存量情况表

地区	吸引世界投资/亿美元	中国投入/亿美元	占比/%	地区	吸引世界投资/亿美元	中国投入/亿美元	占比/%
新加坡	18 553.70	598.58	3.23	菲律宾	1 031.93	7.67	0.74
塞浦路斯	4 808.67	2.03	0.04	匈牙利	1 009.93	3.42	0.34
印度	4 802.98	31.83	0.66	斯洛伐克	639.92	0.83	0.13
俄罗斯	4 666.56	120.71	2.59	保加利亚	597.24	1.56	0.26
泰国	2 718.27	88.26	3.25	伊朗	587.11	35.27	6.01
波兰	2 487.32	6.82	0.27	塞尔维亚	569.72	3.11	0.55
沙特阿拉伯	2 418.62	29.31	1.21	希腊	518.01	1.26	0.24
印度尼西亚	2 404.77	179.39	7.46	乌克兰	489.33	1.90	0.39
土耳其	2 115.73	21.52	1.02	土库曼斯坦	393.23	3.36	0.85
以色列	1 889.52	38.69	2.05	柬埔寨	369.03	70.39	19.07
捷克	1 887.72	11.98	0.63	约旦	365.56	2.04	0.56
越南	1 769.11	85.75	4.85	缅甸	359.60	38.09	10.59
马来西亚	1 741.23	102.12	5.86	巴基斯坦	356.66	62.19	17.44
哈萨克斯坦	1 513.96	58.69	3.88	阿曼	354.25	2.37	0.67
阿联酋	1 508.96	92.83	6.15	爱沙尼亚	344.50	0.05	0.01
埃及	1 324.77	11.92	0.90	阿塞拜疆	327.87	0.25	0.08
罗马尼亚	1 075.26	3.13	0.29	克罗地亚	320.66	2.53	0.79

续表

地区	吸引世界投资/亿美元	中国投入/亿美元	占比/%	地区	吸引世界投资/亿美元	中国投入/亿美元	占比/%
巴林	316.90	0.71	0.22	伊拉克	101.28	17.38	17.16
卡塔尔	286.27	6.19	2.16	阿尔巴尼亚	100.24	0.06	0.06
蒙古国	242.07	32.36	13.37	波黑	85.94	0.23	0.27
立陶宛	237.09	0.12	0.05	文莱	75.89	3.88	5.11
拉脱维亚	204.57	0.17	0.08	北马其顿	73.06	0.17	0.23
斯洛文尼亚	204.20	0.47	0.23	黑山	65.13	1.53	2.35
孟加拉国	193.95	17.11	8.82	马尔代夫	55.52	0.44	0.79
格鲁吉亚	186.00	7.02	3.77	亚美尼亚	52.46	0.12	0.23
黎巴嫩	177.52	0.02	0.01	摩尔多瓦	47.92	0.04	0.08
白俄罗斯	145.19	6.07	4.18	吉尔吉斯斯坦	42.05	17.67	42.02
科威特	141.38	8.49	6.01	塔吉克斯坦	31.29	15.68	50.11
斯里兰卡	127.78	5.23	4.09	也门	19.42	5.41	27.86
老挝	108.99	102.01	93.60	尼泊尔	17.40	4.35	25.00
叙利亚	107.43	0.14	0.13	阿富汗	15.92	4.33	0.27
乌兹别克斯坦	102.64	32.65	31.81				

9.5 本章小结

本章主要从全球视角对我国与"一带一路"沿线国家的对外投资发展态势进行综合分析，系统梳理了我国对外投资总体态势，以及我国对"一带一路"沿线国家对外投资态势。我国在其他国家的投资占比普遍偏低，这表明我国与"一带一路"沿线国家的投资合作还有很大增长空间，"一带一路"倡议的提出也为我国加强与"一带一路"沿线国家的合作提供了契机，而资金融通领域的各项合作协议与合作机制的推进，则为"一带一路"合作提供了强有力的保障。

第 10 章　资金融通领域重要合作协议与机制

当前，世界经济融合加速发展，区域合作方兴未艾。中国政府积极利用现有双边、多边合作机制，推动"一带一路"建设，促进区域合作蓬勃发展。资金融通不仅有利于相关国家基础设施的互联互通，还在实现投资贸易便利化、消除投资和贸易壁垒、共同商建自贸区等方面发挥着重要的支撑作用，"资金融通"的合作协议与机制为"一带一路"建设提供了强有力的保障。本章主要对与资金融通相关的合作协议和机制进行系统梳理、分析和总结。

10.1　资金融通相关协议

"资金融通"的合作协议，有效保障投融资体系建设和多双边投融资机制和平台的迅速发展。本节内容主要从"一带一路"融资指导原则、银行业监管合作协议以及"一带一路"合作谅解备忘录等相关合作协议展开介绍。

10.1.1　"一带一路"融资指导原则

为推进"一带一路"融资体系建设，在中方倡议和推动下，中国财政部与阿根廷、白俄罗斯、柬埔寨、智利、捷克、埃塞俄比亚、斐济、格鲁吉亚、希腊、匈牙利、印度尼西亚、伊朗、肯尼亚、老挝、马来西亚、蒙古国、缅甸、巴基斯坦、卡塔尔、俄罗斯、塞尔维亚、苏丹、瑞士、泰国、土耳其、英国等 26 国财政部共同核准了《"一带一路"融资指导原则》。

2017 年 5 月 14 日，在"一带一路"国际合作高峰论坛高级别会议"促进资金融通"平行主题会议期间，肖捷与英国财政大臣哈蒙德、格鲁吉亚第一副总理兼财长库姆西什维利、俄罗斯财长西卢阿诺夫、巴基斯坦财长伊沙克·达尔、伊朗财长塔伊布尼亚、匈牙利国家经济部长瓦尔高·米哈伊、埃塞俄比亚财政和经济合作部部长纳比比、柬埔寨财经部大臣安蓬莫尼拉、阿根廷金融部长卡普托等 17 国财长或财政部授权代表签署了《"一带一路"融资指导原则》。

10.1.2　"一带一路"债务可持续性分析框架

2019 年 4 月 25 日，中国财政部在第二届"一带一路"国际合作高峰论坛资金融通分论坛期间发布了《"一带一路"债务可持续性分析框架》。据介绍，该分析框架是在借鉴国际货币基金组织和世界银行低收入国家债务可持续性分析框架基础上，结合共建"一带一路"国家实际情况，研究制定债务可持续性分析工具,鼓励中国和共建"一带一路"国家金融机构、国际机构在自愿基础上使用。

财政部相关负责人表示,分析框架的发布,既彰显了中方在债务可持续性问题上积极和开放的态度,也体现了中方对"一带一路"低收入国家实际国情和发展需求的重视,有助于提高"一带一路"参与各方投融资决策科学性,提升有关国家债务管理能力,推动共建"一带一路"高质量发展。

10.1.3 关于加强在"一带一路"倡议下相关领域合作的谅解备忘录

2017年5月14日,肖捷代表中国财政部与世界银行行长金墉、亚洲基础设施投资银行行长金立群、新开发银行行长卡马特、亚洲开发银行副行长格罗夫、欧洲投资银行总局长拉卢、欧洲复兴开发银行秘书长恩佐在北京共同签署《关于加强在"一带一路"倡议下相关领域合作的谅解备忘录》。

多边开发银行是推动国际发展合作的重要力量,是"一带一路"建设的重要发展伙伴。财政部已与这六家多边开发银行达成共识,共同加大对基础设施和互联互通项目的支持力度,努力为"一带一路"构建稳定、多元、可持续的融资机制。为落实上述领域务实合作,财政部还将联合多边开发银行设立多边开发融资合作中心。

据介绍,世界银行集团在"一带一路"共建国家有大量投资项目,并通过全球基础设施基金、G20基础设施互联互通联盟、对非投资论坛等机制支持基础设施相关建设。截至2021年7月,亚洲基础设施投资银行从最初57个创始成员,发展到来自亚洲、欧洲、非洲、北美洲、南美洲、大洋洲六大洲的103个成员,为成员提供了总额200亿美元的基础设施项目投资,涉及能源、交通、金融、水资源和城市发展等领域,有力支持了"一带一路"共建国家的基础设施建设。亚洲开发银行强调,"一带一路"倡议是"很好的方案",愿继续与中国合作参与"一带一路"建设。新开发银行、欧洲投资银行、欧洲复兴开发银行均认为,"一带一路"倡议将为支持相关国家的可持续发展提供机遇。

10.1.4 "一带一路"共建国家银行业监管合作协议

近年来,中国银行业监管机构积极落实巴塞尔银行监管委员会确定的跨境银行监管原则,践行大国担当,深化监管合作,如表10-1所示。截至2021年7月,中国已与66个国家或地区的证券监督管理机构签署了多个双边监管合作谅解备忘录。截至2021年末,中国人民银行与累计40个国家和地区的中央银行或货币当局签署过双边本币互换协议,总金额超过4.02万亿元,有效金额3.54万亿元。

表10-1 部分"一带一路"共建国家与我国的金融监管合作情况

国家	双边监管合作谅解备忘录	本币互换协议			其他监管合作协议
		签署时间	金额	期限	
越南	√				
老挝	√				
柬埔寨	√	2021年			双边本币合作协议将本币结算范围扩大至两国已放开的所有经常和资本项下交易
泰国	√	2011年	700亿元人民币（3 200亿泰铢）	3年	
		2014年（续签）	700亿元人民币（3 700亿泰铢）	3年	
		2017年（续签）	700亿元人民币（3 700亿泰铢）	3年	
		2020年（续签）	700亿元人民币（3 700亿泰铢）	3年	
马来西亚	√	2009年	800亿元人民币（400亿林吉特）	3年	QDII监管合作换文协议（2010年）
		2012年（续签）	1 800亿元人民币（1 100亿林吉特）	3年	
		2015年（续签）	1 800亿元人民币（1 100亿林吉特）	3年	
		2018年（续签）	1 800亿元人民币（1 100亿林吉特）	3年	
		2021年（续签）	1 800亿元人民币（1 100亿林吉特）	3年	
新加坡	√	2010年	1 500亿元人民币（300亿新加坡元）		QDII监管合作换文协议（2004年）、跨境机构危机管理合作协议（2011年）、金融监管副手级双边磋商（每年一次）
		2013年（续签）	3 000亿元人民币（600亿新加坡元）	3年	
		2016年（续签）	3 000亿元人民币（640亿新加坡元）	3年	
		2019年（续签）	3 000亿元人民币（610亿新加坡元）	3年	
		2022年（续签）	3 000亿元人民币（650亿新加坡元）	5年	

续表

国家	双边监管合作谅解备忘录	本币互换协议 签署时间	本币互换协议 金额	本币互换协议 期限	其他监管合作协议
印度尼西亚	√	2009 年	1 000 亿元人民币（175 万亿印度尼西亚卢比）	5 年	《关于建立促进经常账户交易和直接投资本币结算合作框架的谅解备忘录》（2020 年）
		2013 年（续签）已失效	1 000 亿元人民币（175 万亿印度尼西亚卢比）	5 年	
		2018 年（续签）	2 000 亿元人民币（440 万亿印度尼西亚卢比）	3 年	
		2022 年（续签）	2 500 亿元人民币（550 万亿印度尼西亚卢比）	3 年	
菲律宾	√				
印度	√	2009 年	1 000 亿元人民币（175 万亿印度卢比）	3 年	中印财经对话
巴基斯坦	√	2011 年	100 亿元人民币（1 400 亿卢比）	3 年	跨境危机管理合作协议（2015 年）
		2014 年（续签）	100 亿元人民币（1 650 亿卢比）	3 年	
		2018 年（扩大）	200 亿元人民币（3 510 亿卢比）	3 年	
		2020 年（扩大）	300 亿元人民币（7 200 亿卢比）	3 年	
		2021 年（续签）	300 亿元人民币（7 200 亿卢比）	3 年	
斯里兰卡	无	2014 年	100 亿元人民币（2 250 亿斯里兰卡卢比）	3 年	银行间债券市场代理投资协议
		2021 年（续签）	100 亿元人民币（3 000 亿斯里兰卡卢比）	3 年	
哈萨克斯坦	√	2011 年	70 亿元人民币（1 500 亿哈萨克斯坦坚戈）	3 年	中哈金融合作分委会
		2014 年（续签）	70 亿元人民币（2 000 亿哈萨克斯坦坚戈）	3 年	
		2018 年（续签）	70 亿元人民币（3 500 亿哈萨克斯坦坚戈）	3 年	
塔吉克斯坦	√	2015 年	30 亿元人民币（30 亿索摩尼）	3 年	
吉尔吉斯斯坦	√				跨境危机管理合作协议（2015 年）
土耳其	√	2012 年	100 亿元人民币（30 亿土耳其里拉）	3 年	
		2015 年（续签）	120 亿元人民币（50 亿土耳其里拉）	3 年	
		2019 年（续签）	120 亿元人民币（109 亿土耳其里拉）	3 年	
		2021 年（扩大）	350 亿元人民币（460 亿土耳其里拉）	3 年	

续表

国家	双边监管合作谅解备忘录	本币互换协议 签署时间	金额	期限	其他监管合作协议
伊朗	√				
以色列	√				
卡塔尔	√	2014年	350亿元人民币（208亿里亚尔）	3年	跨境危机管理合作协议（2012年）
		2017年（续签）	350亿元人民币（208亿里亚尔）	3年	
		2021年（续签）	350亿元人民币（208亿里亚尔）	3年	
巴林	√				
阿联酋	√	2012年	350亿元人民币（200亿阿联酋迪拉姆）	3年	
		2015年（续签）	350亿元人民币（200亿阿联酋迪拉姆）	3年	
埃及	无	2016年	180亿元人民币（470亿埃及镑）	3年	
		2020年（续签）	180亿元人民币（410亿埃及镑）	3年	
亚美尼亚	无	2015年	10亿元人民币（770亿德拉姆）	3年	
阿尔巴尼亚	√	2013年	20亿元人民币（358亿阿尔巴尼亚列克）	3年	
		2018年	20亿元人民币（342亿阿尔巴尼亚列克）	3年	
波兰	√				
立陶宛	√				
捷克	√				
匈牙利	√	2013年	100亿元人民币（3 750亿匈牙利福林）	3年	
		2016年（续签）	100亿元人民币（4 160亿匈牙利福林）	3年	
		2019年（续签）	200亿元人民币（8 640亿匈牙利福林）	3年	
塞尔维亚	无	2016年	15亿元人民币（270亿塞尔维亚第纳尔）	3年	
斯洛文尼亚	无	2013年	3 500亿元人民币（450亿欧元）	3年	
白俄罗斯	√	2009年	200亿元人民币（8万亿白俄罗斯卢布）	3年	
		2015年（续签）	70亿元人民币（16万亿白俄罗斯卢布）	3年	
		2018年（续签）	70亿元人民币（22.2万亿白俄罗斯卢布）	3年	

续表

国家	双边监管合作谅解备忘录	本币互换协议 签署时间	本币互换协议 金额	期限	其他监管合作协议
乌克兰	√	2012 年	150 亿元人民币（190 亿乌克兰格里夫纳）	3 年	
		2015 年（续签）	150 亿元人民币（540 亿乌克兰格里夫纳）	3 年	
		2018 年（续签）	150 亿元人民币（620 亿乌克兰格里夫纳）	3 年	
俄罗斯	√	2014 年	1 500 亿元人民币（8 150 亿卢布）	3 年	跨境危机管理合作协议（2013 年）、中俄金融合作分委会
		2017 年（续签）	1 500 亿元人民币（13 250 亿卢布）	3 年	
		2020 年（续签）	1 500 亿元人民币（17 500 亿卢布）	3 年	
蒙古国	√	2011 年	50 亿元人民币（1 万亿图格里克）	3 年	
		2012 年（扩大）	100 亿元人民币（2 万亿图格里克）	3 年	
		2014 年（续签）	150 亿元人民币（4.5 万亿图格里克）	3 年	
		2017 年（续签）	150 亿元人民币（5.4 万亿图格里克）	3 年	
		2020 年（续签）	150 亿元人民币（6 万亿图格里克）	3 年	

注： QDII 表示 qualified domestic institutional，合格境内机构投资者

10.2 资金融通相关机制

自"一带一路"倡议提升以来，中国加速融入全球性和区域性的开发性金融机构。目前由中国主导的"一带一路"金融合作平台已经初具规模，但从"一带一路"建设整体层面来看，仍缺乏一个全局性的金融风险跨国合作处置机制。因而，本节对全球和区域层面现存的金融合作机制进行了系统梳理，以便系统认识"一带一路"的金融合作现状。

10.2.1 融资类金融合作机制

"一带一路"发展最为良好、合作最为成熟的金融合作机制要数融资类机制，可分为全球层面融资类金融合作机制和区域层面融资类金融合作机制两类。

1. 全球层面融资类金融合作机制

全球层面融资类金融合作机制，具体如表 10-2 所示，包括世界银行和亚洲开发银行等都与"一带一路"关联密切，以贷款为主，贷款利率、期限均利好"一带一路"项目，且可与国内政策性银行、商业银行及丝路基金等联合投融资。

表10-2　全球层面融资类金融合作机制

金融机构	成立背景	宗旨/使命	职能
世界银行	1944年7月，美国布雷顿森林举行的联合国货币金融会议上通过了《国际复兴开发银行协定》。1945年12月27日，28个国家政府的代表签署了该协定，国际复兴开发银行（又称世界银行）正式成立	初期致力于战后欧洲复兴。1958年以后转向世界性的经济援助，通过向生产性项目提供贷款和对改革计划提供指导，帮助欠发达成员国实现经济发展	协助会员国复兴与开发；促进外国私人投资；促进国际贸易的长期平衡发展；保证重要项目或紧迫项目能优先安排；在业务中适当照顾各会员国国内工商业，使其免受国际投资影响
亚洲开发银行	面向亚太地区的区域性政府间的金融开发机构。根据联合国亚洲及太平洋经济社会委员会专家小组建议，并经1963年12月在马尼拉举行的第一次亚洲经济合作部长级会议决定，于1966年11月正式建立，总部设在菲律宾首都马尼拉	向会员国或地区成员提供贷款和技术援助，帮助协调会员国或地区成员在经济、贸易和发展方面的政策，同联合国进行合作，促进亚太地区经济发展	为亚太地区发展中会员国的经济发展筹集资金；对会员国或地区成员拟定和执行发展项目与规划提供援助；同联合国向亚太地区发展基金投资的国际公益组织等公营和私营实体进行合作

2. 区域层面融资类金融合作机制

以"一带一路"量身打造的亚洲基础设施投资银行和丝路基金为代表的区域层面融资类金融合作机制，均以国际标准建立，其中丝路基金以股权投资为主，特点在于对接"一带一路"的专项性，以国际标准为"一带一路"提供信贷、债券、股权投资、保险等多元化、创新性融资模式，具体如表 10-3 所示。

表10-3 区域层面融资类金融合作机制

金融机构	成立背景	宗旨/使命	职能历史上发挥过的作用
亚洲基础设施投资银行	2013年10月2日，中国国家主席习近平在雅加达同印度尼西亚总统苏西洛举行会谈时表示，为促进本地区互联互通建设和经济一体化进程，中方倡议筹建亚洲基础设施投资银行，愿向包括东盟国家在内的本地区发展中国家基础设施建设提供资金支持	通过在基础设施及其他生产性领域的投资，促进亚洲经济可持续发展，创造财富并改善基础设施互联互通；与其他多边双边开发机构紧密合作，推进区域合作和伙伴关系，应对发展挑战	①推动区域内发展领域的公共和私营资本投资；②鼓励私营资本参与投资有利于区域经济发展；③为强化这些职能开展的其他有关的服务
丝路基金	丝路基金以亚洲国家为重点方向，以经济走廊为依托，以交通基础设施为突破，以建设融资平台为抓手，以人文交流为纽带，加强"一带一路"务实合作，深化亚洲国家互联互通伙伴关系，共建发展和命运共同体	打破亚洲互联互通的瓶颈，为"一带一路"共建国家的基础设施、资源开发、产业和金融合作等互联互通有关项目提供投融资支持，丝路基金将为连接亚洲市场的基础设施建设融资，为邻国提供投资支持提升中国在亚洲的影响力	
金砖国家新开发银行	金融危机爆发后，以金砖国家为首的新兴经济体率先复苏，成为拉动全球经济增长的重要引擎。然而，金砖国家在世界经济中的地位与在国际金融体系中的地位之间并不匹配。2014年，发表《福塔莱萨宣言》，成立金砖国家新开发银行	为金砖国家、其他新兴市场和发展中国家的基础设施建设、可持续发展项目筹措资金；定位是"作为全球开发领域的多边和区域性金融机构的补充"	
中国—中东欧投资合作基金	2012年4月，温家宝在波兰出席首次中国—中东欧国家经贸论坛时，正式提出中国政府将发起设立中国—中东欧投资合作基金，并指定中国进出口银行作为基金承办单位；2013年11月，李克强在出席第二次中国—中东欧国家领导人会晤时，对外宣布《中国—中东欧合作的纲领性文件《中国—中东欧合作布加勒斯特纲要》		
上海合作组织开发银行	2014年9月上海合作组织成员国元首杜尚别宣言，意味着上海合作组织开发银行正式进入议事程序。目前上海合作组织仍在积极推进上海合作开发银行的前期筹备工作		
上海合作组织银行联合体	地区国家经济普遍处于发展中国家水平，国家财政难以应对大规模基础设施建设和项目开发，迫切需要建立一个市场条件下运作，符合上合组织国家经济发展总体利益和战略的多边融资机制	①为成员国基础设施、基础产业、高科技领域、社会领域及其他对合作项目提供融资；②按照国际惯例提供、吸收银团贷款，提供出口前贷，交流客户和项目信息，在人员培训、互访和业务考察等领域以及其他各方面感兴趣的方面开展全面积极的合作	

第10章 资金融通领域重要合作协议与机制

续表

金融机构	成立背景	宗旨使命	职能/历史上发挥过的作用
中国—东盟银联体	2010年10月29日，中国—东盟银联体在第十三次中国—东盟（10+1）领导人会议期间正式成立。中国—东盟银联体由中国国家开发银行发起，中国与东盟各国具有影响力的银行共同组建	①服务中国与东盟的金融发展，促进相互贸易与投资，同中国与东盟成员国政府支持的基础设施建设等项目提供融资及相关金融服务；②与各成员国银行建立长期合作关系，向中国与东盟各成员国间的重点合作领域提供更广泛的金融服务；③增强中国与东盟间区域经济发展的内生动力，和挑战	为中国与东盟成员国政府支持的基础设施建设等项目提供融资及相关金融服务，积极应对经济全球化带来的机遇
中非金融合作银行联合体	中非开发性金融论坛暨中非金融合作银行联合体成立大会2018年9月5日在京召开。中非金融合作银行联合体由中国国家开发银行牵头成立，非方创始成员行包括南非联合银行、中部非洲国家开发银行、埃塞俄比亚开发银行、埃及商业国际银行、摩洛哥阿提加利瓦法银行、埃及银行、肯尼亚公平银行、尼日利亚第一银行、刚果（金）罗基银行、毛里求斯国家银行、南非标准银行、东南非贸易与发展银行、乌干达开发银行、西部非洲开发银行等具有区域代表性和影响力的非洲金融机构	标志着中非同首个多边金融合作机制成立，非方创始成员行包括南非联合银行等17家成员行在会上签署《中非金融合作银行联合体成立协议》	
中国—阿拉伯国家银行联合体	习近平主席在中阿合作论坛第八届部长级会议上宣布，中方将成立"中国—阿拉伯国家银行联合体"。中国—阿拉伯国家银行联合体由中国国家开发银行牵头设立，创始成员包括埃及国民银行、摩洛哥外贸银行、阿联酋阿布扎比第一银行等具有区域代表性和影响力的阿拉伯国家银行。中阿银联体的成立将有助于中国与阿拉伯国家建立长期稳定、互利共赢的金融合作关系，为促进双边可持续发展，多领域务实合作重大项目提供金融服务和融资支持	这是中国与阿拉伯国家之间的首个多边金融合作机构	中阿银联体将以平等相待、相互合作、互利公平、共同发展为原则，通过开放式、俱乐部式的运作模式
欧洲复兴开发银行	欧洲复兴开发银行是一家国际性金融机构，成立于1991年，建立欧洲复兴开发银行的设想是由法国总统密特朗于1989年10月首先提出来的，于1991年4月14日正式开业。2015年12月14日，欧洲复兴开发银行理事会通过接受中国加入该行的决议	在全面加强民主、尊重人权、保护环境等因素下，帮助和支持东欧、中欧国家向市场经济转化，以调动上述国家中个人及企业的积极性。促使它们向民主政体和市场经济过渡。投资的主要目标是中东欧国家的私营企业和这些国家的基础设施	
欧洲投资银行	欧洲投资银行（European Investment Bank, EIB）是欧洲经济共同体成立后设立的金融机构。根据1957年《建立欧洲经济共同体条约》（《罗马条约》）的规定，于1958年1月1日成立，1959年正式开业。总行设在卢森堡	《罗马条约》第130条规定，欧洲投资银行不以营利为目的，其业务重点是对在共同体内落后地区兴建的项目、对有助于促进工业现代化的结构改革的项目以及对几个成员国共建的项目提供长期贷款或保证；也对本体以外的地区输出资本，但贷款兴建的项目须对共同体有特殊意义（如改善能源供应），并须经该行总裁委员会特别批准。对与共同体有联合协定或签订有合作协定的国家和地区，一般协定的最高限额提供资金	

续表

金融机构	成立背景	宗旨/使命	职能/历史上发挥过的作用
非洲开发银行	非洲开发银行是在联合国"非洲经济委员会"支持下由非洲国家合办的互助性、区域性国际金融机构。1964年9月正式成立，1966年7月开始营业。非洲开发银行是非洲最大的地区性政府间开发金融机构，包括非洲所有54个国家以及26个域外国家。主要向发展中国家成员国贷款以支持农业、工业、基础设施、交通和通信、卫生教育和私营领域的发展	向成员国的经济和社会发展提供资金，协助非洲大陆制定发展的总体战略，协调各国的发展计划，以便逐步实现"非洲经济一体化"	
美洲开发银行	美洲银行（Inter-American Development Bank, IADB）也叫泛美开发银行。成立于1959年12月30日，是世界上最早和最大的区域性、多边国际金融机构。总行设在华盛顿。该行是美洲国家组织的专门机构，其他地区的国家也可加入，但拉美地区不能利用该行资金，只可参加该行组织的项目投标	"集中各成员国的力量，对拉丁美洲国家的经济、社会发展计划提供资金和技术援助"，并协助它们"单独地和集体地为加速经济发展和社会进步作出贡献"	
"一带一路"银行间常态化合作机制	2017年5月，首届"一带一路"国际合作高峰论坛在北京成功召开，中国工商银行顺势而为，在中国人民银行的指导下，于峰会期间主办了"一带一路"银行家圆桌会，创新性地倡导建立了"一带一路"银行间常态化合作机制。本次银行家圆桌会使"一带一路"共建国家的30余家商业银行以及国际金融组织的董事长、行长等首次聚集一堂，共同签署了《"一带一路"银行家北京联合声明》，决定以"机制共建、利益共享、责任共担、合作共赢"为基础，深入推进银行间常态化务实合作，成为清单中唯一的商业性银行合作成果，国际合作高峰论坛官方披露的机构精准合作成果	①搭建共建国家和金融机构合作新平台，完善跨境金融基础设施，消除影响合作的障碍和分歧； ②促进金融业与产业的共同繁荣，助力"一带一路"建设和区域经济增长； ③推进本币结算和人民币国际化，促进经贸合作的便利化； ④帮助参与各国掌握金融自主权，提升金融竞争力； ⑤确立新兴市场国家在全球金融领域的影响力，并推动自身成为具备完善功能和广泛影响力的国际金融组织	
中国—中东欧银联体	2017年11月27日，中国国家开发银行与中东欧金融机构共同发起的中国—中东欧银联体正式成立，旨在推动中国—中东欧"17+1合作"框架下的多边金融合作。截至2017年底，中国—中东欧银联体共有14家成员，均为各国政府控股的政策性银行、开发性金融机构和商业银行。各成员按照"自主经营、独立决策、风险自担"的原则，开展项目融资、同业授信、培训交流、政策沟通、高层对话、信息共享等领域合作，并配合开展中国—中东欧国家合作机制项下其他相关工作		

第10章 资金融通领域重要合作协议与机制 ·167·

续表

金融机构	成立背景	宗旨/使命	职能/历史上发挥过的作用
中俄地区合作发展投资基金	2018年9月11日至12日，习近平主席赴俄罗斯出席第四届东方经济论坛，并在论坛全会上发表了《共享远东发展新机遇 开创东北亚美好新未来》的致辞，表示"中方已设立首期100亿元，总规模1000亿元人民币的中俄地区合作发展投资基金，愿同俄方一道支持运营好基金，推进重大项目落地，将其打造成为中俄地区合作的重要平台"。中俄地区合作发展投资基金由中国国务院批准设立，国家发展和改革委员会批复了基金设立方案。该基金由国家电力投资集团、中国核工业集团等发起成立，采取有限合伙制，实行市场化运作、市场化运作。2018年的8月21日，基金管理公司、普通合伙人公司在深圳正式注册成立，首批基金的投资方包括10余家央行、国企、金融机构和地方政府
中非发展基金	中非发展基金是中非合作论坛成立的产物，由国家开发银行具体承办，股东单位以市场化方式给予了资金支持。经过多年积极探索和先行先试，在对非合作领域取得良好投资效益。截至2022年9月，中非发展基金已累计对37个非洲国家投资超过64亿美元，带动中企对非投资310亿美元。投资项目涉及基础设施、产能合作、农业民生等领域。下一步，中非发展基金将持续创新，为推动中非高质量共建"一带一路"展现新作为

资料来源:《习近平同印度尼西亚总统苏西洛举行会谈》, https://www.gov.cn/guowuyuan/2013-10/03/content_2584787.htm;http://www.eximbank.gov.cn/aboutExim/organization/ckfj/whkgjj/zgydoz/;《习近平在中阿合作论坛第八届部长级会议开幕式上的讲话（全文）》, https://www.xinhuanet.com/politics/2018-09/12/c_1123419947.htm。下载时间 2023-09-04;《习近平在第四届东方经济论坛全会上的致辞》http://www.gov.cn/xinwen/2018-07/10/content_5305377.htm?cid=303

10.2.2 金融风险跨国处置机制

从全球层面来看，国际货币基金组织承担着救助金融危机发生国、防止金融风险跨国蔓延的职责，而金融稳定委员会（Financial Stability Board，FSB）承担着评估全球金融系统脆弱性和为跨国界风险管理制定应急预案的职责，具体如表10-4所示。

表10-4 全球层面跨国金融风险处置机制

处置机构	成立背景	宗旨/使命	职能	历史上发挥过的作用
国际货币基金组织	由于美国在世界经济危机和第二次世界大战后登上资本主义世界盟主地位，美英双方于1944年4月达成了反映美国怀特计划的"关于设立国际货币基金的专家共同声明"	对于严重财政赤字的国家，基金可能提出资金援助，甚至协助管理国家财政	①对发生国际收支困难的成员国在必要时提供紧急资金融通；②促进国际金融与货币领域的合作；③促进国际经济一体化；④维护国际汇率秩序；⑤协助成员国间建立经常性多边支付体系	①东南亚金融危机期间，对韩国、泰国和菲律宾实行资金救助；②2008年全球金融危机期间，扩资增强流动性，并实施改革；③欧洲主权债务危机期间，与欧盟以及欧洲央行合作，成立了EFSM和EFSF两个区域救助机制
金融稳定委员会	2008年全球金融危机促使各国政府和国际社会对国际金融监管体系进行深刻反思。同年G20华盛顿峰会通过《华盛顿声明》并达成金融改革行动计划。2009年G20伦敦峰会，与会领导人决定创立金融稳定委员会	促进金融监管规则制定，督促国际监管政策实施；评估和消除影响全球金融体系稳定的不利因素，促进全球金融稳定	①评估影响全球金融体系的脆弱性问题；②促进负责金融稳定的主管机关间的合作；③监控全球金融市场发展及其对监管政策影响并提出政策建议；④制订跨境风险管理应急计划；⑤同国际货币基金组织合作建立危机预警防范机制	①推动国际社会加强宏观审慎管理；②推动银行资本监管标准的提高；③推出对系统重要性金融机构加强监管的政策措施；④提出对影子银行体系监管的思路；⑤推动对资产证券化和金融衍生品市场加强监管；⑥推动国际社会加强金融消费者权益保护

注：EFSM表示European Financial Stabilisation Mechanism，欧洲金融稳定机制；EFSF表示European Financial Stability Facility，欧洲金融稳定基金

从区域层面来看，"一带一路"现有的跨国金融风险处置机制主要有中亚、黑海及巴尔干半岛地区央行行长俱乐部，东南亚中央银行组织，东亚及太平洋中央银行行长会议组织于2007年成立的副行长级别的货币与金融稳定委员会，清迈倡议多边化机制，金砖国家应急储备安排机制，以及欧洲稳定机制等。现有区域金融合作机制层次不一、职能相异，可大致分为非正式对话类、风险监测评估类和应急处置类三大类。详细内容如表10-5所示。

非正式对话类：主要在协调地区金融事务、分享及交流经验等方面发挥着积极作用，缺少应对和处置金融风险的实际措施和资金支持，如中亚、黑海及巴尔

干半岛地区央行行长俱乐部和东南亚中央银行组织。

表10-5 区域层面跨国金融风险处置机制

处置机构	成立背景	宗旨/使命/职能	历史上发挥过的作用
中亚、黑海及巴尔干半岛地区央行行长俱乐部	创立于1998年，每年召开两次央行行长会议。现有包括中国在内的25个成员国，主要覆盖中东欧、中亚、高加索、中东地区国家	协调地区金融事务、分享及交流经验；加大对基础设施等方面合作的融资支持，不断扩大跨境贸易本币结算的地域和规模，探讨开展本币互换合作，支持金融机构到对方设立分支机构	
东南亚中央银行组织	成立于1966年，是一个由成员中央银行或货币当局参加的次区域金融组织。1982年在马来西亚设立常设机构——东南亚中央银行研究与培训中心	推动东南亚地区中央银行或货币当局的交流和人员培训；中国人民银行于2011年正式加入东南亚中央银行组织，成为该组织第17个成员并任理事会成员	
东亚及太平洋中央银行行长会议组织	成立于1991年，包括东亚及太平洋地区11个经济体的中央银行和货币当局，是本地区最重要的中央银行合作组织	构建区域危机管理框架，定期发布宏观监测报告，关注全球及地区经济金融风险	1995~1997年，鼓励成员间签署双边美元国债回购协议抵御危机影响；2007年成立副行长级别的货币与金融稳定委员会
东盟与中日韩金融合作机制	1997年亚洲金融危机，在中国提议下，10+3领导人非正式会议设立财长会议机制以便尽快恢复地区经济。2000年东盟与中日韩正式签署《清迈倡议》，决定在东盟与中日韩之间建立双边货币互换网络。2010年东盟与中日韩（10+3）财长和央行行长以及中国香港金融管理局总裁共同宣布清迈倡议多边化协议正式生效。2011年4月，东盟与中日韩宏观经济研究办公室（ASEAN+3 Macroeconomic Research Office, AMRO）正式成立	1997年亚洲金融危机爆发后，主要宗旨是加强财政和金融合作，以便尽快恢复本地区的经济发展。2000年后，主要宗旨是解决区域内国际收支和短期流动性困难；对现有国际融资安排加以补充。2011年后，同时负责监测本地区及成员经济体的宏观经济和金融系统运行情况，对风险进行预警	
金砖国家应急储备安排机制	2014年7月15日，金砖国家在巴西福塔莱萨签署《关于建立金砖国家应急储备安排的条约》	应急储备安排将补充和强化由国际货币基金组织、区域金融安排、中央银行间双边货币互换协议及各国自有的国际储备构成的全球金融安全网，旨在促进金砖国家和全球金融稳定	
亚洲金融合作协会	亚洲金融合作协会（Asian Financial Cooperation Association, AFCA）主要由亚洲国家和地区的金融机构、金融行业组织、相关专业服务机构以及金融领域的有关个人自愿结成，是在中国民政部登记注册的区域性国际非政府、非营利性社会组织	"联通合作 共治共享"，致力于搭建亚洲金融机构交流合作平台，加强区域金融机构交流和金融资源整合，共同维护区域金融稳定；通过治理结构制度安排，利于全体会员共同治理协会，共享协会服务及成果	

风险监测评估类：多旨在逐步构建区域危机管理框架，关注全球及地区经济金融风险，定期发布面向特定国家和区域的宏观监测报告，没有实际的危机处置能力，如东亚及太平洋中央银行行长会议组织于2007年成立的副行长级别的货币与金融稳定委员会。

应急处置类：以资金援助为调控手段，实现金融风险的应急处置。着眼于金融稳定，在成员国面临国际收支压力时为其提供短期流动性支持的《清迈倡议》、金砖国家应急储备安排机制和欧洲稳定机制是金融风险跨国处置功能的典型代表。清迈倡议多边化协议是目前"一带一路"金融合作水平最高的平台，不仅建立了2400亿美元的外汇储备库以预防危机冲击，还建立了专门研究办公室，监测成员国的宏观经济金融状况并提供政策建议，这有利于更好地维护本地区的金融安全。

10.2.3 金融培训研究合作机制

中资银行在"一带一路"建设中，积极推动完善多边金融合作机制，输出"中国智慧"，提供"中国方案"，以"融资+融智"并举引领发展，与共建国家共享发展机遇，积极扩大金融合作"朋友圈"。除建立常态化交流合作机制外，积极开展培训研究，传播中国文化与"一带一路"金融理念。

1. "一带一路"金融研究院

中国进出口银行2018年6月14日宣布，成立"一带一路"金融研究院（上海）。据悉，该研究院将围绕"一带一路"建设、国际经济合作等相关领域，立足政策性金融理论与实践，重点加强对国别、行业和政策的研究，为进出口银行改革发展和国家战略实施，提供政策建议和决策支持。

2. "一带一路"财经发展研究中心

"一带一路"财经发展研究中心以"传承丝路精神，服务一带一路"为宗旨，以决策咨询和启迪民智为基本功能，既是研究"一带一路"共建国家相关财经政策、法律法规、经济环境的科研机构，也是为"一带一路"共建国家提供财经方面的政策、信息、学术的沟通交流平台，同时又是为中国实施"一带一路"建设提供智力支持的财经智库。"一带一路"财经发展研究中心设在厦门国家会计学院。

3. 开发性金融学院

国家开发银行开发性金融学院于2017年9月6日在北京成立，国家开发银行行长郑之杰表示，国家开发银行多年来始终坚持以开发性金融为指导，坚持融资融智并举，通过研究、规划、智库建设、交流培训等多种方式，不断深化和丰富开发性金融服务国家战略的手段和方法。设立开发性金融学院是国家开发银行贯彻全国金融工作会议精神、在深化改革"三步走"战略成功实现新的历史起点上服务国家战略的又一重大举措。

4. 中国—国际货币基金组织联合能力建设中心

2017年5月14日，在"一带一路"国际合作高峰论坛期间中国人民银行行长周小川与国际货币基金组织总裁拉加德签署了《中国人民银行与国际货币基金组织关于建立中国—基金组织联合能力建设中心谅解备忘录》,旨在进一步加强双方在能力建设方面的合作,更好地服务中国宏观经济金融发展,并满足"一带一路"共建国家的能力建设需求。

2018年4月12日,中国—国际货币基金组织联合能力建设中心启动仪式在北京举行。时任中国人民银行行长易纲、国际货币基金组织总裁拉加德出席启动仪式并共同宣布中国—国际货币基金组织联合能力建设中心正式启动。易纲表示,"一带一路"倡议坚持"共商、共建、共享"原则,欢迎各方积极参与。资金融通是"一带一路"建设的重要支撑,要坚持企业为主体、市场化原则,为"一带一路"提供可持续的投融资支持。

此次启动的能力建设中心有助于推动"一带一路"共建国家能力建设,助力"一带一路"倡议。具体而言,一是要充分利用开发性金融优势;二是要继续推进金融机构与金融服务的网络化布局;三是要发挥国际金融机构和国际金融中心的作用。各方需加强投融资合作,共同推动"一带一路"建设,共建开放型全球经济。

5. 多边开发融资合作中心

2017年5月14日,在"一带一路"国际合作高峰论坛期间,中国财政部与世界银行等6家多边开发银行共同签署了《关于加强在"一带一路"倡议下相关领域合作的谅解备忘录》。为了更好地落实备忘录的内容,财政部和多边开发银行建立了多边开发融资合作中心,将借助多边开发银行资源为企业在"一带一路"共建国家投资提供咨询服务,支持国内企业和金融机构与多边开发银行就"一带一路"项目开展联合融资,协助推进项目的落地。

6. 中国—拉美开发性金融合作机制

2019年4月22日,中国—拉美开发性金融合作机制在京成立,这是中国与拉美国家间首个多边金融合作机制,中国与"一带一路"共建国家金融合作进一步深入。中国—拉美开发性金融合作机制由中国国家开发银行牵头成立,成员行还包括阿根廷投资与外贸银行、拉美对外贸易银行、厄瓜多尔国家开发银行等七家拉美国家金融机构。合作机制建成后,各成员行将在多个领域加强合作,其中包括:共同支持中拉基础设施重大合作项目,促进设施联通;推动中拉经贸往来,助力贸易畅通;推进人民币和拉美地区货币融资合作,引导资金融通等。

7. "一带一路"创新发展中心

2021年4月9日,为落实第二届"一带一路"国际合作高峰论坛成果,更好服务共建"一带一路"高质量发展,"一带一路"创新发展中心成立仪式在国家开发银行举行。

2019年4月，第二届"一带一路"国际合作高峰论坛将成立"一带一路"创新发展中心列入峰会成果清单，明确由国家发展和改革委员会与联合国开发计划署共同发起"一带一路"创新发展平台建设项目，并授权国家开发银行以该项目下的"一带一路"创新发展中心名义执行。"一带一路"创新发展中心坚持开放、绿色、廉洁理念，在国家发展和改革委员会的政策指导和统筹协调下，发挥国家开发银行"融资+融智"优势，以及联合国开发计划署等国际组织在可持续发展领域的先进经验与国际资源优势，助力"一带一路"高质量发展。

8. "一带一路"债券试点

近年来，围绕"一带一路"，国家相继出台了一系列指导文件，为鼓励企业"走出去"、服务"一带一路"发展，出台多项税收优惠举措。为探索适合"一带一路"企业发展的债券市场服务支持新模式，在中国证券监督管理委员会于2018年3月发布《关于开展"一带一路"债券试点的指导意见》后，上海证券交易所正式推出"一带一路"公司债券，促进"一带一路"相关企业资金融通，引导更多资金投向基础设施建设领域。

10.2.4　税收征管合作机制

2019年4月18日，"一带一路"税收征管合作机制在中国宣告成立。34个国家和地区税务部门18日在浙江乌镇共同签署《"一带一路"税收征管合作机制谅解备忘录》，标志着"一带一路"税收征管合作机制正式成立。合作机制通过加强税收合作，优化营商环境，支持贸易自由化和投资便利化。共建"一带一路"的国家和地区要积极利用好税收征管合作机制，求同存异，加强税收征管协调对接；立足于"一带一路"建设现实需求，围绕加强征管能力建设、加强税收法治、加快争端解决、提高税收确定性、通过征管数字化提升纳税遵从等，制定务实合作行动计划，为跨境纳税人带来实实在在的好处；积极搭建互学互鉴实用平台，及时分享实践经验。

10.3　本章小结

合作协议、合作机制的制定是政策沟通、资金融通的重要举措，为"一带一路"建设提供了一定的保障。随着"一带一路"建设的深入推进，进一步加强"一带一路"合作机制建设就显得尤为迫切。近年来，通过多样化的合作机制，"一带一路"建设很好地适应了参与国在政治、经济、社会、文化等方面的差异，使各参与国在"一带一路"资金融通过程中受益匪浅，有效保障投融资体系建设与多双边投融资机制和平台的迅速发展。

第 11 章 "一带一路"共建国家汇率波动演化态势

汇率波动与资本市场价格、市场杠杆率和跨境资本流动都有着密切的关系，汇率波动会对国内金融市场、金融机构造成冲击，并对实体经济造成巨大的影响。"一带一路"倡议中的贸易畅通、资金融合都与汇率的波动息息相关。"一带一路"共建国家贸易合作、经济发展紧密相连，投资建设的加强、资金的融通都会带来相应汇率的波动，这又会反作用于各国之间的经济合作发展。本章首先分析了"一带一路"共建国家的汇率制度和汇率波动的概况，并构建了"一带一路"人民币名义有效汇率指数，将其与整体人民币名义有效汇率指数的波动进行比较，分析其波动特征；然后，通过构建汇率波动的复杂网络，揭示"一带一路"汇率波动特征和人民币在"一带一路"共建国家中的地位演变。

11.1 "一带一路"共建国家汇率波动概览

11.1.1 汇率制度

根据国际货币基金组织的官方统计，"一带一路"共建国家的汇率制度可大体分为浮动汇率制度、硬钉住汇率制度、软钉住汇率制度和其他汇率制度四种，具体情况参见表 11-1。其中，硬钉住汇率制度是汇率相对固定的汇率制度，一个国家将本国货币钉住另一种货币或一个货币篮子。软钉住汇率制度比硬钉住汇率制度要灵活，政府部门可以采取灵活性较高的汇率机制，随时应对市场不确定性因素变化造成的冲击，进而对汇率进行有效的控制和及时调整。浮动汇率制度是指一国货币的对外币值，根据外汇市场上的供求状况，任其自由涨落，对汇率的波动幅度不予固定。

表11-1 "一带一路"共建国家汇率制度

汇率制度	国家				
硬钉住汇率制度	安提瓜和巴布达	巴拿马	保加利亚	波黑	文莱
	多米尼克	格林纳达	黑山	萨尔瓦多	
软钉住汇率制度	阿尔及利亚	埃及*	利比亚	突尼斯	毛里塔尼亚
	苏丹	摩洛哥	南苏丹	埃塞俄比亚	坦桑尼亚*
	卢旺达	布隆迪	柬埔寨*	老挝	新加坡
	越南	蒙古国*	亚美尼亚*	阿塞拜疆	塔吉克斯坦

续表

汇率制度	国家				
软钉住汇率制度	乌兹别克斯坦	土库曼斯坦	吉尔吉斯斯坦	多米尼加	特立尼达和多巴哥
	纳米比亚	刚果（布）	刚果（金）*	博茨瓦纳	科摩罗
	莱索托	苏里南	圭亚那	玻利维亚	塞尔维亚
	克罗地亚	北马其顿	罗马尼亚*	巴布亚新几内亚	萨摩亚
	所罗门群岛	斐济	孟加拉国	不丹	马尔代夫
	尼泊尔	斯里兰卡*	几内亚*	多哥	尼日利亚
	塞内加尔	科特迪瓦	尼加拉瓜	加蓬	喀麦隆
	利比里亚	贝宁	布基纳法索	赤道几内亚	几内亚比绍
	马里	尼日尔	圣多美和普林西比	巴林	伊朗
	伊拉克	约旦	黎巴嫩	阿曼	沙特阿拉伯
	也门	阿联酋	卡塔尔	乍得	哥斯达黎加*
浮动汇率制度	塞舌尔	乌干达	印度尼西亚	马来西亚	菲律宾
	泰国	韩国	白俄罗斯	摩尔多瓦	俄罗斯
	哈萨克斯坦	赞比亚	南非	乌拉圭	智利*
	秘鲁	牙买加	斯洛文尼亚	阿尔巴尼亚	希腊
	马耳他	新西兰	印度	加纳	格鲁吉亚
	土耳其	以色列	塞浦路斯	波兰	斯洛伐克
	匈牙利	奥地利	爱沙尼亚	拉脱维亚	立陶宛
	乌克兰	捷克*			
其他汇率制度	肯尼亚	缅甸	中国	津巴布韦*	安哥拉*
	委内瑞拉	阿根廷*	瓦努阿图	汤加*	阿富汗
	巴基斯坦	冈比亚	塞拉利昂	科威特*	叙利亚

资料来源：国际货币基金组织的《汇率安排与汇兑限制年报2020》（Annual Report on Exchange Arrangements and Exchange Restrictions 2020）

*表示该国汇率较2019年发生了变化

由于汇率波动的全球联动性较强，并且汇率数据可以实时更新获取，本章选取136个与中国签署合作文件的国家作为研究对象，统称为"一带一路"共建国家。表11-1为"一带一路"共建国家汇率制度的统计，其中，硬钉住汇率制度有9个国家，采取其他汇率制度有15个国家，大部分国家采用的是软钉住汇率制度和浮动汇率制度。

软钉住汇率制度主要分布在亚洲和非洲，浮动汇率制度则以欧洲为主，其他地区也有许多采用浮动汇率制度的国家。采取硬钉住汇率制度的国家有安提瓜和巴布达、巴拿马、保加利亚、波黑、文莱、多米尼克、格林纳达、黑山、萨尔瓦多，在加勒比海地区、南欧地区、东非地区有分布。因此，单从汇率制度上来看，大多数"一带一路"共建国家汇率波动较大。

选取 2010 年 1 月 1 日至 2022 年 3 月 18 日"一带一路"共建国家的日度汇率数据，共有 130 组有效数据，数据来源自 Wind 资讯。其中，数据缺失的国家有南苏丹、文莱、柬埔寨、阿富汗、缅甸、老挝。本节将针对这 130 个"一带一路"共建国家的汇率波动进行分析。

11.1.2 波动态势

为了消除量纲的影响，本节计算每个国家汇率的变异系数，来反映各国汇率波动情况。根据上述国家的变异系数绘制图 11-1，为了使图片展示得更为清晰，分四张图表示。可以看出，苏丹、委内瑞拉、叙利亚、阿根廷这四个国家的变异系数远高于其他国家。其中苏丹的变异系数达到了 2.3，远远超出第二名委内瑞拉。

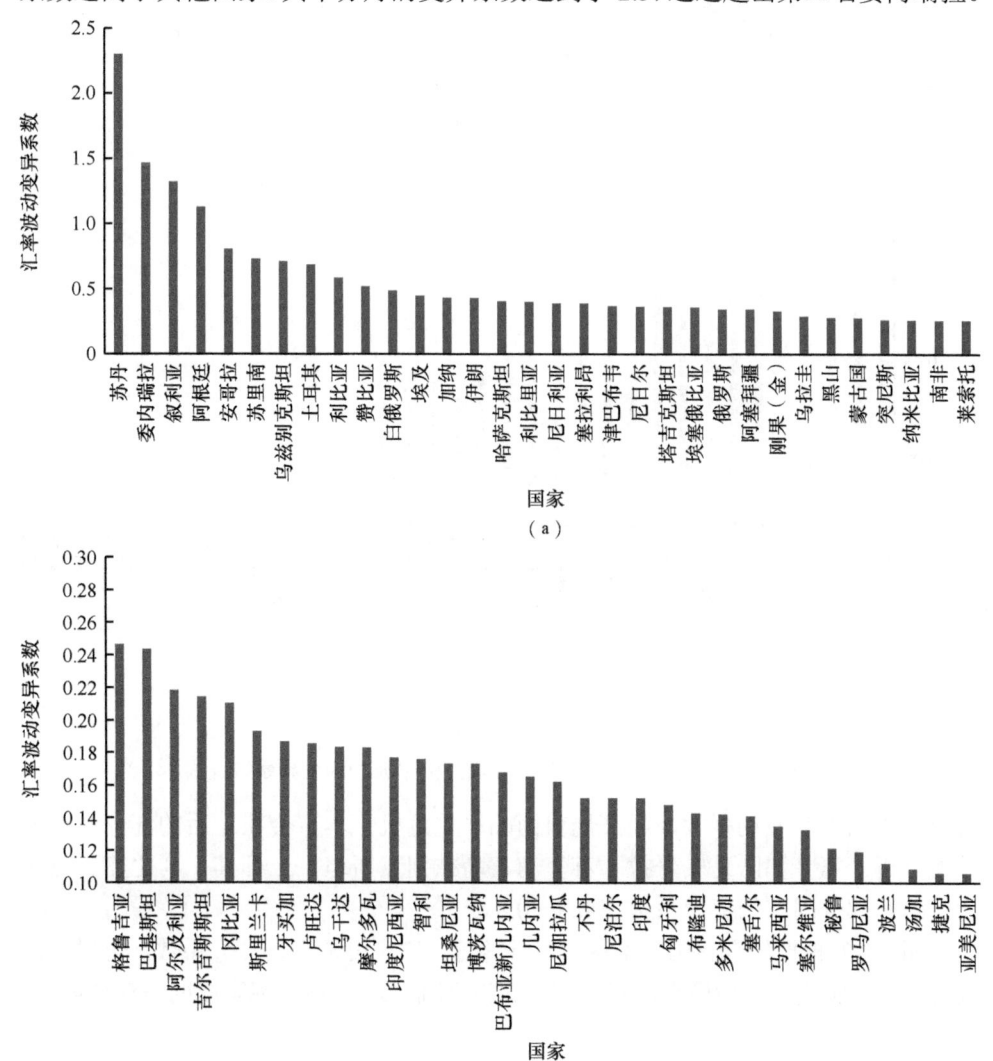

(a)

(b)

（c）

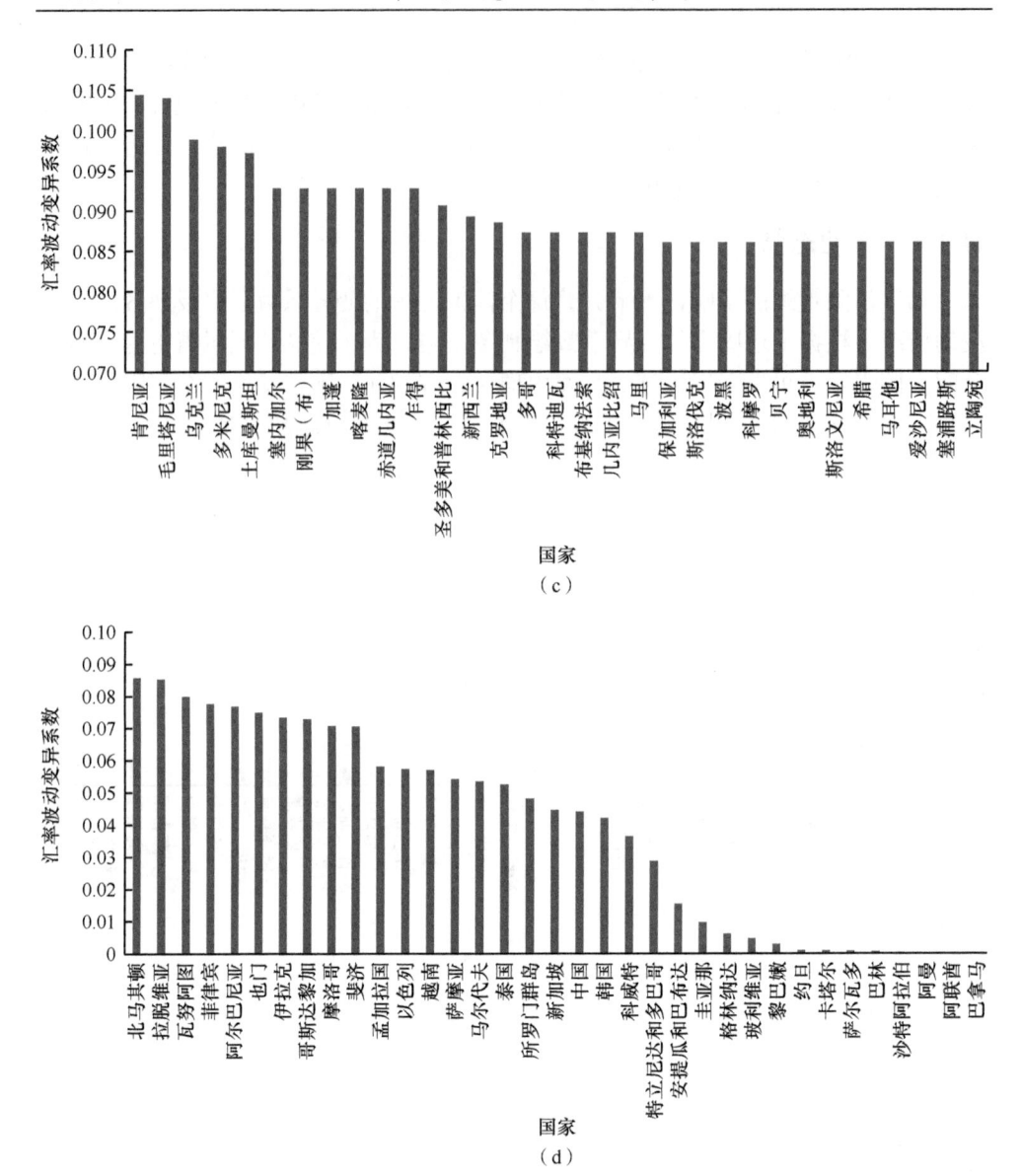

（d）

图 11-1 "一带一路"共建国家汇率波动的变异系数

可见苏丹的汇率波动极大，经济局势面临严重危机。本节会在之后的部分进行分年度分析。第二梯队是安哥拉、苏里南、乌兹别克斯坦、土耳其、利比亚、赞比亚。这一部分国家的变异系数在0.5～0.8。

图11-2根据结合各国的汇率制度计算各汇率制度的平均变异系数，可以看出硬钉住汇率制度波动性最小，其次是软钉住汇率制度，其他汇率制度的波动性最大。

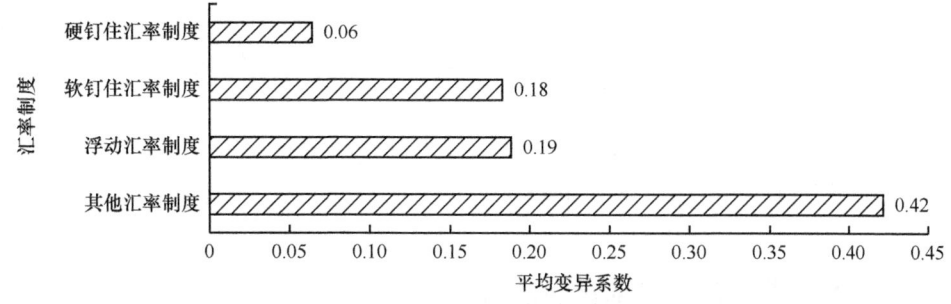

图 11-2 "一带一路"共建国家不同汇率制度的平均变异系数

总体上汇率波动最大的国家为苏丹、委内瑞拉、叙利亚、阿根廷、安哥拉、苏里南、乌兹别克斯坦、土耳其。利用上述八个国家的年度数据，绘制柱形图（图 11-3）。苏丹近年来汇率呈现出周期性波动，在 2012 年、2018 年和 2021 年达到近几年的峰值，之后逐渐降低。类似地，叙利亚汇率也呈现出周期性波动，并分别在 2013 年、2016 年、2020 年达到峰值。此外，受 2018 年金融危机的影响，多数国家均在 2018 年表现出汇率的巨大波动。

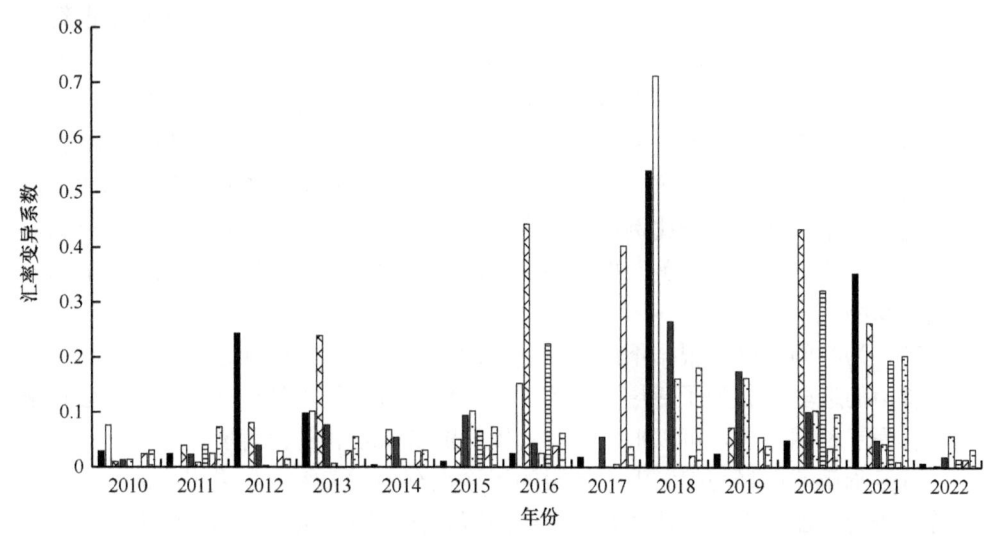

图 11-3 重点国家的汇率波动变化柱形图（2010～2022 年）

可见重点国家汇率受系统性风险的影响很大，经常出现波动同升同降的情况。自 2022 年以后，各国汇率波动出现明显的降低，有利于我国与这些国家进一步开展经济合作，但之后的汇率波动情况还需要结合国际局势和各国汇率政策进行判断，企业在进行对外投资、进出口贸易等经济活动时，应特别关注规避汇率波动，避免不必要的经济损失。

11.2 "一带一路"共建国家汇率波动的多尺度特征

为了更为科学、合理地衡量"一带一路"共建国家整体的汇率波动，本节编制了"一带一路"汇率指数，并将其波动与人民币对主流货币的汇率波动进行对比分析，解释其波动特征。

11.2.1 "一带一路"汇率指数的编制

1. 篮子货币的构建基础

对外贸易量是学界普遍认为的构建货币篮子的基础。对于对外贸易量的考虑一般从以下几个角度进行。

第一为单边贸易量和双边贸易量。为了衡量本国承受的外国通胀压力或者本国产品的国际竞争力，会选择从进口或者出口来确定货币篮子，如日本的日元指数货币篮子。为了衡量本国进出口情况和货币总体竞争能力，会选择双边贸易进行货币篮子的构建，如美联储和欧洲中央银行编制的美元指数和欧元货币指数。

第二为篮子货币的组成。一般在编制篮子货币时，会按照对外贸易量将对象国进行划分和排序，选择排名较为靠前的几位国家或经济体作为重要贸易伙伴，将其货币作为篮子货币的组成。为保证篮子货币能够全面衡量测算国的汇率波动，一般情况下会对测算国与重要贸易伙伴之间的贸易量占测算国总贸易量的比重进行一定的要求，然而这一比例在学界未有明确的规定，会根据指数编制的目的而变化，如美联储所编制的美元指数的这一比例为50%以上，广义美元指数的这一比例为90%以上。

第三为时间跨度。根据不同的编制目的，会使用不同时间维度的贸易量进行篮子货币的选取。若为了衡量近期的汇率波动，可以使用某一年的贸易量进行编制；若为了长期考虑，可以根据连续几年的贸易量之和进行衡量。

篮子货币的选择与编制汇率指数的用途也有很大关系。如果用来衡量一国的综合竞争力，那么就应该选择几个重要的贸易伙伴国的货币；如果用来反映一国受到外部通货膨胀的压力，则可以选择重要的进口贸易伙伴国的货币。此外，除了贸易情况外，还需要根据本国外债来源币种的结构或者外商直接投资的情况，结合货币在国际上的流通性和支付能力来选择最终的篮子货币。本节使用贸易情况结合对外投资情况的方式，同时考虑货币的流通性因素确定篮子货币。

2. 篮子货币权重的确定

篮子货币权重的确定依据有很多种，最常用的是根据贸易往来的规模确定各种货币的权重，根据编制目的的不同，可选择单边出口贸易权重、双边贸易权重等不同的方式，同时还可以考虑到本国商品和外国商品在第三方市场上的竞争程度，我们称之为多国贸易竞争力权重的确定方法。与此同时，在一些文献中还提出通过小国开放经济的一般均衡模型来确定货币权重，但这种方法需要的统计数据较多，并且计算复杂，在实际应用中并没有被普遍采用。

为了衡量人民币在"一带一路"共建国家的整体汇率波动，本节采用双边贸易权重构建"一带一路"汇率指数。考虑到 2020 年新冠疫情暴发，对世界各国进出口贸易产生重大影响，单以 2020 年对外贸易作为基准数据确定货币权重缺乏说服力。因此，本节以 2017~2020 年的平均对外贸易量作为基准。双边贸易权重的计算公式为

$$W_i = \frac{x^i + m^i}{\sum_{i=1}^{n}(x^i + m^i)}$$

其中，n 表示篮子中货币的数量；x^i 表示本国对篮子中 i 国的平均出口额；m^i 表示本国对 i 国的平均进口额。双边贸易权重比单边出口权重考虑更为全面，除本国的出口贸易外，还考虑到本国来自各国的进口情况。为了保证篮子货币能够全面衡量测算国的汇率波动，对我国与重要贸易伙伴之间的贸易量占测算国总贸易量的比重进行一定的要求。2017~2020 年，我国对"一带一路"共建国家进出口总规模位于前 14 位的国家分别是：韩国、越南、马来西亚、俄罗斯、印度、泰国、新加坡、印度尼西亚、沙特阿拉伯、菲律宾、阿联酋、智利、南非、伊拉克。我国对这 14 个国家的进出口贸易之和占我国对"一带一路"共建国家总贸易额的 69.67%以上（图 11-4）。

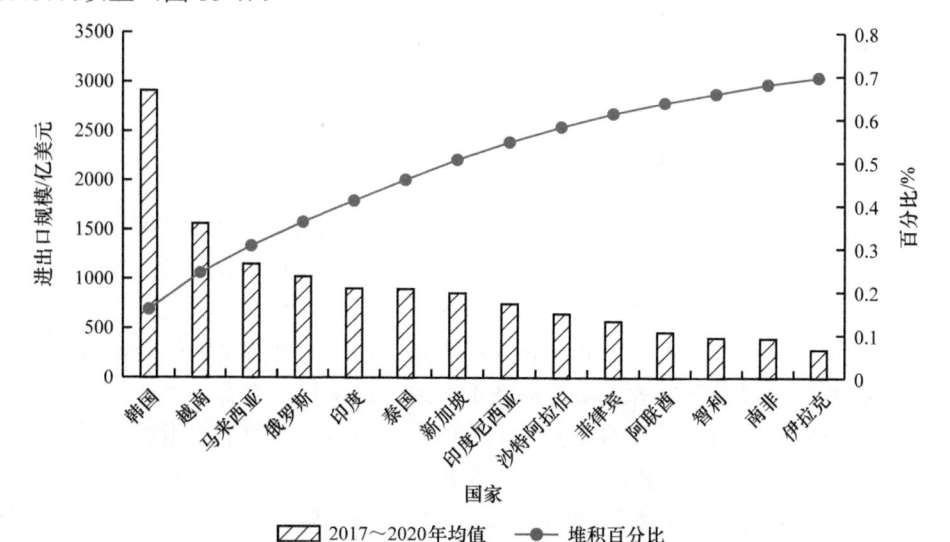

图 11-4 2017~2020 年中国对"一带一路"共建国家平均进出口规模前 14 位的国家

考虑对外直接投资情况，我国 2020 年在"一带一路"共建国家对外投资规模前 10 位的国家分别为新加坡、印度尼西亚、俄罗斯、马来西亚、老挝、阿联酋、泰国、越南、柬埔寨、巴基斯坦。除老挝、柬埔寨、巴基斯坦外，其余 7 个国家同时也是我国进出口贸易占比前 20%的国家。同时考虑汇率数据的可获得性和连续性，最终确定"一带一路"篮子货币包含 10 种货币：韩元、越南盾、马来西亚林吉特、俄罗斯卢布、印度卢比、泰铢、新加坡元、印度尼西亚卢比、菲律宾比索和智利比索。根据双边贸易量的占比确定篮子货币组成的权重，如图 11-5 所示。

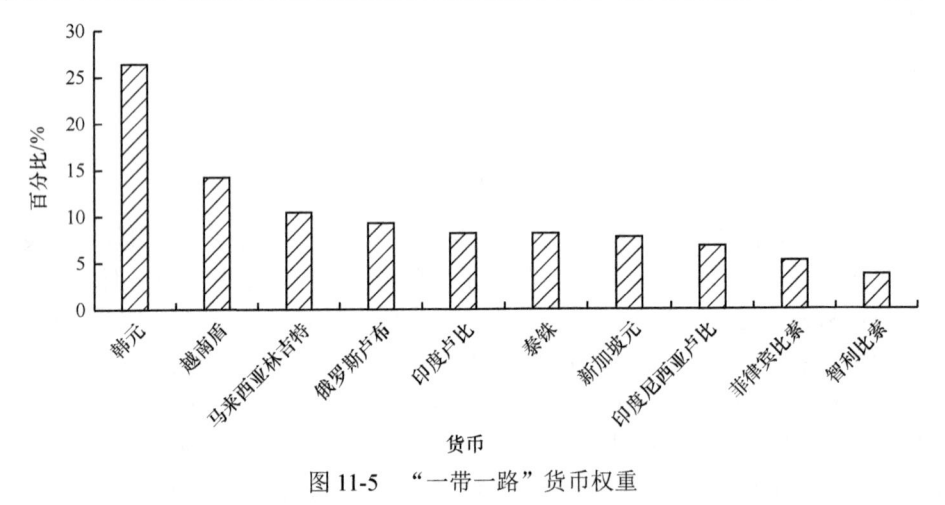

图 11-5 "一带一路"货币权重

3. "一带一路"人民币名义有效汇率指数

根据以下指数的计算公式，以及上述所选取的 10 个篮子货币及其权重，编制出"一带一路"人民币名义有效汇率指数：

$$\text{B\&Rindex}(t) = \frac{\sum_{i=1}^{n} w_i \times \text{ExRate}_i(t)}{\text{ExBenchmark}_i}$$

其中，t 表示所处的时间点；w_i 表示双边贸易权重；$\text{ExRate}_i(t)$ 表示 t 时间点 i 国的对人民币汇率；ExBenchmark_i 表示在 2011 年，该国货币的汇率平均值作为基准。

如图 11-6 所示，对比"一带一路"人民币名义有效汇率指数与基于所有贸易对象国计算得到的整体人民币名义有效汇率指数，即通常意义上的人民币名义有效汇率指数，可以发现二者变动趋势基本一致。但从长期来看，"一带一路"人民币名义有效汇率指数增长的速度大于整体人民币名义有效汇率指数。同时受到"一带一路"共建国家的汇率制度、地缘政治、经济贸易等因素的影响，"一带一路"人民币名义有效汇率指数的波动有着更大的不确定性，汇率的波动大于整体人民币名义有效汇率指数。

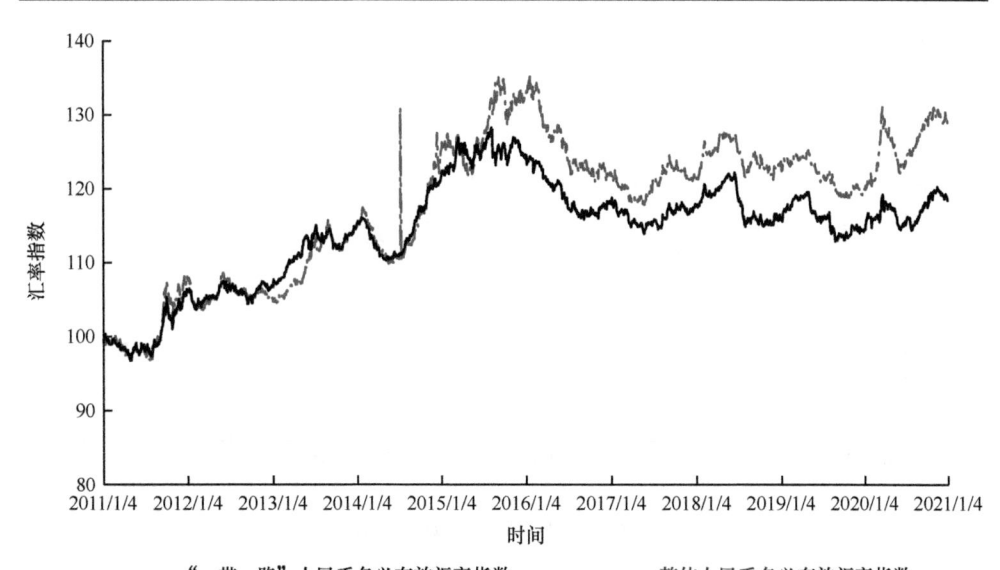

图 11-6　"一带一路"人民币名义有效汇率指数与整体人民币名义有效汇率指数对比

韩元的汇率波动如图11-7所示，在"一带一路"人民币名义有效汇率指数中，其权重为26.39%，排名第一位。可以看出人民币对韩元汇率在2011年至2018年期间波动幅度很剧烈，但没有出现明显的增长或下降。2014年上半年由于相较于韩国来说，中国受到亚洲金融危机的影响更大，汇率出现明显的下跌，下半年，韩国同样受到金融危机的波及，使得人民币对韩元汇率出现大幅上升。总体而言，人民币对韩元汇率在2018年11月底达到最低后开始回升。

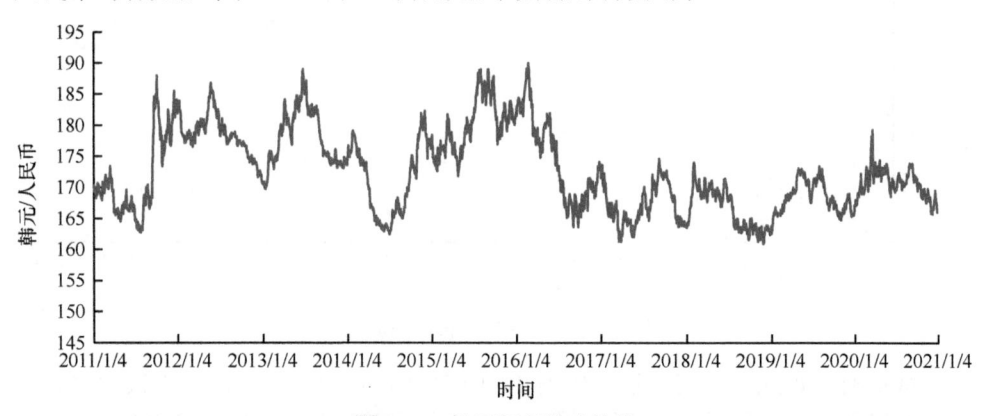

图 11-7　韩元汇率波动趋势

越南盾的汇率波动如图11-8所示，在"一带一路"人民币名义有效汇率指数中，其权重为14.16%，排名第二位。可以看出，2011年至2018年人民币对越南盾汇率整体有小幅上升，在2018年达到峰值。之后虽有回落，但在2020年后将出现新的峰值。

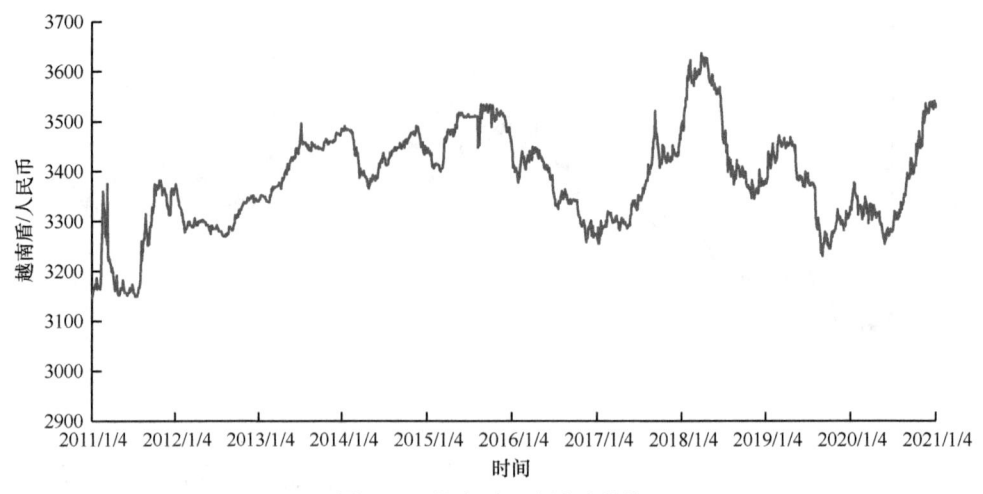

图 11-8　越南盾汇率波动趋势

马来西亚林吉特的汇率波动如图 11-9 所示，在"一带一路"人民币名义有效汇率指数中，其权重为 10.44%，排名第三位。可以看出，2011 年至 2016 年人民币对越南盾汇率整体有小幅上升，在 2015 年 9 月达到峰值。之后汇率波动趋于平稳。

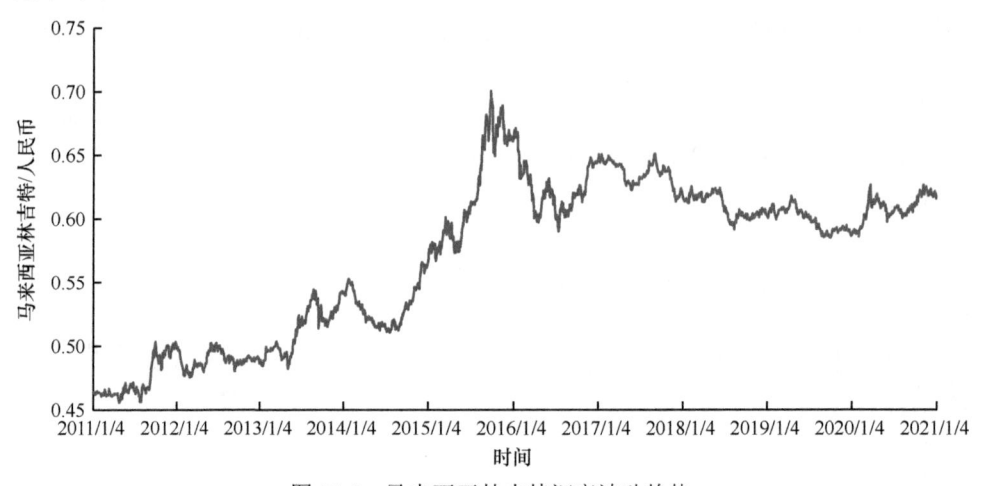

图 11-9　马来西亚林吉特汇率波动趋势

俄罗斯卢布的汇率波动趋势如图 11-10 所示，在"一带一路"人民币名义有效汇率指数中，俄罗斯卢布的权重为 9.27%，排名第四位。2011 年至 2014 年上半年，人民币对俄罗斯卢布汇率围绕着 5 波动，2014 年下半年出现大幅的上升，在 2015~2016 年的剧烈波动之后开始趋于稳定。但自 2020 年后俄罗斯卢布汇率又出现了较大的波动。

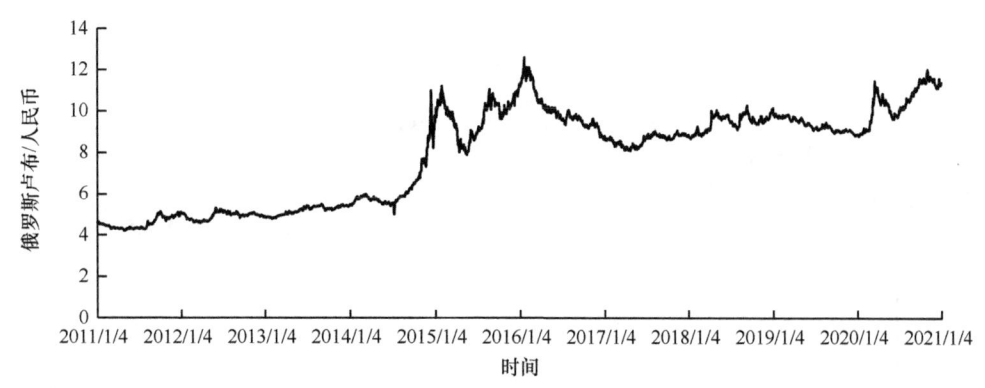

图 11-10 俄罗斯卢布汇率波动趋势

印度卢比的汇率波动如图 11-11 所示,在"一带一路"人民币名义有效汇率指数中,其权重为 8.18%,排名第五位。可以看出人民币对印度卢比汇率在 2011 年至 2013 年期间上升幅度很大,2014 年后呈现平稳波动态势。整体来看,人民币对印度卢比汇率的波动较大。

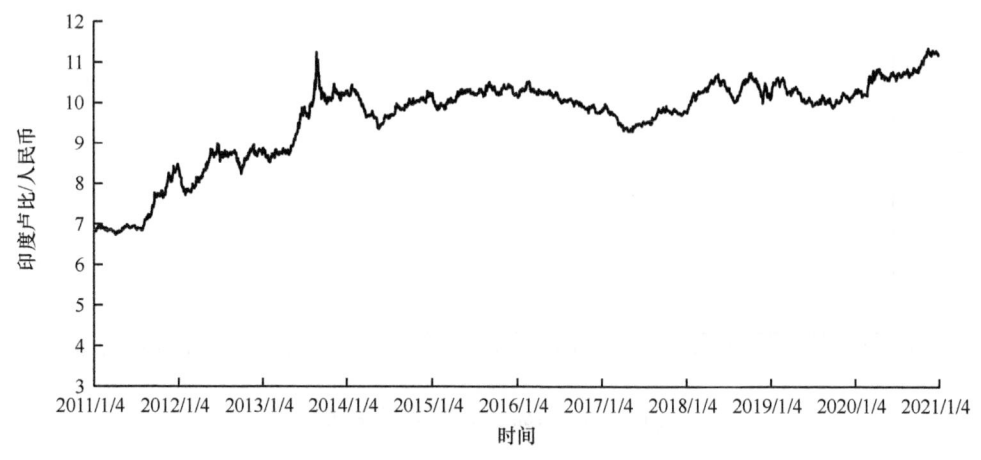

图 11-11 印度卢比汇率波动趋势

泰铢的汇率波动如图 11-12 所示,在"一带一路"人民币名义有效汇率指数中,其权重为 8.13%,排名第六位。整体上看,人民币对泰铢的汇率波动比较明显,在 2013 年下半年至 2014 年上半年和 2015 年出现显著的上升,2016~2020 年汇率一直表现为下行态势,在 2019 年末达到最低点后开始回升。

新加坡元的汇率波动如图 11-13 所示,在"一带一路"人民币名义有效汇率指数中,其权重为 7.76%,排名第七位。整体上看,人民币对新加坡元的汇率波动十分明显,在 2014 年的金融危机中,相较于人民币来说,新加坡元受到的影响更为明显。

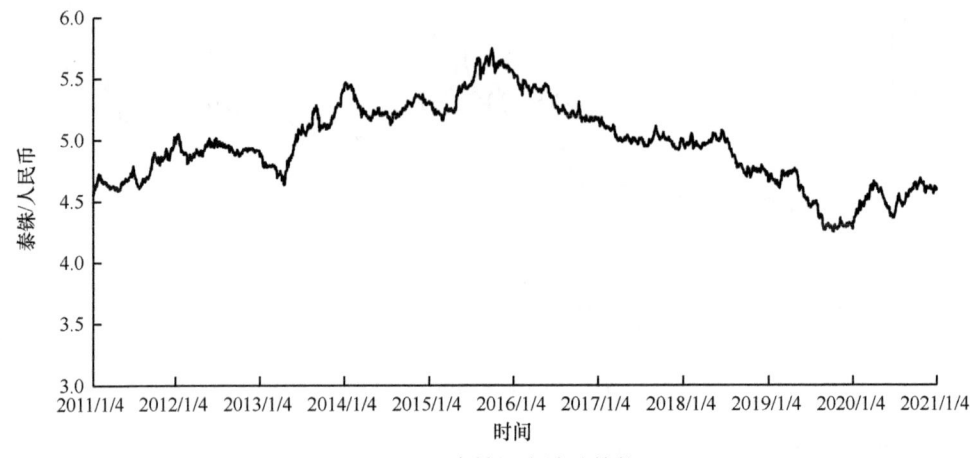

图 11-12　泰铢汇率波动趋势

图 11-13　新加坡元汇率波动趋势

印度尼西亚卢比的汇率波动如图 11-14 所示，在"一带一路"人民币名义有效汇率指数中，其权重为 6.78%，排名第八位。可以看出人民币对印度尼西亚卢比汇率近年来基本处于上升态势，涨幅超过 70%。印度尼西亚受到 2014 年至 2015 年的亚洲金融危机较大的影响，使得人民币对印度尼西亚卢比的汇率出现大幅度的攀升，2016 年有所回落，2020 年汇率又达到了 2011 年以来的高位。

菲律宾比索的汇率波动如图 11-15 所示，在"一带一路"人民币名义有效汇率指数中，其权重为 5.19%，排名第九位。整体上看，2011 年至 2018 年人民币对菲律宾比索的汇率呈上升态势，于 2018 年上半年达到 2011 年以来的峰值。同时，菲律宾比索的汇率波动比较明显。

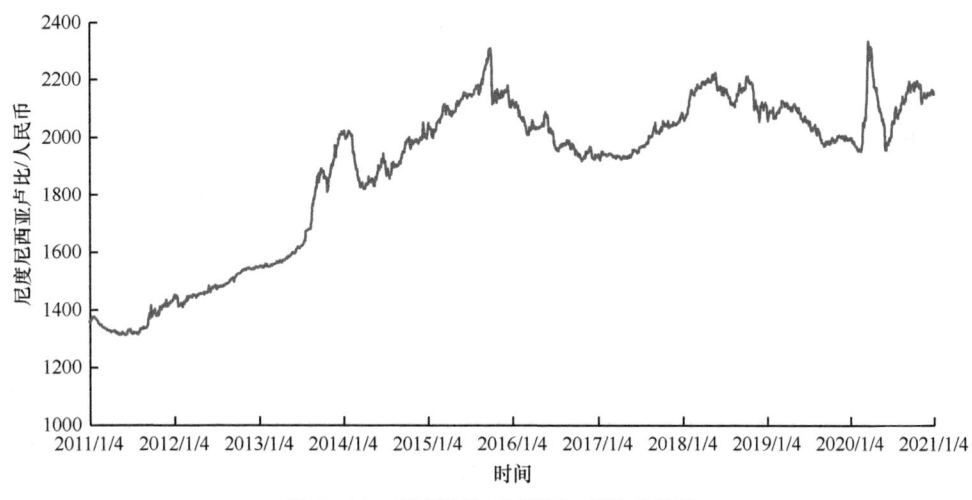

图 11-14 印度尼西亚卢比汇率波动趋势

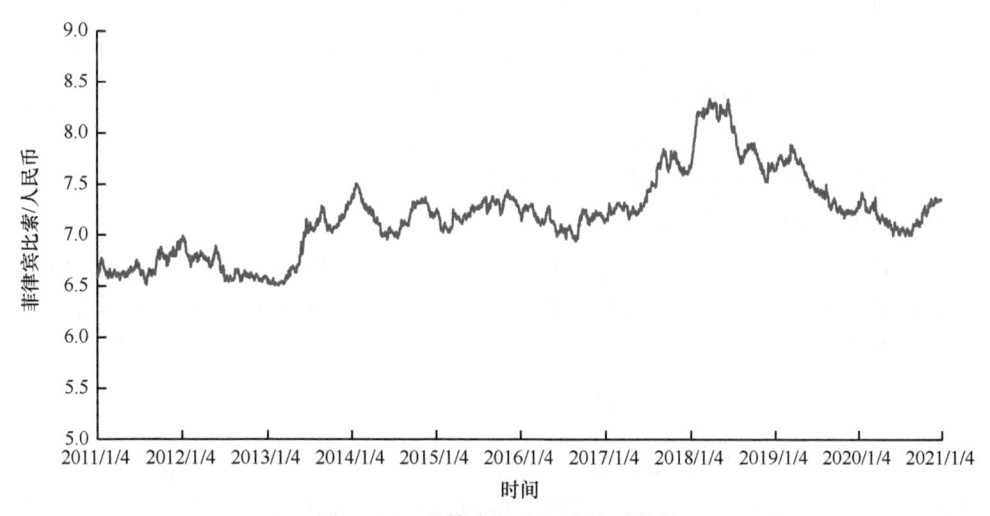

图 11-15 菲律宾比索汇率波动趋势

智利比索的汇率波动如图 11-16 所示，在"一带一路"人民币名义有效汇率指数中，其权重为 3.71%，排名第十位。整体上看，人民币对智利比索汇率近年来基本处于上升态势，先后在 2016 年和 2020 年达到峰值。总体汇率涨幅较大。

11.2.2 "一带一路"汇率波动多尺度特征

选用 EMD（empirical mode decomposition，经验模态分解）对"一带一路"汇率波动进行多尺度的分析，将"一带一路"人民币名义有效汇率指数和整体人民币名义有效汇率指数分别进行分解，将分解出的各阶本征模态函数分量进行混叠，从而得到汇率指数的趋势项、噪声项和市场波动项。

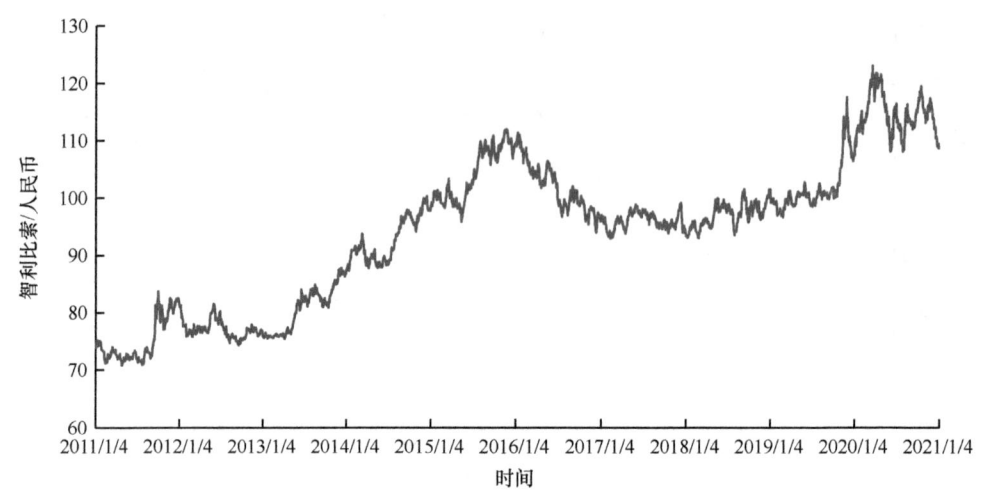

图 11-16　智利比索汇率波动趋势

EMD 算法是近年来发展起来的一种新型的自适应信号时频分析方法，依据信号自身的特点，自主地抽取信号内在的固有模态函数，是一种适用于分析非线性非平稳信号的方法。该方法被认为是对以线性和平稳假设为基础的傅里叶分析和小波变换等传统时频分析方法的重大突破。为了本节的完整性和后续研究的需要，本节主要论述 EMD 的基本原理。

EMD 算法基于本征模态函数 Hilbert 变换（希尔伯特变换）将原信号分解为许多的窄带分量，每一个分量被称为本征模态函数（intrinsic mode function，IMF）。Hilbert 变换公式如下：

$$H[x(t)] = \int_{-\infty}^{+\infty} \frac{x(t)}{t-\tau} d\tau$$

通常情况下，使用 EMD 具有一定的前提假设：①任何信号都能够由若干个本征模态函数组成；②每一个本征模态函数的局部零点和极值点个数相同，同时上下包络关于时间轴局部对称；③在任何时间，一个信号都可以包含若干个本征模态函数，同时各个模态函数可以相互混叠组成复合信号。EMD 算法的实质是一层层地求出原信号的本征模态函数，其求解的主要过程如下所示。

首先，求出原信号的极大值点和极小值点，使用三次样条插值函数拟合求出极大值包络线 $e+(t)$ 和极小值包络线 $e-(t)$，并对极大值包络线和极小值包络线求均值，得到原信号的均值包络线 $m_1(t)$，即 $m_1(t) = \dfrac{e+(t)+e-(t)}{2}$。

其次，将原信号减去其均值包络线 $m_1(t)$，得到一个去掉了低频信号的新信号 $h_1^1(t)$，即 $h_1^1(t) = x(t) - m_1(t)$，一般情况下新信号 $h_1^1(t)$ 不符合本征模态函数的性质要求，所以重复上述过程直至求得符合本征模态函数要求的 $h_1^k(t)$，也就是原信号的一阶本征模态函数 $\text{IMF}_1(t)$。

再次，将原信号减去其一阶本征模态函数 $\mathrm{IMF}_1(t)$，得到一个去掉高频成分的新信号 $r_1(t)$，即 $r_1(t) = x(t) - \mathrm{IMF}_1(t)$，对其重复上述过程，得到二阶本征模态函数 $\mathrm{IMF}_2(t)$。

将上述过程重复 n 次，直至得到的新信号 $r_n(t)$ 为单调函数或者常函数，此时 EMD 分解过程结束，令 $\varepsilon_n(t) = r_n(t)$ 为原信号的残余信号。

最后得到原信号 $x(t)$ 的 EMD 分解表达式 $x_t = \sum_{i=1}^{n} \mathrm{IMF}_i(t) + \varepsilon_n(t)$，其中 $\mathrm{IMF}_i(t)$ 为第 i 个本征模态函数，$\varepsilon_n(t)$ 为残余信号。

使用 EMD 方法将"一带一路"人民币名义有效汇率指数和整体人民币名义有效汇率指数分别进行分解后进行对比分析。通过分解，每一个汇率指数都可以得到对应的分解项和原始序列，如图 11-17 和图 11-18 所示。汇率指数基本上是围

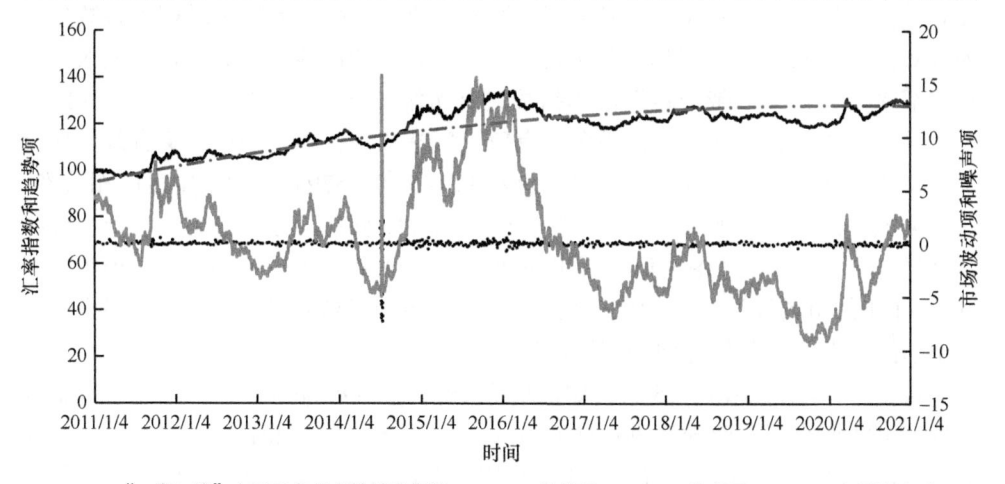

图 11-17 "一带一路"人民币名义有效汇率指数的分解
名义有效汇率指数、趋势项以左侧纵坐标轴为准，市场波动项及噪声项以右侧坐标轴为准

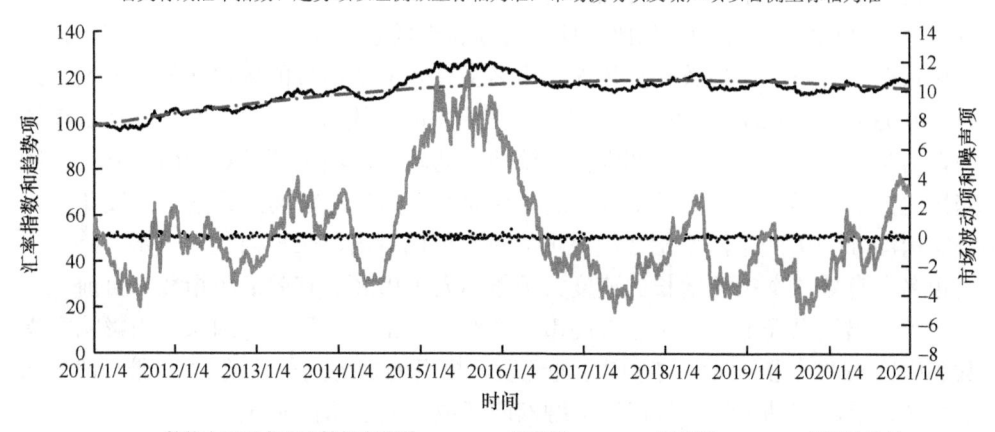

图 11-18 整体人民币名义有效汇率指数的分解

绕长期趋势项波动的，波动的频率和幅度与市场波动项相似，各分量与原始序列之间的相关性如表11-2所示。

表11-2 不同分量与原始序列的相关系数

指数	相关系数	趋势项重构	市场波动项重构	噪声项重构
"一带一路"人民币名义有效汇率指数	皮尔逊相关系数	0.8709	0.2175	0.0369
	双侧检验显著性	0	0.0000	0.0657
整体人民币名义有效汇率指数	皮尔逊相关系数	0.8592	0.5794	0.0295
	双侧检验显著性	0	0.0000	0.1416

由表11-2可以看出，在显著性水平为0.01的情况下，"一带一路"人民币名义有效汇率指数、整体人民币名义有效汇率指数与趋势项的皮尔逊相关系数分别为0.8709与0.8592，表现出强相关性。从长期趋势项曲线可以看出，即使人民币整体汇率指数和"一带一路"汇率指数会有所波动，但是长期来看依旧是稳定上升。同时，"一带一路"人民币名义有效汇率指数、整体人民币名义有效汇率指数与市场波动项的皮尔逊相关系数分别为0.2175和0.5794，表现出中度的相关性。一般来说，市场波动项主要受到一些特殊大事件的影响，这些影响的时间会持续几个月之久。例如，从图中可以看出在2014年初开始，人民币出现大幅贬值。回顾2014年的市场环境，年初市场躁动后，2月下旬投资者开始担忧地产链恶化、信用违约、人民币贬值等问题爆发，反弹行情终结。

事实上，自从2014年5月开始，人民币贬值预期叠加国内经济恶化导致了资金外流不断加快，进而导致央行外汇占款不断下降。央行2014年1~4月新增外汇占款达到8720亿元，然而5~12月新增外汇占款为–2310亿元。由于新增外汇占款是央行投放人民币的途径之一，持续的资金外流导致传统的新增外汇占款投放人民币的渠道受阻，央行必须通过增加基础货币或者提高货币乘数来对冲资金外流对流动性的负面冲击。相比长期趋势项和市场波动项，噪声项与"一带一路"人民币名义有效汇率指数和整体人民币名义有效汇率指数的皮尔逊相关系数分别只为0.0369和0.0295。由噪声项呈现在图像中的曲线可以看到，噪声项在长期和中期内是平稳的，但是在短期内会频繁地波动。噪声项主要是短期内受到一些频繁发生的事件影响，导致投资者情绪变动而产生的外汇市场的频繁小幅波动。

由图11-19两个汇率指数趋势项的对比可以看出，长期内，"一带一路"人民币名义有效汇率指数增长的速度大于整体人民币名义有效汇率指数。目前"一带一路"倡议已经形成势头，人民币汇率对"一带一路"共建国家货币影响力指数和中国与"一带一路"共建国家的经贸、投资的趋势是一致的。"一带一路"倡议持续推进，有助于进一步促进金融双向开放、人民币国际化。

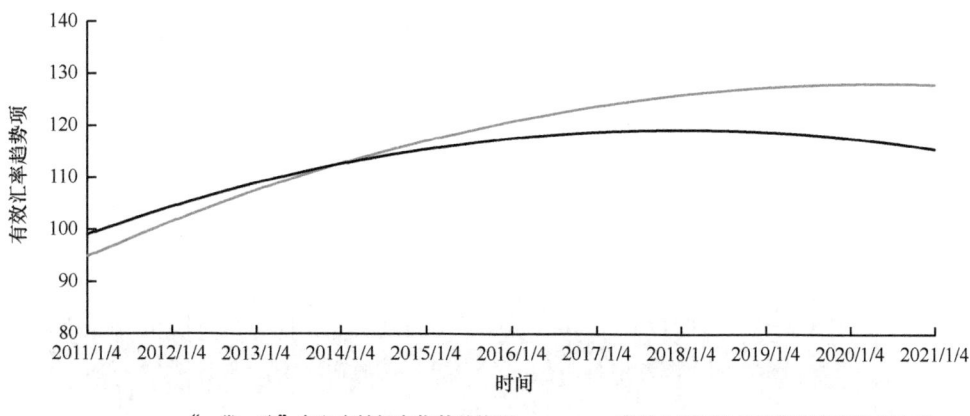

图 11-19 趋势项的对比

由图 11-20 两个汇率指数中期市场波动项的对比可以看出，在中期市场波动过程中，整体人民币名义有效汇率指数对于"一带一路"人民币名义有效汇率指数的波动具有一定的领先滞后关系，汇率波动项主要是用来反映中期内对汇率产生大型冲击的经济的和非经济的事件对于汇率的影响，而这些事件会根据影响程度持续几天甚至几个月之久。可以发现，在不同时间阶段里，"一带一路"人民币名义有效汇率指数和整体人民币名义有效汇率指数分别呈现出不同的领先和滞后的情况。

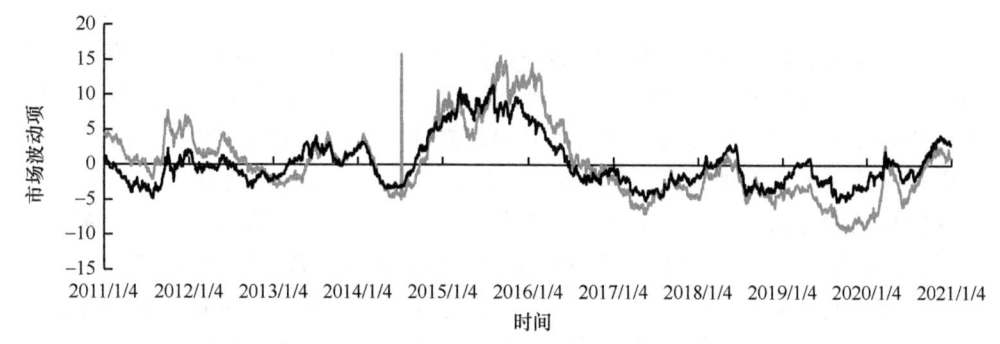

图 11-20 市场波动项的对比

由图 11-21 两个汇率指数短期噪声项的对比可以看出，在短期内，"一带一路"人民币名义有效汇率指数的波动幅度和频率大于整体人民币名义有效汇率指数。也就是说，"一带一路"共建国家由于其汇率制度、地缘政治、经济贸易等因素的影响，其汇率的波动有着更大的不确定性，汇率波动水平大于整体人民币名义有效汇率指数。整体上来看，"一带一路"共建国家的汇率制度较为僵化，难以及时反映和消化汇率波动，并且如更改为浮动汇率会使得其汇率发生大幅的波动；另外，从贸易逆差来看，虽然新兴国家具有较大的出口量，但是由于生产水平较为落后、独立程度较差，其进口规模更为庞大，使其具有较大的贸易逆差，更易受到国际经济形势的冲击。

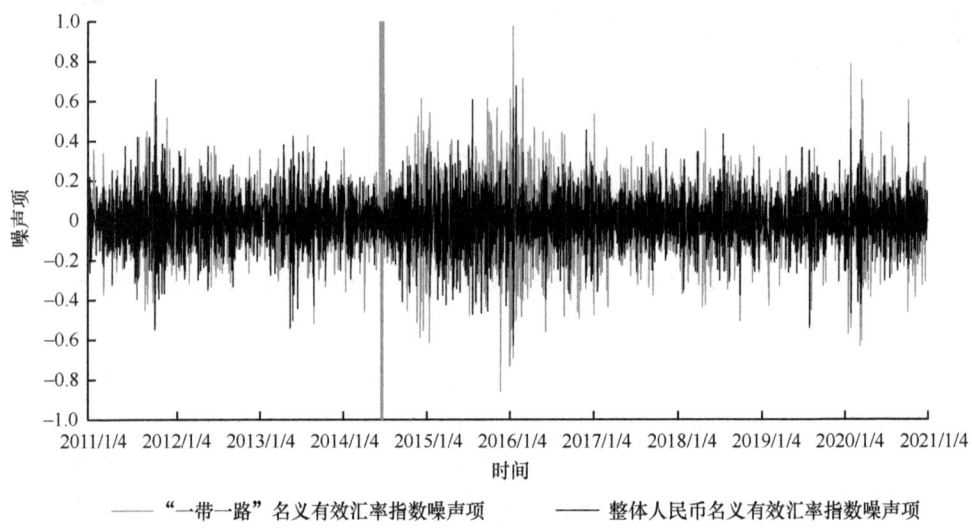

图 11-21　短期噪声项的对比

11.3 "一带一路"共建国家汇率波动的关联特征

汇率波动会影响到国家的外汇储备、国际贸易，甚至增大国家主体的信用风险，而金融市场中外汇波动的传染与转移现象，往往能够影响未来的汇率波动趋势。随着复杂性科学的发展，越来越多的研究者发现，包括经济系统在内，自然界中存在的很多系统被认为是复杂系统，各个组成元素之间彼此关联、相互影响，体现出复杂的行为特征。由于复杂网络在分析元素相互关联的结构上的优越性，一经提出，人们便将之应用于因特网、文献引用甚至演员合作网络等现实生活中，得出一些令人信服的结论。"一带一路"共建国家汇率波动之间的相互影响是动态而复杂的，传统方法往往难以形象而准确地刻画，而本章将使用复杂网络的分析方法，研究"一带一路"共建国家汇率波动的相关性，从而探寻"一带一路"汇率波动传染的关键节点与关键路径，识别出在"一带一路"共建国家中汇率波动传导性大的关键国家并重点关注。

11.3.1　基于复杂网络的关联分析方法

"一带一路"共建国家汇率波动之间的相互影响是动态而复杂的，传统方法往往难以形象而准确地刻画，而本节将使用复杂网络的分析方法，研究"一带一路"共建国家汇率波动的相关性，从而探寻"一带一路"汇率波动传染的关键节点与关键路径，识别出在"一带一路"共建国家中汇率波动传导性大的关键国家并重点关注。

复杂网络是物理学中的概念。复杂网络本身由节点（nodes）和边（edges）组成，其中节点为复杂网络的基本元素，是现实问题中"个体"的抽象体现，边为元素之间的关系体现，可以根据元素间关系的强弱而被赋予权重。用 w_{ij} 代表连接节点 i 和 j 的边的权重，其中，$i=1,2,\cdots,N$，N 是网络节点的个数。对于表示相关性的无向网络有

$$w_{ij} = w_{ji}$$

我们用加权度（weighted degree）来表征节点的重要程度，其定义为

$$\mathrm{dw}_i = \sum_{j\in v(i)} w_{ij}$$

其中，$v(i)$ 表示节点 i 的连接点集合。节点的加权度 dw 越大，表明与其余节点的相关程度越强，节点也就越重要。在本节，由于各国汇率水平值上差异巨大，为使得数据可比，我们需要先对原始数据 X_{it} 进行中心化处理，也即

$$Y_{it} = \frac{X_{it} - \overline{X}_t}{\mathrm{std}(X_i)}$$

其中，$i=1,2,\cdots,N$，表示不同国家；$\overline{X}_t$ 表示 t 时刻原始数据均值；$\mathrm{std}(X_i)$ 表示第 i 个国家的汇率标准差。我们采用"一带一路"共建国家本币对美元的汇率作为网络节点，计算各国汇率数据的皮尔逊相关系数作为边权重构建复杂网络：

$$w_{ij} = <Y_{it}\cdot Y_{jt}>$$

相关系数越大，代表两者汇率波动的相关性越大，即一个国家发生汇率波动时，有更大的可能性影响到另一个国家。

11.3.2 汇率波动的关联网络动态演化

在构造全样本的汇率波动传染的复杂网络时，本节选取的是"一带一路"共建国家货币对美元的汇率数据，为了使得最后构成的网络节点最多，覆盖面最广，能够较为全面地反映"一带一路"共建国家的汇率波动的传导情况，选取的时间窗口为 2010 年 1 月 1 日至 2022 年 3 月 18 日，排除在该时间段不存在相应汇率数据的样本之后，得到了全样本数据集，含欧元、日元、英镑三种国际化货币[①]，共 137 个国家和地区的汇率样本，而这也是最贴近报告期，贴近当今状况的样本数据集，可以全面反映近年来的汇率波动传染路径，识别汇率传导的关键国家，从而能够重点关注，实时监测，未雨绸缪，防范风险。

---

① 本节纳入含欧元、日元、英镑三种国际化货币。为统一，下文图表中标记为欧元区、日本、英国。在 11.1 节分析的 136 个国家（含中国）的样本中，剔除了南苏丹、巴拿马这两个国家。此外，尽管文莱、柬埔寨、阿富汗、缅甸、老挝部分数据缺失，但是满足本节分阶段相关系数计算，故在本节纳入考虑。

2019年底，新冠疫情暴发，《2020年第一季度中国货币政策执行报告》中指出，受新冠疫情超预期影响，中国国际收支和跨境资金流动也存在不确定性。一方面，主要经济体央行大幅放松货币政策加之中国疫情防控和复工复产领先，人民币资产较高的收益和相对的安全性可能吸引跨境资金流入；另一方面，外需持续走弱、投资者风险偏好下降也可能引起出口减少和跨境资金流出。随着"一带一路"倡议的推进，我国与"一带一路"共建国家形成利益、责任、命运共同体，识别疫情等突发事件对我国与"一带一路"共建国家的汇率波动溢出的影响对推动人民币国际化进程具有重要意义。

为了探寻新冠疫情暴发下"一带一路"倡议实施以来汇率波动溢出效应的演变过程，本节运用滑动窗口的方法，构建汇率波动传染复杂网络。同时，为便于分析疫情冲击及"一带一路"倡议提出前后汇率波动传染网络带来的结构性变化，我们对于"一带一路"共建国家货币对美元的汇率全样本数据进行分阶段研究。以"一带一路"倡议提出和新冠疫情暴发为时间节点，我们着重对"一带一路"政策提出前（2010年1月1日至2013年9月6日）、提出后（2013年9月7日至2020年1月22日）和新冠疫情期间（2020年1月23日至2022年3月18日）三阶段进行复杂网络对比研究。

1. "一带一路"倡议提出前

在构造滑动窗口的汇率波动的复杂传染网络时，我们选取的时间窗口是2010年1月1日至2013年9月6日。"一带一路"政策提出前"一带一路"共建国家的汇率波动的复杂传染网络如图11-22所示，其中，边的颜色由深变浅表示边的权重由大到小，节点的大小反映加权度的大小，点越大，表明该国货币波动与其他国家关系越密切。

由图11-22可以看出，随着贸易和经济的加强，"一带一路"的外汇波动的整体性也越来越强，在整个汇率网络中的关键节点基本都为浮动汇率制的国家，一些使用非浮动汇率，特别是固定汇率制的国家，在汇率波动网络中的加权度都相对较低，而且从边的分布与联系来看，呈现一定的区域性与受贸易圈子影响的特征，即在相似地理区位的国家的汇率波动联系会较强，而贸易往来较多的国家的汇率波动联系也会较强。

从表11-3可以看出，在以上137个国家和地区中，加权度前十的国家依次为：爱沙尼亚、奥地利、捷克、斯洛伐克、摩洛哥、俄罗斯、摩尔多瓦、圣多美和普林西比、北马其顿、阿尔及利亚。前十名中，大多为东欧国家和中欧国家，这说明东欧国家和中欧国家的货币波动在"一带一路"共建国家中举足轻重，"一带一路"倡议要规避汇率风险，应当将东欧国家及中欧国家的货币放于首要地位。

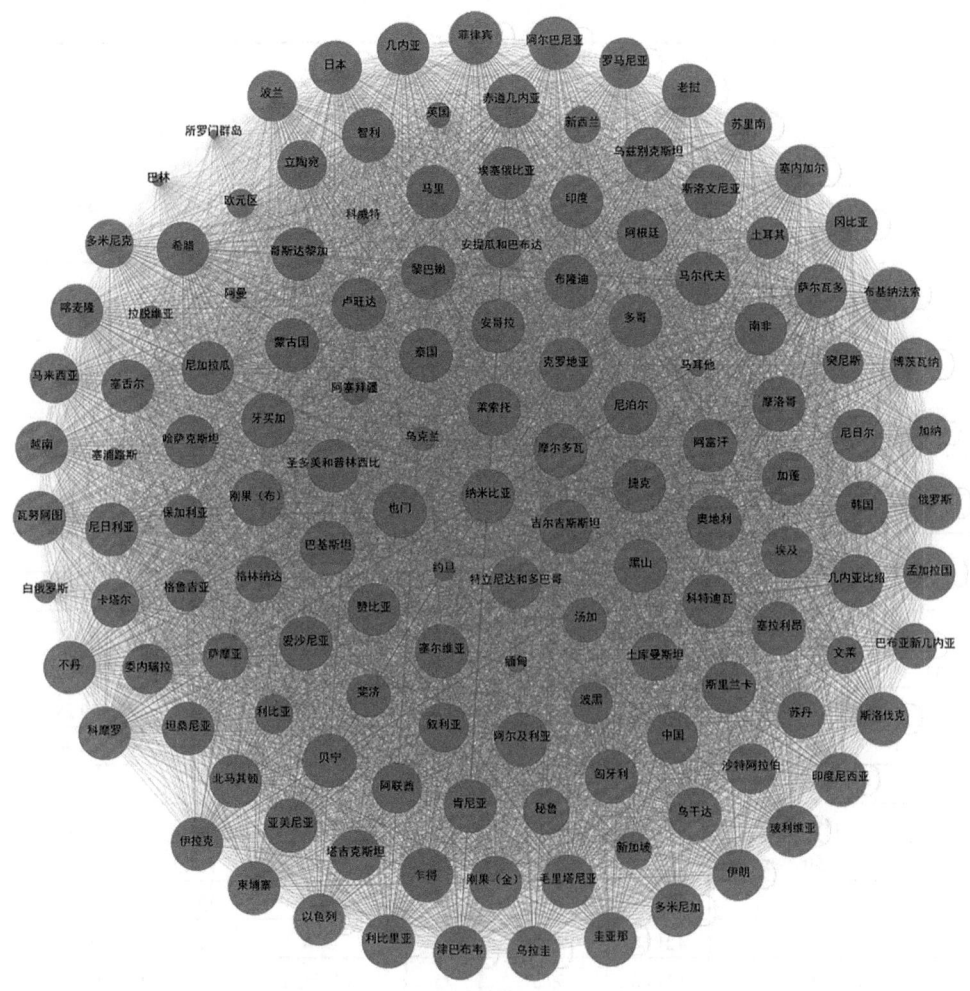

第 11 章 "一带一路"共建国家汇率波动演化态势 · 193 ·

图 11-22 "一带一路"共建国家和地区汇率波动的复杂网络图（提出前）

表11-3 各国家（地区）加权度排名（提出前）

排序	国家（地区）	加权度	与第一名的权重比/%	排序	国家（地区）	加权度	与第一名的权重比/%
1	爱沙尼亚	122.27	100.00	10	阿尔及利亚	121.90	99.70
2	奥地利	122.22	99.96	11	阿尔巴尼亚	121.85	99.66
3	捷克	122.21	99.95	12	乌拉圭	121.85	99.66
4	斯洛伐克	122.19	99.93	13	吉尔吉斯斯坦	121.82	99.63
5	摩洛哥	122.07	99.83	14	多米尼加	121.80	99.61
6	俄罗斯	122.05	99.82	15	哈萨克斯坦	121.76	99.58
7	摩尔多瓦	122.01	99.79	16	利比里亚	121.76	99.58
8	圣多美和普林西比	122.01	99.78	17	安哥拉	121.76	99.58
9	北马其顿	121.97	99.75	18	巴基斯坦	121.76	99.58

续表

排序	国家（地区）	加权度	与第一名的权重比/%	排序	国家（地区）	加权度	与第一名的权重比/%
19	牙买加	121.74	99.57	53	伊拉克	121.58	99.43
20	卢旺达	121.74	99.56	54	冈比亚	121.57	99.43
21	斯洛文尼亚	121.74	99.56	55	蒙古国	121.57	99.42
22	印度尼西亚	121.72	99.55	56	黑山	121.56	99.42
23	亚美尼亚	121.72	99.55	57	匈牙利	121.55	99.41
24	尼日利亚	121.72	99.55	58	塞拉利昂	121.53	99.39
25	尼日尔	121.72	99.55	59	孟加拉国	121.52	99.38
26	希腊	121.71	99.54	60	韩国	121.51	99.38
27	毛里塔尼亚	121.70	99.53	61	塞尔维亚	121.50	99.37
28	尼加拉瓜	121.70	99.53	62	柬埔寨	121.50	99.37
29	科摩罗	121.69	99.52	63	坦桑尼亚	121.48	99.36
30	刚果（布）	121.68	99.52	64	智利	121.43	99.31
31	塞内加尔	121.68	99.52	65	印度	121.42	99.31
32	加蓬	121.68	99.52	66	不丹	121.42	99.31
33	喀麦隆	121.68	99.52	67	老挝	121.40	99.29
34	赤道几内亚	121.68	99.52	68	哥斯达黎加	121.39	99.28
35	乍得	121.68	99.52	69	尼泊尔	121.37	99.26
36	多哥	121.68	99.52	70	菲律宾	121.28	99.19
37	科特迪瓦	121.68	99.52	71	乌兹别克斯坦	121.25	99.16
38	布基纳法索	121.68	99.52	72	布隆迪	121.24	99.16
39	几内亚比绍	121.68	99.52	73	肯尼亚	121.20	99.12
40	马里	121.68	99.52	74	日本	121.18	99.11
41	贝宁	121.68	99.51	75	乌干达	121.13	99.06
42	斯里兰卡	121.62	99.47	76	博茨瓦纳	120.84	98.83
43	黎巴嫩	121.61	99.46	77	克罗地亚	120.81	98.81
44	越南	121.61	99.46	78	塞舌尔	120.80	98.80
45	泰国	121.61	99.46	79	马尔代夫	120.69	98.70
46	萨尔瓦多	121.61	99.46	80	南非	120.58	98.62
47	阿富汗	121.61	99.46	81	莱索托	120.58	98.62
48	津巴布韦	121.61	99.46	82	纳米比亚	120.57	98.61
49	瓦努阿图	121.61	99.46	83	埃塞俄比亚	120.51	98.56
50	刚果（金）	121.59	99.44	84	几内亚	120.33	98.42
51	圭亚那	121.59	99.44	85	玻利维亚	119.29	97.56
52	也门	121.58	99.43	86	埃及	119.22	97.51

续表

排序	国家（地区）	加权度	与第一名的权重比/%	排序	国家（地区）	加权度	与第一名的权重比/%
87	赞比亚	119.06	97.37	113	加纳	96.64	79.04
88	特立尼达和多巴哥	118.80	97.16	114	土耳其	96.57	78.98
89	中国	118.28	96.74	115	波黑	96.28	78.75
90	阿根廷	116.90	95.61	116	保加利亚	96.28	78.75
91	以色列	116.83	95.55	117	格鲁吉亚	95.76	78.32
92	罗马尼亚	115.96	94.84	118	突尼斯	95.34	77.98
93	委内瑞拉	115.80	94.71	119	安提瓜和巴布达	92.42	75.59
94	伊朗	115.74	94.66	120	利比亚	89.43	73.14
95	波兰	115.09	94.13	121	新加坡	85.84	70.21
96	塔吉克斯坦	114.86	93.94	122	文莱	85.84	70.21
97	沙特阿拉伯	114.32	93.50	123	新西兰	85.57	69.98
98	阿联酋	114.00	93.24	124	欧元区	67.87	55.51
99	叙利亚	113.96	93.20	125	阿塞拜疆	61.58	50.37
100	马来西亚	113.37	92.72	126	乌克兰	59.32	48.51
101	立陶宛	112.81	92.26	127	英国	59.31	48.51
102	卡塔尔	112.37	91.90	128	白俄罗斯	54.43	44.52
103	多米尼克	111.85	91.47	129	拉脱维亚	53.98	44.15
104	土库曼斯坦	109.94	89.92	130	约旦	52.71	43.11
105	苏里南	109.87	89.86	131	塞浦路斯	47.68	38.99
106	格林纳达	108.49	88.73	132	缅甸	41.77	34.16
107	苏丹	107.73	88.11	133	马耳他	38.98	31.88
108	秘鲁	107.30	87.75	134	科威特	34.25	28.01
109	萨摩亚	107.24	87.70	135	巴林	30.92	25.29
110	巴布亚新几内亚	103.41	84.57	136	阿曼	30.82	25.20
111	斐济	101.17	82.74	137	所罗门群岛	24.07	19.69
112	汤加	99.10	81.05				

自2006年以来，我国一直实行"走出去"的发展战略，对外直接投资大幅增加。随着中国经济体量的增长、影响力的扩大，以及人民币放弃硬钉住美元，改革自身的汇率制度后，中国的加权度已然达到第一名的96.74%，然而汇率影响有限，在整体网络中加权度有限。

2. "一带一路"倡议提出后

在构造滑动窗口的汇率波动传染网络时，我们选取的时间窗口是 2013 年 9 月 7 日至 2020 年 1 月 22 日，包含了 2013 年 9 月至 10 月间，习近平主席在出访中亚和东南亚国家时，首次提出"丝绸之路经济带"和"21 世纪海上丝绸之路"的重要时间点。

"一带一路"倡议提出后"一带一路"共建国家和地区汇率波动复杂网络如图 11-23 所示，"一带一路"共建国家和地区的汇率波动关联性显著增强。自"一带一路"倡议发起以来，中国与"一带一路"共建国家和地区的货币互换合作不断加深，人民币的中心度急剧增加，其波动对他国货币的影响力也越发重大。中国与"一带一路"共建国家和地区主导建立的亚洲基础设施投资银

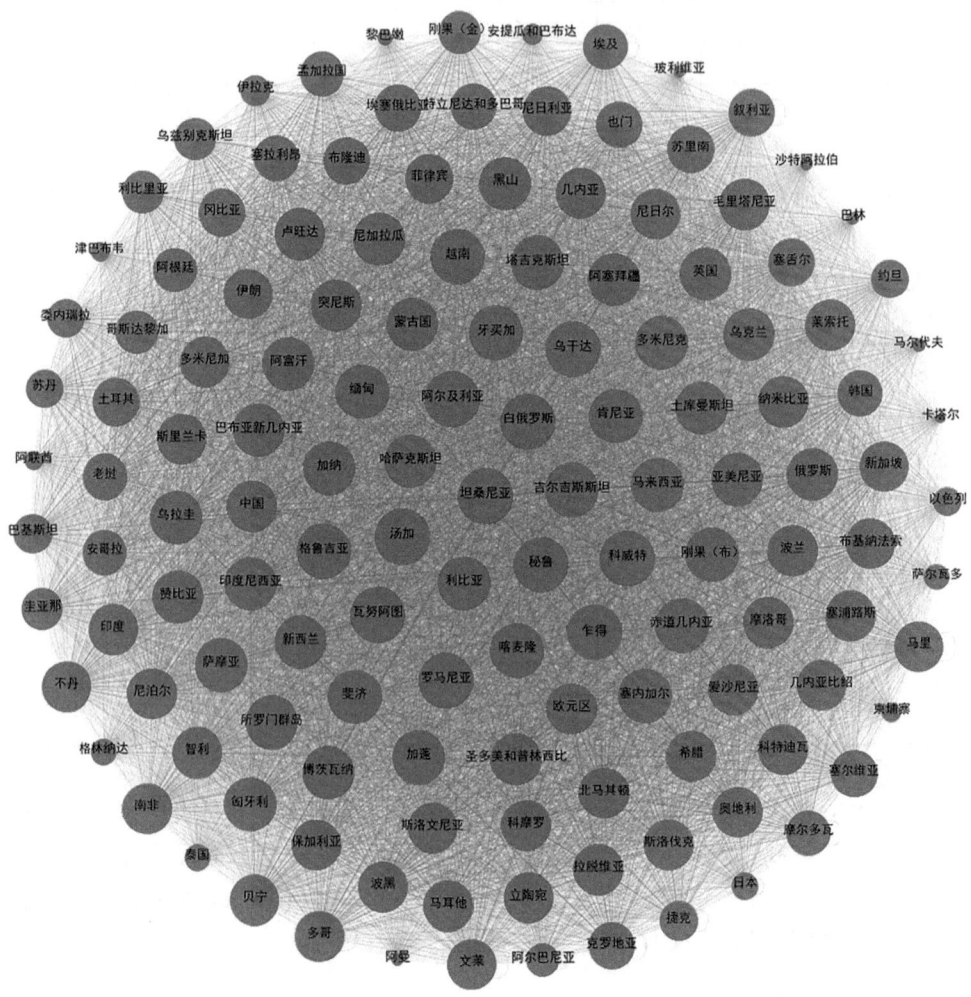

图 11-23 "一带一路"共建国家和地区汇率波动的复杂网络图（提出后）

行等多边金融机构,促进了我国与"一带一路"共建国家和地区的投资便利,增加了人民币在"一带一路"共建国家和地区的流动,也使得各国和地区汇率之间的关联性得到了有效增强。

从表11-4中加权度排名前60名国家和地区可以看出,在"一带一路"倡议提出后,中国的加权度得到了显著提高,加权度排名从提出前的第89名提升到提出后的第54名,反映出"一带一路"倡议在较大程度上提高了人民币的国际化地位。

表11-4 各国家（地区）加权度变化情况（提出后）

排序	国家（地区）	加权度	排序	国家（地区）	加权度
1	汤加	101.1983	31	乌拉圭	94.4650
2	阿尔及利亚	100.2945	32	博茨瓦纳	94.4255
3	瓦努阿图	100.1871	33	哈萨克斯坦	94.1615
4	罗马尼亚	99.6640	34	印度尼西亚	94.1459
5	格鲁吉亚	99.6220	35	阿富汗	93.8237
6	科威特	99.1369	36	新西兰	93.8180
7	白俄罗斯	99.1059	37	亚美尼亚	93.7887
8	坦桑尼亚	98.6606	38	巴布亚新几内亚	93.7205
9	秘鲁	98.1085	39	赞比亚	93.4080
10	乌干达	97.9068	40	乌克兰	92.8652
11	越南	97.5909	41	英国	92.8499
12	刚果（布）	96.6851	42	土库曼斯坦	92.8256
13	塞内加尔	96.6851	43	蒙古国	92.5702
14	加蓬	96.6851	44	黑山	92.4996
15	喀麦隆	96.6851	45	尼加拉瓜	92.4415
16	赤道几内亚	96.6851	46	阿塞拜疆	92.3782
17	乍得	96.6851	47	突尼斯	92.1820
18	牙买加	96.5365	48	卢旺达	91.8497
19	匈牙利	96.4335	49	俄罗斯	91.6935
20	斐济	96.2302	50	波兰	91.2552
21	萨摩亚	96.1462	51	智利	91.1323
22	塔吉克斯坦	96.0936	52	毛里塔尼亚	91.0407
23	所罗门群岛	95.9634	53	圣多美和普林西比	90.9958
24	缅甸	95.8021	54	中国	90.9227
25	吉尔吉斯斯坦	95.7620	55	尼泊尔	90.1948
26	利比亚	95.4424	56	不丹	90.1948
27	肯尼亚	95.1135	57	印度	90.1947
28	加纳	94.9541	58	纳米比亚	90.1527
29	马来西亚	94.8529	59	摩洛哥	90.1518
30	多米尼克	94.6385	60	南非	90.0911

3. 新冠疫情期间

在构造滑动窗口的汇率波动传染网络时，我们选取的时间窗口为 2020 年 1 月 23 日至 2022 年 3 月 18 日。2020 年 1 月 23 日武汉"封城"，广东、浙江、湖南等多省启动重大突发公共卫生事件一级响应，意味着新冠疫情已对中国经济金融产生显著影响，故将该日作为疫情窗口起始日。

图 11-24 为新冠疫情期间"一带一路"共建国家和地区汇率波动的复杂网络图，可以看出，在世界疫情全面蔓延的大环境下，中国的加权度不但没有受到冲击，反而得到了较大提高。从提出前的加权度排名后 35%（89 名）提升到了前 30%（42 名）。中国经济在疫情面前的独有韧性，人民币的持续坚挺，为人民币国际化带来契机。

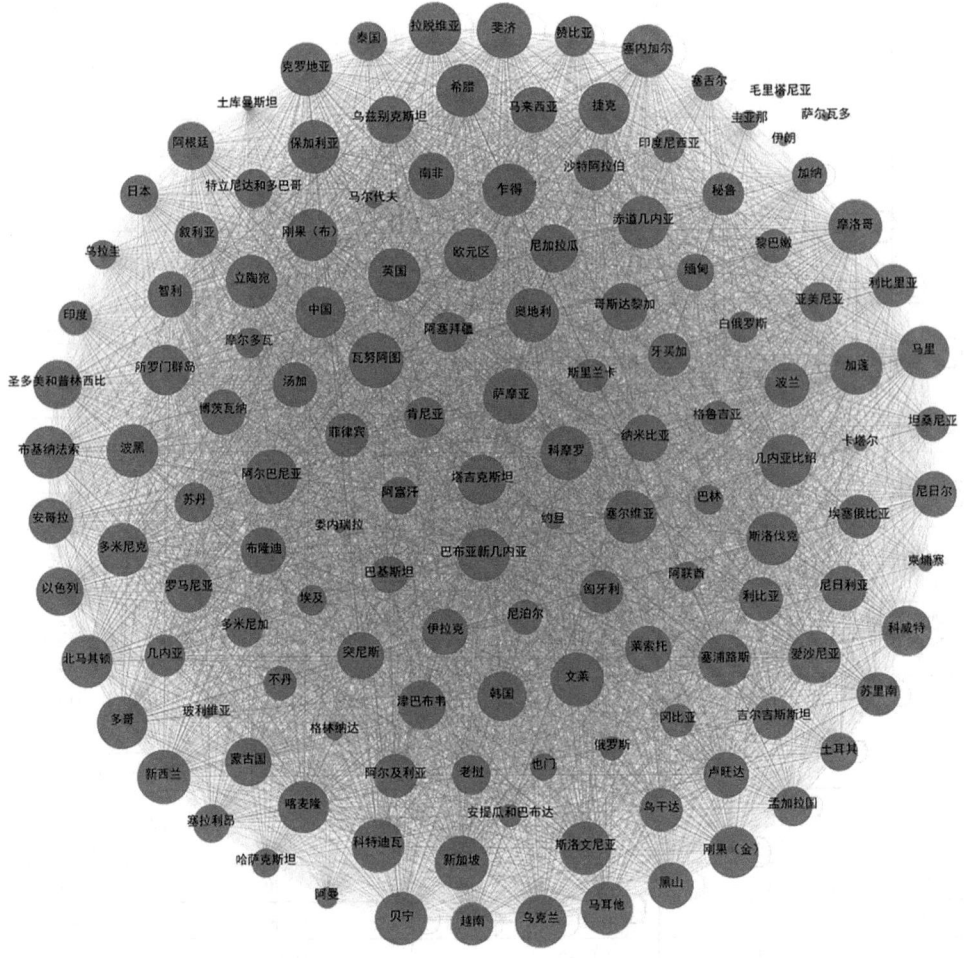

图 11-24　"一带一路"共建国家汇率波动的复杂网络图（疫情期）

从表 11-5 中加权度排名前 60 名的国家和地区来看，瓦努阿图排名第一，无疑是新冠疫情暴发下，"一带一路"倡议带来影响力提升的最大受益国。斐济、萨摩亚等国家紧随其后，新西兰、新加坡作为"海上丝绸之路"沿线的重要国家，加权度也提升显著；新加坡虽然是一个人口不足 600 万人的小国，作为海上丝绸之路的重要枢纽，其战略地位得到长足提升。

表11-5 各国家（地区）加权度变化情况（疫情期）

排序	国家（地区）	加权度	排序	国家（地区）	加权度
1	瓦努阿图	79.2792	31	科特迪瓦	74.5169
2	斐济	79.1317	32	布基纳法索	74.5169
3	萨摩亚	78.4823	33	几内亚比绍	74.5169
4	新西兰	78.4560	34	马里	74.5169
5	摩洛哥	77.6811	35	刚果（布）	74.2704
6	阿尔巴尼亚	77.6038	36	塞内加尔	74.2704
7	新加坡	77.4506	37	加蓬	74.2704
8	文莱	77.4506	38	喀麦隆	74.2704
9	克罗地亚	75.7056	39	赤道几内亚	74.2704
10	北马其顿	75.3991	40	乍得	74.2704
11	保加利亚	75.3899	41	巴布亚新几内亚	73.1760
12	拉脱维亚	75.3823	42	中国	72.2092
13	爱沙尼亚	75.3817	43	刚果（金）	72.1959
14	奥地利	75.3817	44	所罗门群岛	71.6811
15	科摩罗	75.3817	45	科威特	70.1320
16	波黑	75.3817	46	韩国	68.9372
17	希腊	75.3817	47	塔吉克斯坦	68.3528
18	斯洛文尼亚	75.3817	48	圣多美和普林西比	68.0583
19	贝宁	75.3817	49	罗马尼亚	67.5862
20	立陶宛	75.3817	50	蒙古国	67.5008
21	欧元区	75.3816	51	尼加拉瓜	67.1432
22	斯洛伐克	75.3815	52	以色列	66.9994
23	塞浦路斯	75.3799	53	津巴布韦	66.9639
24	马耳他	75.3791	54	阿根廷	66.5053
25	塞尔维亚	75.3769	55	乌兹别克斯坦	66.1126
26	乌克兰	75.1096	56	哥斯达黎加	65.9149
27	英国	75.0782	57	南非	64.7025
28	多米尼克	75.0233	58	莱索托	64.7025
29	捷克	74.5864	59	纳米比亚	64.7014
30	多哥	74.5169	60	布隆迪	64.6865

利用"一带一路"各个节点的加权度计算平均值，就得到了反映网络整体相关性大小的计量指标——加权平均度。在"一带一路"倡议提出时，复杂网络的加权平均度为 80.91，疫情下复杂网络的加权平均度为 56.60。这反映出"一带一路"共建国家和地区普遍受到疫情严重打击，货币波动之间相关性减弱。

但在后疫情时代，受益于相对良好的增长动能和政策空间，"一带一路"共建国家和地区经济逐渐复苏。"一带一路"倡议使共建国家和地区之间的联系加强；但这种联系的加强也同时意味着，"一带一路"共建国家和地区的汇率风险将会迅速在各国间传染。在加强"一带一路"倡议的建设，增强"五通三同"（政策沟通、设施联通、贸易联通、资金融通、民心相通，利益共同体、责任共同体、命运共同体）的同时，也要认识到其可能带来的风险和挑战。

11.4 本章小结

汇率是影响"一带一路"资金融通的重要因素。本章首先分析"一带一路"共建国家采用的基本汇率制度，而后进一步分析了"一带一路"共建国家汇率波动特征，以应对对外投资或贸易中可能的汇率风险。依据 2017～2020 年我国对"一带一路"共建国家进出口总规模前 14 位的国家进行篮子货币筛选及权重设置，构建了"一带一路"人民币名义有效汇率指数，并从短期波动、中长期周期变化及长期趋势等多个尺度，对整体人民币名义有效汇率指数和"一带一路"人民币名义有效汇率指数进行分析。为分析"一带一路"共建国家汇率波动之间的相互关联网络，本章进一步使用复杂网络的分析方法，研究"一带一路"共建国家汇率波动的相关性网络，探寻"一带一路"汇率波动传染的关键节点与关键路径以及不同阶段的动态演化特征，识别出在不同阶段"一带一路"共建国家中汇率波动传导性大的关键国家并重点关注。"一带一路"倡议提出后，"一带一路"共建国家汇率波动关联性显著增强，其中中国与"一带一路"共建国家的货币互换合作不断加深，人民币的中心度急剧增加，其波动对他国货币的影响力也越发重大。在世界疫情全面蔓延的大环境下，中国的加权度不但没有受到冲击，反而得到了较大提高，这可能与中国对疫情的迅速反应及有效应对直接相关。此次我国政府采取的应对措施及时，对汇率的负面影响得到快速释放，并在"一带一路"共建国家中的影响度进一步提高。

民心相通篇：深化多领域合作，凝聚"命运共同体"共识

民心相通是政策沟通、设施联通、贸易畅通、资金融通的基础支撑，在共建"一带一路"过程中，我们要加强沿线国家的文化交流，促进民心相通，为构建契合新时代要求的"一带一路"命运共同体提供人文支撑。

民心相通是促进各国相互了解，消除隔阂和误解的重要途径，是增进各国互信合作的社会根基。自"一带一路"倡议提出以来，共建"一带一路"取得丰硕成果，人文交流合作不断扩大。"丝路一家亲"行动已开展民生合作项目300多个，推动中外社会组织建立600对合作伙伴关系。丝绸之路国际剧院、博物馆、艺术节、图书馆、美术馆联盟成员单位达到539家。多个文化交流和教育合作品牌逐步建立，其中，"鲁班工坊"在19个国家落地生根。丝绸之路国际剧院、博物馆、艺术节、图书馆和美术馆联盟及"一带一路"国际科学组织联盟等运行良好，有力增进了不同文化之间的交流理解和认同。"丝路一家亲"行动持续推进，菌草、杂交水稻等"小而美、见效快、惠民生"的援外项目有效增进了民众的获得感、幸福感。

当前世界百年未有之大变局正在加速演变，新一轮科技革命和产业变革带来的激烈竞争前所未有，共建"一带一路"的国际环境日趋复杂，为此本篇分为三章：第12章从"一带一路"教育共同体建设视角，分析我国与"一带一路"沿线国家的教育国际合作态势，第13章基于全球新闻报道和文献数据分析"一带一路"沿线国家科技合作态势，第14章分析"一带一路"倡议的传播态势和基于全球媒体数据的国家形象感知。

第 12 章 "一带一路"沿线国家教育合作态势

教育为国家富强、民族繁荣、人民幸福之本，在共建"一带一路"中具有基础性和先导性作用。教育交流为沿线各国民心相通架设桥梁，人才培养为沿线各国政策沟通、设施联通、贸易畅通、资金融通提供支撑。在国际"全民教育"行动、《教育 2030 行动框架》、教育全球化与教育共同体大背景下，把握"一带一路"沿线国家的教育态势，加强我国与"一带一路"沿线国家的国际合作，努力将"一带一路"建设成国内国际教育循环示范区、中国教育国际影响力辐射区，对共同推动全球教育高质量发展具有重要意义。本章基于"一带一路"倡议的国际教育背景，以联合国开发计划署、世界银行等统计的各国最新数据为基础，对"一带一路"沿线国家平均受教育年限、公共教育支出占比、识字率、中小学女生与男生的入学比例等教育相关指标进行对比分析，实现对"一带一路"沿线国家教育合作态势的分析。

12.1 构建"一带一路"教育共同体

2016 年 7 月，我国教育部发布的《推进共建"一带一路"教育行动》政策文件，作为《关于做好新时期教育对外开放工作的若干意见》的配套文件，作为国家《推动共建丝绸之路经济带和 21 世纪海上丝绸之路的愿景与行动》在教育领域的落实方案，将为教育领域推进"一带一路"建设提供支撑，为促进"民心相通"提供重要支撑，力争做到经贸走到哪里，教育的民心工程就延伸到哪里，教育的人才培养就覆盖到哪里。2019 年 2 月，中共中央、国务院印发的《中国教育现代化 2035》重申要扎实推进"一带一路"教育行动。从国际背景来看，"一带一路"教育行动与国际"全面教育"运动相契合，可辅助"一带一路"沿线国家实现《教育 2030 行动框架》目标，更是推动打造"教育共同体"的重要支撑。

12.1.1 国际"全民教育"运动

1990 年 3 月，由联合国教科文组织、联合国儿童基金会、联合国开发计划署和世界银行发起和组织的世界全民教育大会在泰国宗迪恩召开，大会讨论并通过了《世界全民教育宣言》和实施宣言的《满足基本学习需要的行动纲领》。由此，发展全民教育成为世界绝大多数国家向国际社会做出的政治承诺，成为这些国家教育发展的重要目标并作为制定国家教育政策的指导原则。

全民教育的宗旨是满足所有人的学习需要,以提高所有人的基本文化水平和谋生的基本技能,让他们有尊严地生活,并有一定的意识和能力参与解决困扰世界的一些重大问题。全民教育的最终目的是通过开展全民教育,让全人类和平相处、共同进步,从而使世界走上可持续发展的道路。

2000年4月,来自世界180多个国家的代表云集塞内加尔的达喀尔,探讨如何实现全民教育的目标。在此次大会上,为推动全民教育的发展,产生了《达喀尔行动纲领》。2015年是联合国教科文组织《达喀尔行动纲领》实施的最后一年,该纲领的核心内容是在2015年以前实现全民免费初等义务教育。2014年5月,为明确2015年后国际教育发展的方向,实现"全民教育"的国际承诺,联合国教科文组织在阿曼首都马斯喀特召开了"全民教育全球会议",包括中国在内的250名参会代表通过了《马斯喀特共识》(Muscat Agreement),并明确提出到2030年所有国家都必须确保教育经费占GDP的4%~6%,或至少占公共经费的15%~20%。

12.1.2 《教育2030行动框架》

2015年11月4日,在联合国教科文组织举行的第38次教科文组织大会上,包括70多位部长、联合国成员国、多边和双边机构、民间社会团体、教育界、学术界、青年与私营部门在内的多位代表出席大会,会上发布了《教育2030行动框架》(Education 2030 Framework for Action),该框架的总目标是确保全纳、公平的优质教育,使人人可以获得终身学习的机会。

《教育2030行动框架》共包括十大具体目标,其中通过七大目标勾勒全球未来教育蓝图,鼓励各国努力加快发展,各国政府根据教育优先、国家发展战略及计划、制度能力和资源可利用性,将全球教育目标转化为可实现的国家目标。另外,包括三项实施方式,为了实现"教育2030"的目标,需要调动全球各个国家、区域的积极性,形成有效、全纳的合作关系;改善各国教育政策和合作方式;确保全民接受公平、全纳和高质量的教育;调动各方资源,保证教育资金的充足;确保监测、落实并审查所有教育目标的指标。

2022年,联合国教科文组织通过对各国教育目标完成情况进行的统计分析,发布了《制定承诺:实现教育转型的国家可持续发展目标四基准》研究报告,报告指出从2000年至2020年,小学完成率从76%提高到86%,初中完成率从59%提升到75%,高中完成率从36%提高至54%。与此同时,报告也指出全球教育普及仍面临严峻挑战,即使各国实现各自的国别目标,到2030年也只有1/6的国家能够普及优质教育,届时全球预计仍有8400万名儿童和青少年失学。因此报告呼吁各国政府应明确目标,加大教育投入,加强国际合作,让更多的孩子能够享受到公平且高质量的教育。

12.1.3 教育全球化与教育共同体

在世界经济全球化、贸易自由化的推动下,教育资源在国际进行合理充分的分配,教育要素在国际加速流动与共享,教育交流在国际更加频繁与平常,使得世界各地之间的教育相互影响、交融、竞争,社会教育理念也趋向大同,教育全球化成为全球化背景下发展的必然趋势。教育全球化可以归纳为三种主要形态(董仁忠和石伟平,2007):①教育资源(要素)的跨国流动,留学生、访问学者等跨国学习与交流;②全球性的教育现象,教育观念的融合和一致性、教育内容的相似性等;③在全球范围内进行的教育活动,互联网等新技术在教育中的应用等。

2012 年,党的十八大报告正式提出"要倡导人类命运共同体意识"[①]。此后,习近平多次深入阐述命运共同体理念,汇聚各国人民对美好生活向往的最大公约数。教育在构建人类命运共同体进程中应进一步发挥更大的作用,我国构建"教育共同体"(柴葳,2020):一是进一步加强高水平国际科技交流与合作,搭建更多更实的全球科技开放合作平台,释放高校基础研究潜力,汇聚全球资源和天下英才"合力解题",以更加开放合作的姿态应对全球共同威胁和挑战;二是聚焦变化,实现信息技术与教育的融合发展,深化新时代教育评价改革,促进学校教育教学和治理方式变革,以更加开放创新的举措推动世界教育发展;三是开创未来,深化教育国际合作,从不同文明中寻求智慧、汲取营养,以更加开放共享的理念构建人类命运共同体。

12.2 "一带一路"沿线国家的教育态势

"一带一路"倡议自提出以来,"朋友圈"日益广泛牢固。以联合国开发计划署、世界银行等最新数据为基础,对"一带一路"沿线国家平均受教育年限、公共教育支出、识字率、中小学女生与男生的入学比例等教育相关指标进行对比分析。

12.2.1 平均受教育年限

以《2020 年人类发展报告》中提供的数据为基础,对可获取数据的"一带一路"沿线国家的平均受教育年限进行分析。2019 年,"一带一路"沿线国家平均受教育年限差距较大,受教育水平较高的爱沙尼亚、格鲁吉亚、立陶宛、以色列、拉脱维亚等超过 13 年,受教育水平较低的也门等不足 4 年,两者相差约 10 年(图 12-1)。

---

① 《"构建人类命运共同体"理念的实践品格》,http://www.dangjian.cn/djw2016sy/sxzg/202004/t20200417_5534105.shtml[2020-04-17]。

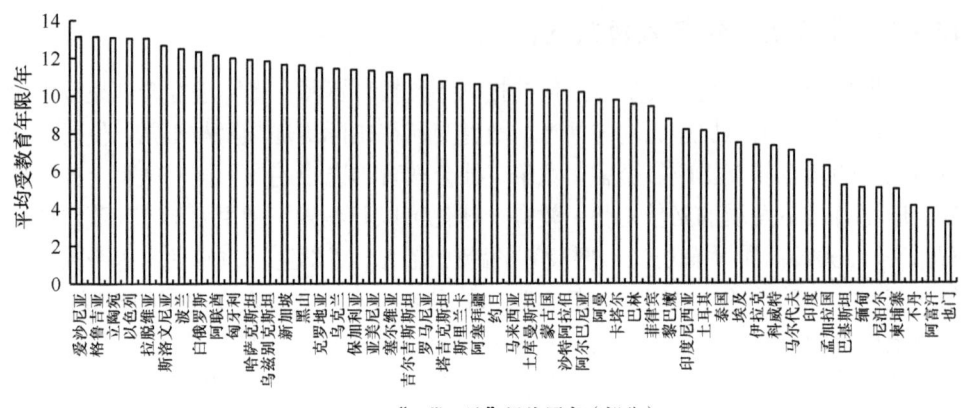

图 12-1　"一带一路"沿线部分国家平均受教育年限（2019 年）

12.2.2　公共教育支出

从收入水平来看，"一带一路"沿线国家高收入水平、中高收入水平、中低收入水平国家数相当，高收入水平 19 个（新加坡、波兰、以色列等）、中高收入水平 20 个（俄罗斯、马来西亚、保加利亚等）、中低收入水平 22 个；低收入水平国家数较少，仅有 3 个国家（叙利亚、阿富汗、也门）。对"一带一路"沿线国家的公共教育支出占政府总支出的占比进行分析，发现 2016~2021 年，"一带一路"沿线国家公共教育支出占比的平均水平基本呈平稳态势，最高占比 14.3%，最低占比为 13.5%。从不同收入水平的国家来看，中低收入水平国家的公共教育支出占比要明显高于其他收入水平国家，其次是中高收入水平和高收入水平国家，低收入水平国家的公共教育支出占比较低，且 2016~2021 年还有下降趋势（图 12-2）。

12.2.3　识字率

对"一带一路"沿线国家的识字率水平进行分析，2016~2020 年连续 5 年识字率数据较完备的"一带一路"沿线国家有 43 个，通过计算以上各国 2016~2020 年识字率水平平均值，对比发现："一带"沿线国家识字率水平较高的国家数明显多于"一路"沿线国家。"一带"沿线国家中，5 年识字率平均水平高于 99% 的国家有十余个，包括乌兹别克斯坦、拉脱维亚、白俄罗斯、阿塞拜疆、哈萨克斯坦、亚美尼亚、俄罗斯等；"一路"沿线国家中，5 年识字率平均水平高于 98% 的只有约旦一个国家。但是，"一带"沿线国家中阿富汗、不丹、尼泊尔、东帝汶识字率水平均低于 70%，阿富汗仅为 37%，整体拉低了"一带"沿线国家的识字率水平（图 12-3）。

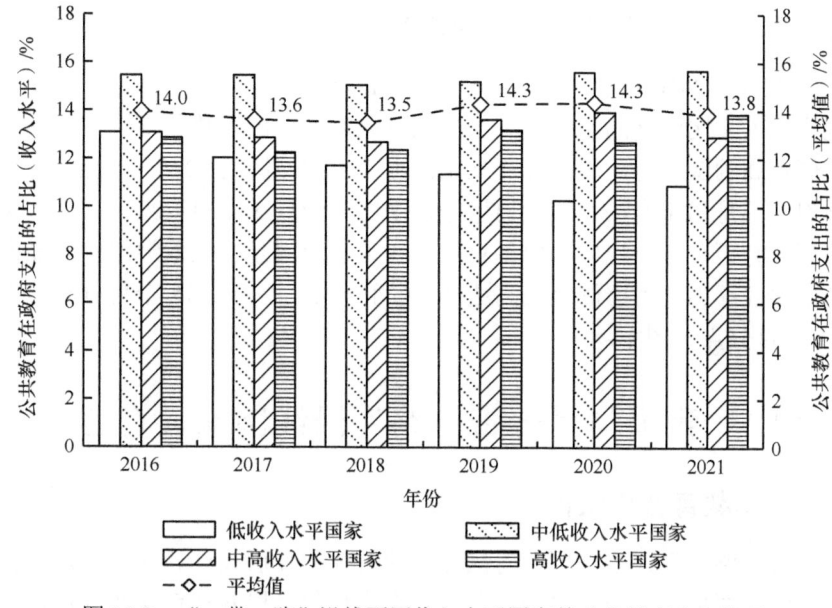

图 12-2 "一带一路"沿线不同收入水平国家的公共教育支出情况

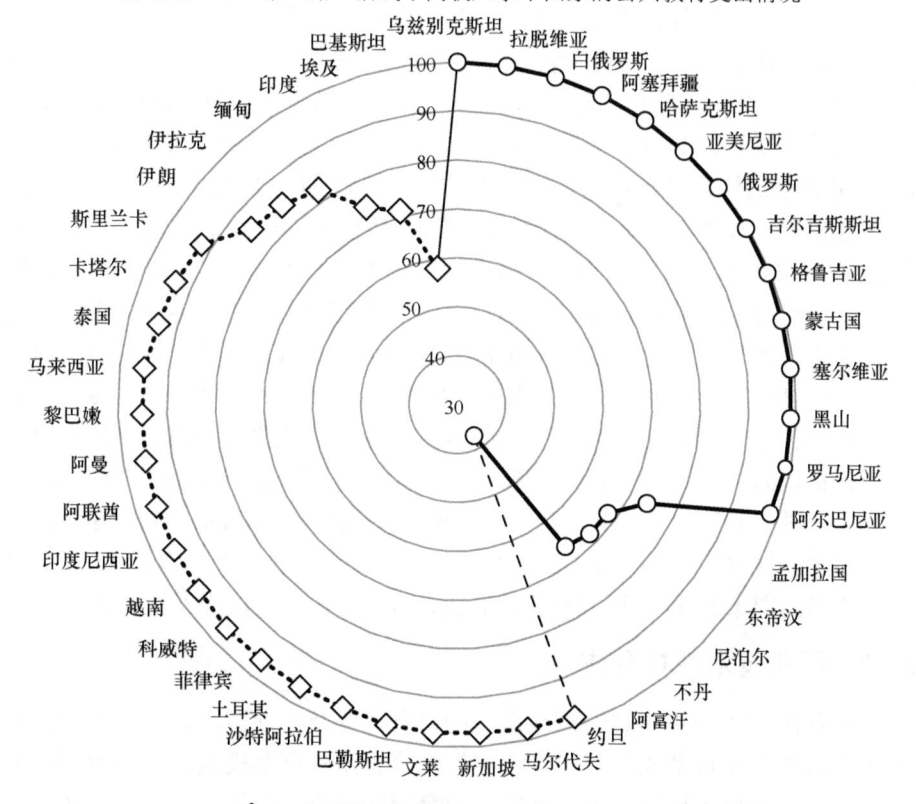

图 12-3 "一带"和"一路"沿线部分国家识字率（2016~2020 年均值）

12.2.4 中小学女生与男生的入学比例

对比 2016~2020 年"一带一路"沿线国家的中小学女生与男生入学比例，可以发现女生入学比例高的国家数和女生入学比例低的国家数差距较小，其中女生入学比例较高的国家有孟加拉国（女生比男生入学比例高 13 个百分点），其次是巴勒斯坦、不丹和印度，女生比男生的入学比例约高 5 个百分点。女生入学比例较低的国家有阿富汗、也门、巴基斯坦，以上三个国家女生入学比例明显低于男生，其中阿富汗男女生比例相差高达 36 个百分点，也门为 18 个百分点，巴基斯坦为 15 个百分点（图 12-4）。

12.3 我国与"一带一路"沿线国家教育合作

12.3.1 高等教育合作伙伴

"一带一路"倡议是中国教育国际交流合作的顶层设计和深入推进教育国际交流合作的重要抓手。通过巩固拓展教育合作伙伴，提升教育互通互认水平，提高高等教育学历学位互认水平，共享更多的优质数字教育资源。

在《推进共建"一带一路"教育行动》框架指引下，2016 年至 2019 年，教育部陆续与 18 个省市签署了《推进共建"一带一路"教育行动国际合作备忘录》。据不完全统计，截至 2020 年，我国共有 44 所高等学校赴"一带一路"沿线地区举办 28 个境外办学机构、47 个项目，涵盖 23 个"一带一路"沿线国家；与 188 个国家和地区建立教育合作与交流关系，与 46 个重要国际组织经常性开展教育合作与交流（涂端午，2022），与 54 个国家和地区签署学历学位互认协议。在教育对话机制方面，聚焦不同教育主题，组织"一带一路"沿线国家教育相关专家学者进行交流研讨，促进各国教育发展。例如，2018 年 11 月，第二届"一带一路"教育对话在京举行，近 40 个"一带一路"沿线国家和部分国际组织的教育官员、专家学者等 200 余人在京进行一场主题为"研究、决策与展望"的大型教育对话，以充分发挥教育科研机构的智力优势和组织优势，共同助力"一带一路"倡议。2021 年 11 月第三届"一带一路"教育对话召开，聚焦教育现代化与国家发展、新一轮科技革命与教育变革、促进教育公平与提高教育质量的路径与模式 3 个专题，近 30 个"一带一路"沿线国家的 44 个研究机构、高校、政府部门与学校代表参加会议。

12.3.2 职业技术教育合作

根据我国和"一带一路"沿线多国的自身优势及发展需求，进一步加强对外职业技术教育合作逐渐成为"一带一路"教育合作的重要模式。以中国古代工匠鲁班命名的"鲁班工坊"，搭建了职业教育国际交流合作的新平台，在弘扬中国工匠精神，共享中国职业教育经验与方案的同时，架起促进中外人文交流、民心

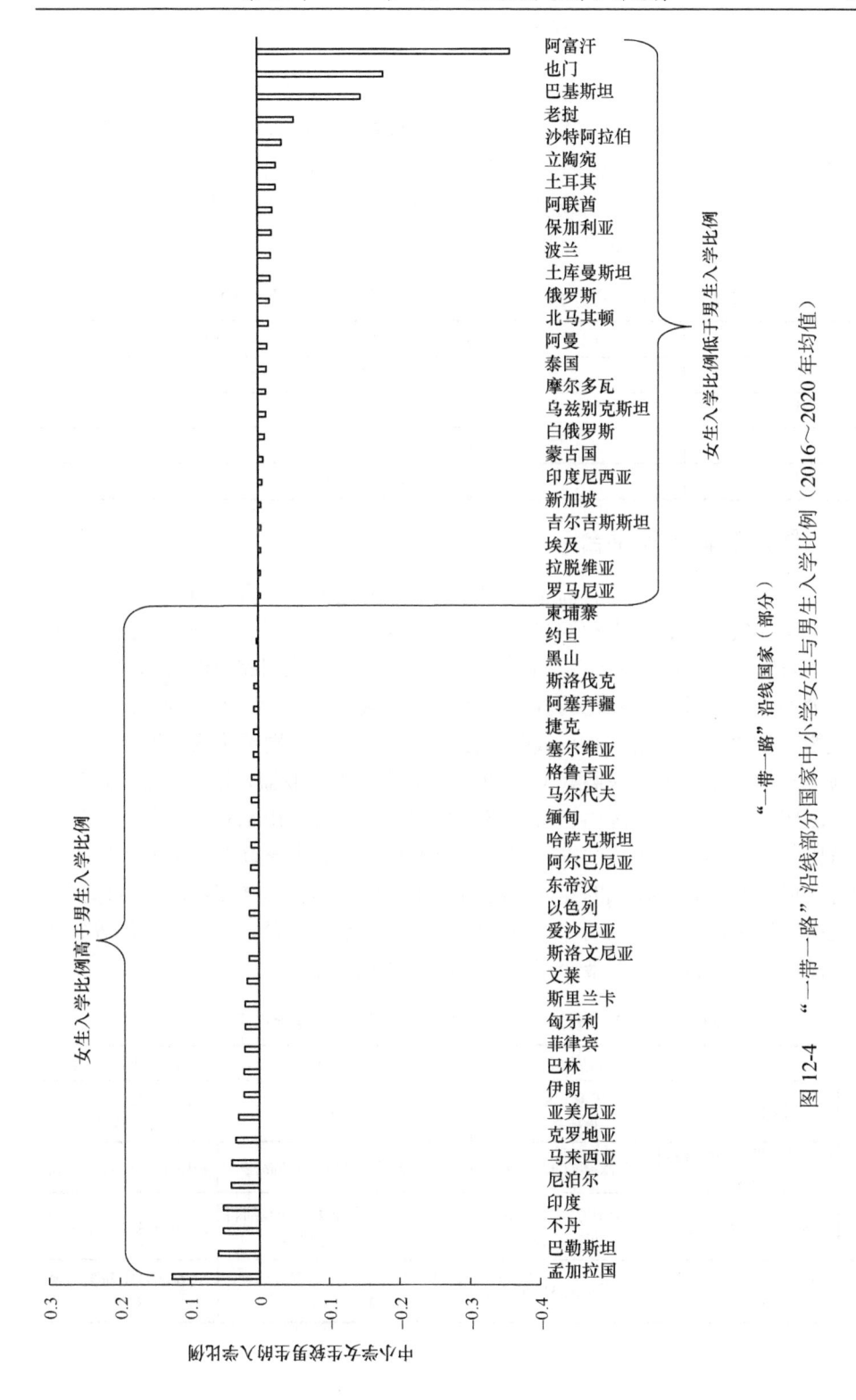

图12-4 "一带一路"沿线部分国家中小学女生与男生入学比例（2016~2020年均值）

相通的又一桥梁。

2022年8月,全国首批25个"鲁班工坊"运营项目揭晓,"鲁班工坊"是推动天津等市优质职业教育成果走出国门的重要载体。截至2023年4月,相关院校已先后在泰国、柬埔寨、葡萄牙、英国、吉布提、埃及等国家共建了27个"鲁班工坊",在"一带一路"沿线多个地区均有所发展(表12-1中为截至2022年"一带一路"沿线国家首批"鲁班工坊"的情况)。

表12-1 "一带一路"沿线国家首批"鲁班工坊"情况(2022年)

国家	"鲁班工坊"个数/个	国家	"鲁班工坊"个数/个
埃及	2	塞尔维亚	1
巴基斯坦	1	泰国	1
保加利亚	1	印度	1
柬埔寨	1	印度尼西亚	2

12.3.3 国际教育合作平台

"一带一路"沿线各国唇齿相依,教育交流源远流长,合作前景广阔,各国应该携起手来发展教育,推动构建平等、包容、互惠、活跃的"一带一路"教育共同体(朱旭和张正娟,2022)。目前,"一带一路"沿线国家已经合作建成多个具有开放性、平等性、国际化的教育合作平台,从类型上看,可分为:①高校或大学联盟,如"一带一路"高校战略联盟、"一带一路"财经类大学联盟、"21世纪海上丝绸之路"大学联盟等(表12-2);②职业教育联盟,如"一带一路"职业教育联盟、东北三省一区"一带一路"职业教育联盟、山东省"一带一路"职业教育国际联盟等;③区域国家联盟,如中巴经济走廊大学联盟、金砖国家大学联盟等。以上教育合作模式的建立是跨国多元教育主体合作与交流的制度选择与平台支持的结果,有利于推动"一带一路"沿线国家在教育、科技、文化等领域合作交流,为我国推进"一带一路"教育行动提供新机遇。

表12-2 初步建成的"一带一路"沿线国家教育合作平台

序号	联盟名称	初始成员	发起/牵头单位	成立时间及地点
1	丝绸之路大学联盟	26个国家和地区的近百所高校	西安交通大学	2015-05-22,中国西部科技创新港
2	"一带一路"高校战略联盟	8个国家的47所高校	兰州大学等47所中外高校	2015-10-17,甘肃敦煌
3	中俄综合性大学联盟	40所中方高校、20所俄方高校	教育部支持,北京大学和莫斯科国立大学共同发起	2016-07-05,广东深圳
4	中国—中亚国家大学联盟	7个国家的51所高校	新疆维吾尔自治区教育厅倡议,新疆大学发起	2016-09-27,新疆乌鲁木齐

续表

序号	联盟名称	初始成员	发起/牵头单位	成立时间及地点
5	"一带一路"科技创新联盟	12个国家的24所高校、科研机构、企业	上海交通大学	2016-10-18，上海
6	丝绸之路农业教育科技创新联盟	13个国家的59所涉农高校、科研机构及企业	西北农林科技大学	2016-11-05，陕西杨凌
7	"一带一路"中波大学联盟	中波两国的23所高校	北京工业大学、重庆交通大学、波兰奥波莱工业大学	2017-03-21，北京
8	丝绸之路职业教育联盟	西北五省（区）114家院校、企业、教育机构、社会团体	陕西省中华职业教育社、西安交通大学继续教育学院	2017-03-25，陕西西安
9	"一带一路"航天创新联盟	12个国家的63所大学、科研机构、学术组织和企业	西北工业大学、中国宇航学会	2017-04-23，陕西西安
10	"一带一路"音乐教育联盟	16个国家的61所音乐学院（艺术学院）	教育部国际司指导，中央音乐学院发起	2017-05-05，北京
11	"一带一路"职业教育联盟	陕西省15所高职院校	陕西职业技术学院	2017-06-04，陕西西安
12	中俄农业教育科技创新联盟	中俄两国的16所农林院校	西北农林科技大学、俄罗斯奥姆斯克国立农业大学	2017-07-04，哈萨克斯坦阿斯塔纳
13	"一带一路"人才培养校企联盟	50余所高校和上百家企业	"留学中国预科教育联盟""中国—东盟教育培训联盟"联合知名"出海"中资企业、行业协会、中外商会、各类企业联盟等	2017-07-27，贵州贵阳
14	中巴经济走廊大学联盟	中巴两国19所大学的知名商学院	中国高等教育学会、巴基斯坦教育委员会	2017-08-29，巴基斯坦国立科技大学
15	"一带一路"建筑类大学国际联盟	19个国家的44所大学	北京建筑大学	2017-10-10，北京
16	"长江—伏尔加河"高校联盟	中俄两国65所高校	中华人民共和国外交部指导，四川大学、俄罗斯下诺夫哥罗德国立技术大学共同牵头	2017-10-27，四川成都
17	丝绸之路教师教育联盟	"一带一路"沿线国家和地区数十所高校和科研机构	陕西师范大学	2017-11-04，陕西西安
18	"一带一路"动物科技创新联盟	8个国家的78所涉农院校、企业	中国农业大学	2018-03-19，北京
19	"一带一路"水利水电产学研战略联盟	中国26家高校和电力/水利行业企业	华北水利水电大学	2018-05-08，河南郑州
20	"一带一路"标准化教育与研究大学联盟	30个国家和地区的105所高校	中国计量大学等	2018-05-20，浙江杭州
21	"一带一路"国际医学教育联盟	15个国家的49所医学教育机构	中国医科大学	2018-05-26，辽宁沈阳

续表

序号	联盟名称	初始成员	发起/牵头单位	成立时间及地点
22	"一带一路"茶产业科技创新联盟	国内外77家涉茶领域高校、科研院所、协会、学会、企业	福建农林大学、中国农业大学、西北农林科技大学联合发起	2018-06-20，福建福州
23	"一带一路"南南合作农业教育科技创新联盟	"一带一路"沿线国家的近70所涉农高校	中国农业大学	2018-06-22，北京
24	"一带一路"铁路国际人才教育联盟	中国30家高校和铁路行业企业	西南交通大学、中南大学	2018-07-15，四川成都
25	"一带一路"热带医学联盟	30个国家、地区的103家高等院校、医疗、科研和公共卫生机构	海南医学院	2018-10-19，海南海口
26	"21世纪海上丝绸之路"大学联盟	17个国家和地区的66所高校	厦门大学	2018-10-20，福建厦门
27	"一带一路"语言文化传播校企联盟	中国20余家高校、企业	同济大学	2018-10-24，北京
28	"一带一路"能源电力高校及产学研联盟	12个国家的18家高校、企业、国际组织	上海电力学院	2018-10-26，上海
29	"一带一路"非洲研究联盟	16个国家的34所高校、从事非洲研究的机构	广东外语外贸大学、非洲广东总商会	2018-10-26，广东广州
30	"一带一路"工程教育国际联盟	4个国家的13家高校、行业（企业）	浙江大学等	2018-11-09，浙江杭州
31	"一带一路"高校食品教育科技联盟	27个国家的49所高校	江南大学	2018-11-16，江苏无锡
32	"一带一路"国家电影教育国际联盟	11个国家的11所电影艺术高等院校和机构	中央戏剧学院	2018-11-28，北京
33	"一带一路"国际艺术教育联盟	72家中外高校、行业（企业）、教育机构	成都纺织高等专科学校	2018-11-29，四川成都
34	"一带一路"农业装备国际（产能）合作联盟	70多家国内外高校、农业装备单位	江苏大学	2018-11-30，江苏镇江
35	"一带一路"世界纺织大学联盟	19个国家的33所纺织类大学	东华大学	2018-12-07，上海
36	"一带一路"环境院长联盟	23个国家的52所高校	同济大学	2018-12-10，上海
37	南亚东南亚大学联盟	16个国家的103所高校	云南大学	2018-12-10，云南昆明
38	"一带一路"同德高校教育联盟		"同德金融"全国大学生、（硕、博）研究生、留学生"一带一路"建设征文大赛组委会	2018-12-15，上海
39	"一带一路"民族艺术教育联盟	中国28所知名艺术院校	中央民族大学	2018-12-20，北京
40	"一带一路"应用型高校联盟	3个国家的15所高校	福建工程学院	2019-04-29，福建福州

续表

序号	联盟名称	初始成员	发起/牵头单位	成立时间及地点
41	"一带一路"文化遗产国际合作联盟	15个国家的53所高校	陕西省文物局指导,西北工业大学发起	2019-05-11,陕西西安
42	"一带一路"医学人才培养联盟	全球200多家医学院校、医疗机构、研究院(所)及相关机构	国家卫生健康委人才交流服务中心	2019-06-25,江西九江
43	"一带一路"工学院联盟	75家国内外工学类高校、企业	中国教育国际交流协会指导,宁波市教育局、宁波工程学院共同发起	2019-10-10,浙江宁波
44	"一带一路"创新合作研究联盟	9个国家的10所高校	浙江大学经济学院	2019-11-09,浙江杭州
45	"一带一路"矿业高校联盟	11个国家的10余所矿业类高校	中国矿业大学(北京)	2019-11-11,北京
46	"一带一路"财经类大学联盟	14个国家的20所大学	对外经济贸易大学	2021-09-17,北京

注:序号1~45内容参考朱以财和刘志民(2022)

12.4 本章小结

面对世界百年未有之大变局,推动"一带一路"高质量发展进入关键时期,2020年教育部等八部门印发的《关于加快和扩大新时代教育对外开放的意见》提出,打造"一带一路"教育行动升级版,以充分发挥教育在推进"一带一路"倡议中基础性、先导性作用。通过对"一带一路"沿线国家教育态势的分析,发现各国在平均受教育年限、公共教育支出、识字率、中小学女生与男生入学比例等方面存在差距较大、发展不均衡等问题。"一带一路"倡议寻求经由互联互通助推国家间教育合作交流提质、升级,一是通过开展教育互联互通增进各国间了解,加强教育政策沟通,推动学历互认;二是打造教育合作平台,畅通教育合作渠道;三是鼓励企业参与,优化职业教育对外技术交流合作机制,逐渐形成多元化对外教育援助与合作途径。以"一带一路"助力国际教育合作,不断拓展了教育合作的新领域,并开拓了教育合作的新模式。

第13章 "一带一路"沿线国家科技合作态势

科技创新合作是"一带一路"倡议的重要内容，是推动共建"一带一路"高质量发展的先导和支撑。2017年5月，习近平在"一带一路"国际合作高峰论坛上指出，中国愿同各国加强创新合作，启动"一带一路"科技创新行动计划，开展科技人文交流、共建联合实验室、科技园区合作、技术转移四项行动[①]。经过多年的努力，"一带一路"科技创新合作的广度和深度不断拓展，取得了显著成效。开展科技创新合作，一方面可以增进人文交流和民心相通；另一方面又可以推动经济、社会、环境可持续发展。因此，必须加强"一带一路"科技创新合作，把"一带一路"建设成为创新之路，在共建"一带一路"命运共同体中发挥更多科技创新的力量。本章首先梳理了"一带一路"沿线国家科技合作现状与成效，并基于全球媒体数据库GDELT和CNKI中文期刊文献数据，从定量分析的角度全面揭示"一带一路"沿线国家科技合作的重点领域和合作成果，挖掘各国的科技合作态势与合作特征。

13.1 科技合作态势概览

2016年9月，科学技术部等多部委联合发布了《推进"一带一路"建设科技创新合作专项规划》，该规划明确了合作的思路目标、重点任务和领域，提出了完善体制机制、加大支持力度等政策保障措施。合作的重点任务围绕密切科技沟通、加强平台建设、共建科技园区、强化合作研究等，合作的重点领域包括农业、能源、交通、信息通信、资源、环境、海洋、先进制造、新材料、航空航天、医药健康、防灾减灾等12个领域，此外，科学技术部还专门组织研究制定了《"一带一路"科技创新合作行动计划》。截至2021年底，中国已和84个共建国家建立科技合作关系，支持联合研究项目1118项，在农业、新能源、卫生健康等领域启动建设53家联合实验室，"创新丝绸之路"建设朝气蓬勃。

13.1.1 科技交流逐步深入，长效制度基本形成

近年来，我国与"一带一路"沿线国家的科技人文交流更加频繁密切，受益对象逐年增加，后续效果逐渐显现。在《"一带一路"科技创新合作行动计划》

---

① 《习近平出席"一带一路"高峰论坛开幕式并发表主旨演讲（全文）》，https://www.gov.cn/xinwen/2017-05/14/content_5193658.htm[2017-05-14]。

的指引下,支持 3000 余人次"一带一路"沿线国家青年科学家来华开展短期科学研究,培训科技人员 13 500 余人次,举办"创新中国行""青少年创客营"等活动,支持成立"一带一路"国际科学组织联盟。各科研机构自主开展形式多样的科技交流活动。2013 年以来,中国科学院启动实施了"发展中国家科教拓展工程",培养各类专业技术人才超过 5000 人。这些来华交流的科研人员和参加技术培训的人员不仅把中国的技术和经验带回本国,而且加深了对我国的了解,建立了互信,在实现民心相通、交流互鉴中发挥了重要作用。

13.1.2 研发合作日益密切,创新成果不断涌现

共建联合实验室和联合研究中心是"一带一路"科技研发合作的重要模式,它有助于解决中国与"一带一路"沿线国家围绕经济社会发展中面临的共同技术难题,提高"一带一路"沿线国家的合作研发能力。2019 年,科学技术部公布了首批国家"一带一路"联合实验室评审结果,共有 14 家成为首批"一带一路"联合实验室,包括中国—蒙古国生物高分子应用"一带一路"联合实验室、中国—埃及可再生能源国家联合实验室、中国—柬埔寨食品工业"一带一路"联合实验室、中国—尼泊尔地理联合研究中心、中国—东盟海水养殖技术联合研究与推广中心等。2020 年,科学技术部审批通过了第二批 19 家"一带一路"联合实验室,包括中国—乌兹别克斯坦新药"一带一路"联合实验室、中国—塔吉克斯坦煤电能源清洁转化及高效综合利用"一带一路"联合实验室、中国—乌克兰材料连接与先进制造"一带一路"联合实验室、中国—新西兰猕猴桃"一带一路"联合实验室等。2021 年,科学技术部发文批准建设第三批共 20 家"一带一路"联合实验室,联合实验室平台建设达到 53 家。联合实验室创新合作平台成果显著,如中国—以色列人群医学"一带一路"联合实验室科研合作扩展到包括基础科研与临床研究在内的多个课题组,合作产出的高水平论文在 *Cell Stem Cell* 上发表,"剪接体突变和骨髓微环境衰老在急性髓系白血病早期演变中的作用"获批国家自然科学基金委员会与以色列科学基金会合作研究项目。

13.1.3 园区建设稳步推进,合作网络持续拓展

科技园区建设同样是推进"一带一路"合作的重要方面,中国与菲律宾、印度尼西亚等八个国家启动或者探讨建立科技园区合作关系。包括埃及、伊朗、蒙古国、泰国、老挝等在内的多个国家明确提出开展科技园区合作需求,目前,已经与白俄罗斯、以色列、伊朗、蒙古国、埃及、菲律宾、印度尼西亚等国家合作建立科技园。根据长城战略咨询数据库掌握的 119 家"一带一路"园区数据,截至 2021 年 6 月,共有 91 个"一带一路"科技园区将信息、通信技术、软件及产业数字化作为园区的主导产业。其中,东南亚科技园注重于食品业、现代农业等传统产业的数字化转型,且出现多个以软件开发为主导的科技园区;以巴西为代

表的南美科技园在发展信息技术的同时兼顾发展文娱、新能源等主导产业①。

13.1.4　技术转移成效显著，示范带动作用明显

共建区域技术转移平台，支持共建国家建立完善技术交易市场，与联合国开发计划署组建技术转移南南合作中心，有力推动先进适用技术成果在共建国家转移转化。中国与东盟、南亚、阿拉伯国家、中亚、中东欧构建了五个区域技术转移平台，分别是广西的"中国—东盟技术转移中心"、云南的"中国—南亚技术转移中心"、宁夏的"中国—阿拉伯国家技术转移中心"、新疆的"中国—中亚科技合作中心"、江苏的"中国—中东欧国家技术转移虚拟中心"等，这些技术转移中心促进了我国与这些国家和地区双向技术转移转化。此外科研机构自主建设"一带一路"技术转移中心取得了积极成效，如中国科学院全球"一带一路"技术转移转化中心是中国科学院顺应科技创新全球化的发展趋势、响应"一带一路"合作倡议、落实"率先行动"计划、实施国际化推进战略的积极探索，在联合实验室、科教中心等现有合作基础上，将深度挖掘并整合中国科学院院属100多家科研机构、3所大学、9个海外中心、12个分院以及百余家企业等丰富的科技创新资源，与海内外科研机构、大学、技术转移机构、行业协会、大型企业及金融资本建立紧密合作关系，共同对外打造创新合作平台。

13.2　基于新闻报道的科技合作重点领域分析

基于2016~2021年全球媒体数据库GDELT关于"一带一路"的相关信息，通过关键词筛选出与科技合作相关的内容，在所有信息中涉及科技合作的信息平均占比为23.9%，总体上呈现上升趋势（图13-1）。根据GDELT数据库中关于"一带一路"科技合作的相关媒体数据，运用LDA（latent Dirichlet allocation，隐含狄利克雷分布）主题发现算法，动态分析"一带一路"沿线国家科技合作的主题特征（表13-1）。

2016年总体上科技合作相关信息占比为21.5%，其中，主题一围绕农业、考古和环境等方面，合作热点区域包括俄罗斯和中亚国家，新闻报道主题主要围绕合作成效报道，如李克强总理在吉尔吉斯斯坦访问期间，与吉方在经济技术、产能、交通、农业、知识产权等领域的多份合作文件报道。主题二围绕中医药、铁路和再生能源等方面，合作热点区域包括老挝、尼泊尔和欧洲国家，新闻报道主题主要围绕重大合作战略实施，如老挝公共工程与运输部发布的报告认为，中老铁路将帮助老挝实现与中国和其他东盟国家间的对外合作和联通战略，同时成为老挝吸引外国投资、现代技术和人力资源的重要工具。

---

① 《"一带一路"科技园区数字经济新发展——〈2021"一带一路"科技园区发展报告〉节选》，https://www.shangyexinzhi.com/article/4730438.html[2022-04-04]。

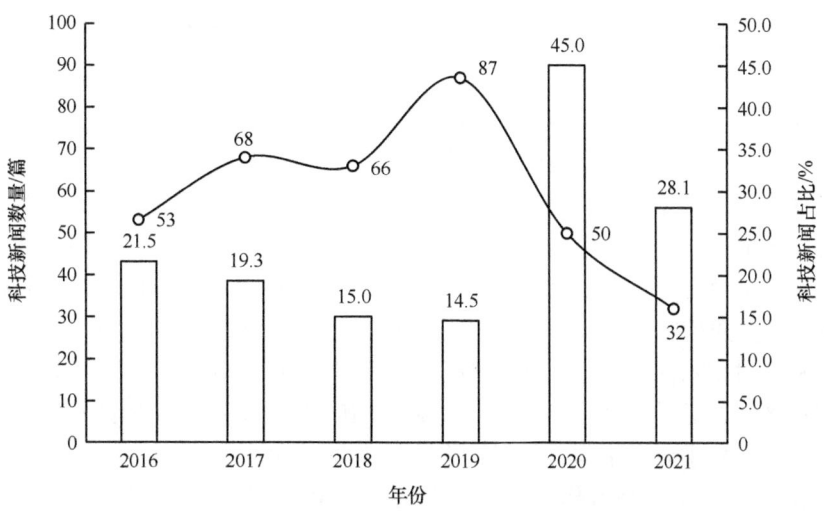

图 13-1　2016～2021 年 GDELT 数据"一带一路"科技新闻报道数量

表13-1　2016～2021年GDELT数据"一带一路"科技新闻主题分析

项目	2016 年	2017 年	2018 年	2019 年	2020 年	2021 年
主题一	农业及考古	健康卫生	农业及能源	绿色及环境	抗疫及税收	能源及农业
关键词 1	农业	健康	农业	绿色	税收	能源
关键词 2	吉尔吉斯斯坦	卫生	东盟	环境	中欧班列	绿色
关键词 3	考古	绿色	绿色	生态	哈萨克斯坦	中欧班列
关键词 4	环境	发展中国家	能源	中欧班列	抗疫	重庆
关键词 5	俄罗斯	网络	共建	减灾	美国	农业
主题二	中医药及铁路	出口货运	中欧班列及物流	中医药及中老铁路	能源及数字经济	中老铁路相关
关键词 1	中医药	中欧班列	中欧班列	铁路	能源	中老铁路
关键词 2	老挝	义乌	物流	中医药	智利	税收
关键词 3	铁路	出口	重庆	针灸	东盟	老挝
关键词 4	再生能源	货运	铁路	能源	复苏	班列
关键词 5	欧洲	中医药	生态	泰国	斯里兰卡	高铁

2017 年总体上科技合作相关信息占比为 19.3%，其中，主题一围绕健康、卫生和绿色等方面，合作热点区域包括"一带一路"沿线发展中国家，新闻报道主题涉及如"一带一路"暨"健康丝绸之路"高级别研讨会的召开，以及"健康命运共同体"相关议题。主题二围绕中欧班列、出口、货运和中医药等方面，合作热点区域包括"一带一路"沿线欧洲国家，新闻报道主题涉及如由浙江义乌西站至西班牙首都马德里的"义新欧"中欧货运班列，以及甘肃、云南等"一带一路"倡议参与地区以文促医、以医带药、以药兴商，围绕中医药健康发展主题共同打造了"一带一路"民心相通的桥梁。

2018 年总体上科技合作相关信息占比为 15.0%，其中，主题一围绕农业、绿色和能源等方面，合作热点区域包括东盟国家、以色列等，新闻报道主题涉及如

"一带一路"框架下农业合作研讨会召开、2018成都现代农业"一带一路"促进活动。主题二围绕中欧班列、物流和生态等方面,合作热点区域包括欧洲国家、日本、柬埔寨等,新闻报道主题涉及如中欧班列建设现场会暨专题协调会召开、"一带一路"生态治理民间合作国际论坛召开等。

2019年总体上科技合作相关信息占比为14.5%,其中,主题一围绕绿色、环境和生态等方面,合作热点区域包括"一带一路"沿线欧洲国家和"一带一路"沿线非洲国家,新闻报道主题涉及如中国科学院科技支撑"一带一路"建设的相关成果,在东非共建植物园、在北非借助遥感技术发掘文化遗产、帮助解决中亚地区的沙漠化和农村饮水问题等。主题二围绕铁路建设、中医药和能源等方面,合作热点区域包括老挝、泰国和"一带一路"沿线非洲国家,新闻报道主题涉及如世界中医药大会第五届夏季峰会中与"一带一路"科技合作的相关议题。

2020年总体上科技合作相关信息占比为45.0%,其中,主题一围绕税收、中欧班列和抗疫等方面,"税收"反映的是园区的相关合作,合作热点区域包括哈萨克斯坦、"一带一路"沿线非洲国家等,新闻报道主题涉及如"一带一路"合作项目中白工业园的建设,以及中欧班列成为联通亚欧大陆的主要桥梁和绿色通道,为全球抗击疫情贡献着"中国力量"。主题二围绕能源、数字经济等方面,合作热点区域包括智利、斯里兰卡和孟加拉国等,新闻报道主题涉及如斯里兰卡总统戈塔巴雅·拉贾帕克萨指出要在农村、科技、教育、投资等关系民生的重点领域加强对华合作,以及智利前驻华大使费尔南多·雷耶斯认为,数字"一带一路"是未来智中合作的重点之一。

2021年总体上科技合作相关信息占比为28.1%,其中,主题一围绕能源、绿色和中欧班列等方面,合作热点区域包括"一带一路"沿线欧洲国家,新闻报道主题涉及如习近平主席出席领导人气候峰会讲话指出,中方将生态文明领域合作作为共建"一带一路"重点内容,发起了系列绿色行动倡议[①]。主题二围绕中老铁路和税收等方面,"税收"反映的是园区的相关合作,合作热点区域包括老挝、沙特阿拉伯、印度尼西亚等,新闻报道主题涉及中老铁路首发列车运行等。

13.3 基于CNKI文献数据的科技合作成果分析

基于CNKI中文期刊文献数据,采用"一带一路"和"科技"关键词组合进行检索,得到2015~2021年"一带一路"科技合作学术成果数据,总体上,科技合作学术成果数量呈现快速增长到趋于稳定的变化过程,2018年成果数量达到峰值,为1722篇。根据2015~2021年的"一带一路"科技合作学术期刊成果数据,将学术

---

① 《习近平在"领导人气候峰会"上的讲话(全文)》,http://china.cnr.cn/gdgg/20210422/t20210422_525468997.shtml[2021-04-22]。

成果的学科领域结合科技合作方向进行整合,分为战略与制度、文化与传播、数字经济、农业合作、贸易和金融、绿色经济、教育与科技管理、基础设施建设、工业产业技术九个领域,从合作主题和领域两个方面分析科技合作态势和特征(图13-2)。

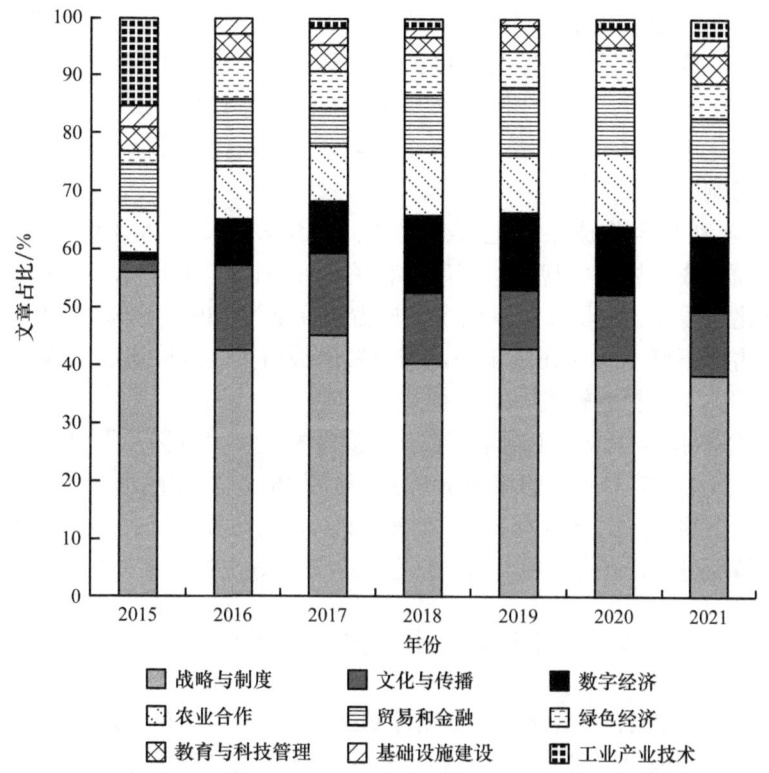

图 13-2　2015~2021 年 CNKI"一带一路"科技相关学术论文领域统计分析

2015 年科技合作成果主题聚焦在"战略构想""互联互通""民心相通"等方面,成果领域中战略与制度的相关研究占比达到 56%,其次为工业产业技术,占比为 15%,其他各领域占比不到 10%。在成果中,人才、教育、地缘战略等主题的相关文献影响较大。

2016 年科技合作成果主题聚焦在"文化产业""基础设施""发展战略"等方面,成果领域中战略与制度的相关研究占比达到 43%,文化与传播、贸易和金融两个领域占比分别为 15%、12%,其他各领域占比不到 10%。在成果中,产能转移、投资风险、中欧班列等主题的相关文献影响较大。

2017 年科技合作成果主题聚焦在"民心相通""对外直接投资""产能合作"等方面,成果领域中战略与制度的相关研究占比达到 45%,其次为文化与传播,占比为 14%,其他各领域占比不到 10%。在成果中,对外投资布局、泛第三极生态保护、新型国际人才培养等主题的相关文献影响较大。

2018 年科技合作成果主题聚焦在"互联互通""基础设施""发展战略"

等方面，成果领域中战略与制度的相关研究占比达到40%，数字经济、文化与传播、农业合作三个领域占比分别为13%、12%、11%，其他各领域占比不到10%。在成果中，直接投资、贸易网络、数字经济等主题的相关文献影响较大。

2019 年科技合作成果主题聚焦在"高质量发展""人才培养""民心相通"等方面，成果领域中战略与制度的相关研究占比达到43%，数字经济、贸易和金融、文化与传播、农业合作四个领域占比分别为13%、12%、10%、10%，其他各领域占比不到10%。在成果中，企业创新、长江经济带、出口贸易等主题的相关文献影响较大。

2020 年科技合作成果主题聚焦在"高质量发展""人才培养""农业合作"等方面，成果领域中战略与制度的相关研究占比达到41%，农业合作、数字经济、文化与传播、贸易和金融四个领域占比分别为13%、12%、11%、11%，其他各领域占比不到10%。在成果中，工业发展战略、区域价值链重构、人工智能等主题的相关文献影响较大。

2021 年科技合作成果主题聚焦在"高质量发展""双循环""供应链"等方面，成果领域中战略与制度的相关研究占比达到38%，数字经济、文化与传播、贸易和金融三个领域占比分别为13%、11%、11%，其他各领域占比不到10%。在成果中，双循环格局、产业结构升级、绿色创新效率等主题的相关文献影响较大。

13.4 本章小结

利用2016~2021年全球媒体数据库GDELT关于"一带一路"的相关报道信息，对全球范围内"一带一路"科技合作特征及变化趋势进行分析，研究发现合作主要领域聚焦在农业、医疗健康、环境保护、绿色发展、智能制造等方面，近年来绿色发展、数字经济、高质量发展逐渐成为热点科技合作主题。从"一带一路"科技合作区域来看，主要集中在俄罗斯、中亚国家、东盟国家，随着中欧班列的运行，与欧洲国家的科技合作越来越紧密。基于CNKI 2015~2021 年"一带一路"科技合作的相关文献成果，相关成果聚焦在战略与制度、文化与传播、数字经济、农业合作、贸易和金融等方面，其中，工业经济、农业经济、高等教育、数字经济、技术、人才和文化等方面的交流合作逐渐成为热点主题。

"一带一路"国际科技合作前景广阔，应坚持发挥合作成效，促进研发合作和技术转移并举，注重科技合作的基础和质量。"一带一路"国际科技合作需要根据不同发展区域针对性开展深层次合作，对于沿线发展中国家和新兴经济体，其中很多国家工业体系还不完善，科技创新合作对于这些国家完善工业体系，发展国民经济有十分重要的作用，需要进一步挖掘技术合作潜力，创新科技合作路径；对于沿线的发达国家，围绕共同关心的气候变化、生命健康、数字经济等领域，实现合作共赢。

第14章 "一带一路"倡议传播态势和沿线国家形象感知

"传播先行"有助于凝聚各方共识，推动"一带一路"倡议。当今世界，各国政府都谋求增加国家文化软实力，在国际传播话语体系中提升话语权。党的十八大以来，国家高度重视中国向世界展现真实、立体、全面的中国，提出"讲好中国故事，传播好中国声音，让世界更好了解中国"。本章从我国政府官方媒体宣传平台关于"一带一路"倡议的宣传情况入手，分析我国关于"一带一路"倡议的主题分布；从全球媒体大数据 GDELT 入手，分析"一带一路"沿线国家的国家形象感知情况，以期为我国开展"一带一路"倡议传播和沿线国家舆情态势感知提供借鉴。

14.1 "一带一路"传播总体态势

主流媒体的议程设置对于公众认知"一带一路"倡议、塑造国家形象有重要作用。本节选取权威的中华人民共和国中央人民政府门户网站（www.gov.cn），采集关于"一带一路"的新闻信息。自 2014 年至 2021 年，以"一带一路"为关键词，共采集信息 2247 条。

从"一带一路"倡议的新闻报道数量来看（图 14-1），2019 年以前中国政府网中关于"一带一路"倡议的报道数量呈增长趋势，2019 年以后显著下降。从"一带一路"倡议新闻主要来源来看（图 14-2），新闻来源主要是新华社（87%）、人民日报（6%）、经济日报（3%）、光明日报（2%）、人民日报海外版（2%）。

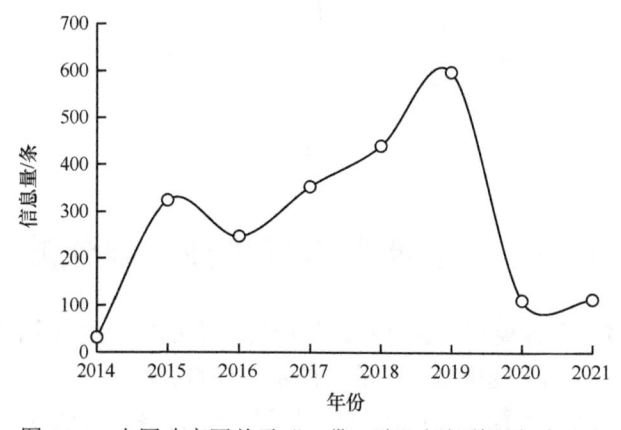

图 14-1 中国政府网关于"一带一路"新闻数量年度分布

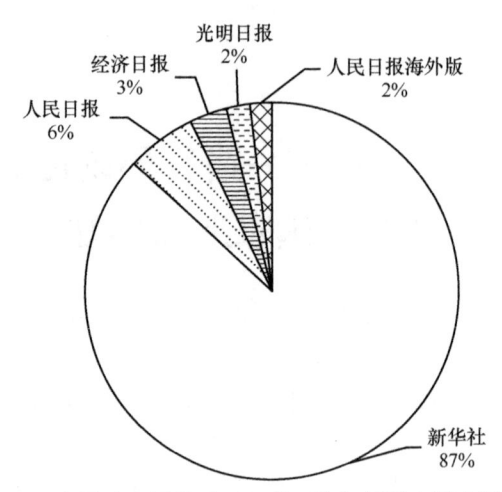

图 14-2　中国政府网关于"一带一路"新闻主要来源分布

通过文本分类方法,将中国政府网中"一带一路"倡议相关新闻报道分类到政策沟通、设施联通、贸易畅通、资金融通和民心相通。从"五通"相关新闻报道数量总体分布情况来看(图 14-3),政策沟通相关信息占全部新闻的一半,达 51%,其次为贸易畅通、设施联通、资金融通和民心相通,信息量分别为 20%、11%、9%、9%。

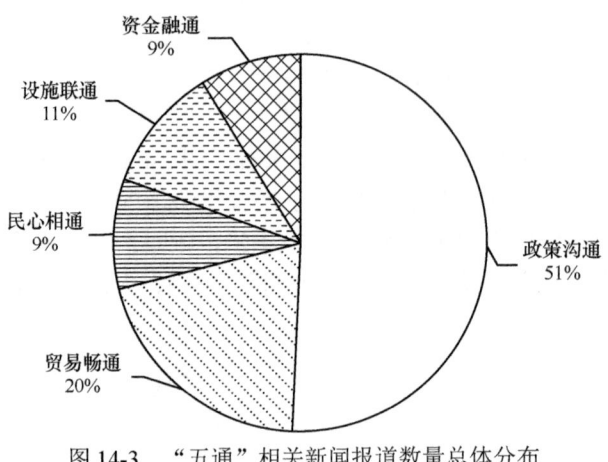

图 14-3　"五通"相关新闻报道数量总体分布

14.2　"五通"信息传播主题分析

本节利用概率主题模型,通过参数估计将文本量化为主题空间的低维表示。目前,LDA 是常用的主题模型。它是一种非监督的机器学习方法,假设每篇新闻的每个词都是以一定概率选择某个主题,LDA 采用词袋(bag of words)的方法,将每篇新闻作为一个文档,从而可生成信息关于某些主题的概率分布。报告分别对政策沟通、设施联通、贸易畅通、资金融通和民心相通分类下的新闻进行主题挖掘,LDA 模型通过显示的文档、单词特征挖掘可以观察隐含的文章主题。

14.2.1 "政策沟通"信息主题分布

1. 主题一:"一带一路"沿线贸易的政策沟通

报道内容主要聚焦在各地出台的推进"一带一路"建设的贸易政策中,如"四川出台专项政策推动实施'一带一路'三年行动计划""'一带一路'建设改变陕西对外开放格局""江西省参与'一带一路'建设绘出路线图""湖北襄阳:'一带一路'让内陆变前沿""甘肃:'一带一路'构想下布局内陆产业新结构";此外,还包括一些重要的广交会、博览会等,如"第 120 届广交会 15 日开幕:'一带一路'沿线国家'举足轻重'""第 12 届中国一东盟博览会将突出'一带一路'主题"等。

2. 主题二:"一带一路"与中东欧相关的政策沟通

该主题主要包括了"一带一路"建设中与中东欧相关的政策沟通情况,如综述"一带一路"建设推动中国—中东欧务实合作结硕果,中国与中东欧国家开展教育合作为"一带一路"培养人才,"一带一路"助力中国与中东欧共建人类命运共同体等。

3. 主题三:"一带一路"倡议与企业相关的政策沟通

该主题主要围绕"一带一路"倡议与企业相关的政策沟通,如马来西亚—中国总商会主办"马中企业家大会",提高中国企业境外投资便利化水平的相关政策举措,引导区域优势企业向"一带一路"沿线国家拓展等。

4. 主题四:"一带一路"倡议创新相关的政策沟通

该主题下的内容主要包括中国与多国建立了创新合作伙伴关系,与多国加强科技合作,共建联合实验室(研究中心)、国际技术转移中心、海上合作中心,促进科技人员交流,合作开展重大科技攻关,共同提升科技创新能力。

5. 主题五:"一带一路"与东盟相关的政策沟通

该主题下的内容主要包括中国与东盟领导人会议、合作框架、自贸区升级、投资合作基金、留学生交流、医疗合作、农业技术推广、海洋合作等。

6. 主题六:"一带一路"与澳大利亚、中东、日本相关的政策沟通

该主题下的内容主要包括中国与澳大利亚、中东、日本领导人会晤、项目洽谈、知名智库交流等。

14.2.2 "设施联通"信息主题分布

1. 主题一：港口口岸相关的设施联通

该主题下的内容主要包括中国港口建设、项目推进、港口管理经验和管理技术交流，"一带一路"建设使沿线国家传统港口升级，对我国集装箱港口业务产生拉动作用等。

2. 主题二：铁路等相关的设施联通

该主题下的内容主要包括"一带一路"沿线国家和地区与我国的铁路交通网络构建，如"立体丝路"大通道建设、中老铁路、匈塞铁路等。

3. 主题三：能源、电力相关的设施联通

该主题下的内容主要包括能源通道建设、绿色能源技术、能源投资和并购、能源转型，通过输送能源、电力助力非洲、东南亚等地脱贫等。

4. 主题四：客车、物流相关的设施联通

该主题下的内容主要包括国际物流大通道建设、中欧物流、电子商贸及物流电子化、国际物流园等项目建设。

14.2.3 "贸易畅通"信息主题分布

1. 主题一：农业、基础设施方面的贸易畅通

该主题下的内容主要包括与"一带一路"沿线国家发展现代特色农业和特色旅游业、农副产品跨国采购、农业标准建立和推广、农业科技合作、建立投资联盟等。

2. 主题二：跨境电商方面的贸易畅通

该主题下的内容主要包括"一带一路"倡议下跨境电商规模不断增大，通过集约化效应显著降低成本，缩短供应链，各地跨境电商产业园建设以及监管政策等。

3. 主题三：农产品进出口方面的贸易畅通

该主题下的内容包括农产品进出口情况、农产品加工养殖投资、农业博览会和交易会、农产品商标保护等。

14.2.4 "资金融通"信息主题分布

1. 主题一：税收相关的资金融通

该主题下的内容主要包括"一带一路"沿线国家的税收规则、税收环境、税收风险、税务服务"一带一路"建设的机制创新、税收服务平台建设等。

2. 主题二：企业、金融机构相关的资金融通

该主题下的内容主要包括与"一带一路"沿线国家跨区域的金融合作、为更好服务"一带一路"开展的金融国际化转型、政策性金融体系发挥的职能、金融监管等。

14.2.5 "民心相通"信息主题分布

1. 主题一：文化旅游方面的民心相通

该主题下的内容主要包括中国与"一带一路"沿线国家的文化合作与交流、与"一带一路"沿线国家互办的文化年、艺术节、电影周和旅游推介活动等。

2. 主题二：科技教育方面的民心相通

该主题下的内容主要包括中国与"一带一路"沿线国家的科学教育、高等教育、教育产业发展、科技和教育合作框架等。

3. 主题三：中医药方面的民心相通

该主题下的内容主要包括中医借助"一带一路"倡议的战略机遇、中医药对外合作与交流机制、中医药国际标准化进程等。

14.3 "一带一路"沿线国家形象感知分析

《中华人民共和国国民经济和社会发展第十四个五年规划和 2035 年远景目标纲要》提出构建海外利益保护和风险预警防范体系。党的十九届五中全会强调推动共建"一带一路"高质量发展。当今世界正经历百年未有之大变局，国际形势复杂多变，大数据、人工智能等新技术应用不断深入，运用新一代信息技术动态感知国家形象，能发挥大数据来源广、时效高、维度多、覆盖全的资源价值。

近年来，国际上一些研究已经注意到媒体报道信息在风险挖掘方面的决策价值。媒体大数据具有来源广、时效高、维度多、覆盖全的特点，可以客观反映社会关注热点及其变化，能够更加全面准确地刻画国家社会风险态势。谷歌 2013 年免费开放的全球新闻动态数据库 GDELT（http://www.gdeltproject.org）是目前从媒体报道角度分析国家风险的重要数据来源。由于"一带一路"沿线国家国内局势、地缘政治、地理区位、经济发展水平、宗教文化等存在巨大差异，给"一带一路"建设过程带来严峻挑战，一些项目被搁置、取消或推迟，如巴基斯坦因运营权争议关闭中巴经济走廊迪阿莫—巴沙大坝建设项目投标，马来西亚因国内政治争端单方面叫停东海岸铁路，以及两条能源管道合作项目等。

习近平在推进"一带一路"建设工作5周年座谈会中[①]强调要高度重视境外风险防范,完善安全风险防范体系,全面提高境外安全保障和应对风险能力。2019年1月21日,习近平在省部级主要领导干部坚持底线思维着力防范化解重大风险专题研讨班开班式上强调要加强海外利益保护,确保海外重大项目和人员机构安全[②]。要完善共建"一带一路"安全保障体系,坚决维护主权、安全、发展利益,为我国改革发展稳定营造良好外部环境。《中华人民共和国国民经济和社会发展第十四个五年规划和2035年远景目标纲要》提出推动共建"一带一路"高质量发展,构建海外利益保护和风险预警防范体系。本章基于全球媒体大数据GDELT动态分析"一带一路"沿线国家风险。

14.3.1 全球媒体数据库GDELT数据特征与应用

近年来,随着互联网、云计算等IT与通信技术的迅猛发展,信息社会已经步入了大数据时代。数据的快速增长引起了各行各业的广泛关注。大数据的涌现不仅改变着人们的生产与生活方式,也为我们了解世界提供了全新的视角,而媒体大数据又是当今大数据研究的重要部分。媒体大数据是指与媒体产生的新闻报道相关的大数据,借助于媒体大数据,可以发现媒体的报道倾向、媒体对世界的关注等基于经验和直觉难以直接发现的社会现象。

1. GDELT数据库概况与应用

GDELT是人类有史以来建立的最大、最全面、最高分辨率的社会科学数据库,它是美国乔治城大学教授Kalev Leetaru于2013年创建并发布的一个新闻数据库,由Google Jigsaw提供支持,GDELT实时监测世界上出版物、广播、网络媒体中的新闻,对其进行分析,提取出人物、地点、组织和事件类型等关键信息。GDELT汇集了全球各国媒体对事件的报道,通过对报道内容的系统分析,可以从中反映话语体系、媒体报道倾向、国家形象、议程设置等问题,成为传播学研究的重要工具。

不同国家和地区的新闻媒体对于事件的报道往往存在着偏差和偏见,基于GDELT的大数据可以从总体上展现这种差异。Yoshioka和Kando(2016)通过添加数据库中新闻网站的位置信息,分析不同国家和地区的新闻特征。随后又提出了一个可视化显示新闻网站极性倾向的框架(Yoshioka et al., 2018),以识别新闻网站发布的文章中存在的潜在偏见。Kwak和An(2014)利用全球知识图谱中的灾难相关新闻的数据集,揭示全球灾难新闻报道的结构以及影响全球灾难新闻报

[①]《习近平出席推进"一带一路"建设工作5周年座谈会并发表重要讲话》,https://www.gov.cn/xinwen/2018-08/27/content_5316913.htm[2018-08-27]。

[②]《习近平在省部级主要领导干部坚持底线思维着力防范化解重大风险专题研讨班开班式上发表重要讲话》,https://www.gov.cn/xinwen/2019-01/21/content_5359898.htm?tdsourcetag=s_pcqq_aiomsg[2019-01-21]。

道的决定性因素。

GDELT 中事件的报道常常带有关联性，因此可以根据对某个国家新闻报道的内容反映该国在世界媒体眼中的国家形象。Yuan 等（2017）选取将中国和其他国家作为事件的两个参与者的所有新闻，基于时间序列建模和聚类分析，建模中国在大众媒体中的形象，反映中国与世界其他地区的关系以及这种关系如何演变。Zheng（2020）基于词嵌入的语义挖掘和 GDELT 全球新闻知识图谱的大数据聚类分析对全球城市的城市品牌影响力进行了比较。

媒体报道之间会产生相互影响，发达国家在话语权构建方面表现得更加强势。龚为纲等（2019）根据 GDELT 数据库所提供的网页 URL（uniform resource locator，统一资源定位器）信息进行定向网络爬虫并获取英文文本的原始信息，分析了美国等发达国家涉华舆情的话语体系建构特征。Vargo 等（2018）基于 GDELT 数据库，利用中间媒体议程设置理论和网络议程设置（network agenda setting，NAS）模型来评估假新闻、事实核查者和在线新闻媒体（尤其是党派媒体）之间的关系。

2. GDELT 风险冲突报告数据特征

基于全球媒体数据信息，GDELT 构建了全球知识图谱（global knowledge graph，GKG），该知识图谱包含新闻报道涉及的主题（theme）信息，表征风险涉及的概念（concept）实体，其中，世界银行的主题表（World Bank Group topical taxonomy）（http://vocabulary.worldbank.org/taxonomy.html）在 2015 年也被纳入全球知识图谱中。目前，GDELT 官网发布最新的所有主题总表，共 56 840 个主题。

GDELT 每天更新发布《每日冲突趋势报告》（Daily Conflict Trends Report），将全球 48 小时之内的实质冲突与之前的 48 小时进行比较，生成一个冲突趋势全球地图，然后提取出实质性冲突增幅最大的前 10 个国家，并列出风险主题、报告涉及的地区情况（图 14-4）。

14.3.2 全球媒体信息中"一带一路"沿线国家风险主题分析

本节采集 2020 年 1 月 1 日至 2022 年 5 月 30 日全球风险榜单，感知"一带一路"沿线国家风险变化趋势。

从风险关联情况来看，一是上榜的关联到中国的"一带一路"沿线国家，排名前 10 位分别为：俄罗斯、印度、以色列、伊朗、巴基斯坦、阿富汗、菲律宾、印度尼西亚、泰国、沙特阿拉伯（表 14-1）。二是中国上榜后涉及的相关国家，排名前 10 位分别为：印度、巴基斯坦、乌克兰、俄罗斯、伊朗、土耳其、印度尼西亚、以色列、菲律宾、泰国（表 14-2）。

Theme	+%
WB_1920_FINANCIAL_SECTOR_DEVELOPMENT	32%
WB_1235_CENTRAL_BANKS	32%
WB_1234_BANKING_INSTITUTIONS	32%
WB_318_FINANCIAL_ARCHITECTURE_AND_BANKING	32%
EPU_CATS_MONETARY_POLICY	32%
ECON_CENTRALBANK	32%
EPU_POLICY_CENTRAL_BANK	32%
TAX_RELIGION_ISLAMIC	23%
TAX_FNCACT_TROOPS	23%
EPU_POLICY_WHITE_HOUSE	19%
EPU_CATS_MIGRATION_FEAR_FEAR	18%
TAX_FNCACT_CHIEFS_OF_STAFF	18%
TAX_FNCACT_CHIEFS	18%
TAX_FNCACT_CHAIRMAN	16%
TAX_WEAPONS_DRONE_STRIKE	13%
USPEC_POLICY1	12%
EPU_POLICY_CONGRESS	11%
UNGP_FORESTS_RIVERS_OCEANS	10%
TAX_FNCACT_AGGRESSOR	10%
EPU_POLICY	10%
TAX_FNCACT	10%
WB_2462_POLITICAL_VIOLENCE_AND_WAR	10%
CYBER_ATTACK	10%
TAX_FNCACT_PRIME_MINISTER	9%
WB_694_BROADCAST_AND_MEDIA	8%
CRISISLEX_T11_UPDATESSYMPATHY	8%
WB_621_HEALTH_NUTRITION_AND_POPULATION	8%
EPU_POLICY_POLITICAL	8%
TAX_FNCACT_VICE_PRESIDENT	8%
TAX_MILITARY_TITLE_COMMANDER	7%
TAX_FNCACT_COMMANDER	7%
WB_678_DIGITAL_GOVERNMENT	7%

Thematic Focus (Last/Prev)

Location	+%
White House, District Of Columbia, United States	18%
Saudi Arabia	4%
Washington, Washington, United States	3%
Singapore	3%
Hanoi, Ha N?I, Vietnam, Republic Of	3%
Demilitarized Zone, Israel (General), Israel	3%
Buqayq, Ash Sharqiyah, Saudi Arabia	2%
South Africa	2%
Mexico	2%
Khordad, Sistan Va Baluchestan, Iran	2%
Hodeida, Al ?Udaydah, Yemen	1%
Lebanon	1%
Empty Quarter, Saudi Arabia (General), Saudi Arabia	1%
Mediterranean Sea, Oceans (General), Oceans	1%
Persian Gulf, Oceans (General), Oceans	1%
Jerusalem, Israel (General), Israel	1%
Arabian Peninsula, Saudi Arabia (General), Saudi Arabia	1%
South Korea	1%
Dammam, Ash Sharqiyah, Saudi Arabia	1%
Beijing, Beijing, China	1%
Manhattan, New York, United States	0%
Iowa, United States	0%
Canada	0%
Damascus, Dimashq, Syria	0%
Cuba	0%
Kuwait	0%
Aqraba, ?Alab, Lebanon	0%
Beirut, Beyrouth, Lebanon	0%
Spain	0%
Xinjiang, Jiangxi, China	0%
Mashat, ?A?Ramawt, Yemen	0%
World Trade Center, California, United States	0%
Havana, Ciudad De La Habana, Cuba	0%
Boston, Massachusetts, United States	0%
India	0%

Related Geography (Last/Prev)

(a) 风险主题　　　　　　　　　　(b) 报道提及国家

图 14-4　《每日冲突趋势报告》上榜国家风险主题和报道提及国家

表14-1　"一带一路"沿线国家提及中国频次统计

排名	"一带一路"沿线国家	提及中国频次/次
1	俄罗斯	304
2	印度	284
3	以色列	240
4	伊朗	209
5	巴基斯坦	207
6	阿富汗	204
7	菲律宾	181
8	印度尼西亚	159
9	泰国	158
10	沙特阿拉伯	142

表14-2　中国上榜提及"一带一路"沿线国家统计情况

国家	频次/次	国家	频次/次	国家	频次/次
印度	401	土耳其	123	阿联酋	87
巴基斯坦	151	印度尼西亚	121	阿富汗	78
乌克兰	143	以色列	119	新加坡	75
俄罗斯	140	菲律宾	119	越南	70
伊朗	131	泰国	101	格鲁吉亚	70

续表

国家	频次/次	国家	频次/次	国家	频次/次
缅甸	69	白俄罗斯	31	北马其顿	11
伊拉克	64	尼泊尔	29	塔吉克斯坦	10
马来西亚	57	塞尔维亚	28	克罗地亚	9
埃及	51	保加利亚	27	斯洛文尼亚	9
斯里兰卡	48	罗马尼亚	27	科威特	8
波兰	46	柬埔寨	23	爱沙尼亚	8
叙利亚	42	卡塔尔	20	马尔代夫	8
捷克	40	约旦	20	亚美尼亚	7
沙特阿拉伯	39	也门	16	不丹	7
文莱	38	黎巴嫩	15	土库曼斯坦	6
立陶宛	37	蒙古国	15	拉脱维亚	6
孟加拉国	35	吉尔吉斯斯坦	14	黑山	5
哈萨克斯坦	33	巴林	14	摩尔多瓦	4
阿曼	33	老挝	14	波黑	4
匈牙利	32	阿尔巴尼亚	11	斯洛伐克	4

从六大经济走廊风险报道主题内容来看（表14-3），安全和社会治理问题比较突出。涉及中国—中亚—西亚经济走廊风险主题频次最多，内容主要为人员伤亡情况、恐怖事件等。其次为新亚欧大陆桥，风险主题主要为社会公平、公共政策和公共部门管理等。孟中印缅经济走廊风险位于第三位，主要为社会安全类。中巴经济走廊的风险主题频次略高于中蒙俄经济走廊。中巴经济走廊风险主要集中在恐怖活动、武装冲突和战争、政治暴力等。中蒙俄经济走廊风险主要集中在社会公平、部门管理、反腐和法律等。中国—中南半岛经济走廊风险主题相对较低，主要集中在一般性的社会安全领域。

表14-3 六大经济走廊排名前10风险主题

经济走廊	排名	主题翻译	频次/次	经济走廊	排名	主题翻译	频次/次
中国—中亚—西亚经济走廊	1	危急情况	67	新亚欧大陆桥	1	危急情况	55
	2	健康	27		2	暴力事件	21
	3	受伤者	20		3	联合国警察	20
	4	恐惧	19		4	冲突	19
	5	恐怖	19		5	疾病	18
	6	军人	17		6	灾难	17
	7	暴力事件	17		7	惩罚措施	17
	8	伊斯兰教	16		8	美国国家安全委员会	15
	9	联合国警察	16		9	政治	14
	10	疾病	15		10	军队	13

续表

经济走廊	排名	主题翻译	频次/次	经济走廊	排名	主题翻译	频次/次
孟中印缅经济走廊	1	暴力事件	19	中蒙俄经济走廊	1	卫生保健	9
	2	健康	17		2	安全性	9
	3	冲突	12		3	矛盾	8
	4	灾难	12		4	医疗	8
	5	安全	10		5	惩罚措施	7
	6	武装冲突	9		6	审判	6
	7	犯罪	9		7	暴力事件	5
	8	伤口	8		8	武装冲突	4
	9	逮捕	6		9	禁令	4
	10	疾病	6		10	示威者	4
中巴经济走廊	1	暴力事件	20	中国—中南半岛经济走廊	1	危急情况	16
	2	危机处理	17		2	疾病	15
	3	恐怖主义	11		3	医学	12
	4	宗教信仰	11		4	健康	9
	5	冲突	9		5	杀人	6
	6	联合国警察	8		6	医疗	5
	7	战争	7		7	瘟疫	4
	8	犯罪	7		8	暴力	4
	9	军事	7		9	犯罪	4
	10	集团	5		10	灾难性事件	4

新冠疫情暴发后，"一带一路"沿线国家报道对疫情比较关注，且受疫情影响国家风险上榜频次增加。一是"一带一路"沿线国家风险报道主题主要集中在健康、安全性、疫情、交通运输、灾难、管理部门、伤口等（表14-4）。二是"一带一路"沿线上榜国家风险报道比较关注中国的为俄罗斯、印度、以色列、伊朗、巴基斯坦等（表14-5）。三是"一带一路"沿线国家报道中比较关注的中国地区主要涉及北京、江西、湖北、上海、广东等地（表14-6）。

表14-4 "一带一路"沿线国家提及疫情相关前50个主题统计

主题	频数/次	主题	频数/次
健康	76	伤口	32
安全性	63	受伤	32
疫情	50	一般情况	32
交通运输	43	恐惧	32
灾难	42	公众	31
管理部门	33	安全	30

续表

主题	频数/次	主题	频数/次
服务	30	突发事件	7
忠告	25	危急情况	7
死亡	24	拯救生命	7
医疗	23	网络	6
教育	22	铁路运输	5
权力机构	21	学生	5
社会事务	20	消毒	5
管制措施	19	疫苗接种	5
移民	19	数字技术	5
技术	17	数字化	5
保护	17	疾病	5
行动	16	流离失所者 搬迁者 疏散者	5
抗议	14	隔离症	4
医院	13	死亡	4
不确定因素	12	药品	3
物流	11	排泄物	2
机场	10	野生动物	1
非官方	8	死亡率	1
卫生保健	8	感染	1

表14-5 "一带一路"沿线国家提及中国频数

国家	提及频次/次	国家	提及频次/次	国家	提及频次/次	国家	提及频次/次
俄罗斯	304	缅甸	104	塞尔维亚	44	塔吉克斯坦	19
印度	284	乌克兰	98	柬埔寨	39	亚美尼亚	18
以色列	240	斯里兰卡	92	越南	36	保加利亚	17
伊朗	209	叙利亚	87	约旦	34	巴林	16
巴基斯坦	207	新加坡	84	也门	33	科威特	13
阿富汗	204	马来西亚	75	匈牙利	32	罗马尼亚	12
菲律宾	181	孟加拉国	66	哈萨克斯坦	32	东帝汶	10
印度尼西亚	159	白俄罗斯	66	立陶宛	30	不丹	10
泰国	158	黎巴嫩	55	阿联酋	29	阿塞拜疆	7
沙特阿拉伯	142	尼泊尔	52	吉尔吉斯斯坦	24	克罗地亚	6
埃及	139	波兰	51	阿曼	21	摩尔多瓦	6
伊拉克	135	文莱	49	阿尔巴尼亚	20	波黑	5
土耳其	112	卡塔尔	44	捷克	20	乌兹别克斯坦	5

续表

国家	提及频次/次	国家	提及频次/次	国家	提及频次/次	国家	提及频次/次
土库曼斯坦	4	爱沙尼亚	3	北马其顿	3	黑山	2
格鲁吉亚	3	斯洛文尼亚	3	拉脱维亚	2	斯洛伐克	1

表14-6 "一带一路"沿线国家提及中国排名前10地点

地点	提及频次/次	地点	提及频次/次
北京	572	辽宁	49
江西	178	云南	35
湖北	113	江苏	32
上海	83	西藏	28
广东	51	河南	28

14.4 本章小结

从近年来"一带一路"倡议传播态势来看，2014年以来传播态势不断增长，2019年达到传播高峰。新冠疫情暴发后，"一带一路"倡议传播态势呈现下降态势。传播内容主要集中在政策沟通、设施联通、贸易畅通、资金融通、民心相通五大领域。其中，在政策沟通方面，态势集中在"一带一路"沿线贸易政策，中东欧相关政策，企业相关政策，创新相关政策，东盟相关政策，澳大利亚、中东、日本相关政策等领域；在设施联通方面，态势集中在港口口岸，铁路，能源，电力，客车，物流等领域；在贸易畅通方面，态势集中在农业、基础设施，跨境电商，农产品进出口等领域；在资金融通方面，态势集中在税收、企业、金融机构等领域；在民心相通方面，态势集中在文化旅游、科技教育、中医药等领域。

通过全球媒体数据GDELT分析感知国家形象可知，从全球风险报道主题内容来看，"一带一路"沿线国家安全问题突出，部分地区更是传统与非传统安全问题多发区域。从六大经济走廊风险报道主题内容来看，安全和社会治理问题比较突出。涉及中国—中亚—西亚经济走廊风险主题频次最多，内容主要为人员伤亡情况、恐怖事件等。未来以"一带一路"倡议为代表的中国方案的推行，不仅需要大量的经济投入，还需要营造国际社会认同的文化环境。同时，借助大数据、人工智能等新技术应用不断深入，运用新一代信息技术动态感知国家风险，能发挥大数据来源广、时效高、维度多、覆盖全的资源价值，克服传统国家风险分析中更新频率低、完备性不足等弊端。

前景展望篇：共建"一带一路"，"互联互通"中合作共赢

随着我国进入新发展阶段、贯彻新发展理念、构建新发展格局，中国能够为"一带一路"合作伙伴提供更多市场机遇、投资机遇、增长机遇。在新的历史起点上，习近平在出席第三次"一带一路"建设座谈会并发表重要讲话时强调，把基础设施"硬联通"作为重要方向，把规则标准"软联通"作为重要支撑，把同共建国家人民"心联通"作为重要基础[①]。为探索在以国内大循环为主体、国内国际双循环相互促进中实现高质量共建"一带一路"指明了方向。

基础设施的"硬联通"是互联互通的基石，面向未来，"一带一路"沿线国家和地区将建设形成以现代数字技术为基础的铁路、公路、航运、航空、管道、信息等硬件互联互通的新型基础设施体系。互联互通是资源整合和市场经济的客观需要，基础设施互联能够降低资源整合的交易成本，为贸易畅通、资金融通、民心相通和政策沟通提供基本的物质保障，也为进一步高质量共建"一带一路"提供现实可能。"硬联通"的新型基础设施体系将高度重视生态文明的绿色发展原则，强调人与自然和谐共存的项目规划、设计和建设，绿色技术、绿色设备、绿色材料和绿色工艺将贯穿于整个施工过程，最终实现现代化的生态文明"硬联通"。在新的发展阶段，从"绿色丝绸之路"到"空中丝绸之路"，再到"数字丝绸之路""冰上丝绸之路""健康丝绸之路"等，互联互通的内涵将不断深化，外延将更加扩展。高质量共建"一带一路"，不仅要将畅通世界范围内的贸易与资源流通，也要为全球经济治理的优化调整提供中国智慧和中国经验，使"一带一路"成为促进世界人民公平获益的机遇与繁荣之路。本篇聚焦数字基础设施建设、绿色低碳发展以及科教协同发展，对未来"一带一路"高质量发展进行展望。

---

① 《习近平出席第三次"一带一路"建设座谈会并发表重要讲话》，https://www.gov.cn/xinwen/2021-11/19/content_5652067.htm [2021-11-19]。

第 15 章　设施互联互通未来可期

"一带一路"框架下的基础设施建设并不仅限于铁路、港口、物流中心，还包括信息化基础设施建设。特别是，新冠疫情暴发改变了人们的生活和生产方式，催生了大量新需求，同时疫情本身也推动了一些新技术、新业态的发展。疫情中，通信网络、信息化和数字化在抗疫中发挥了重要作用，疫情无论在技术研发还是应用上都促进了产业数字化的快速发展，数字经济对"后疫情时代"全球供应链的调整非常重要。后疫情时代，应把握在通信技术、数字经济方面的先发优势，促进与新基建相结合，加快拓展"一带一路"新基建项目；同时要加强同世界主要经济体的政策沟通与协调，推动数字经济相关规则的磋商和制定，为中资企业沿"一带一路"的布局和发展数字经济奠定基础。

15.1　市场需求是设施互联互通的核心动力

以中国在"一带一路"沿线国家基础设施的建设项目资金与投资等数据为基础，透过数据揭示"一带一路"沿线国家设施互联互通的市场需求环境，进而分析市场需求驱动下的设施互联互通发展态势。

15.1.1　"一带一路"沿线国家市场潜力巨大

路孚特是伦敦证券交易所集团旗下公司，也是全球最大的金融市场数据和基础设施提供商之一，该公司在 2020 年发布的研究报告《"一带一路"联通：倡议背后的数字（第五版）——利用基础设施抗击新冠疫情》[1]中指出，"一带一路"在建项目与建设投资仍在持续推进，截至 2020 年第一季度，"一带一路"项目中已规划或在建项目共计 3164 个，项目投资总金额达 4 万亿美元，其中，交通基础设施项目占"一带一路"所有项目的 47%，金额达 1.88 万亿美元，电力和水力行业在建项目金额为 9260 亿美元，占全球所有项目的 23%，展现了"一带一路"沿线国家市场的巨大发展潜力。

15.1.2　中国对外承包工程市场潜力凸显

"一带一路"沿线国家已成为中国企业对外承包工程合作的重要目的地。商

---

[1] "BRI connect: an initiative in numbers（5th Edition）——fighting COVID-19 with infrastructure"，https://www.refinitiv.cn/content/dam/marketing/en_us/documents/reports/belt-and-road-initiative-in-numbers-issue-5.pdf [2022-09-04]。

务部《2020 年度中国对外承包工程统计公报》显示，2013～2020 年，中国企业与"一带一路"沿线国家承包工程新签合同额由 715.7 亿美元增至 1414.6 亿美元[①]。受新冠疫情影响，2021 年中国在"一带一路"沿线国家的承包工程新签合同额为 1340.4 亿美元，虽总量略有下降但占比稳步提升。结合商务部国际贸易经济合作研究院发布的《中国"一带一路"贸易投资发展报告 2021》中的数据，绘制如图 15-1 所示的中国在"一带一路"沿线国家承包工程发展态势图。从图 15-1 可以看出，自 2013 年"一带一路"倡议提出以来，中国企业积极参与"一带一路"沿线国家基础设施建设的热度并未显著下降，新签合同额和完成营业额整体上都呈现较为良好的发展态势。

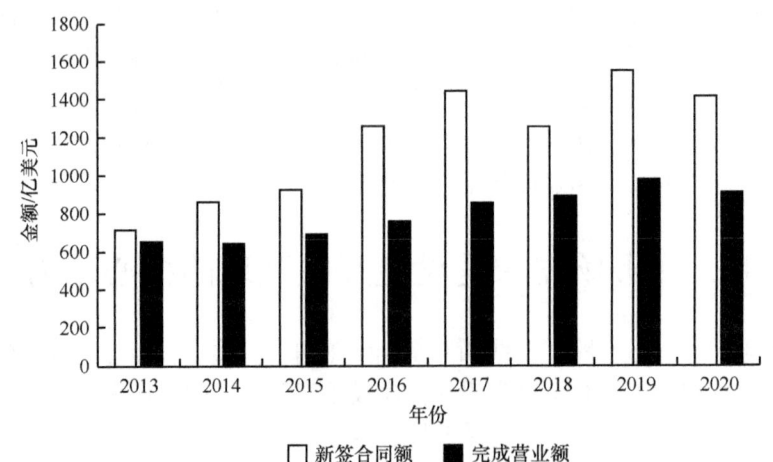

图 15-1　2013～2020 年中国在"一带一路"沿线国家承包工程发展态势

15.2　数字基础设施建设成为合作新亮点

当前新一轮科技革命和产业变革正在兴起，全球科技创新呈现出新的发展态势和特征，疫情加快经济向数字化转型，数字经济成为当前经济发展的新引擎。数字基础设施建设成为加快"一带一路"沿线国家设施互联互通的新机遇。数字基础设施是数字经济发展的底座，随着数字技术日趋成熟，数字经济日益繁荣，以数字技术为支撑的数字基础设施建设拥有巨大发展潜力。我国在数字经济领域具备强劲优势，作为数字大国有能力、有责任推动"一带一路"沿线国家数字经济合作，实现互利共赢。

然而，"一带一路"沿线国家数字基础设施资源普遍匮乏，数字基础设施薄弱，数字发展水平不均衡。国家信息中心 2018 年"一带一路"沿线国家信息化发

---

① 《商务部发布〈2020 年度中国对外承包工程统计公报〉》，http://hzs.mofcom.gov.cn/article/date/202109/20210903196388.shtml[2022-09-04]。

展测评结果显示，"一带一路"沿线国家信息化发展总体处于中等水平，中亚地区普遍存在网络基础设施建设落后问题，非洲的互联网普及率更是处于较低水平，中亚、南亚、非洲地区等的国家存在严重的数字鸿沟（杨道玲和李祥丽，2018）。推动共建数字基础设施，弥合数字鸿沟成为"数字丝绸之路"互联互通的关键。

近年来，为大力推进数字基础设施互联互通，中国提出了一系列国际倡议与政策措施。2017年12月3日，在第四届世界互联网大会上，中国联合七国共同发起《"一带一路"数字经济国际合作倡议》，旨在扩大宽带接入、提高宽带质量，促进数字化转型，促进信息通信技术领域的投资，推动城市间的数字经济合作，鼓励培育透明的数字经济政策，推进国际标准化合作等15个方面提出中国倡议，为"数字丝绸之路"的顺利推进开辟了新篇章[①]。2022年1月，国务院印发的《"十四五"数字经济发展规划》[②]明确指出，要统筹开展境外数字基础设施合作，结合当地需求和条件，与"一带一路"沿线国家开展跨境光缆建设合作，保障网络基础设施互联互通。中国工业和信息化部发布的数据显示[③]，截至2019年，中国已累计建设34条跨境陆缆和多条国际海缆，联通亚非欧等世界各地，带动相关国家的网络信息发展，促进数字基础设施互联互通。"一带一路"倡议不断为中国与沿线国家和地区加强数字经济合作带来新的发展动能。

15.3 重要举措

强化政策引导。习近平指出，"一带一路"建设，核心内容是促进基础设施建设和互联互通，对接各国政策和发展战略，深化务实合作，促进协调联动发展，实现共同繁荣[④]。"一带一路"设施互联互通建设不仅是基础设施建设领域的国际合作，更是国际上大国势力竞争的重要领域，其背后是复杂的地缘政治博弈（林坚和柳亦博，2017），需要从政府层面多方考虑，加强"一带一路"设施联通建设的顶层设计，优化战略布局。从政策、资金、法律等方面积极支持我国企业参与"一带一路"设施联通建设。国内层面，通过出台相关扶持政策积极引导相关企业"走出去"。国际层面，不断深化政策协调，进一步加强与国际多边组织合作，为"一带一路"设施联通建设提供强有力的政策保障。

提升风险防范与管控能力。要探索建立境外项目风险的全天候预警评估综合

---

① 《〈"一带一路"数字经济国际合作倡议〉发布》，http://www.cac.gov.cn/2018-05/11/c_1122775756.htm[2022-09-01]。
② 《国务院关于印发"十四五"数字经济发展规划的通知》，http://www.gov.cn/zhengce/content/2022-01/12/content_5667817.htm[2022-09-01]。
③ 《陈肇雄：促进ICT基础设施互联互通 共享数字化发展机遇》，https://www.miit.gov.cn/xwdt/tpxw/art/2020/art_9d61c9f267784353afa367fd6e86aea1.html[2022-09-01]。
④ 《〈习近平谈"一带一路"〉主要篇目介绍》，http://www.gov.cn/xinwen/2018-12/11/content_5347824.htm[2022-09-02]。

服务平台，及时预警、定期评估①。高质量推进共建"一带一路"设施联通，需要提高风险防范与管控能力。一是加强"一带一路"沿线国家的风险监测与评估。政府层面要针对"一带一路"沿线国家的政治风险、投资金融风险、法律法规等风险开展持续风险监测与评估，建立风险信息预警服务平台，服务地方政府与企业。二是构建多方协同风险防范机制，提高对复杂风险的管控能力。"一带一路"沿线国家的基础设施建设作为海外重大项目与国内建设项目不同，面临更为复杂的环境与不确定性，仅仅依靠自身能力难以应对所有复杂风险。因此，政府层面应做好多方协同工作，借助所在国、参与国、第三方及多边机构力量，协同防范治理风险，提升对风险的管控能力，保障"一带一路"沿线国家设施互联互通的顺利实施。

优化创新合作机制。加强"一带一路"沿线国家设施互联互通的关键要素之一是持续优化创新国际合作机制。一是创新设施互联互通合作机制。一方面，要利用好国际重要合作机制，在世界贸易组织、二十国集团、亚太经济合作组织、上海合作组织等多边合作机制下，积极设置"一带一路"设施互联互通的相关议题与重大项目（陶平生，2020），开展设施互联互通合作；另一方面，在尊重既有国际合作机制的基础上，与参与国一同探索因地制宜的新合作模式，充分发挥两国优势，实现效能最大化。二是加强国际规则标准"软联通"。当前，一大批以中国标准建设的基础设施项目在海外正加速推进，要继续开展"一带一路"相关国际规则标准的前瞻性研究与论证，在新型基础设施建设、数字基础设施建设、绿色基础设施建设等领域主动参与并牵头推进国际规则标准的完善与创新，推动中国标准在"一带一路"沿线国家基础设施建设中的对接互认，为"一带一路"高质量发展提供有力支撑，持续提高合作效率与水平。

---

① 《习近平出席第三次"一带一路"建设座谈会并发表重要讲话》，http://www.gov.cn/xinwen/2021-11/19/content_5652067.htm[2022-09-02]。

第 16 章　绿色低碳助推高质量发展

"一带一路"沿线国家的人口、经济、能源消费和碳排放分别占全球的 2/3、1/3、50% 及 60% 以上，聚集了众多最具增长潜力和活力的新兴经济体、中东等石油输出国以及小岛国及最不发达国家等脆弱地区，气候问题比较敏感。近年来，全球新冠疫情暴发与气候危机叠加交织，世界经济复苏艰难曲折。随着全球环境与气候危机日益加深，绿色低碳理念逐渐深入人心，推动经济在新冠疫情后实现绿色、包容、可持续的复苏发展既是各方政策重点，也是大国竞争的重要方面。绿色低碳发展不仅对实现"一带一路"绿色、低碳、高质量发展至关重要，而且是全球经济绿色低碳转型中重要的一环。

16.1　低碳转型中的"一带一路"

根据国际能源署（International Energy Agency，IEA）发布的报告，2021 年全球与能源相关的二氧化碳排放量增加 6%，至 363 亿吨，创历史新高。仅 2021 年，全球二氧化碳排放量的绝对增幅超过 20 亿吨，超过了 2020 年由新冠疫情暴发引起的下降，也抵消了新冠疫情暴发以来由经济活动减弱带来的碳排放下降。其中，电力和供热两大板块的碳排放量涨幅最为明显，均较 2020 年增长了 9 亿吨。此外，工业和建筑领域的碳排放量也已反弹至 2019 年的水平。2021 年，全球天然气价快速攀升，直接导致许多国家"回头"使用相对更具有经济性的煤电。统计数据显示，2021 年，全球范围内煤炭领域的二氧化碳排放量达到了 15.3 亿吨，较 2014 年的排放峰值高出了 2 亿吨。不利的天气和能源市场条件（尤其是天然气价格飙升）加剧了 2021 年能源需求的复苏，尽管可再生能源发电取得了有史以来最大的增长，但仍导致更多的煤炭燃烧。

从温室气体排放来看，"一带一路"沿线国家是重要的排放源，碳排放总量约占全球 30%，并且随着城镇化、工业化的推进，这些国家碳排放量仍可能持续上升。在全球碳中和背景下，推动共建绿色丝绸之路具有重要意义。《"一带一路"国家绿色投资和碳排放路径量化研究报告》指出，在 2016~2030 年"一带一路"沿线国家的基础设施投资中，至少需要 12 万亿美元的绿色投资，才能确保与《巴黎协定》的气候目标相一致。

16.2 绿色"一带一路"成为发展新机遇

在全球共同应对气候变化的大背景下，低碳、绿色与可持续发展的诉求日益上升，以绿色低碳为主题的新经济成为当前能源与经济转型的新动力。共建"一带一路"绿色发展成为践行绿色发展理念，积极应对气候变化，维护全球生态安全的重要任务。中国是全球最大的清洁能源市场和设备制造国，在绿色能源与低碳治理方面拥有坚实基础，已成为推动全球能源转型、实现绿色可持续发展的重要保障。

"一带一路"沿线国家在资源禀赋、人口结构、经济发展等方面表现出显著的异质性，面临的碳排挑战各有不同。为实现碳达峰与碳中和目标，各国依据自身发展实际提出了减缓碳排放的路径与行动。大部分国家在电力、交通、农业与林业、工业等部门采取了相关政策措施，如提出发展可再生能源、清洁能源等政策、制定机动车排放标准、促进农业及畜牧业减排、增加林业碳汇和参与"REDD+"（reducing emissions from deforestation and forest degradation，减少毁林和森林退化所致排放量）项目、促进工业节能和推动工业现代化等措施。

根据《联合国气候变化框架公约》秘书处网站公开的数据，在"一带一路"沿线国家中，阿塞拜疆、白俄罗斯、保加利亚、克罗地亚、捷克、爱沙尼亚、格鲁吉亚、匈牙利、哈萨克斯坦、拉脱维亚、摩尔多瓦、罗马尼亚、俄罗斯、塞尔维亚、斯洛伐克、塔吉克斯坦、乌克兰、立陶宛、黑山、波兰、斯洛文尼亚和马尔代夫等国家已实现了碳达峰，大部分国家还没有达到峰值。无论是碳达峰国家还是尚未达峰的国家，大都提出了有条件减排目标与措施。

中国国家能源局数据显示，中国风电机组产量已占全球 2/3 以上市场份额，截至 2021 年底，中国风电并网装机容量已达到 30 015 万千瓦，突破 3 亿千瓦大关，连续 12 年稳居全球第一。在新能源产业方面，2020 年，新能源汽车销量达到 137 万辆，连续六年销量全球第一，新能源汽车保有量达到 492 万辆，占全球的四成以上。我国在风电、光伏发电和锂电池等主要新能源领域建立了规模世界领先、技术水平世界先进的产业链。同时，中国在光伏、风电和水电等重点领域也不断推动国际合作，大大降低了全球清洁能源成本，为全球绿色低碳发展转型创造了必要基础。

第一，秉持绿色发展理念。为应对全球环境和气候危机的挑战，中国政府对生态文明和绿色发展的推进力度逐年递增。中国提出共建"绿色丝绸之路"，倡导绿色、低碳、循环、可持续的生产生活方式，加强生态环保合作，建设生态文明，共同实现 2030 年可持续发展目标。中国提出全球发展倡议，倡导构建人与自然生命共同体。

第二，拥有较强技术与产业支撑。中国已经建立涵盖全产业链条的新能源产业，具备较强研发、制造、安装和运维能力，形成了特有的产业优势及数量众多的优秀企业，在风电、光伏、氢能、火电综合升级改造等领域尤为突出。国际能源署报告称，中国可再生能源发电量预计将在2021~2026年增长近800万千瓦，占全球可再生能源产能增量的43%。在能源新技术方面，中国在新型储能、氢能、综合智慧能源等能源新技术方面的快速发展和规模化应用，有效提升了终端用能和新能源发电的匹配程度。

第三，制定绿色低碳投资规则。中国把绿色作为"一带一路"合作的底色，借鉴各方普遍支持的规则标准，制定绿色低碳投资原则。2019年在中国人民银行指导下制定实施的《"一带一路"绿色投资原则》，为中国金融机构加强绿色金融国际合作提供了规则和框架。短短三年，已有来自中国、"一带一路"沿线国家及其他国家的40多家金融机构签署了《"一带一路"绿色投资原则》，推动各项原则逐步落实。

第四，建立绿色低碳国际合作平台。在习近平倡议下，2019年，"一带一路"绿色发展国际联盟正式成立，并启动"一带一路"生态环保大数据服务平台。同年，"一带一路"绿色发展国际联盟启动"'一带一路'项目绿色发展指南"项目，推动制定"一带一路"项目分级分类指南，为共建国家及项目提供绿色解决方案。此外，中国相关政府部门、企业和金融机构还建立了不同领域、不同主体的国际合作平台。

第五，国家发展和改革委员会等部门印发《关于推进共建"一带一路"绿色发展的意见》。推进共建"一带一路"绿色发展，是践行绿色发展理念、推进生态文明建设的内在要求，是积极应对气候变化、维护全球生态安全的重大举措，是推进共建"一带一路"高质量发展、构建人与自然生命共同体的重要载体。为进一步推进共建"一带一路"绿色发展，让绿色切实成为共建"一带一路"的底色，《关于推进共建"一带一路"绿色发展的意见》指出要坚持多边主义，坚持共同但有区别的责任原则和各自能力原则，充分尊重共建"一带一路"国家实际，互学互鉴，携手合作，促进经济社会发展与生态环境保护相协调，共享绿色发展成果。

绿色"一带一路"成为国际绿色能源合作的典范，截至2021年4月，"一带一路"绿色发展国际联盟已吸引40余国的150余家合作伙伴加入。我国坚定不移走绿色、低碳和可持续发展道路。2022年3月16日，国家发展和改革委员会、外交部、生态环境部、商务部联合发布《关于推进共建"一带一路"绿色发展的意见》，围绕推进绿色发展重点领域合作、推进境外项目绿色发展、完善绿色发展支撑保障体系3个板块，提出15项具体任务，内容覆盖绿色基础设施互联互通、绿色能源、绿色交通、绿色产业、绿色贸易、绿色金融、绿色科技、绿色标准、应对气候变化等重点领域。绿色"一带一路"发展已经成为当前应对全球气候变化危机、实现绿色可持续发展的重要途径，未来必将为加强同"一带一路"沿线国家在绿色能源领域的能力建设和技术援助提供战略指导和政策支持，以实现绿色基础设施互联互通的共同推进。

16.3 重要举措

加大能源基础设施绿色项目投资。绿色基础设施项目投资为可持续的长期增长提供支持，同时也有助于缓解气候变化。2013~2020年，中资企业在光伏、风能电站方面的海外投资累计可控装机规模均已超过9 GW。2015年中资企业光伏电站海外投资装机规模不足500 MW，2019年达到4500 MW。从可再生能源与化石能源项目的投资对比来看，2017年中国"一带一路"可再生能源项目投资占能源总投资的比例为35%，此后逐年快速攀升，到2020年达到56%，超过了化石能源项目。煤炭项目（包括煤电和煤矿）投资自2015年达到峰值以来一直呈下降态势，2021年上半年已降为零。

推动在"一带一路"沿线国家建设的产业园区绿色化。加强园区的生态环境保护、产业结构优化、用能清洁化替代。相关研究表明，"一带一路"工业园区的工业能耗强度比东道国工业能耗强度总体低50%~60%。以"炼化一体化"项目为主的文莱大摩岛石油炼化工业园，以"镍铁+不锈钢一体化"为主的印度尼西亚青山园区，以"钢铁联合项目"为主的马中关丹产业园，基本实现了能源资源综合利用、绿色基础设施和公用服务、物料循环利用、环保、节水、清洁生产等一体化解决方案的构建。

加大力度推动绿色金融发展。增强对"一带一路"绿色项目的融资支持。中国高度重视金融在绿色与低碳发展中的作用，是最早发展绿色金融的国家之一。当前，中国正在不断完善和优化绿色金融政策框架，支持绿色与低碳发展。国家开发银行、中国进出口银行等政策性银行及各大商业银行将绿色项目作为优先选项，绿色信贷规模持续扩大，并不断推出绿色债券、清洁能源投资基金等创新性绿色金融产品。

完善共建低碳共同体的平台、机制与机构建设。利用"一带一路"现有政府间合作平台及亚洲基础设施投资银行、丝路基金、中国气候变化南南合作基金等渠道，有效结合政府援助、国际贸易和投融资等手段，通过灵活的合作模式，广泛动员各利益方共同参与，让沿线各国人民共享低碳共同体的共建成果、分享绿色收益。

第 17 章　民心相通推进"一带一路"教育和科技联动发展

党的二十大报告强调，要坚持教育优先发展、科技自立自强、人才引领驱动，加快建设教育强国、科技强国、人才强国，要实施科教兴国的战略，强化现代化建设人才支撑[①]。教育、科技、人才是全面建设社会主义现代化国家的基础性、战略性支撑。教育、科技、人才三位一体的定位强调了三者之间的有机联系，通过协同配合、系统集成，共同塑造了发展的新动能。当前，世界正经历百年未有之大变局，新一轮科技革命突飞猛进，科学研究范式正在发生深刻变革，学科交叉融合不断发展，科学技术与经济社会发展加速渗透融合。教育必须适应世界科技发展趋势，世界各国都高度重视科教兴国战略。

17.1　科教协同助力"一带一路"建设

科技是第一生产力，人才是第一资源，创新是第一动力，科技实力决定各国各民族前途命运。科技人文交流是"一带一路"科技创新行动的任务之一，是促进我国与"一带一路"沿线国家民心相通、推动"创新之路"建设的重要保障。在"一带一路"建设中具有基础性、先导性作用，为共建"一带一路"高质量发展提供有力的科技人才支撑和广泛民意基础。教育是科技兴旺、国家强盛的基石，科技强必须教育强。科教兴国的根本要靠人才，人才培养归根结底要靠教育，教育质量决定了人才培养质量的高低。

各国都有加强科技合作的制度体系设计。参与共建"一带一路"的国家在经济、产业、科技等领域发展各有特色，社会历史文化发展多元多样。持续深化共建"一带一路"科技人文交流，需要加强系统性设计，坚持分类施策，不断优化科技人文交流国别布局，在充分尊重参与国家发展意愿与历史、文化等多样性基础上，根据各国经济、产业、科技发展特点，明确科技人文交流的重点领域，积极探索互利共赢的交流新模式，引导推动各类创新主体和参与国家开展各具特色的科技创新合作与交流活动，推动形成多主体、多层次、多元化的科技人文交流格局。

---

① 《习近平：高举中国特色社会主义伟大旗帜　为全面建设社会主义现代化国家而团结奋斗——在中国共产党第二十次全国代表大会上的报告》，http://www.mofcom.gov.cn/article/zt_20thCPC/toutiao/202211/20221103366898.shtml[2022-10-25]。

社会多主体都有协同参与共享的意愿。民心相通是"一带一路"建设的重要内容，也是关键基础。用好民间合作交流渠道，是积极推动共建"一带一路"民间科技人文交流、实现民心相通的重要举措。可以充分发挥民间组织的独特优势，通过培育建立区域科技组织联盟、建设国际科技组织联合研究中心、鼓励民间科技组织广泛开展各类科技活动等方式，搭建民间科技组织合作网络平台，吸引更多国外科技组织参与"一带一路"创新之路建设，扎紧信任纽带，实现智力聚合。

科教协同合作多层次将不断深化。科学家是科技人文交流的主体和联通中外科技界的重要载体。要充分发挥科学家在科技人文交流中的作用，持续扩大科技人文交流规模，支持更多"一带一路"共建国家的科学家来华交流工作，促使他们通过合作研究等方式，感受中国科技创新的蓬勃生机，成为推动中外创新对话的"使者"。紧密围绕共建国家科技发展的急迫需求，主动开展技术培训、联合研究、技术转移等工作，传授中国优势技术、分享中国科技治理经验，努力培养一批知华、友华的外国科学家，稳固和扩大我国科技创新合作朋友圈。不断提升"丝绸之路"中国政府奖学金项目等国家类资助项目统筹力度和含金量。

17.2 教育共同体展现大国责任担当

在国际教育援助方面，随着"一带一路"倡议成为广泛的国际共识，以"一带一路"助力国际教育，不仅为国际教育援助注入新动能，也丰富了国际教育援助的内容，拓展了国际教育援助的新领域，开拓了国际教育援助的新模式[①]。"一带一路"沿线国家经济和教育水平参差不齐，叠加疫情影响，教育合作也面临新的挑战，如经济发展水平影响教育发展水平，也间接影响国际教育合作的开展。"一带一路"沿线国家情况复杂，从发展水平来看，既有发达国家又有发展中国家，但发达国家较少，仅包括新加坡、捷克、以色列等国；从社会制度来看，既有社会主义国家又有资本主义国家；从国家体量来看，既有与我国体量相当的大国也有各种小国。经济发展的不均衡使得"一带一路"沿线国家投入研发的经费有限，严重影响国家综合创新能力和高等教育发展水平。从 2020 年研发投入占 GDP 比例来看（世界银行提供了约 90 个国家数据），"一带一路"沿线国家中仅有以色列研发投入占 GDP 比例全球前 10 名，排在后 10 名的国家则大部分为"一带一路"沿线国家（表 17-1）。

---

① 《以"一带一路"教育合作助力国际教育援助》，http://www.gfjyzx.com/hywh2ydyl/5121.jhtml[2021-03-09]。

表17-1　全球各国研发投入占比排名情况（2020年）

前 10 名			后 10 名		
国家名	研发投入占比	备注	国家名	研发投入占比	备注
以色列	5.44	*	波黑	0.21	*
韩国	4.81		科威特	0.19	*
瑞典	3.53		秘鲁	0.17	
比利时	3.48		缅甸	0.15	*
美国	3.45		乌兹别克斯坦	0.14	*
日本	3.26		蒙古国	0.13	*
奥地利	3.20		哈萨克斯坦	0.13	*
德国	3.14		吉尔吉斯斯坦	0.09	*
丹麦	2.96		塔吉克斯坦	0.09	*
芬兰	2.94		伊拉克	0.04	*

*表示其为"一带一路"沿线国家

叠加新冠疫情暴发影响，部分发展中国家的经济发展缓慢甚至停摆，基础设施薄弱。新一代信息技术在教育和教学中的发展与应用落后，甚至可能进一步加剧"一带一路"沿线国家教育发展水平的差距，表现在对接沿线各国教育需求的成本和难度增大，给各国教育合作带来不利影响。在以上新挑战背景下，加强与"一带一路"沿线国家的教育对外合作，一是要完善对外教育合作机构与机制，如设立对外教育援助和合作管理的相关机构，针对不同国家国情，实行"一国一策"的教育援助与合作；二是要加大非官方的对外教育合作，发挥非政府组织、教育类智库、民间企业团体等在对外教育合作中的辅助作用，探索更灵活多变的对外教育合作模式。

17.3　重要举措

加快共建教育合作平台增进教育互学互鉴。在教育全球化的背景下，"一带一路"命运共同体呼唤建立教育共同体。在"一带一路"倡议中不断践行共同体理念，从愿景到行动，从理念到共识，从立柱架梁到全面深入发展，命运共同体的理念认同在国际社会不断提升。"一带一路"沿线国家在教育发展过程中遇到的很多问题是共通的，迫切需要探寻教育出路。作为负责任的大国，通过奉献中国的教育方案、教育智慧，分享中国的教育经验和教育资源，有助于提高"一带一路"沿线国家的教育质量，"教育共同体"的理念越来越得到"一带一路"沿线国家高度认同。

发挥多元主体的国际教育交流与合作作用。在"一带一路"行动推进过程中，我国政府一直发挥主导作用，包括以政府官方形式拟定合作框架、搭建国家间合作平台、签订国家间学分互认和学历互认的教育通行性合作备忘录、在国家内部执行教育共同体的相关教育决议。以国家和政府的名义推动教育行动，是提高国家内部和国家间执行可能性和有效性的关键（吴秀玲，2022）。但目前政府主导的教育活动管理模式过于倚重政府的作用，导致政府引导、社会多元主体参与的教育交流合作格局难以形成。鉴于"一带一路"沿线国家复杂的政治、经济、文化状况，可进一步通过企业、学校、社会组织等非官方、非政治的民间交流来增强各国人民群众对教育国际交流合作重要性的认识。

扩大专业人才培养规模促进教育发展。语言作为沟通工具，是实现基础设施"硬联通"、规则标准"软联通"、同共建国家人民"心联通"的基础（中国传媒大学外国语言文化学院，2022）。据统计，"一带一路"沿线的 64 个国家使用的语言约 2488 种，境内语言在 100 种以上的国家就有 8 个（王铭玉和王双燕，2020）。分析我国目前国内的翻译类专业人才培养情况，全国翻译专业大学排名最具有优势的为北京外国语大学、西安外国语大学、上海外国语大学等。其中，北京外国语大学开设语种有 101 种，上海外国语大学授课语种数量为 49 种，西安外国语大学共开设 60 个本科专业，其中 20 个为"一带一路"沿线国家非通用语种专业，但全国外语类专业所涉语种的重叠度较高。因此，综合对比来看，国内在翻译专业人才培养方面尚不能满足"一带一路"教育发展的现实需要。在推进"一带一路"教育行动的要求下，应进一步扩大多语种人才培养规模，与相应国家共同开发语言课程，拓展以语言学习为核心的交流交换项目和联合培养项目，通过教育共同体培养大量多语种人才，促进沿线国家语言互通，为民心相通奠定基础。以语言服务作为支撑，所培养的各小语种人才不仅需要掌握语言本身，还需要对语言背后的社会文化、风土人情、民俗文化等有所研究，培养复合型、应用型外语人才，才能在相关领域的合作中真正发挥有效作用。

参 考 文 献

曹跃群, 郭鹏飞, 罗玥琦. 2019. 基础设施投入对区域经济增长的多维影响：基于效率性、异质性和空间性的三维视角. 数量经济技术经济研究, 36(11): 140-159.

柴葳. 2020-10-22. 推动教育在构建人类命运共同体中发挥更大作用. 中国教育报, (1).

陈胤默, 孙乾坤, 文雯, 等. 2019. 母国经济政策不确定性、融资约束与企业对外直接投资. 国际贸易问题, (6): 133-144.

陈胤默, 孙乾坤, 文雯, 等. 2019. 母国税收政策不确定性与企业对外直接投资. 世界经济研究, (11): 65-79, 135.

陈至立. 2020. 辞海 . 7 版. 上海: 上海辞书出版社.

邓富华, 贺歌, 姜玉梅. 2019. "一带一路" 沿线国家外资政策协调对中国对外直接投资的影响：基于双边、多边政策协调的分析视角. 经济与管理研究, 40(12): 43-58.

董仁忠, 石伟平. 2007. 教育全球化背景下的我国职业教育发展. 河北师范大学学报(教育科学版), 9(4): 109-116.

龚为纲, 朱萌, 张赛, 等. 2019. 媒介霸权、文化圈群与东方主义话语的全球传播：以舆情大数据 GDELT 中的涉华舆情为例. 社会学研究, 34(5): 138-164, 245.

顾朝林, 曹根榕, 顾江, 等. 2020. 中国面向高质量发展的基础设施空间布局研究. 经济地理, 40(5): 1-9.

韩宁. 2017. 日本网络安全战略. 国际研究参考, 31(6): 35-42.

何俊勇, 万粲, 张顺明. 2021. 东道国金融开放度、制度质量与中国对外直接投资："一带一路" 沿线国家的证据. 国际金融研究, (10): 36-45.

黄亮雄, 钱馨蓓, 隋广军. 2018. 中国对外直接投资改善了"一带一路"沿线国家的基础设施水平吗？. 管理评论, 30(3): 226-239.

黄友星, 曲妍兵, 赵艳平. 2022. 海外交通基础设施布局、形成模式与中国对外直接投资区位选择. 国际贸易问题, (4): 38-55.

吉生保, 李书慧, 马淑娟. 2018. 中国对"一带一路"国家 OFDI 的多维距离影响研究. 世界经济研究, (1): 98-111, 136.

金凤君. 2004. 基础设施与区域经济发展环境. 中国人口·资源与环境, 14(4): 70-74.

孔鹏. 2021. 中老铁路开通的重要意义. 世界知识, 88(24): 69.

林坚, 柳亦博. 2017. "一带一路" 国家的治理风险与应对之策. 国家治理, 4(9): 25-37.

刘倩倩. 2017. 中老铁路建设的地缘政治研究. 昆明: 云南大学.

刘生龙, 胡鞍钢. 2010. 基础设施的外部性在中国的检验: 1988—2007. 经济研究, 45(3): 4-15.

刘卫东, 等. 2021. "一带一路" 建设案例研究：包容性全球化的视角. 北京: 商务印书馆.

宁吉喆. 2019. 进一步加强政策规则对接 共促"一带一路"走深走实行稳致远. 宏观经济管理, 35(5): 3-4.

欧阳艳艳, 陈浪南, 李子健. 2020. 基础设施与城乡房价、房租：基于贝叶斯模型平均的微观研究. 系统工程理论与实践, 40(11): 2825-2838.

瞿霞, 李然, 李文兴. 2022. 东道国法律制度对中国企业 OFDI 进入东道国的影响研究：基于中国上市公司微观数据的实证分析. 宏观经济研究, (2): 27-41, 136.

陕西省统计局. 2017. "一带一路" 国家统计年鉴. 北京: 中国统计出版社.

史恩义, 张瀚文. 2018. OFDI 动机、金融发展差异与出口贸易. 世界经济研究, (8): 74-87, 136.

陶平生. 2020-06-18. 新时代亟须加强"一带一路"国际规则标准的软联通. 中国经济时报, (4).

涂端午. 2022-04-14. 打造好"一带一路"教育行动升级版. 中国教育报纸, (9).

王丰龙, 司月芳. 2019. "一带一路"倡议背景下亚投行设立对中国海外投资的影响研究. 世界地理研究, 28(5): 1-10.

王疆, 江娟. 2017. 母国集聚与产业集聚对中国企业对美直接投资区位选择的影响. 世界地理研究, 26(4): 20-30.

王靖凯, 朱世宏. 2012. 中缅油气管道的对我国能源安全的重要意义. 商, 2(7): 167-168.

王铭玉, 王双燕. 2020. "一带一路"的语言发展战略. 欧亚人文研究, 2(1): 1-11.

王霞, 程磊, 刘甜. 2020. 文化差异、制度质量对中国对"一带一路"沿线国家直接投资的影响. 投资研究, 39(11): 96-106.

王易之, 李昊, 梁沛. 2020. "一带一路"建设与中国经济发展战略研究: 以中巴经济走廊为例. 青海社会科学, 41(3): 83-88.

韦健锋. 2017. 中老铁路与老挝地缘战略价值的提升. 东南亚南亚研究, 35(4): 14-19, 106.

吴秀玲. 2022. "一带一路"教育共同体建设: 理念与策略. 江苏经贸职业技术学院学报, 38(3): 71-74.

徐旌, 张猛, 唐娇. 2021. 中老铁路: 高质量共建"一带一路"的标志性工程. 云南地理环境研究, 33(6): 67-72, 80.

杨道玲, 李祥丽. 2018. "一带一路"沿线国家信息化发展水平测评研究. 电子政务, 15(1): 100-109.

杨扬, 李欣怡. 2020. 国际铁路开通对跨境物流可达性及经济联系影响研究: 以中老铁路为例. 重庆理工大学学报(社会科学), 34(4): 24-32.

姚辉斌, 张亚斌. 2021. 要素禀赋差异、制度距离与中国对"一带一路"沿线国家 OFDI 的区位选择. 经济经纬, 38(1): 66-74.

姚秋蕙, 韩梦瑶, 刘卫东. 2018. "一带一路"沿线地区隐含碳流动研究. 地理学报, 73(11): 2210-2222.

尹君. 2022. 超越连通: 中老铁路对澜湄区域地缘态势演进的结构性影响研究. 学术探索, 30(6): 51-57.

尹响, 胡旭. 2019. 中巴经济走廊基础设施互联互通项目建设成效、挑战与对策. 南亚研究季刊, 35(3): 5, 32-41.

张海伟, 郑林雨, 陈胜发. 2022. 东道国制度质量与中国对外直接投资: 基于"一带一路"视角. 华东经济管理, 36(1): 53-63.

张亚斌. 2016. "一带一路"投资便利化与中国对外直接投资选择: 基于跨国面板数据及投资引力模型的实证研究. 国际贸易问题, (9): 165-176.

张燕, 丁钰雯, 祝茂娇. 2021. 中老铁路修建对沿线区域经济影响研究. 中国储运, 32(12): 108-109.

中国传媒大学外国语言文化学院. 2022-02-17. 为共建"一带一路"培养语言人才(新论). 人民日报, (5).

周士新. 2021. 美国"蓝点网络"计划及其影响分析. 亚太经济, 38(4): 69-75.

周子栋, 林罡, 徐娜, 等. 2014. 中缅油气管道(国内段)工程建设难点及对策. 石油工程建设, 40(4): 52-54.

朱旭, 张正娟. 2022. "一带一路"背景下中国参与全球教育治理的战略分析与策略选择. 现代教育管理, 42(8): 68-76.

朱以财, 刘志民. 2022. "一带一路"高校战略联盟的生成与价值实现路径. 黑龙江高教研究, 40(7): 12-20.

Alkhaleel B A, Liao H T, Sullivan K M. 2022. Risk and resilience-based optimal post-disruption restoration for critical infrastructures under uncertainty. European Journal of Operational Research, 296(1): 174-202.

Almoghathawi Y, Barker K. 2019. Component importance measures for interdependent infrastructure network resilience. Computers & Industrial Engineering, 133: 153-164.

Bahmani-Oskooee M Niroomand F. 1998. Long-run price elasticities and the Marshall-Lerner condition revisited. Economics Letters, 61(1): 101-109.

Barabási A L, Albert R. 1999. Emergence of scaling in random networks. Science, 286(5439): 509-512.

Bashir A. 2020. Study on "the role of CPEC in Sino-Pak relations: the case study of China-Pakistan Fiber Optic Project (CPFOP)". Changchun: Jilin University.

Fang Y P, Fang C, Zio E, et al. 2021. Resilient critical infrastructure planning under disruptions considering recovery scheduling. IEEE Transactions on Engineering Management, 68(2): 452-466.

Ferrario E, Pedroni N, Zio E. 2016. Evaluation of the robustness of critical infrastructures by hierarchical graph representation, clustering and Monte Carlo simulation. Reliability Engineering & System Safety, 155: 78-96.

Hameed M. 2018, The politics of the China—Pakistan economic corridor. Palgrave Communications, 4: 1-10.

Ji Q, Zhang H Y, Fan Y. 2014. Identification of global oil trade patterns: an empirical research based on complex network theory. Energy Conversion and Management, 85: 856-865.

Kong J J, Simonovic S P, Zhang C. 2019. Sequential hazards resilience of interdependent infrastructure system: a case study of greater Toronto area energy infrastructure system. Risk Analysis, 39(5): 1141-1168.

Kwak H, An J S. 2014. A first look at global news coverage of disasters by using the GDELT dataset. Social Informatics: 300-308.

Min H S, Beyeler W, Brown T, et al. 2007. Toward modeling and simulation of critical national infrastructure interdependencies. IIE Transactions, 39(1): 57-71.

Ministry of Energy. 2012. Summary of Thailand power development plan 2012—2030. https://policy.asiapacificenergy.org/sites/default/files/PDP2010-Rev3-Eng.pdf[2023-02-21].

Ravasz E, Barabási A L. 2003. Hierarchical organization in complex networks. Physical Review E, 67(2): 26112.

Tao Y H, Liang H M, Celia M A. 2020. Electric power development associated with the Belt and Road Initiative and its carbon emissions implications. Applied Energy, 267: 114784.

Utne I B, Hokstad P, Vatn J. 2011. A method for risk modeling of interdependencies in critical infrastructures. Reliability Engineering & System Safety, 96: 671-678.

Vargo C J, Guo L, Amazeen M A. 2018. The agenda-setting power of fake news: a big data analysis of the online media landscape from 2014 to 2016. New Media & Society, 20(5): 2028-2049.

Yoshioka M, Jang M, Allan J, et al. 2018. Visualizing polarity-based stances of news websites. NewsIR: 6-8.

Yoshioka M, Kando N. 2016. Comparative analysis of GDELT data using the news site contrast system. NewsIR: 63-65.

Yuan Y H, Liu Y, Wei G X. 2017. Exploring inter-country connection in mass media: a case study of China. Computers, Environment and Urban Systems, 62: 86-96.

Zhang H, Ji Q, Fan Y. 2015. What drives the formation of global oil trade patterns?. Energy Economics, 49(5): 639-648.

Zheng C Y. 2020. Comparisons of the city brand influence of global cities: word-embedding based semantic mining and clustering analysis on the big data of GDELT global news knowledge graph. Sustainability, 12(16): 6294.